Gustavus · Handelsregister-Anmeldungen

Handelsregister-Anmeldungen

Wegweiser mit Übersichten und
Rechtsprechungs-Leitsätzen
zum Registerrecht im
HGB, GmbHG, AktG, UmwG, FGG

von

Prof. Dr. Eckhart Gustavus
Vorsitzender Richter am LG i.R.

sowie

Prof. Walter Böhringer
Notar

Robin Melchior
Richter am Amtsgericht

6. Auflage

2005

Verlag
Dr. Otto Schmidt
Köln

Bibliografische Information Der Deutschen Bibliothek
Die Deutsche Bibliothek verzeichnet diese Publikation in der Deutschen Nationalbibliografie; detaillierte bibliografische Daten sind im Internet über <http://dnb.ddb.de> abrufbar.

Verlag Dr. Otto Schmidt KG
Unter den Ulmen 96–98, 50968 Köln
Tel.: 02 21/9 37 38-01, Fax: 02 21/9 37 38-9 43
e-mail: info@otto-schmidt.de
www.otto-schmidt.de

Neue Adresse ab 1.1.2005:
Gustav-Heinemann-Ufer 58, 50968 Köln

ISBN 3-504-45516-0

© 2005 by Verlag Dr. Otto Schmidt KG

Das Werk einschließlich aller seiner Teile ist urheberrechtlich geschützt. Jede Verwertung, die nicht ausdrücklich vom Urheberrechtsgesetz zugelassen ist, bedarf der vorherigen Zustimmung des Verlages. Das gilt insbesondere für Vervielfältigungen, Bearbeitungen, Übersetzungen, Mikroverfilmungen und die Einspeicherung und Verarbeitung in elektronischen Systemen.

Das verwendete Papier ist aus chlorfrei gebleichten Rohstoffen hergestellt, holz- und säurefrei, alterungsbeständig und umweltfreundlich.

Umschlaggestaltung: Jan P. Lichtenford, Mettmann

Satz: Xaccess, Konstanz

Druck und Verarbeitung: Clausen & Bosse, Leck

Printed in Germany

Vorwort

Dieses Buch, 1983 erstmals erschienen, soll eine Lücke zwischen Kommentaren und Formularbüchern ausfüllen. Es will in übersichtlicher Form einen schnellen Überblick darüber geben, ob eine bestimmte Veränderung des Unternehmens oder des Unternehmensträgers Anmeldungen oder Erklärungen zum Handelsregister erforderlich macht.

Das Buch gibt in Teil A Auskunft, welchen Inhalt diese Erklärungen an das Handelsregister haben müssen und welche Unterlagen dabei erforderlich sind. Es weist außerdem auf typische Schwierigkeiten hin, die bei der registergerichtlichen Durchführung von Unternehmensveränderungen und bei diesen selbst entstehen können. Diesem Zweck dient auch eine verhältnismäßig umfangreiche Sammlung von Rechtsprechungsleitsätzen. Schließlich gibt das Buch Auskunft über die Kosten bei Gericht und Notar. Damit wendet es sich an Notare, Rechtsanwälte und deren Bürovorsteher, Rechtspfleger und Registerrichter, aber auch an die Kaufleute selbst, an Geschäftsführer von Gesellschaften und an die Berater von Unternehmen.

Hinsichtlich der behandelten Handelsregistervorgänge standen in den Vorauflagen die Unternehmensformen des Einzelkaufmanns, der offenen Handelsgesellschaft, der Kommanditgesellschaft (einschließlich GmbH & Co. KG) und die Gesellschaft mit beschränkter Haftung im Vordergrund. Aus dem Bereich der Aktiengesellschaft wurden einige wichtige Vorgänge ohne vergleichbare Anmeldungen bei der GmbH aufgenommen. Die verstärkte Tendenz zur Aktiengesellschaft hat die Verfasser jetzt veranlaßt, diesen Teil auszuweiten und weitere Anmeldungstexte anzubieten.

Die Sammlung von Entscheidungsleitsätzen – Teil B – umfaßt die Rechtsprechung zum Handelsregisterrecht. Sie enthält aber auch zahlreiche Entscheidungen zum materiellen Gesellschaftsrecht, die Auswirkungen im Registerverfahren, z. B. bei der Eintragung von Gesellschafterbeschlüssen, haben können. In der Neuauflage ist hier unter anderem neue Rechtsprechung zum Handelsrechtsreformgesetz von 1998 aufgenommen worden.

Die Autoren haben aus ihrer eigenen, langjährigen Notar- und Gerichtserfahrung alle Umwandlungsvorgänge erfaßt, die in der Praxis tatsächlich nachgefragt werden. Die Hinweise und die Anmeldemuster sind bei den jeweiligen Rechtsformen der Unternehmen abgedruckt. Zusätzlich werden die Fundstellen für die einzelnen Umwandlungsvorgänge im Teil A zu Nr. 160 als Übersicht und im Inhaltsverzeichnis aufgeführt.

Die 6. Auflage berücksichtigt Gesetzgebung und Rechtsprechung bis Oktober 2004, insbesondere das Gesetz über elektronische Register und Justizkosten für Telekommunikation sowie das Handelsregistergebühren-Neuordnungsgesetz. Insoweit ist auch bereits die dazu ergangene Rechtsverordnung mit den konkreten Gebühren für Registereintragungen eingearbeitet. Besondere Behandlung hat die Rechtsprechung des EuGH zur Niederlassungsfreiheit von Gesellschaften aus EU-Mitgliedstaaten innerhalb der Union gefunden, die zu einer durchgreifenden Änderung der Registerpraxis bei der Behandlung z. B. der britischen limited company geführt hat (vgl. Teil A Nr. 113). Schließlich geht die Neuauflage bereits auf die zum 8. 10. 2004 eingeführte Europäische Gesellschaft (Societas Europaea = SE) ein. Diese neue Gesellschaftsform dient europaweit tätigen Unternehmen als Instrument zur grenzüberschreitenden Verschmelzung, Sitzverlegung und zur Gründung von Holding- oder Tochtergesellschaften. Die Neuauflage bietet dazu neben Hinweisen zu den Verwendungs- und Gründungsmöglichkeiten Muster zu wichtigen Registeranmeldungen an.

Entsprechend dem Zweck des Buches, dem Leser eine umfassende Arbeitshilfe zu geben, wurden den einzelnen Veränderungen mit wenigen Ausnahmen formulierte Anmeldungstexte beigefügt. Damit sollen insbesondere Notaren in gedrängter Form alle Informationen zur Verfügung gestellt werden, die bei Handelsregisteranmeldungen wesentlich sind.

Im einzelnen haben bearbeitet:

Böhringer: Anmeldungsmuster, Kostenhinweise und Nrn. 161–168;

Gustavus: Einführung, Nrn. 1–85 nebst dazugehöriger Rechtsprechung;

Melchior: Nrn. 91–157 nebst dazugehöriger Rechtsprechung.

Berlin, im Oktober 2004 Die Verfasser

Inhaltsverzeichnis

	Seite
Vorwort	V
Abkürzungsverzeichnis	XIX
Einführung in das Handelsregister	1

Teil A
Die unternehmensrechtlichen Vorgänge und Veränderungen sowie die daraus folgenden Handelsregisteranmeldungen

Allgemeines zu Handelsregisteranmeldungen	5

Einzelkaufmann

1. Beginn eines Gewerbebetriebes (**Neuaufnahme**)	10
2. Vergrößerung oder **Erweiterung** eines bestehenden, nicht im Handelsregister eingetragenen Gewerbebetriebes, wenn er dadurch einen in kaufmännischer Weise eingerichteten Geschäftsbetrieb erfordert	11
3. Erteilung einer **Prokura**	11
4. Widerruf/Entziehung einer **Prokura**	13
5. **Verkauf/Übertragung** eines Handelsgeschäfts mit Fortführung der Firma durch den Erwerber	14
6. **Verkauf/Übertragung** eines Handelsgeschäfts ohne Fortführung der Firma	16
7. **Verpachtung** des Unternehmens mit Firmenfortführung durch den Pächter	17
8. Beendigung des **Pachtverhältnisses**	18
9. Frei	
10. Übergang eines Handelsgeschäfts durch **Erbgang** auf *einen* Alleinerben unter Fortführung der Firma	20
11. Übergang eines Handelsgeschäfts durch **Erbgang** auf *mehrere* Erben unter Fortführung der Firma	21
12. Änderung der **Firma**	22
13. Verlegung der (Haupt-)**Niederlassung** an einen anderen Ort	23

Inhaltsverzeichnis

14. Eröffnung einer **Niederlassung**/Filiale/Zweigstelle 23
15. Schließung einer **Niederlassung** 25
16. Verlegung einer (Zweig-)**Niederlassung** 26
17. **Verkleinerung des Geschäfts** auf einen Umfang, der einen in kaufmännischer Weise eingerichteten Betrieb nicht mehr erfordert.. 26
18. **Eröffnung des Insolvenzverfahrens** 27
19. **Einstellung des Geschäfts** 27
20. **Eintritt eines Gesellschafters** in das Geschäft eines Einzelkaufmanns.. 28

Offene Handelsgesellschaft

21. **Gründung** einer OHG zum Beginn eines Gewerbebetriebes..... 30
22. **Gründung** einer OHG zur Fortführung eines von der Gesellschaft erworbenen Unternehmens *eines Dritten* (Unternehmenskauf).. 31
23. **Gründung** einer OHG zur Fortführung eines bisher von *einem der Gesellschafter* allein betriebenen Unternehmens........... 33
24. **Vergrößerung** oder Erweiterung eines nicht im Handelsregister eingetragenen gewerblichen Unternehmens mehrerer Personen 34
25. Änderung der **Firma**... 35
26. Änderung der **Vertretungsregelung** 36
27. Änderung des Sitzes der Gesellschaft (**Sitzverlegung**) 37
28. Andere Änderungen des **Gesellschaftsvertrages** (ohne Änderungen der Gesellschafter)..................................... 38
29. **Aufnahme** eines weiteren persönlich haftenden Gesellschafters 38
30. **Aufnahme** eines Dritten als Kommanditisten.................. 39
31. Ein persönlich haftender Gesellschafter wird **Kommanditist**.... 40
32. **Ausscheiden** eines Gesellschafters durch Vertrag oder Kündigung... 41
33. Durch das Ausscheiden eines oder mehrerer Gesellschafter bleibt nur noch **ein Mitglied** übrig, das das Geschäft übernimmt 42
34. **Tod** eines Gesellschafters – der Vertrag bestimmt die Auflösung der Gesellschaft.. 43
35. **Tod** eines Gesellschafters – der Vertrag bestimmt nichts........ 44
36. **Tod** eines Gesellschafters – der Vertrag sieht die Fortsetzung mit den Erben vor, alle werden Gesellschafter.................. 45
37. **Tod** eines Gesellschafters – der Vertrag sieht die Fortsetzung mit einem von mehreren Miterben vor......................... 47

38. **Tod** eines Gesellschafters – der Vertrag sieht ein Eintrittsrecht aller oder einzelner Erben vor 48
39. **Tod** eines Gesellschafters – nach dem Vertrag treten der oder die Erben als Kommanditisten ein........................... 48
40. Errichtung, Aufhebung oder Verlegung einer **Zweigniederlassung**... 50
41. Erteilung, Widerruf oder andere Änderungen einer **Prokura**..... 50
42. Die Gesellschaft **verpachtet** ihren Geschäftsbetrieb............ 51
43. **Betriebsaufspaltung** (typischer Fall) 52
44. Die **Verpachtung** des Geschäftsbetriebes ist beendet 52
45. Die Gesellschaft erwirbt zu ihrem eigenen Geschäftsbetrieb ein **weiteres Unternehmen** mit Firma hinzu...................... 53
46. Der **Geschäftsbetrieb** der Gesellschaft verkleinert sich; kaufmännische Einrichtungen sind nicht mehr erforderlich.... 55
47. Die Gesellschafter beschließen, die **Gesellschaft aufzulösen** ... 56
48. Über das Vermögen der Gesellschaft wird das **Insolvenzverfahren** eröffnet 57
49. Über das Vermögen eines Gesellschafters wird das **Insolvenzverfahren** eröffnet 57
50. Ein **Privatgläubiger** eines Gesellschafters kündigt (§ 135 HGB) . 57
51. Ein Gesellschafter macht von einem gesetzlichen oder vertraglichen **Kündigungsrecht** Gebrauch 58
52. Der **Geschäftsbetrieb** der Gesellschaft wird an einen Dritten **veräußert**.. 58
53. Die Gesellschaft soll nach ihrer Auflösung **liquidiert** werden... 60
54. Der Geschäftsbetrieb wird ohne **Liquidation** eingestellt 61
55. Die **Liquidation** der Gesellschaft ist beendet.................. 61
56. Nach Schluß der Abwicklung und Löschung der Gesellschaft stellt sich **weiteres Gesellschaftsvermögen** heraus.............. 62
57. Die Gesellschafter wollen eine aufgelöste Gesellschaft wieder aufleben lassen (**Fortsetzung**)................................. 62
58. Der **Geschäftsbetrieb** der Gesellschaft soll von einer aus denselben Gesellschaftern bestehenden GmbH **übernommen** werden... 63

Zusätzliche Vorgänge bei der Kommanditgesellschaft

59. Vorbemerkungen 64
60. **Gründung** einer Kommanditgesellschaft (KG) zum Beginn eines Gewerbes... 65

Inhaltsverzeichnis

61. **Aufnahme** eines Kommanditisten in das Geschäft eines Einzelkaufmanns 67
62. **Aufnahme** eines weiteren Kommanditisten 68
63. Ein **Kommanditist** wird persönlich haftender Gesellschafter und umgekehrt 69
64. Eine **Kommanditeinlage** wird erhöht 70
65. Eine **Kommanditeinlage** wird herabgesetzt................... 71
66. **Tod** eines Kommanditisten – ein Alleinerbe tritt in die Gesellschaft ein... 71
67. **Tod** eines Kommanditisten – mehrere Erben 72
68. **Tod** eines Kommanditisten – Erbe ist ein persönlich haftender Gesellschafter 73
69. Ein Kommanditist scheidet durch **Kündigung** oder Vertrag aus.. 74
70. Ein Kommanditist **überträgt** seinen Anteil auf einen damit neu in die Gesellschaft Eintretenden............................. 75
71. Ein Kommanditist **überträgt** einen *Teil* seiner Einlage auf einen neuen Gesellschafter... 76
72. Ein Kommanditist **überträgt** einen *Teil* seines Anteils auf einen anderen Kommanditisten 77
73. Ein Kommanditist **überträgt** seinen gesamten Anteil auf einen anderen Kommanditisten 78
74. Ein Kommanditist **überträgt** seinen Anteil an einen persönlich haftenden Gesellschafter und **scheidet** zu dessen Gunsten aus der Gesellschaft **aus**... 78
75. Der persönlich haftende Gesellschafter **scheidet aus**, der Kommanditist übernimmt als *einziger* weiterer Gesellschafter das Unternehmen 79

Zusätzliche Vorgänge bei der GmbH & Co. KG

76. Vorbemerkung... 80
77. **Gründung** (Ergänzungen)................................... 80
78. Bei der persönlich haftenden Gesellschafterin (GmbH/Aktiengesellschaft) wird ein **Geschäftsführer/Vorstand** bestellt oder abberufen oder die Vertretung ändert sich 81
79. Die persönlich haftende **Gesellschafterin wird aufgelöst** (z. B. durch Gesellschafterbeschluß, Insolvenzverfahrenseröffnung oder -ablehnung mangels Masse)......................... 82
80. Die persönlich haftende **Gesellschafterin** wird im Handelsregister **gelöscht** 83

81. Die GmbH & Co. KG wird in eine GmbH (d. h.: auf ihre persönlich haftende Gesellschafterin) **umgewandelt** 84

Partnerschaftsgesellschaft

82. **Gründung** einer Partnerschaftsgesellschaft 86
83. **Eintritt** eines weiteren Partners 88
84. **Ausscheiden** eines Mitgliedes durch Vereinbarung oder Kündigung 89
85. **Tod** eines Partners und Nachfolge 91
86.–90. Frei

Gesellschaft mit beschränkter Haftung

91. **Gründung** einer GmbH zum Beginn eines Handelsgewerbes... 93
92. **Gründung** einer GmbH zur Fortführung eines Unternehmens (auch Ausgliederung zur Neugründung) 98
93. Änderung des **Gesellschaftsvertrages** vor Eintragung.......... 101
94. **Gesellschafterwechsel** vor Eintragung....................... 102
95. Gesellschaft erwirbt nach der Gründung **Sachwerte** von einem Gesellschafter.. 103
96. Gesellschafter bestellen einen **Geschäftsführer** 103
97. Gesellschafter berufen einen **Geschäftsführer** ab.............. 105
98. Die Vertretungsbefugnis eines **Geschäftsführers** ändert sich... 106
99. Amtsniederlegung/Kündigung/Tod eines **Geschäftsführers** ... 107
100. In der Zusammensetzung eines **Aufsichtsrats** tritt eine Änderung ein.. 109
101. Ein Gesellschafter **scheidet aus** (Abtretung eines Geschäftsanteils).. 109
102. Ein neuer Gesellschafter **tritt ein** – auch: mit Einbringung eines Unternehmens 111
103. **Übertragung** eines Teils eines Geschäftsanteils 113
104. **Anteilsvereinigung** in einer Hand 114
105. Eine **Stammeinlage** wird nicht eingezahlt 114
106. Ein Gesellschafter **stirbt** 115
107. Ein Geschäftsanteil wird **gepfändet**.......................... 115
108. **Kapitalerhöhung** mit weiteren Einzahlungen oder Sacheinlagen... 116
109. **Kapitalerhöhung** ohne Einzahlungen aus Gesellschaftsmitteln 119
110. Herabsetzung des **Stammkapitals** 121

111. Andere Änderungen des **Gesellschaftsvertrages** einschließlich Neufassung. 123
112. **Sitzverlegung** 125
113. Spätere Errichtung, Aufhebung oder Verlegung einer **Zweigniederlassung** – auch: eines ausländischen Unternehmens 126
114. Erteilung, Widerruf oder andere Änderungen einer **Prokura**.... 128
115. Die Gesellschafter beschließen die **Auflösung** der Gesellschaft 128
116. Die Gesellschaft wird **zahlungsunfähig** oder das Gesellschaftsvermögen deckt die Verbindlichkeiten nicht mehr 131
117. Ein Gesellschafter wird zahlungsunfähig 131
118. Die Eröffnung des **Insolvenzverfahrens** wird mangels Masse abgelehnt. 131
119. Eine **Liquidation** der Gesellschaft ist nicht erforderlich........ 132
120. Die Gesellschafter wollen eine aufgelöste Gesellschaft **fortsetzen** 133
121. Die **Liquidation** ist beendet 135
122. Nach Schluß der Abwicklung und Löschung der Gesellschaft stellt sich **weiteres Gesellschaftsvermögen** heraus 136
123. Der Alleingesellschafter übernimmt den Geschäftsbetrieb durch Umwandlung (**Verschmelzung durch Aufnahme**) 136
124. Die Gesellschafter wollen durch **Umwandlung** den Geschäftsbetrieb als Personengesellschaft weiterführen – Verschmelzung oder Formwechsel von GmbH auf GmbH & Co KG 138
125. Die Gesellschaft wird mit einer anderen GmbH **verschmolzen** 142
126. Der **Jahresabschluß** wird festgestellt........................ 146
127. Die Gesellschaft schließt einen **Unternehmensvertrag** ab 146
128. Ein **Unternehmensvertrag** endet............................ 147
129. Umstellung von DM auf Euro 148

Aktiengesellschaft

130. **Gründung** der Aktiengesellschaft 159
131. Die Gesellschaft erwirbt innerhalb von 2 Jahren nach ihrer Eintragung **Vermögensgegenstände**........................ 161
132. Bestellung, Abberufung oder Amtsniederlegung von **Vorstandsmitgliedern** oder die Änderung ihrer Vertretungsbefugnis 162
133. **Vereinigung** aller Aktien in einer Hand 163
134. Umstellung von DM auf Euro 164
135. Durchführung der ordentlichen **Hauptversammlung** nach Feststellung des Jahresabschlusses 164
136. Durchführung einer *außerordentlichen* **Hauptversammlung** .. 165

137. Abschluß oder Änderung eines **Unternehmensvertrages** 166
138. Ein **Unternehmensvertrag** endet 167
139. **Aktienurkunden** werden wegen Veränderung der rechtlichen Verhältnisse unrichtig 168
140. Die – normale – **Kapitalerhöhung** nach §§ 182–191 AktG...... 168
141. Bedingte **Kapitalerhöhung** für bestimmte Zwecke (§§ 192–201 AktG).. 171
142. **Genehmigtes Kapital** (§§ 202–206 AktG) 173
143. **Kapitalerhöhung** aus Gesellschaftsmitteln (§§ 207–220 AktG) 175
144. Gesellschaft überträgt **Vermögensteile** auf neu zu gründende GmbH (Abspaltung) 177
145. Gesellschaft wird in GmbH umgewandelt (**Verschmelzung** durch Neugründung oder Formwechsel)..................... 179
146.–147. Frei

Europäische Gesellschaft (SE)

148. Gründung der SE 182
149. Bestellung, Abberufung oder Amtsniederlegung von Organen der SE oder Änderung ihrer Vertretungsbefugnis 188
150. Änderung der Satzung – auch Sitzverlegung 190
151. Auflösung der SE 191
152. Frei

Europäische Wirtschaftliche Interessenvereinigung

153. Eine Europäische Wirtschaftliche Interessenvereinigung (EWIV) wird **gegründet** 192
154. **Eintritt** eines weiteren Mitglieds in die EWIV................ 194
155. **Übertragung** des Anteils an einer EWIV 195
156. **Ausscheiden** eines Mitglieds durch Vereinbarung, Kündigung oder Tod 196
157. Bestellung eines **Geschäftsführers**........................... 198
158. Änderung des **Gründungsvertrages**.......................... 199
159. **Auflösung** der EWIV.. 199

Umwandlungen

160. Fundstellen im Buch und allgemeine Hinweise 202

Inhaltsverzeichnis

Beglaubigungsvermerke

161. Unterschriftsbeglaubigung **einer Person** 204
162. Unterschriftsbeglaubigung **mehrerer Personen**............... 204
163. Zeichnung der Namensunterschrift durch **Prokuristen**........ 204
164. Zeichnung durch **einen Geschäftsführer**, Vorstandsmitglied, Liquidator... 204
165. Zeichnung **mehrerer Geschäftsführer**, Vorstandsmitglieder, Liquidatoren 205
166. Unterschriftsbeglaubigung und Zeichnung durch **eine Person** . 205
167. Unterschriftsbeglaubigung und Zeichnung durch **mehrere Personen** 205
168. Unterschriftsbeglaubigung und Zeichnung durch mehrere Gesellschafter, **Prokuristen** 206

Anhang zu Teil A: Grundlagen der Kostenberechnung für Anmeldungen und Eintragungen 207

Teil B
Gerichtsentscheidungen zum Handelsregisterrecht

I. Bürgerliches Gesetzbuch

§ 29	Bestellung eines Notvertreters...........................	212
§ 181	Rechtsgeschäfte mit sich selbst	213
§ 1822	Genehmigung des Vormundschaftsgerichts	216

II. Handelsgesetzbuch

§ 1	Kaufmann kraft Gewerbebetrieb.........................	219
§ 7	Kaufmannseigenschaft und öffentliches Recht	219
§ 8	Form der Eintragung....................................	219
§ 9	Einsicht des Handelsregisters; Abschriften; Bescheinigungen	220
§ 10	Bekanntmachung	221
§ 12	Anmeldungen; Zeichnung von Unterschriften; Nachweis der Rechtsnachfolge.....................................	221
§ 13	Errichtung einer Zweigniederlassung von Unternehmen...	224

Inhaltsverzeichnis

§ 13c	Behandlung bestehender Zweigniederlassungen von Unternehmen mit Sitz im Inland	225
§ 13d–g	Zweigniederlassungen ausländischer Unternehmen	226
§ 13h	Sitzverlegung	227
§ 14	Erzwingung von Anmeldungen und anderen Handlungen durch Zwangsgeld.	229
§ 15	Wirkung von Eintragungen	230
§ 16	Bindung des Registergerichts an Entscheidungen des Prozeßgerichts	230
§ 17	Firma allgemein	230
§ 18	Firma des Kaufmanns	231
§ 19 Abs. 1	Rechtsformzusätze allgemein	234
§ 19 Abs. 2	Firma der beschränkt haftenden Personengesellschaft, insbesondere GmbH & Co. KG	235
§ 22	Firmenfortführung bei Übergang eines Handelsgeschäftes	237
§ 23	Keine Firmenveräußerung ohne Handelsgeschäft	240
§ 24	Firmenfortführung bei teilweisem Inhaberwechsel	241
§ 25	Haftung des Erwerbers bei Geschäftsübernahme	243
§ 27	Haftung der Erben eines Handelsgeschäfts	246
§ 28	Haftung bei Eintritt eines Gesellschafters in das Geschäft eines Einzelkaufmanns.	247
§ 30	Unterscheidung von anderen Firmen	247
§ 31	Anmeldung von Änderungen und des Erlöschens	249
§ 48	Prokura, Erteilung	249
§ 49	Umfang der Prokura.	250
§ 50	Zweigniederlassungsprokura	251
§ 52	Erlöschen der Prokura	251
§ 53	Anmeldungen zur Prokura, Zeichnung	252
§ 105	Begriff und Entstehung einer OHG; Verhältnis zur Gesellschaft nach BGB	253
§§ 106, 107	Anmeldung der Gründung und von Veränderungen	253
§ 108	Zur Anmeldung verpflichtete Personen, Verfahren, Zeichnungen	255
§ 125	Vertretung der Gesellschaft.	256
§ 143	Anmeldung der Auflösung und des Ausscheidens von Gesellschaftern	256
§ 157	Erlöschen der Firma, Anmeldung	259
§ 161	Begriff der Kommanditgesellschaft	259
§ 162	Anmeldung der KG und des Eintritts von Kommanditisten	260
§ 170	Ausschluß der Kommanditisten von der Vertretung	261
§ 171	Haftung des Kommanditisten	261

§ 175	Erhöhung der Einlage	263
§ 176	Haftung des Kommanditisten vor Eintragung	263
§ 177	Tod des Kommanditisten	263
§§ 325–327, 335, 335a und b	Einreichung des Jahresabschlusses zum Handelsregister; Erzwingung	264

III. Gesetz betreffend die Gesellschaften mit beschränkter Haftung

§ 1	Zulässiger Zweck bei Freiberufler-GmbH	266
§ 2	Gründung der GmbH, Form des Gesellschaftsvertrages	266
§ 3	Inhalt des Gesellschaftsvertrages	267
§ 4	Firma der GmbH	270
§ 5	Stammkapital und Stammeinlagen	272
§ 6	Bestellung der ersten Geschäftsführer	273
§ 7	Anmeldung der Gesellschaft	275
§ 8	Anlagen der Anmeldung, Versicherung über Einzahlung	276
§ 10	Eintragung im Handelsregister	281
§ 11	Rechtsgeschäfte der GmbH vor Eintragung	282
§ 11	Nr. 2 (Vorgesellschaft)	282
§ 15	Verkauf und Übertragung von Geschäftsanteilen	283
§ 19	Erfüllung der Einlageverpflichtung	285
§ 34	Einziehung von Geschäftsanteilen	286
§ 35	Vertretung der Gesellschaft	287
§ 39	Anmeldung von Veränderungen bei den Geschäftsführern	288
§ 40	Liste der Gesellschafter	292
§ 44	Stellvertretende Geschäftsführer	292
§ 47	Durchführung der Gesellschafterversammlung	293
§ 51	Form der Einberufung, Folge von Verstößen	294
§ 53	Satzungsänderungen	295
§ 54	Anmeldung der Satzungsänderung	299
§ 55	Kapitalerhöhung gegen Geldeinlagen	301
§ 56	Kapitalerhöhung gegen Sacheinlagen	303
§ 57	Anmeldung der Kapitalerhöhung	306
§ 57i	Kapitalerhöhung aus Gesellschaftsmitteln	308
§ 58	Kapitalherabsetzung	308
§ 60 Abs. 1 Nr. 5	(Auflösung nach Ablehnung der Eröffnung des Insolvenzverfahrens mangels Masse)	310
§ 65	Anmeldung der Auflösung	310
§ 66	Bestellung von Liquidatoren	310

§ 67	Anmeldung von Liquidatoren	311
§ 68	Vertretungsbefugnis der Liquidatoren	312
§ 74	Erlöschen der Gesellschaft, Nachtragsliquidation, Bücher und Schriften	313
§ 78	Anmeldebefugnis	314
§ 86	Umstellung auf Euro	315

IV. Gesetz über die Auflösung von Gesellschaften und Genossenschaften (Löschungsgesetz) 317

V. Aktiengesetz

§ 23	Gründer, Doppelsitz, Gegenstand	318
§ 81	Anmeldung von Änderungen des Vorstands	319
§ 95	Zahl der Aufsichtsratsmitglieder	319
§ 104	Bestellung von Aufsichtsratsmitgliedern durch das Registergericht	319
§ 105	Abordnung von Aufsichtsratsmitgliedern in den Vorstand	320
§ 106	Bekanntmachungen von Veränderungen im Aufsichtsrat	321
§ 107	Anzeige von Wahlen im Aufsichtsrat	321

VI. Umwandlungsgesetz

§ 3 Abs. 3 UmwG	Umwandlung aufgelöster Rechtsträger	322
§ 5 Abs. 1 Nr. 9 UmwG	Angaben zu den arbeitsrechtlichen Folgen und Maßnahmen	322
§ 13	Zustimmungsbeschluß	323
§ 16 Abs. 3	Eintragung bei Anfechtung	323
§ 17 Abs. 1	Anlagen zur Anmeldung	324
§ 17 Abs. 2	Schlußbilanz	324
§ 20	Wirkungen der Eintragung	325
§ 54	Verschmelzung ohne Kapitalerhöhung	326
§ 190	Formwechsel	326
§ 213	Umwandlungsbeschluß bei unbekannten Aktionären	326

VII. Gesetz über die Angelegenheiten der freiwilligen Gerichtsbarkeit

| § 12 | Amtsermittlung | 328 |

Inhaltsverzeichnis

§ 19	Anfechtbarkeit von Entscheidungen	329
§ 20	Beschwerdeberechtigung	331
§ 126	Beteiligung der Industrie- und Handelskammer/Handwerkskammer	332
§ 127	Aussetzung	333
§ 129	Antragsrecht des Notars	333
§ 132	Zwangsgeldverfahren	333
§ 140a	Zwangs- u. Ordnungsgeldverfahren	334
§ 141a	Löschung vermögensloser Gesellschaften	334
§ 142	Löschung von Eintragungen als unzulässig	336
§ 144	Löschung von Gesellschafterbeschlüssen	337
§ 144a	Auflösung einer GmbH wegen Satzungsmangel	338
§ 144b	Auflösung infolge Nichteinzahlung	338

Stichwortverzeichnis 339

Abkürzungsverzeichnis

aaO	am angegebenen Ort
ABl.	Amtsblatt
Abs.	Absatz
a.E.	am Ende
AG	Aktiengesellschaft (auch Zeitschrift) oder Amtsgericht oder Ausführungsgesetz
AktG	Aktiengesetz
a. M.	anderer Meinung
Art.	Artikel
BayObLG	Bayerisches Oberstes Landesgericht
BayObLGZ	Entscheidungen des Bayerischen Obersten Landesgerichts in Zivilsachen
BB	Betriebsberater
BFH	Bundesfinanzhof
BGB	Bürgerliches Gesetzbuch
BGBl.	Bundesgesetzblatt
BGH	Bundesgerichtshof
BGHZ	Entscheidungen des Bundesgerichtshofes in Zivilsachen
BMF-Schreiben	Schreiben des Bundesministeriums der Finanzen
BNotO	Bundesnotarordnung
BStBl.	Bundessteuerblatt
BWNotZ	Zeitschrift für das Notariat in Baden-Württemberg
DB	Der Betrieb
DJ	Deutsche Justiz
DNotI-Report	Report des Deutschen Notarinstituts
DNotZ	Deutsche Notar-Zeitschrift
DStR	Deutsches Steuerrecht
EG	Europäische Gemeinschaften
Entsch.	Entscheidung
EU	Europäische Union
EU-Ri	Richtlinie der Europäischen Union
EU-VO	Verordnung der Europäischen Union
EuGH	Europäischer Gerichtshof

Abkürzungsverzeichnis

EWIV	Europäische Wirtschaftliche Interessenvereinigung
EWIV-VO	Verordnung (EWG) Nr. 2137/85 des Rates vom 25. 7. 1985 über die Schaffung einer Europäischen wirtschaftlichen Interessenvereinigung
FamRZ	Zeitschrift für das gesamte Familienrecht
ff.	folgende
FGG	Gesetz über die Angelegenheiten der freiwilligen Gerichtsbarkeit
GastG	Gaststättengesetz
GBl.	Gesetzblatt
GewO	Gewerbeordnung
GmbH	Gesellschaft mit beschränkter Haftung
GmbHG	Gesetz betreffend die Gesellschaften mit beschränkter Haftung
GmbHR	GmbH-Rundschau
GRUR	Gewerblicher Rechtsschutz und Urheberrecht
GVHR	Gebührenverzeichnis in Handelsregistersachen
HGB	Handelsgesetzbuch
HRegGebV	Handelsregistergebührenverordnung
h. M.	herrschende Meinung
HRR	Höchstrichterliche Rechtsprechung (Ergänzungsblatt zur „Deutschen Justiz")
HRV	Handelsregisterverordnung
IHK	Industrie- und Handelskammer
JFG	Jahrbuch für Entscheidungen in Angelegenheiten der freiwilligen Gerichtsbarkeit und des Grundbuchrechts
JR	Juristische Rundschau
JuS	Juristische Schulung
Justiz	Die Justiz, Amtsblatt des Justizministeriums Baden-Württemberg
JW	Juristische Wochenschrift
JZ	Juristenzeitung
KG	Kammergericht oder Kommanditgesellschaft
KGJ	Jahrbuch für Entscheidungen des Kammergerichts

KO	Konkursordnung
KostO	Kostenordnung
KostREuroUG	Gesetz zur Umstellung des Kostenrechts und der Steuerberatergebührenverordnung auf Euro
LG	Landgericht
LZ	Leipziger Zeitschrift
MDR	Monatsschrift für Deutsches Recht
m. E.	meines Erachtens
MittBayNot	Mitteilungen des Bayerischen Notarvereins
MittRhNotK	Mitteilungen der Rheinischen Notarkammer (jetzt RNotZ – Rheinische Notar-Zeitschrift)
NdsRpfl.	Niedersächsische Rechtspflege
NJW	Neue Juristische Wochenschrift
NJW-RR	NJW-Rechtsprechungs-Report
NotBZ	Zeitschrift für die notarielle Beratungs- und Beurkundungspraxis
OHG	Offene Handelsgesellschaft
OLG	Oberlandesgericht
OLGR = OLGE = OLG	Die Rechtsprechung der Oberlandesgerichte auf dem Gebiete des Zivilrechts
OLGZ	Die Rechtsprechung der Oberlandesgerichte (seit 1965)
PartGG	Gesetz über Partnerschaftsgesellschaften Angehöriger Freier Berufe
RG	Reichsgericht
RGBl.	Reichsgesetzblatt
RGZ	Entscheidungen des Reichsgerichts in Zivilsachen
RJA	Entscheidungen in Angelegenheiten der freiwilligen Gerichtsbarkeit und des Grundbuchrechts. Zusammengestellt im Reichsjustizamt
RNotZ	Rheinische Notar-Zeitschrift (vormals Mitteilungen der Rheinischen Notarkammer)
Rpfleger	Der Deutsche Rechtspfleger
SAHZ	Schütt-aus-hol-zurück
SE	Europäische Gesellschaft (Societas Europaea = SE)

Abkürzungsverzeichnis

SEAG-E	SE-Ausführungsgesetz, Entwurf (zitiert in der vom Bundestag am 29. 10. 2004 angenommenen Fassung, Drucksache 15/4053)
SEBG-E	SE-Beteiligungsgesetz, Entwurf (zitiert in der vom Bundestag am 29. 10. 2004 angenommenen Fassung, Drucksache 15/4053)
SE-VO	Verordnung (EG) Nr. 2157/2001 des Rates vom 8. 10. 2001 über das Statut der Europäischen Gesellschaft
str.	streitig
u. a.	unter anderem
UmwG	Umwandlungsgesetz
Urt.	Urteil
v.	vom
VersR	Versicherungsrecht
VO	Verordnung
WPM	Wertpapier-Mitteilungen (Teil IV)
ZIP	Zeitschrift für Wirtschaftsrecht
ZNotP	Zeitschrift für die Notarpraxis
ZPO	Zivilprozeßordnung

Einführung in das Handelsregister

Das Handelsregister dient dazu, einige für den Rechtsverkehr mit Kaufleuten wesentliche Rechtsverhältnisse der kaufmännischen Unternehmen kundbar zu machen. Es soll u. a. eine verläßliche Auskunft über die Firma als Handelsname des Kaufmanns sowie darüber geben, wer ein Unternehmen vertreten kann und wer für die im Unternehmen eingegangenen Verbindlichkeiten haftet. Das Handelsregister bezweckt in erster Linie die Erleichterung und den Schutz des Handelsrechtsverkehrs.

Diesen Zweck kann das Handelsregister nur dann erfüllen, wenn die von ihm ausgewiesenen Rechtsverhältnisse der Wirklichkeit entsprechen. Ein unrichtiges Handelsregister führt den, der sich auf seinen Inhalt verläßt, irre und bietet dem kaufmännischen Rechtsverkehr keine verläßliche Grundlage. Das Gesetz ist daher bestrebt, nach Möglichkeit sicherzustellen, daß die im Handelsregister verlautbarten Tatsachen richtig sind.

Dieses Ziel läßt sich am einfachsten dadurch erreichen, daß das Gesetz Gründungen und wichtige Veränderungen kaufmännischer Unternehmen erst wirksam werden läßt, wenn sie im Handelsregister eingetragen worden sind. Dadurch tritt die Änderung gleichzeitig mit ihrer Offenlegung im Register ein. Solche Regelungen finden sich vor allem im Bereich der Kapitalgesellschaften: GmbH und Aktiengesellschaft entstehen erst mit der Eintragung im Handelsregister, Satzungsänderungen dieser Gesellschaften haben vor diesem Zeitpunkt trotz notariell beurkundeter Gesellschafterbeschlüsse keine rechtliche Wirkung. Umwandlungsvorgänge, an denen Kapitalgesellschaften beteiligt sind, vollziehen sich erst mit der Eintragung im Handelsregister.

Von dieser Regelung hat das Gesetz beim Handelsregister aber nur ausnahmsweise Gebrauch gemacht. Für Einzelkaufleute und Personengesellschaften, aber auch für viele Vorgänge bei GmbH und Aktiengesellschaft gilt vielmehr der Grundsatz, daß die Veränderungen unabhängig von der Handelsregistereintragung sofort wirksam sind, sobald die materiellrechtlichen Voraussetzungen hierfür erfüllt sind. Die Übertragung eines Handelsgeschäfts ist also wirksam, wenn Veräußerer und Erwerber sich hierüber geeinigt haben; Gesellschafter einer Personengesellschaft (OHG, KG) sind eingetreten oder ausgeschieden, sobald alle Gesellschafter sich hierüber einig sind; Geschäftsführer einer GmbH sind wirksam bestellt oder abberufen, sobald die entsprechenden Gesellschafterbeschlüsse gefaßt sind. In allen diesen Fällen wird das Handelsregister durch die eingetretene Veränderung zunächst unrichtig und muß der materiellen Rechtslage nachträglich angepaßt werden; es hinkt sozusagen hinterher.

Bei dieser Regelung muß das Gesetz dafür sorgen, daß die nötige Anpassung möglichst unverzüglich geschieht. Es muß außerdem sicherstellen, daß in der unvermeidlichen Zwischenzeit, in der das Handelsregister unrichtig ist, Dritte durch die unrichtige Registerlage keine Nachteile erleiden. Dabei setzt das Handelsrecht zwei ganz unterschiedliche, aber sich gegenseitig ergänzende Mittel ein:

1. Das Gesetz schreibt vor, daß bestimmte Tatsachen „zur Eintragung in das Handelsregister anzumelden sind", also angemeldet und eingetragen werden müssen. Gleichzeitig werden bestimmte Personen genannt, die diese Pflicht zu erfüllen haben. Kommen sie der ihnen auferlegten Verpflichtung nicht nach, so muß das Registergericht sie mit einem öffentlichen Zwang dazu anhalten. Das Gericht hat, wenn es von Verstößen gegen die Anmeldepflicht Kenntnis erhält, ein Zwangsgeldverfahren nach § 14 HGB einzuleiten.

2. Dieses Mittel reicht allein nicht aus, um die Richtigkeit des Registers zu sichern. Oft erfährt das Gericht gar nicht, daß anmeldepflichtige Veränderungen eingetreten sind; es unternimmt daher nichts. Jedenfalls vergeht längere Zeit, bis das Register an die eingetretenen Veränderungen angepaßt ist. Deshalb sieht das Gesetz ein weiteres Druckmittel vor, um die an der Veränderung beteiligten Personen zu der erforderlichen Anmeldung und damit zu der unverzüglichen Berichtigung des Handelsregisters zu veranlassen: Eintragungspflichtige Tatsachen können gutgläubigen Dritten erst entgegengesetzt werden, wenn sie im Handelsregister eingetragen und bekanntgemacht sind. In den oben erwähnten Beispielen gilt also – Gutgläubigkeit vorausgesetzt – der bisherige Inhaber weiterhin als berechtigt, Forderungen des Unternehmens einzuziehen; der ausgeschiedene Gesellschafter haftet auch für Gesellschaftsschulden, die nach seinem Ausscheiden entstehen, und der abberufene Geschäftsführer gilt weiterhin als für die Gesellschaft vertretungsberechtigt, bis er im Handelsregister gelöscht ist. Die in der Übergangszeit zwischen Veränderung und Eintragung entstehenden Risiken trägt mithin nicht der außenstehende Dritte, sondern das Unternehmen, das die Eintragung zu veranlassen hat, oder der davon unmittelbar Betroffene, z. B. der ausgeschiedene Gesellschafter.

Einführung in das Handelsregister Einf.

Dieser aus § 15 Abs. 1 HGB folgende mittelbare Zwang zur Anmeldung ist gewissermaßen mit einer Prämie für denjenigen verbunden, der mit seinem Antrag für die Eintragung im Handelsregister gesorgt hat: Ist die Eintragung erst einmal vorgenommen und bekanntgemacht, so kann – spätestens nach fünfzehn Tagen – niemand mehr einwenden, er habe die eingetragene Veränderung nicht gekannt oder nicht kennen können (§ 15 Abs. 2 HGB). Ist also die Abberufung des Geschäftsführers eingetragen, so ist damit seine Vertretungsbefugnis auch gutgläubigen Dritten gegenüber beseitigt. Damit dienen beide Regelungen zugleich der Rechtssicherheit im kaufmännischen Verkehr.

Anmeldungen zum Handelsregister kommt also unterschiedliche, in jedem Fall aber große Bedeutung zu. Im einen Fall sind sie erforderlich, um über die Eintragung überhaupt erst die angestrebte Veränderung herbeizuführen. Im anderen Fall sind sie nötig, um die an einer Änderung beteiligten Personen oder Gesellschaften vor Haftungsrisiken zu schützen, die mit ihren Interessen und meist auch mit den getroffenen Vereinbarungen im Widerspruch stehen. In ihrer Gesamtheit sollen die vom Gesetz vorgeschriebenen Erklärungen zum Handelsregister diese Einrichtung zu dem machen, was der kaufmännische Rechtsverkehr von ihr erwartet: eine verläßliche Informationsquelle, insbesondere über die genaue Bezeichnung von Handelsunternehmen, über ihre Rechtsform, ihre Vertretung und über einige wesentliche Eckwerte ihrer Haftung.

Teil A

Die unternehmensrechtlichen Vorgänge und Veränderungen sowie die daraus folgenden Handelsregisteranmeldungen

Allgemeines zu Handelsregisteranmeldungen

1. Anmeldungen zum Handelsregister sowie zur Aufbewahrung bei Gericht bestimmte Zeichnungen von Unterschriften sind in **öffentlich beglaubigter Form** einzureichen (§ 12 HGB). Hierfür sind, von Ausnahmen abgesehen, die Notare zuständig (§ 129 BGB).

Die Beglaubigung wird durch die Einhaltung folgender anderer Formvorschriften ersetzt:

- durch notarielle Beurkundung (§ 129 Abs. 2 BGB),
- durch Aufnahme in einen protokollierten gerichtlichen Vergleich (§ 127a BGB).

Nicht erforderlich ist die Form des § 12 Abs. 1 HGB für zusätzliche Erklärungen eines Beteiligten (z. B. Zustimmung zur Firmenfortführung nach § 22 Abs. 1 oder § 24 Abs. 2 HGB) oder für die Einreichung von Schriftstücken, die nicht zu einer Eintragung im Handelsregister führen sollen (z. B. die Liste der Gesellschafter nach § 40 GmbHG).

Nachträgliche Änderungen in einer bereits beglaubigten Anmeldung werden bei Einverständnis des Unterzeichnenden für zulässig gehalten (LG Kassel, MittBayNot 2002, 526).

2. Anmeldungen können von **Bevollmächtigten** vorgenommen werden; einige Ausnahmen sind in den Hinweisen zu den Anmeldungen angegeben. Die Vollmacht muß ebenfalls in öffentlich beglaubigter Form eingereicht werden (§ 12 Abs. 2 HGB). Einzelheiten zur Anmeldung durch Bevollmächtigte siehe Teil B Nr. 2–11 zu § 12 HGB.

Eine gesetzliche Vollmacht zur Anmeldung enthält § 129 FGG für den Notar, der eine Erklärung beurkundet oder beglaubigt hat. Sie gilt aber nur für anmeldepflichtige Tatsachen (vgl. dazu die Einführung S. 2), nicht dagegen für Anträge auf rechtsbegründende Eintragungen, und umfaßt daher nicht die Eintragung von GmbH und AG, deren Satzungsänderungen sowie Umwandlungsvorgänge (z. B. die Ausgliederung, BayObLG,

5

A Allg.   Allgemeines zu Handelsregisteranmeldungen

MittBayNot 2000, 331). Auch Personengesellschaften nach § 105 Abs. 2 HGB fallen nicht hierunter (vgl. unten Teil A Nrn. 21 und 24). § 129 FGG kann vor allem bei Nachbeurkundungen aufgrund von Beanstandungen und bei drohendem Fristablauf hilfreich sein (vgl. z. B. OLG Jena, Mitt-BayNot 2003, 303).

3. Im Handelsregister können nur bestehende, also bereits eingetretene **Tatsachen** eingetragen werden. Das bedeutet aber nicht, daß auch die entsprechende Handelsregisteranmeldung stets erst dann vorgenommen werden kann, wenn der anzumeldende Tatbestand vollständig abgeschlossen ist. Vielmehr ist sie bereits vorher zulässig, wenn zum Eintritt der angemeldeten Tatsache nur noch die Eintragung des Registergerichts nötig ist (Beispiel: Eintritt eines Kommanditisten unter der aufschiebenden Bedingung der Eintragung im Handelsregister; vgl. Hinweis bei Nr. A 62 sowie B § 176 HGB) oder wenn die Tatsache vom Eintritt eines Kalenderdatums abhängt (Beispiel: Abberufung oder Amtsniederlegung eines Geschäftsführers zu einem bestimmten Zeitpunkt). Dagegen ist die Anmeldung unzulässig, wenn die angemeldete Tatsache überhaupt noch nicht vorliegt (z. B. Anmeldung einer Geschäftsführerbestellung vor dem entsprechenden Gesellschafterbeschluß; B § 12 HGB Nr. 12 sowie Waldner, ZNotP 2000, 188).

4. Über die Anmeldung hat das Registergericht innerhalb eines Monats zu befinden, entweder durch Eintragung oder, wenn die Anmeldung nicht in vollem Umfang den gesetzlichen Vorschriften entspricht, durch den Erlaß einer Verfügung (§ 25 Abs. 1 HRV). Ist der Mangel behebbar, fehlt also etwa die Anmeldung eines Beteiligten oder sind weitere Urkunden erforderlich, erläßt das Registergericht eine **Zwischenverfügung**. Wird sie trotz Fristsetzung nach § 26 HRV nicht behoben, ist damit zu rechnen, daß die Anmeldung zurückgewiesen wird.

War der Mangel von vornherein nicht behebbar, etwa weil die beantragte Eintragung nicht zum Kreis der eintragungsfähigen Tatsachen gehört oder ein nichtiger Beschluß angemeldet wird, so könnte das Registergericht die Anmeldung sogleich zurückweisen. Regelmäßig wird es aber auf die bestehenden Bedenken hinweisen und anregen, die Anmeldung zurückzunehmen; das entspricht seiner gerichtlichen Aufklärungspflicht nach § 139 ZPO.

Gelegentlich werden mehrere voneinander unabhängige Punkte gleichzeitig angemeldet.

Allgemeines zu Handelsregisteranmeldungen **A Allg.**

Beispiele:

▶ bei einer KG die Erteilung einer Prokura und der Eintritt eines weiteren Gesellschafters; oder

▶ bei einer GmbH die Bestellung oder Abberufung eines Geschäftsführers und eine Änderung des Gesellschaftsvertrages. Besteht in solchen Fällen eine Beanstandung nur hinsichtlich eines Teiles der Anmeldung, während der andere Teil eintragungsfähig ist, so muß man unterscheiden:

a) Ist eine eintragungs**pflichtige** Tatsache ordnungsgemäß angemeldet (Widerruf einer Prokura, Eintritt eines Gesellschafters, Bestellung eines Geschäftsführers), so muß das Registergericht sie sofort eintragen, weil das Handelsregister mit der deklaratorischen Eintragung zu berichtigen ist. Das Registergericht kann die Eintragung einer ordnungsgemäßen Anmeldung nicht davon abhängig machen, daß die Gesellschafter andere, damit nicht zusammenhängende Änderungen vornehmen (vgl. OLG Hamm, GmbHR 1996, 558; BayObLG, ZIP 1996, 2109). Auch wegen einer fehlenden Namenszeichnung darf die Eintragung nicht verweigert werden (OLG Hamm, GmbHR 2001, 817). Ebenso Eintragungspflicht des Gesellschafterwechsels, selbst wenn durch Wechsel die eingetragene Firma unzulässig geworden ist (B §§ 106, 107 HGB Nr. 2).

b) Bestehen dagegen z.B. bei Satzungsänderungen Beanstandungen zu einzelnen Vorschriften, so können die Anmeldenden bestimmen, ob eine getrennte Eintragung selbständiger Teile erfolgen soll. Bei einer einheitlichen Anmeldung ist regelmäßig ein einheitlicher Vollzug gewollt (vgl. LG Dresden, GmbHR 1994, 555; BayObLG, WM 1987, 502). Die Anmeldenden können jedoch auch erklären, daß die angemeldeten Punkte unabhängig voneinander vollzogen werden sollen, nach § 129 FGG wird das auch der Notar können.

Bei der Ersteintragung einer GmbH dürfte es zulässig sein, daß die Geschäftsführer oder der Notar (in der Form der §§ 129 FGG, 24 Abs. 3 BNotO) erklären, daß eine unzulässige Satzungsbestimmung von der Eintragung ausgenommen wird (B § 7 GmbHG Nr. 2). Damit kann u.U. die sonst nötige sofortige Änderung des Vertrages vermieden und die Eintragung beschleunigt werden.

5. Anmeldungen zum Handelsregister können bis zur Eintragung des angemeldeten Vorgangs formlos **zurückgenommen** werden. Die Eintragung unterbleibt dann zunächst. Handelt es sich aber um *eintragungspflichtige* Tatsachen, so greifen die in der Einführung genannten Sanktionen

7

ein (Zwangsgeldverfahren, Rechtsscheinwirkung des unrichtigen Handelsregisters). Zur Rücknahme ist jeder Anmeldende berechtigt, außerdem ein Notar unter Beidrückung seines Amtssiegels, soweit er die zur Eintragung erforderliche Erklärung beurkundet oder beglaubigt hat (§ 24 Abs. 3 BNotO i.V.m. § 129 FGG).

6. Wird eine Beanstandung erhoben oder Anmeldung **zurückgewiesen**, so ist gegen die Entscheidung des Registergerichts die unbefristete Beschwerde nach § 19 FGG gegeben. Sie steht, wenn mehrere Personen antragsberechtigt sind, nur allen gemeinsam zu (B § 20 FGG Nr. 1). Beschwerdebefugnis bei Anmeldungen für eine GmbH oder AG siehe B § 20 FGG Nr. 3. Beschwerdebefugnis eines Notars siehe § 129 FGG und B § 129 FGG.

Anfechtbar ist auch eine Zwischenverfügung, mit der das Gericht den Vollzug der Anmeldung von der Erledigung bestimmter Auflagen abhängig macht. Hingegen sind **nicht** anfechtbar der Hinweis des Registergerichts auf ein nicht behebbares Eintragungshindernis (BayObLG, DNotZ 1995, 224), eine Meinungsäußerung des Gerichts zu Firmierungsanfragen oder die formlose Aufforderung an Beteiligte, etwas anzumelden.

7. In allen Anmeldungen soll der Gegenstand des Unternehmens, soweit er sich nicht aus der Firma ergibt oder ohnehin eingetragen wird, angegeben werden (§ 24 Abs. 4 HRV).

8. In allen Anmeldungen ist die Lage der **Geschäftsräume** anzugeben (§ 24 Abs. 2 HRV). Spätere Änderungen der Geschäftsanschrift sind dem Registergericht unverzüglich mitzuteilen. Dies gilt auch für Anmeldungen für eine Zweigniederlassung. Da § 24 sowohl für Neugründungen als auch für spätere Vorgänge gilt, ist bei **jeder** Anmeldung die Geschäftsanschrift anzugeben, zumindest mit dem Hinweis, seit der letzten Mitteilung habe sich nichts geändert.

9. Namenszeichnungen vertretungsberechtigter Personen: Das HRefG hat die bisher für Einzelkaufleute sowie für vertretungsberechtigte Personen bei OHG, KG, Partnerschaft und EWIV bestehende Verpflichtung, auch den Firmennamen zur Aufbewahrung bei Gericht zu zeichnen, beseitigt. Nach neuem Recht (§§ 29, 53, 108, 148 HGB, § 3 EWIV-AusfG) ist nur noch die Namensunterschrift zu zeichnen, und zwar „unter Angabe der Firma". Das bedeutet nicht, daß bei der Zeichnung die Firma wiederholt werden muß (OLG Köln, GmbHR 2000, 824). Ergibt sich aus dem Zusammenhang einer einheitlichen Urkunde bereits eindeutig, bei welcher Firma die darin gezeichnete Namensunterschrift verwendet wird, so

Allgemeines zu Handelsregisteranmeldungen	**A Allg.**

ist eine erneute Angabe der Firma bei der Zeichnung ohne Sinn und überflüssig. Die Firma muß demnach bei der Namenszeichnung nur dann angegeben werden, wenn sich diese Zweckbestimmung aus der Urkunde nicht ergibt, also bei einem abstrakten Zeichnungsbogen ohne weitere Angaben.
Diese Auffassung liegt den in Teil A aufgeführten Anmeldungsmustern zugrunde.
10. Für Anmeldungen entstehen **Kosten** (beim beglaubigenden Notar), ebenso für die darauf folgenden Eintragungen (beim Registergericht). Die Grundlagen der Kostenberechnung ergeben sich aus einem Anhang zu Teil A (S. 207 ff.) sowie aus Hinweisen bei den einzelnen Anmeldungen.
11. Eine Beschwerde gegen Handelsregistereintragungen ist nicht möglich (vgl. Teil B § 19 FGG Nr. 5). Unzulässige Eintragungen sind aber von Amts wegen nach §§ 142, 144, 144a FGG zu löschen (Beispiele in Teil B zu § 142 FGG). Von einer Eintragung Betroffene können ein solches Verfahren anregen.

Einzelkaufmann

1. Beginn eines Gewerbebetriebes (Neuaufnahme)

▶ Hinweise: Eintragungspflichtig ist jeder Gewerbebetrieb, der nach Art und Umfang einen in kaufmännischer Weise eingerichteten Geschäftsbetrieb erfordert (Handelsgewerbe nach § 1 Abs. 2 HGB). Liegen diese Voraussetzungen nicht vor, besteht keine Pflicht zur Eintragung ins Handelsregister, wohl aber ein Recht auf Eintragung nach § 2 HGB. Bei Vergrößerung des Geschäfts siehe Nr. 2.
Firma des Einzelkaufmanns: Siehe Vorbemerkung vor B § 18 HGB sowie § 19 Abs. 1 Nr. 1 HGB.
Kein Firmenführungsrecht von Kleingewerbetreibenden vor Eintragung nach § 2 HGB; siehe B Nr. 1 u. 2 zu § 17 HGB.
Gewerbegenehmigungen und Eintragung in Handwerksrolle: B § 7 HGB.

▶ Wer muß anmelden und zeichnen: der Inhaber

▶ Beizufügende Unterlagen: keine

▶ Kosten beim Gericht: stets Gebühr 50 Euro (GVHR 1100).

▶ Kosten beim Notar: stets Geschäftswert 25 000 Euro, § 41a Abs. 3 Nr. 1 KostO. Umfaßt Anmeldung und gleichzeitige Zeichnung der Namensunterschrift sowie gleichzeitige Einwilligung des bisherigen Inhabers in die Firmenfortführung. Bei nicht gleichzeitiger Zeichnung: wie bei Nr. 3. Wert: wie bei Nr. 3. Gebühren: §§ 32, 141, 45, 145, 38 Abs. 2 Nr. 7 KostO: $^5/_{10}$-Gebühr.

▶ Text der Anmeldung:

Ich, * Vor- und Zuname, Geburtsdatum, Wohnsitzadresse * betreibe unter der Firma * genaue Bezeichnung mit Zusatz „eingetragener Kaufmann" oder „eingetragene Kauffrau" oder „e. K." oder „e. Kfm." oder „e. Kfr." * ein Handelsgewerbe.

Gegenstand des Geschäfts ist * genaue Bezeichnung des Geschäftszweiges *
Die Geschäftsräume befinden sich in * Ort und Straße *
Bei der angemeldeten Firma verwende ich meine nachstehende Namensunterschrift zur Aufbewahrung beim Registergericht wie folgt:
(Unterschriftsbeglaubigung wie bei Nr. 166)

Einzelkaufmann					A 2-3

2. Vergrößerung oder Erweiterung eines bestehenden, nicht im Handelsregister eingetragenen Gewerbebetriebes, wenn er dadurch einen in kaufmännischer Weise eingerichteten Geschäftsbetrieb erfordert

- Hinweise: siehe bei Nr. 1
- Wer muß anmelden und zeichnen: der Inhaber
- Beizufügende Unterlagen: keine
- Kosten beim Gericht und Notar: wie bei Nr. 1
- Text der Anmeldung: wie bei Nr. 1

3. Erteilung einer Prokura

- Hinweise: Anmeldepflichtig sind auch Änderungen in der Vertretungsform von Prokuristen, z. B. Umwandlung von Einzelprokura in Gesamtprokura und umgekehrt, Bindung von Prokuristen an gesetzliche Vertreter von Handelsgesellschaften; siehe dazu B § 48 HGB Nr. 1 und 2.
  Befugnis zu Grundstücksgeschäften ist eintragungsfähig, B § 49 HGB Nr. 2. Filialprokura: B § 50 HGB. Keine Bindung des Prokuristen an den Alleininhaber, vgl. B § 49 HGB Nr. 3.
  Keine Prokura an juristische Personen möglich (KG, GmbHR 2002, 28).
- Wer muß anmelden: der Inhaber
- Beizufügende Unterlagen: keine
- Kosten beim Gericht: Für jede Prokura Gebühr 20 Euro (GVHR 4000).
- Kosten beim Notar: Geschäftswert 25 000 Euro, § 41a Abs. 4 Nr. 4 KostO. Für Zweigniederlassungen gilt die Hälfte (§ 41a Abs. 5 S. 1 KostO), also 12 500 Euro. Bei mehreren Prokuren Addition der Werte entsprechend der Zahl der Prokuren, § 44 Abs. 2a KostO, Höchstwert bei Addition 500 000 Euro, § 39 Abs. 4 KostO. Umfaßt Anmeldung und gleichzeitige Namenszeichnung. Gebühren: §§ 32, 141, 45, 145, 38 Abs. 2 Nr. 7 KostO: 5/10-Gebühr. Erfolgt Zeichnung der Namensunterschrift nicht in der gleichen Anmeldung, dann 5/20-Gebühr gemäß §§ 141, 45 KostO aus Wert nach § 30 Abs. 1 KostO, im Regelfall die Hälfte des für die Anmeldung maßgebenden Wertes des § 41a

A 3 Einzelkaufmann

Abs. 4 bzw. Abs. 5 KostO; bei Entwurfsfertigung ⁵⁄₁₀-Gebühr nach §§ 145 Abs. 1 S. 1, 38 Abs. 2 Nr. 7 KostO.

▶ Text der Anmeldung:

Ich habe * Name, Vorname, Geburtsdatum, Wohnort * *Einzelprokura* erteilt.

Der Prokurist zeichnet seine Namensunterschrift bei der von der Anmeldung betroffenen Firma zur Aufbewahrung beim Registergericht wie folgt:

Der Prokurist ist auch zur Veräußerung und Belastung von Grundstücken befugt.

Die Geschäftsräume befinden sich unverändert in * Ort und Straße *

(Unterschriftsbeglaubigung wie bei Nr. 161 + 163)

oder:

Ich habe * Name, Vorname, Geburtsdatum, Wohnort der mehreren Prokuristen * *Gesamtprokura* erteilt in der Weise, daß zwei Prokuristen gemeinschaftlich die Firma vertreten können.

Die Prokuristen zeichnen ihre Namensunterschriften bei der von der Anmeldung betroffenen Firma zur Aufbewahrung beim Registergericht wie folgt:

Die heute bestellten Prokuristen sind gemeinschaftlich zur Veräußerung und Belastung von Grundstücken befugt.

Die Geschäftsräume befinden sich unverändert in * Ort und Straße *

(Unterschriftsbeglaubigung wie bei Nr. 161 + 163)

oder:

Ich habe * Name, Vorname, Geburtsdatum, Wohnort * *für den Betrieb meiner Zweigniederlassung* * Firma der Zweigniederlassung * *Einzelprokura* erteilt mit der Beschränkung auf den Betrieb der Zweigniederlassung * Firma der Zweigniederlassung *.

Der Prokurist zeichnet seine Namensunterschrift bei der von der Anmeldung betroffenen Firma der Zweigniederlassung zur Aufbewahrung beim Registergericht wie folgt:

Die Geschäftsräume befinden sich unverändert in * Ort und Straße *

(Unterschriftsbeglaubigung wie bei Nr. 161 + 163)

oder:

Ich habe * Name, Vorname, Geburtsdatum, Wohnort * *für den Betrieb meiner Zweigniederlassung* * Firma der Zweigniederlassung * *Gesamtprokura* erteilt mit der Beschränkung auf den Betrieb dieser Zweigniederlassung und in der Weise, daß zwei Prokuristen gemeinschaftlich die Firma vertreten können.

Einzelkaufmann A 3-4

Die Prokuristen zeichnen ihre Namensunterschriften bei der von der Anmeldung betroffenen Firma der Zweigniederlassung zur Aufbewahrung beim Registergericht wie folgt:

Die Geschäftsräume befinden sich unverändert in * Ort und Straße *

(Unterschriftsbeglaubigung wie bei Nr. 161 + 163)

oder:

Die Gesamtprokura von * Name, Vorname, Geburtsdatum, Wohnort * wurde *umgewandelt* in eine Einzelprokura; der Prokurist ist nunmehr allein zur Vertretung der Firma berechtigt.

Weitere Gesamtprokuristen sind noch in vertretungsberechtigter Anzahl vorhanden.

Die Geschäftsräume befinden sich unverändert in * Ort und Straße *

(Unterschriftsbeglaubigung wie bei Nr. 161)

oder:

Die Einzelprokura von * Name, Vorname, Geburtsdatum, Wohnort * wurde *umgewandelt* in eine Gesamtprokura in der Weise, daß zwei Prokuristen gemeinsam die Firma vertreten können.

Weiterer Gesamtprokurist ist bereits * Name, Vorname, Geburtsdatum, Wohnort *.

Die Geschäftsräume befinden sich unverändert in * Ort und Straße *

(Unterschriftsbeglaubigung wie bei Nr. 161)

4. Widerruf/Entziehung einer Prokura

▶ Hinweise: Die Anmeldepflicht gilt auch in allen anderen Fällen des Erlöschens einer Prokura, insbes. bei Geschäftsaufgabe oder Insolvenz des Inhabers, Veräußerung des Unternehmens, Eintritt eines Gesellschafters (siehe dazu B § 52 HGB).

Wird der Prokurist durch Erbfall Mitinhaber des Geschäfts, erlischt die Prokura; B Nr. 4 zu § 27 HGB.

▶ Wer muß anmelden: der Inhaber

▶ Beizufügende Unterlagen: keine

▶ Kosten beim Gericht: Gebühr stets 20 Euro (GVHR 4000).

▶ Kosten beim Notar: wie bei Nr. 3

▶ Text der Anmeldung:

Die Prokura von * Name, Vorname, Geburtsdatum, Wohnort * ist erloschen.

Die Prokura von * Name, Vorname, Geburtsdatum, Wohnort * besteht als Einzelprokura weiter.

Die Geschäftsräume befinden sich unverändert in * Ort und Straße *

oder:

Die auf den Betrieb meiner Zweigniederlassung in * Ort * beschränkte Prokura von * Name, Vorname, Geburtsdatum, Wohnort * ist erloschen.

Die Geschäftsräume befinden sich unverändert in * Ort und Straße *

(Unterschriftsbeglaubigung wie bei Nr. 161)

5. Verkauf/Übertragung eines Handelsgeschäfts mit Fortführung der Firma durch den Erwerber

▶ Hinweise: Dieser Anmeldetatbestand liegt vor, wenn wesentliche Bestandteile der bisherigen Firma fortgeführt werden. Die frühere Rechtsprechung (vgl. B § 22 HGB Nr. 7), § 22 sei nur anwendbar, wenn der „Firmenkern", beim Einzelkaufmann also Name und Vorname, fortgeführt würden, dürfte nach der Neufassung von § 18 Abs. 1 HGB nicht mehr gelten (vgl. auch B § 22 HGB Nr. 5 und 13). Der praktische Anwendungsbereich von § 22 wird dadurch ausgeweitet. Das gilt auch für die Haftung nach § 25 Abs. 1 und die Möglichkeit bzw. Notwendigkeit, sie nach § 25 Abs. 2 auszuschließen. Anmeldepflicht und folgende Hinweise gelten auch dann, wenn die mit dem Geschäft übertragene Firma zwar besteht und zulässig gebildet ist, aber *noch nicht im Register eingetragen* war; B Nr. 4 zu § 22 HGB.

Die kraft Gesetzes eintretende Haftung für alte Geschäftsschulden kann ausgeschlossen werden (§ 25 Abs. 2 HGB). Eintragung des *Haftungsausschlusses* erforderlich und dringend (vgl. B Nr. 1–4 zu § 25 HGB). Erwerber (und Urkundsnotar!) müssen Eintragung überwachen; B § 10 HGB.

Wegen der teilweise weitgehenden Rechtsprechung zu § 25 HGB sollte in Zweifelsfällen ein Haftungsausschluß vereinbart und angemeldet werden; vgl. B § 25 HGB Nr. 8.

Bei *Geschäftseinbringung mit Firma in eine GmbH* ist die Löschung der Einzelfirma ohne besondere Anmeldung von Amts wegen vorzunehmen; siehe B § 10 GmbHG Nr. 2.

Siehe im übrigen Rechtsprechung unter B § 22 und § 25 HGB; die Einwilligung zur Firmenfortführung ist ausdrücklich zu erklären, BGH, ZIP 1994, 942.

Einzelkaufmann   A 5

▶ Wer muß anmelden: Veräußerer und Erwerber

▶ Beizufügende Erklärung: Zustimmung des bisherigen Inhabers zur Firmenfortführung (zweckmäßigerweise in der Anmeldung), § 22 HGB

▶ Kosten beim Gericht: Für Neueintragung des Erwerbers Gebühr stets 50 Euro (GVHR 1100). 40 Euro Gebühr für das Ausscheiden des bisherigen Inhabers (§ 2 Abs. 2 S. 2 HRegGebV; GVHR 1500). Für Fortbestehen der Prokura Gebühr stets 20 Euro (GVHR 4000).

▶ Kosten beim Notar: Geschäftswert: für das Ausscheiden des bisherigen Inhabers und für die Eintragung des neuen Inhabers 25 000 Euro, § 41a Abs. 3 Nr. 1 KostO; keine Werteaddition nach § 44 Abs. 2a KostO. Umfaßt Anmeldung und gleichzeitige Namenszeichnung sowie gleichzeitige Einwilligung des bisherigen Inhabers in die Firmenfortführung und Erklärung über Haftungsausschluß. Anmeldung des Fortbestehens einer Prokura ist Zusammenfassung der Anmeldung des Erlöschens der Prokura durch den Inhaberwechsel und ihrer Neuerteilung durch den neuen Inhaber, also Geschäftswert 25 000 Euro ist dem obigen Wert hinzuzurechnen, 5/10-Gebühr nach § 38 Abs. 2 Nr. 7 KostO.

▶ Text der Anmeldung:

Der unterzeichnete * Name, Vorname, Geburtsdatum, Wohnort des bisherigen Geschäftsinhabers * hat das von ihm unter der obigen Firma betriebene Geschäft mit dem Recht, die Firma mit oder ohne Beifügung eines das Nachfolgeverhältnis andeutenden Zusatzes fortzuführen, an den unterzeichneten

* Name, Vorname, Geburtsdatum, Wohnort des Erwerbers *

veräußert. Dieser führt das Geschäft unter der Firma

* bisherige Firma ohne oder mit Nachfolgezusatz, aber mit Rechtsformzusatz *

fort.

Die Geschäftsräume befinden sich in * Ort und Straße *

Der Erwerber des Geschäfts zeichnet seine Namensunterschrift bei der fortgeführten Firma wie folgt:

Die Haftung des Erwerbers für die im Betrieb des Geschäfts begründeten Verbindlichkeiten des bisherigen Inhabers sowie der Übergang der in dem Betriebe begründeten Forderungen auf den Erwerber ist ausgeschlossen.

Die Prokura von * Name, Vorname, Geburtsdatum, Wohnort * bleibt weiterhin bestehen.

Der Prokurist zeichnet seine Namensunterschrift bei der fortgeführten Firma wie folgt:

(Unterschriftsbeglaubigung wie bei Nr. 161 + 163 + 166)

6. Verkauf/Übertragung eines Handelsgeschäfts ohne Fortführung der Firma

▶ Hinweise: Keine Haftung des Erwerbers nach § 25 Abs. 1 HGB, wohl aber u. U. aus Schuldübernahme (§§ 414, 415 BGB) oder aus einem anderen besonderen kaufmännischen Verpflichtungsgrund (§ 25 Abs. 3 HGB), ferner für bestimmte Steuerschulden (§ 75 AO). Vgl. aber Hinweise bei Nr. 5! Nach der Neufassung von § 18 Abs. 1 HGB ist Vorsicht geboten, weil in der Rechtsprechung teilweise § 25 HGB weit ausgelegt wird. Vorsichtshalber sollte deshalb ein Haftungsausschluß vereinbart und angemeldet werden.

▶ Beizufügende Unterlagen: keine

▶ Kosten beim Gericht: Für Erlöschen der Firma keine Gebühr (GVHR Vorbem. 1 Abs. 4); für Neueintragung des Erwerbers Gebühr 50 Euro (GVHR 1100).

▶ Kosten beim Notar: Wert: Für das Erlöschen der Firma Geschäftswert stets 25 000 Euro; für Neueintragung des Erwerbers 25 000 Euro (§ 41a Abs. 3 Nr. 1 KostO); Werteaddition nach § 44 Abs. 2a KostO. Hinzu für Fortbestehen einer Prokura Geschäftswert mit 25 000 Euro, § 41a Abs. 4 Nr. 4 KostO. Aus Gesamtadditionswert $^{5}/_{10}$-Gebühr.

▶ Text der Anmeldung durch den bisherigen Inhaber:

Der bisherige Inhaber der Firma hat das von ihm betriebene Geschäft veräußert.

Die Firma ist erloschen, da ich das von mir unter dieser Firma bisher betriebene Geschäft ohne die Firma veräußert habe.

(Unterschriftsbeglaubigung wie bei Nr. 16)

oder (durch bisherigen und neuen Inhaber):

Der bisherige Inhaber der Firma hat das von ihm betriebene Geschäft an

* Name, Vorname, Geburtsdatum, Wohnort des Erwerbers *

veräußert. Dieser führt die bisherige Firma des Veräußerers *nicht* fort.

Der Veräußerer meldet das Erlöschen seiner bisherigen Firma an.

Der Erwerber des Geschäfts hat die neue Firma

* genaue Bezeichnung der neuen Firma mit Rechtsformzusatz *

angenommen. Er zeichnet seine Namensunterschrift bei der von der Anmeldung betroffenen neuen Firma wie folgt:

Die Geschäftsräume befinden sich in * Ort und Straße *

Einzelkaufmann   A 6-7

Die Prokura von * Name, Vorname, Geburtsdatum, Wohnort * bleibt weiterhin bestehen.

Der Prokurist zeichnet seine Namensunterschrift bei der von der Anmeldung betroffenen neuen Firma wie folgt:

(Unterschriftsbeglaubigung wie bei Nr. 161 + 163 + 166)

7. Verpachtung des Unternehmens mit Firmenfortführung durch den Pächter

▶ Hinweise: Zur Frage, wann eine Firmenfortführung vorliegt, siehe Hinweis bei Nr. 5.

Bei Firmenfortführung Haftung des Pächters nach § 25 Abs. 1 HGB mit Ausschlußmöglichkeit nach Abs. 2.

Bei Verpachtung ohne Firmenfortführung ist das Erlöschen der bisherigen sowie die neue Firma anzumelden, siehe Nr. 6.

Zur Firmenbildung siehe B Nr. 3 zu § 22 HGB und LG Münster, NJW 1971, 1089.

Kann bei der Eintragung des Pächters ein ausdrücklicher Hinweis auf das Pachtverhältnis verlangt werden? Verneinend LG Darmstadt, Rpfleger 1982, 228, bejahend die wohl überwiegende Praxis der Registergerichte.

▶ Wer muß anmelden: Verpächter und Pächter

▶ Beizufügende Erklärung: wie bei Nr. 5

▶ Kosten beim Gericht und Notar: wie bei Nr. 5

▶ Text der Anmeldung:

Der bisherige Inhaber der Firma hat diese an * Name, Vorname, Geburtsdatum, Wohnort des Pächters * verpachtet.

Der Pächter führt die bisherige Firma des Verpächters mit Einwilligung des Verpächters fort und zwar mit einem das Nachfolgeverhältnis andeutenden Zusatz unter der Firma * bisherige Firma mit Nachfolgezusatz und Rechtsformzusatz *

Der Pächter zeichnet seine Namensunterschrift bei der fortgeführten Firma wie folgt:

Die Geschäftsräume der Firma befinden sich in * Ort und Straße *

Die Prokura von * Name, Vorname, Geburtsdatum, Wohnort * bleibt weiterhin bestehen.

Der Prokurist zeichnet seine Namensunterschrift bei der fortgeführten Firma wie folgt:

Die Haftung des Pächters für die im Betrieb des Geschäfts des Verpächters begründeten Verbindlichkeiten sowie der Übergang der in dem Betriebe begründeten Forderungen auf den Pächter ist ausgeschlossen.

(Unterschriftsbeglaubigung wie bei Nr. 161 + 163 + 166)

8. Beendigung des Pachtverhältnisses

▶ Hinweise: Anzumeldende Tatsachen:

a) war die Firma vom Pächter fortgeführt worden, siehe Nr. 5

b) war die Firma nicht fortgeführt worden: Erlöschen der Firma des Pächters und neue Firma des (Wieder-)Inhabers.

Geht – bei Verpachtung *mit* Firmenfortführung – die Firma wieder auf den Verpächter über, so kann dabei die Haftung für Geschäftsschulden des Pächters nach § 25 HGB ausgeschlossen werden.

Erwerb des Geschäfts durch den Pächter als Eigentümer: B Nr. 11 zu § 22 HGB; Einstellung des Geschäfts: B Nr. 12 zu § 22 HGB.

▶ Wer muß anmelden: bei a) Pächter und Verpächter

bei b) Pächter hinsichtlich Erlöschen, Verpächter und neuer Inhaber hinsichtlich neuer Firma (zur Anmeldepflicht des Verpächters bei Eigentumserwerb des Pächters und Einstellung des Geschäfts siehe die im Hinweis genannten Entscheidungen)

▶ Beizufügende Unterlagen: keine

▶ Kosten beim Gericht: Bei Firmenfortführung zu a) vgl. bei Nr. 5; ohne Firmenfortführung zu b) für Neu-(Wieder-)Eintragung des bisherigen Verpächters Gebühr 50 Euro (GVHR 1100). Für das Erlöschen der Firma keine Gebühr (GVHR Vorbem. 1 Abs. 4).

▶ Kosten beim Notar: Bei Firmenfortführung zu a) vgl. bei Nr. 5. Ohne Firmenfortführung zu b) vgl. bei Nr. 6.

▶ Text der Anmeldung:

zu a):

Das bisherige Pachtverhältnis zwischen dem Verpächter * Name, Vorname, Geburtsdatum, Wohnort des Verpächters * und dem Pächter * Name, Vorname, Geburtsdatum, Wohnort des Pächters * ist beendet.

Einzelkaufmann A 8

Der Inhaber der eingangs bezeichneten Firma hat demzufolge gewechselt und ist jetzt wieder der bisherige Verpächter.

Die Firma des bisherigen Pächters wird mit seiner Einwilligung vom bisherigen Verpächter unverändert fortgeführt.

Dieser zeichnet seine Namensunterschrift bei der fortgeführten Firma wie folgt:

Der Übergang der vom früheren Pächter im Betriebe begründeten Verbindlichkeiten sowie der Übergang der in dem Betriebe begründeten Forderungen auf den Verpächter ist ausgeschlossen worden.

Die Prokura von * Name, Vorname, Geburtsdatum, Wohnort * bleibt weiterhin bestehen.

Der Prokurist zeichnet seine Namensunterschrift bei der fortgeführten Firma wie folgt:

Die Geschäftsräume befinden sich unverändert in * Ort und Straße *

(Unterschriftsbeglaubigung wie bei Nr. 161 + 163 + 166)

zu b):

Das bisherige Pachtverhältnis zwischen dem Verpächter * Name, Vorname, Geburtsdatum, Wohnort des Verpächters * und dem Pächter * Name, Vorname, Geburtsdatum, Wohnort des Pächters * ist beendet.

Der bisherige Pächter hatte bei Pachtbeginn die Firma vom Verpächter nicht fortgeführt; der Pächter meldet das Erlöschen seiner bisherigen Firma an.

Der jetzige (Wieder-)Inhaber des Geschäfts hat folgende neue Firma angenommen:

* genaue Bezeichnung der neuen Firma mit Rechtsformzusatz *

Er zeichnet seine Namensunterschrift bei dieser neuen Firma wie folgt:

Die Geschäftsräume der Firma des neuen Inhabers befinden sich in * Ort und Straße *

Die Prokura von * Name, Vorname, Geburtsdatum, Wohnort * ist erloschen.

(Unterschriftsbeglaubigung wie bei Nr. 161 + 166)

oder bei Eigentumserwerb durch Pächter:

Als Pächter habe ich das Handelsgeschäft, das ich zunächst unter der bisherigen Firma mit einem das Nachfolgeverhältnis andeutenden Zusatz fortgeführt hatte, als Eigentümer erworben.

Ich ändere die Firma ab in * genaue Bezeichnung der neuen Firma mit Rechtsformzusatz *

und zeichne meine Namensunterschrift bei dieser neuen Firma wie folgt:

Der Veräußerer stimmt den Erklärungen zu.

Die Prokura von * Name, Vorname, Geburtsdatum, Wohnort * ist erloschen.
Die Geschäftsräume befinden sich unverändert in * Ort und Straße *
(Unterschriftsbeglaubigung wie bei Nr. 161 + 166)

9. Frei

10. Übergang eines Handelsgeschäfts durch Erbgang auf *einen* Alleinerben unter Fortführung der Firma

▶ Hinweise: Bei Fortführung der Firma tritt Haftung nach §§ 25, 27 HGB ein; Ausschluß nach § 25 Abs. 2 (dazu B Nr. 1 zu § 27 HGB) oder durch Einstellung des Geschäfts nach § 27 Abs. 2 HGB.
Anordnung einer Testamentsvollstreckung kann nicht eingetragen werden (B Nr. 2 zu § 27 HGB); zu den rechtlichen Möglichkeiten bei Testamentsvollstreckung siehe BGHZ 12, 102.
Bei Fortführung des Geschäfts *ohne* Firma nur Haftung nach den erbrechtlichen Bestimmungen.
Zum Erbnachweis siehe B Nr. 10 zu § 12 HGB.
Anmeldepflichtig bei Einstellung des Geschäfts durch die Erben: siehe Hinweis bei Nr. 19.

▶ Beizufügende Unterlagen: Nachweis der Erbfolge vom bisherigen Inhaber auf den Erben, § 12 HGB (soweit tunlich durch öffentliche Urkunden)

▶ Kosten beim Gericht: Für Eintragung des Ausscheidens des Erblassers Gebühr 40 Euro (§ 2 Abs. 2 S. 2 HRegGebV, GVHR 1500); für Eintragung des Erben Gebühr 50 Euro (GVHR 1100); bei Firmenänderung noch Gebühr mit 30 Euro (GVHR 1506).

▶ Kosten beim Notar: wie bei Nr. 1. Umfaßt Anmeldung und gleichzeitige Namenszeichnung. Bei Firmenänderung Hinzurechnung von 25 000 Euro Geschäftswert (§ 41a Abs. 4 Nr. 4 KostO) und aus Additionswert $^5/_{10}$-Gebühr.

▶ Text der Anmeldung durch den Alleinerben:
Der bisherige Inhaber der og. Firma, nämlich * Name, Vorname, Geburtsdatum, Wohnort * ist am * Sterbetagdatum * verstorben und allein beerbt worden von mir.

Einzelkaufmann   A 10-11

Das Geschäft und die Firma ist auf mich * Name, Vorname, Geburtsdatum, Wohnort * übergegangen; ich führe es unter der Firma * genaue Bezeichnung der Firma mit Rechtsformzusatz * fort.

Ich zeichne meine Namensunterschrift bei der fortgeführten Firma wie folgt:

Als Erbausweis wird vorgelegt:

0 Ausfertigung des Erbscheins des Nachlaßgerichts * Ort * vom * Erbscheindatum *

0 Notarielle Verfügung von Todes wegen vom * Datum * mit Eröffnungsprotokoll des Nachlaßgerichts * Ort * vom * Datum des Protokolls *

Die Geschäftsräume befinden sich unverändert in * Ort und Straße *

(Unterschriftsbeglaubigung wie bei Nr. 166)

11. Übergang eines Handelsgeschäfts durch Erbgang auf *mehrere* Erben unter Fortführung der Firma

▶ Hinweise: Soll – aufgrund Vorausvermächtnis, Teilungsanordnung des Erblassers, Einigung der Erben – nur einer der Miterben das Geschäft fortführen, so ist außerdem der Übergang des Geschäfts mit Firma auf ihn wie oben Nr. 5 anzumelden.

War einer der Miterben Prokurist, erlischt die Prokura (vgl. B Nr. 4 zu § 27 HGB); Anmeldung nach Nr. 4.

Fortführung des Geschäfts durch Erbengemeinschaft nach h. A. zeitlich unbegrenzt zulässig, auch bei minderjährigen Miterben. In diesem Fall ist aber aus Haftungsgründen Umwandlung in Kommanditgesellschaft (siehe unten Nr. 22 und 60) sowie Übertragung des Geschäfts von der Erbengemeinschaft auf die KG (siehe Nr. 5) naheliegend und zu empfehlen (siehe B § 1822 BGB Nr. 2–4).

Zu Haftungsfragen siehe auch Hinweis bei Nr. 10.

▶ Kosten beim Gericht: Für Eintragung des Ausscheidens des Erblassers Gebühr 40 Euro (§ 2 Abs. 2 S. 2 HRegGebV; GVHR 1500); für Eintragung der Erben als OHG oder KG wie bei Nr. 21.

▶ Kosten beim Notar: wie bei Nr. 1. War Miterbe Prokurist, dann Hinzurechnung eines Geschäftswerts von 25 000 Euro, § 41a Abs. 4 Nr. 4 KostO für Anmeldung des Erlöschens der Prokura, § 44 Abs. 2a KostO

A 11-12 Einzelkaufmann

▶ Text der Anmeldung durch alle Erben:

Der bisherige Inhaber der og. Firma, nämlich * Name, Vorname, Geburtsdatum, Wohnort * ist am * Sterbetagdatum * verstorben und beerbt worden von:

* Bezeichnung der Miterben mit Name, Vorname, Geburtsdatum, Wohnort *

Das Geschäft und die Firma ist auf uns in ungeteilter Erbengemeinschaft übergegangen und wird von uns unter der Firma * genaue Bezeichnung der Firma mit Rechtsformzusatz * fortgeführt.

Wir zeichnen unsere Namensunterschrift bei der fortgeführten Firma wie folgt:

Als Erbausweis wird vorgelegt: (wie bei Nr. 10)

Die Geschäftsräume befinden sich unverändert in * Ort und Straße *

(Unterschriftsbeglaubigung wie bei Nr. 167)

Bei Erbauseinandersetzung oder Vermächtniserfüllung:

Der bisherige Inhaber der og. Firma, nämlich * Name, Vorname, Geburtsdatum, Wohnort * ist am * Sterbetagdatum * verstorben und von den Unterzeichnern beerbt worden.

Bei der zwischen den Unterzeichnern erfolgten Erbauseinandersetzung (alternativ: Vermächtniserfüllung) ist das Handelsgeschäft mit dem Recht der Fortführung der bisherigen Firma dem Miterben (alternativ: Vermächtnisnehmer) * Name, Vorname, Geburtsdatum, Wohnort * übertragen worden. Dieser zeichnet seine Namensunterschrift bei der fortgeführten Firma wie folgt:

Die Haftung des Erwerbers für die im Betrieb des Geschäfts begründeten Verbindlichkeiten des bisherigen Inhabers sowie der Übergang der in dem Betriebe begründeten Forderungen auf den Erwerber ist ausgeschlossen.

Die Geschäftsräume befinden sich unverändert in * Ort und Straße *

Als Erbausweis wird vorgelegt:

0 Ausfertigung des Erbscheins des Nachlaßgericht * Ort * vom * Erbscheindatum *

0 Notarielle Verfügung von Todes wegen vom * Datum * mit Eröffnungsprotokoll des Nachlaßgerichts * Ort * vom * Datum des Protokolls *

(Unterschriftsbeglaubigung wie bei Nr. 162 + 164)

12. Änderung der Firma

▶ Hinweise: Änderung von Firmen, die nach §§ 22, 24 HGB fortgeführt werden, ist nur begrenzt möglich, siehe B Nr. 7 zu § 22, Nr. 1–3 zu § 24

Einzelkaufmann	A 12-14

HGB. Erwerber kann jedoch – unbeschadet seiner Verpflichtung zur Firmenfortführung gegenüber dem Veräußerer – jederzeit eine neue Firma nach § 18 HGB annehmen (B § 22 HGB Nr. 5 u. 13). Keine Wiederholung der Namenszeichnung nötig.

- Beizufügende Unterlagen: keine
- Kosten beim Gericht: stets Gebühr 40 Euro (GVHR 1500).
- Kosten beim Notar: stets Geschäftswert 25 000 Euro, § 41a Abs. 4 Nr. 4 KostO; ⁵/10-Gebühr.
- Text der Anmeldung des Inhabers:

Die Firma ist geändert in * genaue Bezeichnung der neuen Firma mit Rechtsformzusatz *

Die Geschäftsräume befinden sich unverändert in * Ort und Straße *

(Unterschriftsbeglaubigung wie bei Nr. 161)

13. Verlegung der (Haupt-)Niederlassung an einen anderen Ort

- Hinweise: Rechtsprechung siehe B § 13h HGB (eingeschränktes Prüfungsrecht des Registergerichts der neuen Niederlassung bzw. des neuen Sitzes).
- Beizufügende Unterlagen: keine
- Kosten beim Gericht: Gebühren sind nicht zu erheben, wenn das bisherige Gericht zuständig bleibt (GVHR Vorbem. 1 Abs. 2 S. 2; GVHR Vorbem. 1.3). Bei Verlegung in den Bezirk eines anderen Gerichts Gebühr 60 Euro (GVHR 1300) bei diesem Gericht, beim bisherigen Gericht keine Gebühr (GVHR Vorbem. 1 Abs. 2 S. 2).
- Kosten beim Notar: wie bei Nr. 12
- Text der Anmeldung des Inhabers:

Ich habe die Hauptniederlassung verlegt nach * Ort * und werde dort das Geschäft unter der bisherigen Firma fortführen.

Die Geschäftsräume befinden sich nunmehr in * Ort und Straße *

(Unterschriftsbeglaubigung wie bei Nr. 161)

14. Eröffnung einer Niederlassung/Filiale/Zweigstelle

- Hinweise: Solange die Zweigniederlassung besteht, sind alle Anmeldungen beim Gericht des Sitzes einzureichen, und zwar in so viel

Stücken (begl. Abschrift genügt), wie Niederlassungen vorhanden und von der Änderung betroffen sind (§ 13c HGB). Eingeschränkte Bekanntmachung der Registereintragungen nach §§ 13 Abs. 6, 13c Abs. 2 HGB.

Eine eintragungsfähige und eintragungspflichtige Zweigniederlassung liegt nur vor, wenn die Niederlassung eine bestimmte Selbständigkeit besitzt und ihr Leiter selbständig Entscheidungen treffen kann; siehe auch B Nr. 1 zu § 13 HGB.

Firma der Zweigniederlassung: B Nr. 2 zu § 13 HGB.

▶ Beizufügende Unterlagen: keine

▶ Kosten beim Gericht: 50 Euro Gebühr für jede Eintragung beim Gericht einer jeden errichteten Zweigniederlassung (GVHR 1200). Für jede Eintragung einer Prokura beim Gericht einer jeden Zweigniederlassung Gebühr von 20 Euro (GVHR 4000).

▶ Kosten beim Notar: Geschäftswert nach § 41a Abs. 4 KostO die Hälfte des für die Hauptniederlassung nach § 41a Abs. 3 KostO geltenden Wertes. Die erste Eintragung einer Zweigniederlassung ist wie die Erstanmeldung eines Unternehmens zu behandeln, der Wert ist jedoch zu halbieren. Für die Anmeldung einer weiteren (späteren) Zweigniederlassung ist der Wert nach § 41a Abs. 3, 5 S. 1 KostO zu ermitteln, dieser halbe Wert wird nach § 41a Abs. 5 S. 2 KostO geteilt durch die Anzahl der eingetragenen Zweigniederlassungen unter Einbeziehung der neuen Zweigniederlassung. Eine spätere Anmeldung bei der Hauptniederlassung, die sämtliche Zweigniederlassungen eines Unternehmens betrifft, führt bei der Wertermittlung für die Zweigniederlassung dazu, daß der für die Hauptniederlassung maßgebende Wert (§ 41a Abs. 4 Nr. 4 KostO) zu halbieren (also 12 500 Euro, bei Kapitalgesellschaften mindestens 12 500 Euro) und sodann durch die Zahl der Zweigniederlassungen zu dividieren ist. Der so ermittelte Wert gilt für die Anmeldung bei sämtlichen Zweigniederlassungen.

Bei nicht gleichzeitiger Namenszeichnung $^{5}/_{20}$-Gebühr (§§ 141, 45 KostO) aus Wert nach § 30 Abs. 1 KostO, im Regelfall die Hälfte des Wertes nach § 41a Abs. 5 KostO.

§ 41a Abs. 5 S. 2 KostO ist für Prokuren nicht anzuwenden. Das bedeutet, daß der Geschäftswert für die Anmeldung oder Löschung einer jeden Prokura gemäß § 41a Abs. 5 S. 1 KostO stets mit der Hälfte des nach § 41a Abs. 4 Nr. 4 KostO zu bestimmenden Wertes anzusetzen ist, also 12 500 Euro, ohne Rücksicht auf die Zahl der eingetragenen Zweigniederlassungen (keine Teilung dieses Wertes). Bei gleichzeiti-

Einzelkaufmann A 14-15

ger Erteilung einer Prokura bei Errichtung einer Zweigniederlassung Addition des halben Geschäftswertes nach § 41a Abs. 5 i.V. mit § 41a Abs. 4 Nr. 4 KostO. 5/10-Gebühr. Umfaßt Anmeldung und gleichzeitige Zeichnung der Namensunterschrift. Bei nicht gleichzeitiger Namenszeichnung wie bei Nr. 3.

▶ Text der Anmeldung des Inhabers:

Ich, * Name, Vorname, Geburtsdatum, Wohnort * habe in * Ort * eine Zweigniederlassung errichtet.

Die Geschäftsräume der Zweigniederlassung befinden sich in * Ort und Straße *

Die Zweigniederlassung führt die Firma

* genaue Bezeichnung der Firma der Zweigniederlassung *

Ich zeichne meine Namensunterschrift bei der Firma der Zweigniederlassung wie folgt:

Die bisher für die Hauptniederlassung erteilte Prokura von * Name, Vorname, Geburtsdatum, Wohnort des Prokuristen * erstreckt sich auch auf die Firma der Zweigniederlassung.

Der Prokurist zeichnet seine Namensunterschrift bei der Firma der Zweigniederlassung wie folgt:

(Unterschriftsbeglaubigung wie bei Nr. 166 + 163)

15. Schließung einer Niederlassung

▶ Hinweise: siehe Nr. 16. Anmeldung des Erlöschens der Filialprokura nach h. M. überflüssig (Waldner ZNotP 1997, 53)

▶ Beizufügende Unterlagen: keine

▶ Kosten beim Gericht: Keine Gebühr für Eintragung der Aufhebung der Zweigniederlassung im Register der Hauptniederlassung (GVHR Vorbem. 1 Abs. 2 S. 1). Für Eintragung der Löschung der Zweigniederlassung beim Gericht der Zweigniederlassung Gebühr 40 Euro (GVHR 1500).

▶ Kosten beim Notar: wie bei Nr. 14

▶ Text der Anmeldung des Inhabers:

Die Zweigniederlassung mit der Firma

* Bezeichnung der Firma der Zweigniederlassung *

wurde aufgehoben.

Die auf den Betrieb dieser Zweigniederlassung beschränkte Prokura von * Name, Vorname, Geburtsdatum, Wohnort * ist erloschen.

(Unterschriftsbeglaubigung wie bei Nr. 161)

16. Verlegung einer (Zweig-)Niederlassung

- Hinweise: Nach Rechtsprechung zulässig, siehe B Nr. 2 zu § 13c HGB, wenn die Identität der Zweigniederlassung (insbes. Arbeitsbereich und Kundenkreis) durch die örtliche Veränderung nicht berührt wird.
- Beizufügende Unterlagen: keine
- Kosten beim Gericht: Gebühren werden nicht erhoben, wenn das bisherige Gericht zuständig bleibt, ansonsten Gebühr von 50 Euro (GVHR 1200).
- Kosten beim Notar: wie bei Nr. 14
- Text der Anmeldung des Inhabers:

  Ich habe die Zweigniederlassung von * bisheriger Ort * nach * neuer Ort * verlegt.

  Die Geschäftsräume befinden sich nunmehr in * Ort und Straße *

  Die bisher erteilten Prokuren bleiben für die Zweigniederlassung weiterhin bestehen.

  (Unterschriftsbeglaubigung wie bei Nr. 161)

17. Verkleinerung des Geschäfts auf einen Umfang, der einen in kaufmännischer Weise eingerichteten Betrieb nicht mehr erfordert

- Hinweise: Das Gewerbe ist jetzt nicht mehr eintragungspflichtig, der Inhaber kann also das Erlöschen der Firma anmelden. Er kann davon aber auch – in Ausübung der Eintragungsoption nach § 2 HGB – absehen und die Firma bestehen lassen. Eine Amtslöschung gegen den Willen des Inhabers ist ausgeschlossen, solange noch ein (kleines) Gewerbe betrieben wird. Bei vollständiger Einstellung siehe Nr. 19. Auf Antrag des Inhabers kann der Grund der Löschung (Verlust der Vollkaufmannseigenschaft) in der Bekanntmachung angegeben werden (§ 35 HRV).
- Beizufügende Unterlagen: keine

- ▶ Kosten beim Gericht: Keine Gebühr für die Eintragung des Erlöschens der Firma (GVHR Vorbem. 1 Abs. 4). Keine besondere Gebühr für die Eintragung des Erlöschens der Prokura.
- ▶ Kosten beim Notar: stets Geschäftswert 25 000 Euro; $^{5}/_{10}$-Gebühr. Für jede erlöschende Prokura Hinzurechnung des Geschäftswerts nach § 41a Abs. 4 Nr. 4 KostO (bestr., vgl. Nr. 46).
- ▶ Text der Anmeldung des Inhabers:

Die Firma ist erloschen.

Grund des Erlöschens:
Der Geschäftsbetrieb erfordert nach Art und Umfang keine kaufmännische Einrichtung mehr.

Die Prokura von * Name, Vorname, Geburtsdatum, Wohnort * ist erloschen.

(Unterschriftsbeglaubigung wie bei Nr. 16)

18. Eröffnung des Insolvenzverfahrens

- ▶ Was ist anzumelden: nichts (§ 32 HGB)
- ▶ Hinweise: Ebenso Aufhebung des Eröffnungsbeschlusses, Einstellung und Aufhebung des Verfahrens. Anmeldepflichtig ist aber das Erlöschen der Firma nach Durchführung des Verfahrens, siehe Nr. 19. Vorher keine Löschung, siehe B § 157 HGB Nr. 1.

19. Einstellung des Geschäfts

- ▶ Hinweise: Anmeldepflicht erst nach Schluß der Abwicklung.

Vorübergehende Stillegung begründet keine Anmeldepflicht, wenn konkretisierte Absicht und Aussicht auf Wiederaufnahme besteht (B § 31 HGB Nr. 2).

Wird das vom Inhaber bis zu seinem Tod geführte Handelsgeschäft von den Erben nicht aufgenommen, so ist die Anmeldepflicht von den Erben zu erfüllen. War das Geschäft dagegen noch zu Lebzeiten des Erblassers eingestellt, so besteht keine Anmeldepflicht der Erben; B Nr. 3 zu § 31 HGB.

- ▶ Beizufügende Unterlagen: keine
- ▶ Kosten beim Gericht und Notar: wie bei Nr. 17

▶ Text der Anmeldung des Inhabers:

Die Firma ist erloschen.

Grund des Erlöschens:
Das unter dieser Firma bisher betriebene Geschäft wurde aufgegeben.

Die Prokura von * Name, Vorname, Geburtsdatum, Wohnort * ist erloschen.
(Unterschriftsbeglaubigung wie bei Nr. 161)

20. Eintritt eines Gesellschafters in das Geschäft eines Einzelkaufmanns

▶ Was ist anzumelden: siehe bei Eintritt als persönlich haftender Gesellschafter unten Nr. 23 und bei Eintritt als Kommanditist unten Nr. 61.

▶ Beizufügende Unterlagen: keine (zu gewerberechtlichen Erlaubnissen siehe § 7 HGB und die Entscheidungen B § 7 HGB).

▶ Kosten beim Gericht: Gebühr für Ersteintragung mit bis zu 3 Gesellschaftern 70 Euro (GVHR 1101); Erhöhung um je 20 Euro für jeden weiteren Gesellschafter (GVHR 1102). Die Anmeldung einer zur Vertretung berechtigten Person und die gleichzeitige Anmeldung ihrer Vertretungsmacht oder deren Ausschluß betreffen eine Tatsache (§ 2 Abs. 3 S. 1 HRegGebV).

▶ Kosten beim Notar: Wert für Ersteintragung mit 2 Gesellschaftern 37 500 Euro; Erhöhung um je 12 500 Euro für jeden weiteren Gesellschafter (§ 41a Abs. 3 Nr. 2 KostO); Höchstwert der Anmeldung 500 000 Euro, § 39 Abs. 4 KostO. 5/10-Gebühr; umfaßt Anmeldung und gleichzeitige Namenszeichnung. Bei nicht gleichzeitiger Zeichnung Gebühr nach § 45 KostO im Regelfall aus der Hälfte des Wertes nach § 41a Abs. 3 Nr. 2 KostO.

▶ Text der Anmeldung durch alle Gesellschafter:

Zur Erst-Eintragung in das Handelsregister wird angemeldet:

Es wurde unter der Firma

* Bezeichnung der OHG *

eine offene Handelsgesellschaft errichtet.

Sitz der Gesellschaft ist * Ort *

Die Geschäftsräume der Gesellschaft befinden sich in * Ort und Straße *

Gegenstand des Unternehmens ist: * schlagwortartige Bezeichnung *

Gesellschafter sind:

Einzelkaufmann	A 20

* Name, Vorname, Geburtsdatum, Wohnort *
* Name, Vorname, Geburtsdatum, Wohnort *
Jeder Gesellschafter zeichnet seine Namensunterschrift bei der angemeldeten Firma wie folgt:
Vertretungsrecht der persönlich haftenden Gesellschafter:
Jeder persönlich haftende Gesellschafter vertritt die Gesellschaft jeweils einzeln. Einem Gesellschafter kann durch Gesellschafterbeschluß Befreiung von den Beschränkungen des § 181 BGB erteilt werden.

Die Gesellschafter * jeweils Name, Vorname, Geburtsdatum, Wohnort * sind jeweils einzelvertretungspflichtig. Diese Personen sind befugt, die Gesellschaft bei der Vornahme von Rechtsgeschäften mit sich selbst oder als Vertreter eines Dritten uneingeschränkt zu vertreten (Befreiung von den Beschränkungen des § 181 BGB).

(Unterschriftsbeglaubigung wie bei Nr. 167)

Offene Handelsgesellschaft

21. Gründung einer OHG zum Beginn eines Gewerbebetriebes

- Hinweise: Zeitpunkt der Anmeldung: Anmelderecht mit Beginn des Gewerbes ohne Rücksicht auf den Umfang (§ 105 Abs. 2 HGB).
Anmeldepflicht mit Erreichen eines vollkaufmännischen Umfangs nach § 1 Abs. 2 HGB i.V.m. § 105 Abs. 1 HGB. Keine Anmeldung und Eintragung des Zeitpunktes, an dem die Gesellschaft begonnen hat.
Gesellschaftsvertrag formfrei, sofern darin nicht beurkundungsbedürftige Pflichten enthalten sind (z. B. Einbringung eines Grundstückes).
Firma der OHG siehe Vorbemerkung bei B § 18 HGB.
Grundsätzlich Einzelvertretungsbefugnis jedes Gesellschafters. Dies sowie Abänderungen anmeldepflichtig, § 106 Abs. 2 Nr. 3 HGB und B § 125 HGB. Zur Anmeldung der Vertretungsbefugnis näher Gustavus, NotBZ 2002, 77; bei der GmbH & Co KG OLG Köln ZIP 2004, 1419.
Siehe im übrigen Rechtsprechung B § 108 HGB.

- Beizufügende Unterlagen: keine (zu gewerberechtlichen Erlaubnissen siehe § 7 HGB und die Entscheidungen B § 7 HGB).

- Kosten beim Gericht: Gebühr für Ersteintragung mit bis zu 3 Gesellschaftern 70 Euro (GVHR 1101); Erhöhung um je 20 Euro für jeden weiteren Gesellschafter (GVHR 1102). Die Anmeldung einer zur Vertretung berechtigten Person und die gleichzeitige Anmeldung ihrer Vertretungsmacht oder deren Ausschluß betreffen eine Tatsache (§ 2 Abs. 3 S. 1 HRegGebV).

- Kosten beim Notar: Wert für Ersteintragung mit 2 Gesellschaftern 37 500 Euro; Erhöhung um je 12 500 Euro für jeden weiteren Gesellschafter (§ 41a Abs. 3 Nr. 2 KostO); Höchstwert der Anmeldung 500 000 Euro, § 39 Abs. 4 KostO. $^5/_{10}$-Gebühr; umfaßt Anmeldung und gleichzeitige Namenszeichnung. Bei nicht gleichzeitiger Zeichnung Gebühr nach § 45 KostO im Regelfall aus der Hälfte des Wertes nach § 41a Abs. 3 Nr. 2 KostO.

- Text der Anmeldung durch alle Gesellschafter:
Zur Erst-Eintragung in das Handelsregister wird angemeldet:
Es wurde unter der Firma
* Bezeichnung und Ort *

Offene Handelsgesellschaft   **A 21-22**

eine offene Handelsgesellschaft errichtet. Die Gesellschaft hat am * Datum * begonnen.

Sitz der Gesellschaft ist * Ort *

Die Geschäftsräume der Gesellschaft befinden sich in * Ort und Straße *

Gegenstand des Unternehmens ist: * schlagwortartige Bezeichnung *

Gesellschafter sind:

* Name, Vorname, Geburtsdatum, Wohnort *

* Name, Vorname, Geburtsdatum, Wohnort *

Jeder Gesellschafter zeichnet seine Namensunterschrift bei der angemeldeten Firma wie folgt:

Vertretungsrecht der persönlich haftenden Gesellschafter:

Jeder persönlich haftende Gesellschafter vertritt die Gesellschaft jeweils einzeln. Einem Gesellschafter kann durch Gesellschafterbeschluß Befreiung von den Beschränkungen des § 181 BGB erteilt werden.

Die Gesellschafter * jeweils Name, Vorname, Geburtsdatum, Wohnort * sind jeweils einzelvertretungsberechtigt. Diese Personen sind befugt, die Gesellschaft bei der Vornahme von Rechtsgeschäften mit sich selbst oder als Vertreter eines Dritten uneingeschränkt zu vertreten (Befreiung von den Beschränkungen des § 181 BGB).

(Unterschriftsbeglaubigung wie bei Nr. 167)

22. Gründung einer OHG zur Fortführung eines von der Gesellschaft erworbenen Unternehmens *eines Dritten* (Unternehmenskauf)

▶ Hinweise: Firmenfortführung nach § 22 HGB möglich; Rechtsprechung hierzu siehe B § 22 HGB.

Führt die Gesellschaft die Firma nicht fort, ist vom bisherigen Inhaber ihr Erlöschen anzumelden, siehe im übrigen Nr. 21.

Bei Fortführung der Firma kann die Haftung für die alten Geschäftsschulden und der Übergang der Geschäftsforderungen ausgeschlossen werden; siehe § 25 HGB und Rechtsprechung hierzu in Teil B.

Hinsichtlich des Geschäftsvermögens ist stets Rechtsübertragung von dem bisherigen Inhaber auf Gesellschaft erforderlich. Keine Gesamtrechtsnachfolge. Anders dagegen, wenn von der Möglichkeit einer Ausgliederung zur Aufnahme nach §§ 152–157 i.V.m. § 131 UmwG Gebrauch gemacht wird (siehe dazu auch Nr. 23).

Siehe im übrigen Rechtsprechung B § 108 HGB.

A 22   Offene Handelsgesellschaft

▶ Wer muß anmelden: alle Gesellschafter und der bisherige Inhaber

▶ Beizufügende Erklärung: ggf. Einwilligung des bisherigen Inhabers in die Firmenfortführung

▶ Kosten beim Gericht: bei Firmenfortführung: wie bei Nr. 21. Ohne Firmenfortführung für Löschung der Firma keine Gebühr (GVHR Vorbem. 1 Abs. 4). Für Ersteintragung der OHG wie bei Nr. 21. Die Anmeldung einer zur Vertretung berechtigten Person und die gleichzeitige Anmeldung ihrer Vertretungsmacht betreffen eine einzige Tatsache (§ 2 Abs. 3 S. 1 HRegGebV).

▶ Kosten beim Notar: Wert bei Firmenfortführung: wie bei Nr. 21. Ohne Firmenfortführung: zusätzlich 25 000 Euro Wert für Löschung des bisherigen Inhabers, § 41a Abs. 4 Nr. 4 KostO. Haftungsausschluß ist gegenstandsgleich mit den übrigen Anmeldungstatbeständen.

▶ Text der Anmeldung:

Zur Eintragung in das Handelsregister bei der offenen Handelsgesellschaft unter der Firma

* Bezeichnung der OHG *

wird angemeldet:

Ich, der bisherige Geschäftsinhaber * Name, Vorname, Geburtsdatum, Wohnort * habe mein Handelsgeschäft an

* Name, Vorname, Geburtsdatum, Wohnort *

* Name, Vorname, Geburtsdatum, Wohnort *

veräußert.

Die bisherige Firma soll mit oder ohne Beifügung eines das Nachfolgeverhältnis andeutenden Zusatzes von den Erwerbern fortgeführt werden.

Die Erwerber haben eine offene Handelsgesellschaft unter der Firma

* neue Bezeichnung der Firma *

errichtet. Die Gesellschaft hat am * Datum * begonnen.

Sitz der Gesellschaft ist * Ort *

Die Geschäftsräume der Gesellschaft befinden sich in * Ort, Straße *

Gegenstand des Unternehmens ist: * schlagwortartige Bezeichnung *

Jeder Gesellschafter zeichnet seine Namensunterschrift bei der von der-Anmeldung betroffenen Firma wie folgt:

Vertretungsrecht der persönlich haftenden Gesellschafter:

Jeder persönlich haftende Gesellschafter vertritt die Gesellschaft jeweils einzeln. Einem Gesellschafter kann durch Gesellschafterbeschluß Befreiung von den Beschränkungen des § 181 BGB erteilt werden.

Offene Handelsgesellschaft   A 22-23

Die Gesellschafter * jeweils Name, Vorname, Geburtsdatum, Wohnort * sind jeweils einzelvertretungsberechtigt. Diese Personen sind befugt, die Gesellschaft bei der Vornahme von Rechtsgeschäften mit sich selbst oder als Vertreter eines Dritten uneingeschränkt zu vertreten (Befreiung von den Beschränkungen des § 181 BGB).

Wir melden zugleich an, daß der Übergang der Forderungen und Verbindlichkeiten, die im Betriebe des Veräußerers entstanden sind, auf die Erwerber ausgeschlossen ist.

(Unterschriftsbeglaubigung wie bei Nr. 167)

23. Gründung einer OHG zur Fortführung eines bisher von *einem der Gesellschafter* allein betriebenen Unternehmens

▶ Hinweise: Firmenfortführung nach § 24 HGB möglich; Rechtsprechung siehe B § 24 HGB.

Die auch ohne Firmenfortführung bestehende Haftung der Gesellschaft für Altschulden kann ausgeschlossen werden (§ 28 Abs. 2 HGB); siehe auch B Nr. 1 zu § 28 HGB.

Hinsichtlich des Geschäftsvermögens ist stets eine Rechtsübertragung von dem bisherigen Inhaber auf die Gesellschaft erforderlich, es sei denn, es wird von der Möglichkeit einer Ausgliederung aus dem Vermögen des Einzelkaufmanns nach §§ 152–157 i.V.m. § 131 UmwG Gebrauch gemacht.

Siehe Rechtsprechung B § 108 HGB.

▶ Wer muß anmelden: alle Gesellschafter

▶ Beizufügende Erklärung: ggf. Einwilligung des bisherigen Inhabers in die Firmenfortführung

▶ Kosten beim Gericht und Notar: wie Nr. 22

▶ Text der Anmeldung:

Ich, der bisherige Geschäftsinhaber * Name, Vorname, Geburtsdatum, Wohnort * habe in mein Handelsgeschäft als Gesellschafter aufgenommen:

* Name, Vorname, Geburtsdatum, Wohnort *

Die hiermit gegründete offene Handelsgesellschaft hat am * Datum * begonnen.

Die Firma ist geändert in
* neue Bezeichnung mit Rechtsformzusatz *
Sitz der Gesellschaft ist * Ort *
Die Geschäftsräume der Gesellschaft befinden sich * Ort und Straße *
Gegenstand des Unternehmens ist: * schlagwortartige Bezeichnung *
Die Gesellschaft haftet nicht für die im Geschäft entstehenden Verbindlichkeiten des bisherigen Inhabers.

Vertretungsrecht der persönlich haftenden Gesellschafter:

Jeder persönlich haftende Gesellschafter vertritt die Gesellschaft jeweils einzeln. Einem Gesellschafter kann durch Gesellschafterbeschluß Befreiung von den Beschränkungen des § 181 BGB erteilt werden.

Die Gesellschafter * jeweils Name, Vorname, Geburtsdatum, Wohnort * sind jeweils einzelvertretungsberechtigt. Diese Personen sind befugt, die Gesellschaft bei der Vornahme von Rechtsgeschäften mit sich selbst oder als Vertreter eines Dritten uneingeschränkt zu vertreten (Befreiung von den Beschränkungen des § 181 BGB).

Wir melden zugleich an, daß der Übergang der Forderungen und Verbindlichkeiten, die im Betriebe des Veräußerers entstanden sind, auf die Erwerber ausgeschlossen ist.

Jeder Gesellschafter zeichnet seine Namensunterschrift bei der von der Anmeldung betroffenen, geänderten Firma wie folgt:

(Unterschriftsbeglaubigung wie bei Nr. 167)

24. Vergrößerung oder Erweiterung eines nicht im Handelsregister eingetragenen gewerblichen Unternehmens mehrerer Personen

▶ Hinweise: Wird durch die Erweiterung ein in kaufmännischer Weise eingerichteter Geschäftsbetrieb nötig, verwandelt sich die bisher bestehende Gesellschaft bürgerlichen Rechts automatisch in eine OHG; siehe B § 105 HGB Nr. 2. Im übrigen besteht ein Recht zur Eintragung als OHG/KG auch dann, wenn ein in kaufmännischer Weise eingerichteter Geschäftsbetrieb nicht erforderlich ist oder wenn nur eigenes Vermögen verwaltet wird (§ 105 Abs. 2 HGB; vgl. auch Nr. 21).

▶ Was ist anzumelden: wie Nr. 21

▶ Wer muß anmelden: wie Nr. 21

▶ Beizufügende Unterlagen: keine

▶ Kosten beim Gericht: wie bei Nr. 21

Offene Handelsgesellschaft   A 24-25

▶ Kosten beim Notar: Wert: wie bei Nr. 21
▶ Text der Anmeldung:
  Die bisher aus den Gesellschaftern
  * Name, Vorname, Geburtsdatum, Wohnort *
  * Name, Vorname, Geburtsdatum, Wohnort *
  bestehende Gesellschaft bürgerlichen Rechts wird durch Eintragung im Handelsregister zur offenen Handelsgesellschaft unter der Firma
  * Bezeichnung der OHG *
  Sitz der Gesellschaft ist * Ort *
  Die Geschäftsräume der Gesellschaft befinden sich in * Ort und Straße *
  Gegenstand des Unternehmens ist: * schlagwortartige Bezeichnung *
  Vertretungsrecht der persönlich haftenden Gesellschafter:
  Jeder persönlich haftende Gesellschafter vertritt die Gesellschaft jeweils einzeln. Einem Gesellschafter kann durch Gesellschafterbeschluß Befreiung von den Beschränkungen des § 181 BGB erteilt werden.
  Die Gesellschafter * jeweils Name, Vorname, Geburtsdatum, Wohnort * sind jeweils einzelvertretungsberechtigt. Diese Personen sind befugt, die Gesellschaft bei der Vornahme von Rechtsgeschäften mit sich selbst oder als Vertreter eines Dritten uneingeschränkt zu vertreten (Befreiung von den Beschränkungen des § 181 BGB).
  Jeder Gesellschafter zeichnet seine Namensunterschrift bei der angemeldeten Firma wie folgt:
  (Unterschriftsbeglaubigung wie bei Nr. 167)

25. Änderung der Firma

▶ Hinweise: Fortgeführte Firmen können nur beschränkt geändert werden, siehe B § 22 HGB Nr. 7, 13 und § 24 HGB Nr. 2; ferner Hinweis bei Nr. 12.
▶ Beizufügende Unterlagen: keine
▶ Kosten beim Gericht: Eintragungsgebühr bei einer Gesellschaft mit bis zu 50 Gesellschaftern 40 Euro (GVHR 1501), mit mehr als 50 und bis zu 100 Gesellschaftern 50 Euro (GVHR 1502), mit mehr als 100 Gesellschaftern 60 Euro (GVHR 1503).
▶ Kosten beim Notar: Wert: 25 000 Euro, § 41a Abs. 4 Nr. 3 HS. 1 KostO. $^{5}/_{10}$-Gebühr.

- Text der Anmeldung durch alle Gesellschafter:
Die Firma ist geändert in
* neue Bezeichnung mit Rechtsformzusatz *
Die Geschäftsräume befinden sich unverändert in * Ort und Straße *
(Unterschriftsbeglaubigung wie bei Nr. 162)

26. Änderung der Vertretungsregelung

- Hinweise: Vor Eintragung keine Wirkung der Änderung gegenüber gutgläubigen Dritten (§ 15 HGB).
Änderung der Geschäftsführung (Handlungsbefugnis im Innenverhältnis) ist nicht anmelde- und eintragungsfähig, wohl aber Befreiung von den Beschränkungen des § 181 BGB (B § 181 BGB Nr. 7).
- Wer muß anmelden: alle Gesellschafter. Ausnahme: gerichtl. Entscheidung (§ 16 HGB).
- Beizufügende Unterlagen: keine
- Kosten beim Gericht und Notar: wie bei Nr. 25
- Text der Anmeldung:

Der Gesellschafter * Name, Vorname, Geburtsdatum, Wohnort * ist von der Vertretung der Gesellschaft ausgeschlossen.

Die Geschäftsräume befinden sich unverändert in * Ort und Straße *

oder:

Die Gesellschafter vertreten die Gesellschaft in der Weise, daß immer zwei gemeinsam vertretungsberechtigt sind.

Die Geschäftsräume befinden sich unverändert in * Ort und Straße *

oder

Die Vertretungsmacht des persönlich haftenden Gesellschafters * Name, Vorname, Geburtsdatum, Wohnort * ist auf den Betrieb der Hauptniederlassung beschränkt.

Die Geschäftsräume befinden sich unverändert in * Ort und Straße *

oder

Die Vertretungsmacht des persönlich haftenden Gesellschafters * Name, Vorname, Geburtsdatum, Wohnort * ist auf den Betrieb der Zweigniederlassung * Ort * beschränkt.

Die Geschäftsräume befinden sich unverändert in * Ort und Straße *

Offene Handelsgesellschaft   **A 26-27**

oder:

Die Gesellschafter * Name, Vorname, Geburtsdatum, Wohnort * ist berechtigt, die Gesellschaft bei der Vornahme von Rechtsgeschäften mit sich selbst oder als Vertreter eines Dritten uneingeschränkt zu vertreten (Befreiung von den Beschränkungen des § 181 BGB).

Die Geschäftsräume befinden sich unverändert in * Ort und Straße *

oder:

Durch einstweilige Verfügung des LG * Ort *, Kammer für Handelssachen, vom * Datum * wurde dem Gesellschafter * Name, Vorname, Geburtsdatum, Wohnort * die Vertretungsbefugnis entzogen.

Angeschlossen ist die mit Zustellungsurkunde versehene einstweilige Verfügung.

Die Geschäftsräume befinden sich unverändert in * Ort und Straße *

(Unterschriftsbeglaubigung wie bei Nr. 162)

27. Änderung des Sitzes der Gesellschaft (Sitzverlegung)

▶ Hinweise: Rechtsprechung siehe B § 13h HGB.

▶ Beizufügende Unterlagen: keine

▶ Kosten beim Gericht: Gebühr bei einer Gesellschaft mit bis zu 3 Gesellschaftern 60 Euro (GVHR 1301), mit mehr als 3 Gesellschaftern Erhöhung der Gebühr für jeden weiteren Gesellschafter um 20 Euro (GVHR 1302); ab der 101. eingetragenen Person Erhöhung der Gebühr um 10 Euro (GVHR 1303). Die Gebühren werden nicht erhoben, wenn das bisherige Gericht zuständig bleibt (GVHR Vorbem. 1 Abs. 2; GVHR Vorbem. 1.3). Beim bisherigen Gericht keine Gebühr (GVHR Vorbem. 1 Abs. 2 S. 2).

▶ Kosten beim Notar: Wert: wie bei Nr. 25. $^{5}/_{10}$-Gebühr.

▶ Text der Anmeldung durch alle Gesellschafter:

Der Sitz der Gesellschaft wurde nach * neuer Ort * verlegt. Die Geschäftsräume befinden sich in * Ort und Straße *

(Unterschriftsbeglaubigung wie bei Nr. 162)

28. Andere Änderungen des Gesellschaftsvertrages (ohne Änderungen der Gesellschafter)

▶ Hinweise: Änderungen von Namen oder Wohnort der Gesellschafter sind nicht eintragungspflichtig, werden aber auf Anzeige eingetragen; siehe B § 106 Nr. 1 HGB.

▶ Was ist anzumelden: nichts

▶ Kosten beim Gericht im Falle der Eintragung auf Anzeige: Gebühr für die Eintragung einer Tatsache 40 bis 60 Euro je nach Größe der Gesellschaft (GVHR 1501–1503); betrifft die Eintragung eine Tatsache ohne wirtschaftliche Bedeutung (wie z. B. Änderung der Berufsbezeichnung eines Gesellschafters, Änderung des Namens eines Gesellschafters infolge seiner Verheiratung oder sonstigen Umbenennung, Änderung des Ortsnamens der Gesellschaft, Änderung des Wohnsitzes eines Gesellschafters), so Gebühr von 30 Euro (GVHR 1505). Mehrere Änderungen eines Gesellschaftervertrags, die gleichzeitig angemeldet werden und nicht die Änderung eingetragener Angaben betreffen, bilden eine Tatsache (§ 2 Abs. 3 HRegGebV).

▶ Kosten beim Notar: Wert nach § 41a Abs. 6 KostO stets 3 000 Euro; $^5/_{10}$-Gebühr.

29. Aufnahme eines weiteren persönlich haftenden Gesellschafters

▶ Hinweise: Eintritt setzt Vertrag zwischen allen bisherigen Gesellschaftern und dem neuen voraus, wenn nicht der Gesellschaftsvertrag Abweichungen bestimmt (BGH, MDR 1978, 384).
Kein Haftungsausschluß möglich (§ 130 HGB).
Siehe Rechtsprechung B § 108 HGB.
Ist der eintretende Gesellschafter von der Vertretung ausgeschlossen, ist auch dies anzumelden.

▶ Wer muß anmelden: alle Gesellschafter einschließlich des Eingetretenen. Hat der eingetretene Gesellschafter kein Vertretungsrecht, braucht er keine Namenszeichnung leisten.

▶ Beizufügende Unterlagen: keine

▶ Kosten beim Gericht: Gebühr je nach Größe der Gesellschaft 40 bis 60 Euro (GVHR 1501–1503).

Offene Handelsgesellschaft   A 29-30

▶ Kosten beim Notar: Wert nach § 41a Abs. 4 Nr. 3 KostO 25 000 Euro. Bei Eintritt von mehr als 2 Gesellschaftern sind als Wert 12 500 Euro für jeden eintretenden Gesellschafter anzunehmen. 5/10-Gebühr; umfaßt Anmeldung und gleichzeitige Namenszeichnung.

▶ Text der Anmeldung:

In die Gesellschaft ist als weiterer Gesellschafter eingetreten:

* Name, Vorname, Geburtsdatum, Wohnort *

Dieser Gesellschafter zeichnet seine Namensunterschrift bei der von der Anmeldung betroffenen Firma wie folgt:

Vertretungsrecht der persönlich haftenden Gesellschafter:

Jeder persönlich haftende Gesellschafter vertritt die Gesellschaft jeweils einzeln. Einem Gesellschafter kann durch Gesellschafterbeschluß Befeiung von den Beschränkungen des § 181 BGB erteilt werden.

Der eingetretene Gesellschafter vertritt die Gesellschaft wie folgt:

0 er hat Vertretungsrecht zusammen mit einem weiteren persönlich haftenden Gesellschafter oder einem Prokuristen

0 er ist einzelvertretungsberechtigt

Der bisherige Gesellschafter * Name, Vorname, Geburtsdatum, Wohnort * ist einzelvertretungsberechtigt.

Der Gesellschafter * Name, Vorname, Geburtsdatum, Wohnort * ist befugt, die Gesellschaft bei der Vornahme von Rechtsgeschäften mit sich selbst oder als Vertreter eines Dritten uneingeschränkt zu vertreten (Befreiung von den Beschränkungen des § 181 BGB).

Prokuren bleiben weiterhin bestehen.

Firma und Sitz der Gesellschaft bleiben unverändert.

(Unterschriftsbeglaubigung wie bei Nr. 162 und 166)

30. Aufnahme eines Dritten als Kommanditisten

▶ Hinweise: Siehe Hinweise bei Nr. 29

Die Umwandlung der OHG in eine KG braucht nicht besonders angemeldet zu werden; sie ergibt sich zwangsläufig aus dem Eintritt eines Kommanditisten.

Die Umwandlung in eine KG bedeutet keine Neugründung; es besteht Identität zwischen der bisherigen und der neuen Gesellschaft.

Zwang zur Firmenänderung infolge § 19 Abs. 1 Nr. 3 HGB.

Siehe im übrigen Rechtsprechung B § 108 HGB.

- ▶ Wer muß anmelden: alle Gesellschafter einschließlich des Eingetretenen
- ▶ Beizufügende Unterlagen: keine
- ▶ Kosten beim Gericht: Gebühr für Eintragung des Eintritts des Kommanditisten 40 bis 60 Euro je nach Größe der Gesellschaft (GVHR 1501–1503); ist Änderung der Firma mit angemeldet, dann dafür Eintragungsgebühr mit 30 Euro (GVHR 1506).
- ▶ Kosten beim Notar: Wert: einfache Kommanditeinlage, § 41a Abs. 1 Nr. 6 KostO, ggf. Summe der neuen Kommanditeinlagen (§ 44 Abs. 2a KostO), höchstens 500 000 Euro, $^5/_{10}$-Gebühr. Umfaßt auch eine notwendig werdende Änderung der Firma (Gegenstandsgleichheit nach § 44 Abs. 1 KostO).
- ▶ Text der Anmeldung:

In die offene Handelsgesellschaft ist * Name, Vorname, Geburtsdatum, Wohnort * als Kommanditist mit einer Einlage von Euro * Zahl * eingetreten. Die Gesellschaft hat sich dadurch in eine Kommanditgesellschaft umgewandelt.

Die Firma ist geändert in * neue Bezeichnung mit Rechtsformzusatz *

Die Geschäftsräume befinden sich unverändert in * Ort und Straße *

(Unterschriftsbeglaubigung wie bei Nr. 162)

31. Ein persönlich haftender Gesellschafter wird Kommanditist

- ▶ Hinweise: Siehe Hinweise bei Nr. 30 und B § 162 HGB Nr. 3. Vgl. auch Nr. 63.

Ist der Name des persönlich haftenden Gesellschafters in der Firma enthalten, so ist in entsprechender Anwendung von § 24 HGB eine Firmenänderung nicht erforderlich.

Wird der *einzige* persönlich haftende Gesellschafter Kommanditist oder scheidet er aus der Gesellschaft aus, so ist damit die Gesellschaft aufgelöst; das ist anzumelden (§ 143 HGB). Übernimmt nunmehr ein anderer Kommanditist die Komplementärstellung oder tritt ein pers. haft. Gesellschafter ein, so kann die Gesellschaft fortgesetzt werden (siehe Nr. 57).

Zur Anmeldung siehe Rechtsprechung B § 108 HGB.

- ▶ Beizufügende Unterlagen: keine
- ▶ Kosten beim Gericht: wie bei Nr. 30

Offene Handelsgesellschaft   A 31-32

- Kosten beim Notar: Geschäftswert wie Nr. 30.
- Text der Anmeldung durch alle Gesellschafter:
  Der persönlich haftende Gesellschafter * Name, Vorname, Geburtsdatum, Wohnort * ist fortan Kommanditist mit einer Einlage von Euro * Zahl *; er ist nicht mehr vertretungsberechtigt.

  Die Firma ist geändert in * neue Bezeichnung *

  Die Geschäftsräume befinden sich unverändert in * Ort und Straße *

  (Unterschriftsbeglaubigung wie bei Nr. 162)

32. Ausscheiden eines Gesellschafters durch Vertrag oder Kündigung

- Hinweise: Die Ausübung des gesetzlichen Kündigungsrechts nach § 132 HGB führt zum Ausscheiden aus der Gesellschaft, wenn der Vertrag nichts anderes vorsieht; vgl. unten Nr. 51.

  Die Anmeldung kann von den Beteiligten nicht zurückgehalten und verweigert werden, wenn das Ausscheiden feststeht und nur noch über die Modalitäten verhandelt wird, z. B. über die Abfindung.

  Der Ausscheidende haftet gutgläubigen Dritten auch für alle Geschäftsschulden, die bis zu seiner Löschung im Handelsregister entstehen; Anmeldung daher eilig und auch dann nötig, wenn Eintritt selbst noch nicht eingetragen (B § 143 HGB Nr. 8).

  Fortführung der Firma uneingeschränkt zulässig, wenn darin der Name des Ausgeschiedenen nicht enthalten ist; sonst nur mit seiner Zustimmung, die ggf. ausdrücklich in der Anmeldung zu erklären ist.

  Rechtsprechung B § 108 und § 143 HGB, zur Zustimmung der Firmenfortführung § 24 HGB Nr. 6.

- Wer muß anmelden: alle Gesellschafter einschließlich des Ausscheidenden
- Beizufügende Erklärung: ggf. Einwilligung des Ausscheidenden in die Firmenfortführung (§ 24 Abs. 2 HGB)
- Kosten beim Gericht: wie bei Nr. 29
- Kosten beim Notar: Wert nach § 41a Abs. 4 Nr. 3 KostO: 25 000 Euro. Bei Ausscheiden von mehr als 2 Gesellschaftern sind als Wert 12 500 Euro für jeden ausscheidenden Gesellschafter anzunehmen. $^{5}/_{10}$-Gebühr.

▶ Text der Anmeldung:

Der Gesellschafter * Name, Vorname, Geburtsdatum, Wohnort * ist aus der Gesellschaft ausgeschieden.

Dem ausgeschiedenen Gesellschafter ist bekannt, daß er gutgläubigen Dritten für alle Geschäftsschulden haftet, die bis zu seiner Löschung im Handelsregister entstehen.

Der ausscheidende Gesellschafter willigt in die Fortführung der Firma ein.

Die Geschäftsräume befinden sich unverändert in * Ort und Straße *

(Unterschriftsbeglaubigung wie bei Nr. 162)

33. Durch das Ausscheiden eines oder mehrerer Gesellschafter bleibt nur noch ein Mitglied übrig, das das Geschäft übernimmt

▶ Hinweise: Das Gesellschaftsvermögen geht mit Aktiven und Passiven im Wege der Gesamtrechtsnachfolge auf den verbleibenden Gesellschafter über. Keine Auflassung von Grundstücken; Grundbuchberichtigung.

Firmenfortführung nach § 24 HGB möglich, aber Änderung des Rechtsformhinweises nach § 19 Abs. 1 Nr. 1 HGB.

Zum Ausscheiden des einzigen Komplementärs durch Insolvenz siehe BGH, BB 2004, 1244 und Nr. 79.

▶ Wer muß anmelden: alle Gesellschafter einschließlich des oder der Ausgeschiedenen

▶ Beizufügende Erklärung: ggf. Einwilligung des ausscheidenden Gesellschafters in die Firmenfortführung nach § 24 Abs. 2 HGB

▶ Kosten beim Gericht: Gebühr für Ausscheiden eines Gesellschafters je nach Größe der Gesellschaft 40 bis 60 Euro (GVHR 1501–1503). Gebühr für Eintragung des Einzelkaufmanns 50 Euro (GVHR 1100).

▶ Kosten beim Notar: Addition der Werte für Auflösung der Gesellschaft und Ersteintragung der Einzelfirma: je 25 000 Euro, § 41a Abs. 4 Nr. 3 HS. 1, § 41a Abs. 3 Nr. 1, § 44 Abs. 2a KostO. $^{5}/_{10}$-Gebühr. Umfaßt auch Einwilligung in die Firmenfortführung.

▶ Text der Anmeldung:

Der Gesellschafter * Name, Vorname, Geburtsdatum, Wohnort * ist aus der Gesellschaft ausgeschieden.

Die Gesellschaft ist aufgelöst und ohne Liquidation beendet.

Offene Handelsgesellschaft	A 33-34

Das Geschäft wird von dem verbliebenen Gesellschafter * Name, Vorname, Geburtsdatum, Wohnort * ohne Liquidation mit allen Aktiven und Passiven übernommen und wird unter der Firma
* neue Bezeichnung der Firma mit Rechtsformzusatz *
als Einzelunternehmen mit einem Nachfolgerzusatz fortgeführt.
Der ausscheidende Gesellschafter willigt in die Fortführung der Firma ein.
Die Geschäftsräume befinden sich unverändert in * Ort und Straße *
(Unterschriftsbeglaubigung wie bei Nr. 166 + 161)

34. Tod eines Gesellschafters – der Vertrag bestimmt die Auflösung der Gesellschaft

▶ Hinweise: Von der regelmäßig erforderlichen Anmeldung der Erben kann unter den Voraussetzungen des § 143 Abs. 3 HGB abgesehen werden.
Zum Erbnachweis siehe B § 12 HGB Nr. 10.
Siehe auch B § 143 HGB Nr. 1.
Die Gesellschafter und die Erben können beschließen, die Gesellschaft fortzusetzen; vgl. dazu Nr. 57. Andere Möglichkeiten nach Auflösung: Geschäftsveräußerung (Nr. 52), Liquidation (Nr. 53), Übernahme durch einen Gesellschafter (Nr. 33), nachträgliches Ausscheiden der Erben mit Fortsetzung durch die übrigen Gesellschafter.

▶ Wer muß anmelden: alle Gesellschafter einschließlich der Erben des Verstorbenen (siehe aber Hinweis)

▶ Beizufügende Unterlagen: Erbnachweis (tunlichst durch öffentliche Urkunden) zur Legitimation der anmeldenden Erben (§ 12 Abs. 2 HGB)

▶ Kosten beim Gericht: Gebühr für Eintragung des Ausscheidens je nach Größe der Gesellschaft 40 bis 60 Euro (GVHR 1501–1503); hinzu Gebühr für Eintragung der Liquidation 30 Euro (GVHR 1506).

▶ Kosten beim Notar: Das Ausscheiden und die Auflösung der Gesellschaft sind zwei gegenstandsverschiedene Anmeldungen bzw. Eintragungen; Addition der nach § 41a Abs. 4 Nr. 3 KostO ermittelten Werte (2 x 25 000 Euro = 50 000 Euro). Die Notargebühr umfaßt die Mitanmeldung des Liquidators und dessen Namenszeichnung.

▶ Text der Anmeldung:

Die Gesellschaft ist durch den Tod des Gesellschafters * Name, Vorname, Geburtsdatum, Wohnort * aufgelöst.

Die Abwicklung erfolgt durch * Name, Vorname, Geburtsdatum, Wohnort der Liquidatoren *

Vertretungsrecht:

Die allgemeine Vertretungsregelung ist geändert. Die persönlich haftenden Gesellschafter sind nicht mehr berechtigt, die Gesellschaft zu vertreten.

Jeder Liquidator vertritt die Gesellschaft jeweils
- einzeln
- gemeinschaftlich.

Einem Liquidator kann Befreiung von den Beschränkungen des § 181 BGB erteilt werden.

Die Liquidatoren * jeweils Name, Vorname, Geburtsdatum, Wohnort * sind jeweils einzelvertretungsberechtigt. Diese Personen sind befugt, die Gesellschaft bei der Vornahme von Rechtsgeschäften mit sich selbst oder als Vertreter eines Dritten uneingeschränkt zu vertreten (Befreiung von den Beschränkungen des § 181 BGB).

Jeder Liquidator zeichnet seine Namensunterschrift bei der Liquidationsfirma wie folgt:

Als Erbausweis wird vorgelegt:

0 Ausfertigung des Erbscheins des Nachlaßgerichts * Ort * vom * Erbscheindatum *

0 Notarielle Verfügung von Todes wegen vom * Datum * mit Eröffnungsprotokoll des Nachlaßgerichts * Ort * vom * Datum des Protokolls *

Die Geschäftsräume befinden sich unverändert in * Ort und Straße *

(Unterschriftsbeglaubigung wie bei Nr. 162 und 167)

35. Tod eines Gesellschafters – der Vertrag bestimmt nichts

▶ Hinweise: Der Gesellschafter scheidet nach § 131 Abs. 3 Nr. 1 HGB aus, sein Anteil geht nicht auf die Erben über, sondern wächst den anderen Gesellschaftern an (§ 738 BGB). Bei einer nur aus zwei Personen bestehenden Gesellschaft führt dies zum Geschäftsübergang auf den verbleibenden Gesellschafter, vgl. oben Nr. 33.

Anmeldung der Erben nur ausnahmsweise entbehrlich (§ 143 Abs. 3 HGB).

Keine Verweigerung der Anmeldung durch die Erben, wenn ihre Abfindung durch die Gesellschaft streitig ist; B § 143 HGB Nr. 1.

Die Befugnis eines Testamentsvollstreckers, das Ausscheiden des verstorbenen Gesellschafters anzumelden, dürfte zu bejahen sein; siehe B § 143 HGB Nr. 3 und 4.

Offene Handelsgesellschaft   A 35-36

Scheidet der *einzige* persönlich haftende Gesellschafter durch Tod ohne einen Nachfolger aus, so ist damit die Gesellschaft aufgelöst (siehe Hinweis bei Nr. 31).

▶ Wer muß anmelden: alle Gesellschafter und die (nicht eingetretenen) Erben

▶ Beizufügende Unterlagen: Erbnachweis wie oben Nr. 34; ggf. Einwilligung des ausgeschiedenen Gesellschafters oder seiner Erben in die Firmenfortführung (§ 24 Abs. 2 HGB).

▶ Kosten beim Gericht: wie bei Nr. 29

▶ Kosten beim Notar: Wert: wie bei Nr. 32

▶ Text der Anmeldung:

Der Gesellschafter * Name, Vorname, Geburtsdatum, Wohnort * ist durch Tod aus der Gesellschaft ausgeschieden.

Die Gesellschaft wird unter den bisherigen Gesellschaftern fortgeführt. Die Firma bleibt unverändert.

Die Erben des verstorbenen Gesellschafters willigen in die Fortführung der Firma ein.

Als Erbausweis wird vorgelegt: (wie bei Nr. 34)

Die Geschäftsräume befinden sich unverändert in * Ort und Straße *

(Unterschriftsbeglaubigung wie bei Nr. 162)

36. Tod eines Gesellschafters – der Vertrag sieht die Fortsetzung mit den Erben vor, alle werden Gesellschafter

▶ Hinweise: Der oder die eintretenden Erben haben die Wahlrechte nach § 139 HGB; Anmeldung ihres Eintritts vor Ablauf der Wahlfrist nicht erforderlich (BGH, MDR 1971, 260 = NJW 1971, 1268).

Scheidet ein Erbe aufgrund des Wahlrechts nach § 139 HGB wieder aus der Gesellschaft aus, so muß dies angemeldet werden (§ 143 HGB).

Wird ein Erbe Kommanditist, ist eine Firmenänderung nach § 19 Abs. 1 Nr. 3 HGB nötig; siehe auch Nr. 39.

Beerbung eines Gesellschafters durch den – einzigen – anderen: B § 143 HGB Nr. 6.

▶ Wer muß anmelden: alle Gesellschafter einschließlich der eintretenden Erben. Die Befugnis eines Testamentsvollstreckers, das Ausscheiden des verstorbenen Gesellschafters und den Eintritt der Erben anzu-

45

melden, ist bisher nur für den Eintritt als Kommanditist anerkannt, siehe B § 143 HGB Nr. 3.
- Beizufügende Unterlagen: Erbnachweis für die eintretenden Erben (§ 12 Abs. 2 HGB).
- Kosten beim Gericht: Gebühr für die Eintragung der Tatsache des Ausscheidens durch Tod je nach Größe der Gesellschaft 40 bis 60 Euro (GVHR 1501–1503); hinzu für jede Eintragung eines eintretenden Erben je 30 Euro (GVHR 1506); vgl. § 2 Abs. 2 S. 2 HRegGebV.
- Kosten beim Notar: Wert: Ausscheiden durch Tod 12 500 Euro und Eintritt eines jeden Erben je 12 500 Euro, § 41a Abs. 4 Nr. 3 KostO. Werden die eintretenden Erben Kommanditisten: wie bei Nr. 30, zusätzlich für Ausscheiden des Erblassers 25 000 Euro, § 41a Abs. 4 Nr. 3 HS. 1 KostO. Addition der Werte. $^5/_{10}$-Gebühr. Umfaßt Anmeldung und gleichzeitige Namenszeichnung. Bei nicht gleichzeitiger Zeichnung: Gebühr nach § 45 KostO aus Wert nach § 30 KostO, in der Regel aus der Hälfte des Wertes nach § 41a Abs. 4 Nr. 3 KostO.
- Text der Anmeldung:

Der Gesellschafter * Name, Vorname, Geburtsdatum, Wohnort * ist durch Tod aus der Gesellschaft ausgeschieden.

Die Erben des verstorbenen Gesellschafters willigen in die Fortführung der Firma ein.

Als Erben des verstorbenen Gesellschafters sind in die Gesellschaft als weitere persönlich haftende Gesellschafter eingetreten:

* Name, Vorname, Geburtsdatum, Wohnort *

* Name, Vorname, Geburtsdatum, Wohnort *

Jeder dieser eingetretenen Gesellschafter zeichnet seine Namensunterschrift bei der von der Anmeldung betroffenen Firma wie folgt:

Für jeden eintretenden Gesellschafter gilt:

0 er hat Vertretungsrecht zusammen mit einem weiteren persönlich haftenden Gesellschafter

0 er hat alleiniges Vertretungsrecht

0 er hat kein Vertretungsrecht.

Der bisherige Gesellschafter * Name, Vorname, Geburtsdatum, Wohnort * ist einzelvertretungsberechtigt.

Prokuren bleiben weiterhin bestehen.

Firma und Sitz der Gesellschaft bleiben unverändert.

Als Erbausweis wird vorgelegt (wie bei Nr. 34)

(Unterschriftsbeglaubigung wie bei Nr. 162 und 167)

Offene Handelsgesellschaft A 37

37. Tod eines Gesellschafters – der Vertrag sieht die Fortsetzung mit einem von mehreren Miterben vor

- Hinweise: Anmeldung der *nicht* eintretenden Erben nach § 143 Abs. 3 HGB nur ausnahmsweise entbehrlich.

  Übergang des Anteils auf den vertraglich vorgesehenen Erben unmittelbar unter Ausschluß der Miterben; siehe BGHZ 68, 237.

  Anmeldung durch Testamentsvollstrecker siehe Hinweis bei Nr. 35 und 36.

- Wer muß anmelden: alle Gesellschafter und *alle* Erben
- Beizufügende Unterlagen: Erbnachweis für alle anmeldenden Erben (§ 12 Abs. 2 HGB)
- Kosten beim Gericht: wie bei Nr. 36
- Kosten beim Notar: Wert: 25 000 Euro für Ausscheiden des Erblassers und Eintritt des Miterben (§ 41a Abs. 4 Nr. 3 Hs. 1 KostO). Bei nicht gleichzeitiger Zeichnung: wie bei Nr. 36.
- Text der Anmeldung:

Der Gesellschafter * Name, Vorname, Geburtsdatum, Wohnort * ist durch Tod aus der Gesellschaft ausgeschieden.

Die Erben des verstorbenen Gesellschafters willigen in die Fortführung der Firma ein.

In die Gesellschaft ist als Nachfolger und damit persönlich haftender Gesellschafter eingetreten: der Miterbe * Name, Vorname, Geburtsdatum, Wohnort *

Der eintretende Gesellschafter * Name, Vorname, Geburtsdatum, Wohnort * ist einzelvertretungsberechtigt.

Dieser eingetretene Gesellschafter zeichnet seine Namensunterschrift bei der von der Anmeldung betroffenen Firma wie folgt:

Als Erbausweis wird vorgelegt: (wie in Nr. 34)

Die Geschäftsräume befinden sich unverändert in * Ort und Straße *

(Unterschriftsbeglaubigung wie bei Nr. 162 und 166)

38. Tod eines Gesellschafters – der Vertrag sieht ein Eintrittsrecht aller oder einzelner Erben vor

- Hinweise: Bei *nicht* eintretenden Erben kann nur unter den Voraussetzungen des § 143 Abs. 3 HGB von deren Anmeldung abgesehen werden; BayObLG, Rpfleger 1993, 288.
  Zur Abgrenzung der Eintrittsklausel von einer Nachfolgeklausel siehe BGHZ 68, 237.
- Wer muß anmelden: alle Gesellschafter und alle Erben (siehe aber Hinweis)
- Beizufügende Unterlagen: Erbnachweis für die Erben (§ 12 Abs. 2 HGB)
- Kosten beim Gericht: wie bei Nr. 36
- Kosten beim Notar: Wert: wie bei Nr. 36, beim Anmelden beider Veränderungen § 44 Abs. 2a KostO. Umfaßt Anmeldung und gleichzeitige Firmenzeichnung. Bei nicht gleichzeitiger Zeichnung: wie bei Nr. 36.
- Text der Anmeldung:

Der Gesellschafter * Name, Vorname, Geburtsdatum, Wohnort * ist durch Tod aus der Gesellschaft ausgeschieden.

Die Erben des verstorbenen Gesellschafters willigen in die Fortführung der Firma ein.

In die Gesellschaft sind als weitere persönlich haftende Gesellschafter eingetreten: * Name, Vorname, Geburtsdatum, Wohnort *

Jeder dieser eingetretenen Gesellschafter ist jeweils einzelvertretungsberechtigt.

Jeder dieser eingetretenen Gesellschafter zeichnet seine Namensunterschrift bei der Firma wie folgt:

Als Erbausweis wird vorgelegt: (wie in Nr. 34)

Die Geschäftsräume befinden sich unverändert in * Ort und Straße *

(Unterschriftsbeglaubigung wie bei Nr. 162 und 166 bzw. 167)

39. Tod eines Gesellschafters – nach dem Vertrag treten der oder die Erben als Kommanditisten ein

- Hinweise: Firmenänderung nötig nach § 19 Abs. 1 Nr. 3 HGB. Kein Wahlrecht der Erben nach § 139 HGB.

Offene Handelsgesellschaft   A 39

Keine Erleichterung der Anmeldung nach § 143 Abs. 3 HGB.

Anmeldung durch Testamentsvollstrecker siehe B § 143 HGB Nr. 3.

- ▶ Wer muß anmelden: alle Gesellschafter und alle Erben
- ▶ Beizufügende Unterlagen: Erbausweis für die Erben (§ 12 Abs. 2 HGB)
- ▶ Kosten beim Gericht: wie bei Nr. 36. Eine Firmenänderung aufgrund derselben Anmeldung ist gebührenpflichtige Tatsache, Gebühr 30 Euro (GVHR 1506).
- ▶ Kosten beim Notar: Geschäftswert: einfache Kommanditeinlage, § 41a Abs. 1 Nr. 6 KostO, ggf. Summe der neuen Kommanditeinlagen, § 44 Abs. 2a KostO; zusätzlich noch 25 000 Euro für Ausscheiden durch Tod, § 41a Abs. 4 Nr. 3 KostO. $^5/_{10}$-Gebühr. Umfaßt auch eine notwendig werdende Änderung der Firma (Gegenstandsgleichheit nach § 44 Abs. 1 KostO).
- ▶ Text der Anmeldung:

Zur Eintragung in das Handelsregister bei der offenen Handelsgesellschaft unter der Firma * Bezeichnung der OHG nach dem Handelsregister * wird angemeldet:

Der Gesellschafter * Name, Vorname, Geburtsdatum, Wohnort * ist durch Tod aus der Gesellschaft ausgeschieden. Seine Erben sind * Namen, Vorname, Geburtsdatum, Wohnort der Erben *

Die Erben des verstorbenen Gesellschafters willigen in die Fortführung der Firma ein.

In die Gesellschaft sind anstelle des verstorbenen Gesellschafters dessen Erben als Kommanditisten eingetreten, nämlich

* Name, Vorname, Geburtsdatum, Wohnort * mit einer Einlage von Euro * Zahl *

* Name, Vorname, Geburtsdatum, Wohnort * mit einer Einlage von Euro * Zahl *

Die Gesellschaft ist in die Rechtsform einer Kommanditgesellschaft umgewandelt.

Die Firma ist geändert in * neue Bezeichnung *

Als Erbausweis wird vorgelegt: (wie in Nr. 34)

Die Geschäftsräume befinden sich unverändert in * Ort und Straße *

(Unterschriftsbeglaubigung wie bei Nr. 162)

40. Errichtung, Aufhebung oder Verlegung einer Zweigniederlassung

- Hinweise: Solange Zweigniederlassungen bestehen, sind alle Anmeldungen beim Gericht des Sitzes einzureichen; es sind so viele Stücke der Anmeldung (begl. Abschrift genügt) einzureichen, wie Niederlassungen vorhanden und von der Änderung betroffen sind (§ 13c HGB). Eingeschränkte Bekanntmachung der Registereintragung nach §§ 13 Abs. 6, 13c Abs. 2 HGB. Errichtung von Zweigniederlassungen einer ausländischen Gesellschaft siehe A 113.

- Wer muß anmelden: Gesellschafter in der zur Vertretung der Gesellschaft erforderlichen Zahl

- Beizufügende Unterlagen: bei Errichtung der Zweigniederlassung: Zeichnung der Unterschriften aller vertretungsberechtigten Gesellschafter sind auch für die Zweigniederlassung zu leisten (§ 13 Abs. 2 HGB); dasselbe gilt für Prokuristen, soweit nicht die Prokura auf den Sitz der Gesellschaft beschränkt ist. Siehe im übrigen Hinweis.

- Text der Anmeldung: siehe oben Nr. 14, 15, 16 entsprechend

- Kosten beim Gericht: Gebühr für die Eintragung der Errichtung und Verlegung einer Zweigniederlassung bei einer Gesellschaft mit bis zu 3 Gesellschaftern 80 Euro (GVHR 1201), mit mehr als 3 Gesellschaftern Erhöhung der Gebühr für jeden weiteren Gesellschafter bis einschließlich zur 100. eingetragenen Person um 20 Euro (GVHR 1202); für jeden weiteren eingetragenen Gesellschafter ab der 101. eingetragenen Person um 10 Euro (GVHR 1203). Bleibt bei einer Verlegung einer Zweigniederlassung das bisherige Gericht zuständig, so werden keine Gebühren für die Eintragung der Verlegung erhoben (GVHR Vorbem. 1.2). Gebühr für die Aufhebung der Zweigniederlassung je nach Größe der Gesellschaft 40 bis 60 Euro (GVHR 1501–1503).

- Kosten beimNotar: wie bei Nr. 14, 15, 16

- Text der Anmeldung: wie bei Nr. 14, 15, 16 entsprechend

41. Erteilung, Widerruf oder andere Änderungen einer Prokura

- Hinweise: Verfahren bei Streit zwischen mehreren Gesellschaftern über die Erteilung einer Prokura, siehe JFG 5, 244.
  Bei Auflösung einer Gesellschaft ist das Erlöschen der Prokura gesondert anzumelden; OLG Köln, MittRhNotK 1977, 181.

Offene Handelsgesellschaft   A 41-42

▶ Wer muß anmelden: Gesellschafter in der zur Vertretung der Gesellschaft erforderlichen Zahl
▶ Beizufügende Unterlagen: keine
▶ Kosten beim Gericht: wie bei Nr. 3
▶ Kosten beim Notar: Wert: 25 000 Euro, § 41a Abs. 4 Nr. 3 KostO; im übrigen wie bei Nr. 3.
▶ Text der Anmeldung: wie bei Nr. 3 bzw. 4 entsprechend

42. Die Gesellschaft verpachtet ihren Geschäftsbetrieb

▶ Hinweise: Zur Auswirkung auf die OHG siehe B § 105 HGB Nr. 2 und den dortigen Hinweis (keine automatische Umwandlung in Gesellschaft bürgerlichen Rechts, weil die Verpächterin als vermögensverwaltende Gesellschaft einen Eintragungsanspruch nach § 105 Abs. 2 HGB hat bzw. behält).

Zur Frage, wann eine Firmenfortführung vorliegt, siehe Hinweis bei Nr. 5.

Bei Firmenfortführung der Pächterin Haftungsausschluß möglich (§ 25 Abs. 2 HGB); siehe Hinweise bei Nr. 5. Soll die OHG im Handelsregister eingetragen bleiben, muß sie ihre Firma ändern.

Bisherige Vertretungsregelung gilt fort; siehe B § 170 HGB und dortigen Hinweis.

▶ Anmeldungsinhalt: a) bei Firmenfortführung der Pächterin: Firmenänderung bei Verpächterin, wenn deren Eintragung fortbestehen soll; sonst wie Nr. 7.
b) ohne Firmenfortführung durch Pächterin: keine Anmeldung erforderlich, wenn Eintragung bestehenbleiben soll; sonst Erlöschen der Firma.

▶ Wer muß anmelden: bei a) alle Gesellschafter und der Pächter
bei b) alle Gesellschafter das Erlöschen, der Pächter die neue Firma

▶ Beizufügende Erklärung: Zustimmung aller Gesellschafter wie bei Nr. 5, wenn Firma fortgeführt wird

▶ Kosten beim Gericht: Zu a) Fortführung der Firma: Gebühr für Neueintragung des Pächters 50 Euro (GVHR 1100). Für Ausscheiden des Verpächters Gebühr mit 40 bis 60 Euro je nach Größe der Gesellschaft (GVHR 1501–1503).

Zu b) ohne Firmenfortführung: Eintragung des Erlöschens der Firma gebührenfrei (GVHR Vorbem. 1 Abs. 4). Gebühr für Neueintragung des Einzelkaufmanns 50 Euro (GVHR 1100).

▶ Kosten beim Notar: Zu a) Bei Fortführung der Firma: wie bei Nr. 5. Zu b) Ohne Fortführung der Firma: wie bei Nr. 6

▶ Text der Anmeldung: wie bei Nr. 7 entsprechend

43. Betriebsaufspaltung (typischer Fall)

▶ Hinweise: Vgl. Döring, DNotZ 1982, 280 ff. mit weiteren Hinweisen

▶ Was ist anzumelden: a) Gründung einer GmbH (Betriebs-Kapitalgesellschaft); siehe unten Nr. 91
b) Einbringung des Umlaufvermögens der bisherigen OHG/KG in die GmbH als Sachgründung (siehe unten Nr. 91/92), durch Kapitalerhöhung gegen Sacheinlagen (siehe unten Nr. 108) oder durch abspaltende Ausgliederung nach § 123 Abs. 3 UmwG
c) Anmeldung des Erlöschens der Firma der bisherigen OHG/KG infolge Umwandlung in eine Gesellschaft bürgerlichen Rechts oder, falls gewünscht, Firmenänderung bei der Besitzgesellschaft (siehe Nr. 42 und die dortigen Hinweise).

▶ Kosten beim Gericht und Notar: wie bei Nr. 46

▶ Text der Anmeldung: wie bei Nr. 46 (Anmeldung des Erlöschens der Firma)

44. Die Verpachtung des Geschäftsbetriebes ist beendet

▶ Hinweise: Siehe Hinweise bei Nr. 8 sowie B § 105 HGB Nr. 2.

▶ Was ist anzumelden: wie bei Nr. 8

▶ Wer muß anmelden: wie bei Nr. 8 (anstatt Verpächter alle Gesellschafter)

▶ Beizufügende Unterlagen: keine

▶ Kosten beim Gericht: Bei Firmenfortführung: Gebühr für Neueintragung des Verpächters mit bis zu 3 Gesellschaftern 70 Euro (GVHR 1101), Erhöhung um je 20 Euro für jeden weiteren Gesellschafter (GVHR 1102). Ohne Firmenfortführung: Gebühr für Wiedereintragung der Gesellschaft als bisherige Verpächterin mit bis zu 3 Gesellschaf-

Offene Handelsgesellschaft   **A 44-45**

tern 70 Euro (GVHR 1101), Erhöhung um je 20 Euro für jeden weiteren Gesellschafter (GVHR 1102); Löschung der Firma des Pächters gebührenfrei (GVHR Vorbem. 1 Abs. 4). Gebühr für Ausscheiden des Pächters 40 Euro (GVHR 1500), vgl. § 2 Abs. 2 S. 2 HRegGebV.
▶ Kosten beim Notar: wie bei Nr. 8
▶ Text der Anmeldung: wie bei Nr. 8 entsprechend

45. Die Gesellschaft erwirbt zu ihrem eigenen Geschäftsbetrieb ein weiteres Unternehmen mit Firma hinzu

▶ Hinweise: Aus der Rechtsprechung B § 22 HGB Nr. 2 und 3 ergeben sich folgende Möglichkeiten:
a) Der Erwerber verzichtet auf eine Verwendung der *erworbenen* Firma.
b) Er verzichtet auf die bisherige *eigene* Firma und führt die erworbene Firma fort.
c) Er verwendet die erworbene Firma für eine mit dem erworbenen Unternehmen errichtete *Zweigniederlassung* („X OHG Zweigniederlassung Köln vormals YZ" oder „YZ, Zweigniederlassung Köln der X OHG").
Zur Firmenbildung bei Vereinigung zweier Unternehmen siehe auch B § 24 HGB Nr. 4.

▶ Was ist durch wen anzumelden:
bei a) nichts bei der erwerbenden Gesellschaft; das Erlöschen der Firma zum Register des übertragenen Unternehmens durch dessen Inhaber
bei b) Übertragung der Firma durch bisherigen Inhaber und alle Gesellschafter, ferner Firmenänderung bei OHG
bei c) Übertragung der Firma durch bisherigen Inhaber und alle Gesellschafter, ferner Errichtung einer Zweigniederlassung mit Firma

▶ Beizufügende Unterlagen: keine

▶ Kosten beim Gericht: zu a) Für Erlöschen der Firma keine Gebühr (GVHR Vorbem. 1 Abs. 4).
Zu b) Für Eintragung des Erwerbers mit bis zu 3 Gesellschaftern 70 Euro Gebühr (GVHR 1101), Erhöhung um je 20 Euro für jeden weiteren Gesellschafter (GVHR 1102). Für Erlöschen der alten Firma keine Gebühr (GVHR Vorbem. 1 Abs. 4). Für Änderung der Firma der Erwerberin je nach Größe der Gesellschaft 40 bis 60 Euro (GVHR 1501–1503).
Zu c) Gebühr für die Eintragung der Errichtung einer Zweigniederlassung bei einer Gesellschaft mit bis zu 3 Gesellschaftern 80 Euro

(GVHR 1201), mit mehr als 3 Gesellschaftern Erhöhung der Gebühr für jeden weiteren Gesellschafter bis einschließlich zur 100. eingetragenen Person um 20 Euro (GVHR 1202); ab der 101. eingetragenen Person um 10 Euro (GVHR 1203).

▶ Kosten beim Notar: Zu a) 25 000 Euro, § 41a Abs. 4 Nr. 3 HS. 1 oder Abs. 4 Nr. 4 KostO.
Zu b) 25 000 Euro für Erlöschen der alten Firma (§ 41a Abs. 4 Nr. 3 HS. 1 oder Abs. 4 Nr. 4 KostO); hinzu für Neueintragung des Erwerbers Wert nach § 41a Abs. 3 Nr. 2 KostO.
Zu c) 50% des Werts für die Erstanmeldung der Gesellschaft (§ 41a Abs. 3 Nr. 2 und Abs. 5 KostO). 5/10-Gebühr. Umfaßt Anmeldung und gleichzeitige Namenszeichnung. Bei nicht gleichzeitiger Namenszeichnung: Gebühr nach § 45 KostO aus Wert nach § 30 KostO, in der Regel aus der Hälfte des Wertes nach § 41a Abs. 5, Abs. 3 Nr. 2, Abs. 4 Nr. 3 KostO.

▶ Text der Anmeldung:

Zu a) Erlöschen der Firma des Veräußerers:

Die Firma ist erloschen.

(Unterschriftsbeglaubigung wie bei Nr. 16)

Zu b) Erwerber verzichtet auf eigene Firma und führt die erworbene Firma fort:

Der Unterzeichnete * Name, Vorname, Geburtsdatum, Wohnort des bisherigen Geschäftsinhabers * hat das von ihm unter der obigen Einzelfirma betriebene Geschäft mit dem Recht, die Firma mit oder ohne Beifügung eines das Nachfolgeverhältnis andeutenden Zusatzes fortzuführen, an die offene Handelsgesellschaft unter der Firma * Bezeichnung der OHG nach dem Handelsregister * veräußert. Diese führt die erworbene Firma fort und ändert die Firma in * neue Bezeichnung der OHG *

Die bisherige Firma der OHG ist dementsprechend geändert.

Die Geschäftsräume befinden sich in * Ort und Straße *

Die Haftung des Erwerbers für die im Betrieb des Geschäfts begründeten Verbindlichkeiten des bisherigen Inhabers sowie der Übergang der in dem Betriebe begründeten Forderungen auf den Erwerber ist ausgeschlossen.

Zu c) Übertragung der Firma und Fortführung als Zweigniederlassung

Der Unterzeichnete * Name, Vorname, Geburtsdatum, Wohnort des bisherigen Geschäftsinhabers * hat das von ihm unter der obigen Einzelfirma betriebene Geschäft mit dem Recht, die Firma mit oder ohne Beifügung eines das Nachfolgeverhältnis andeutenden Zusatzes fortzuführen, an die offene Handelsgesellschaft unter der Firma * Bezeichnung der OHG nach dem Handels-

Offene Handelsgesellschaft   A 45-46

register * veräußert. Diese führt die erworbene Firma fort und zwar als Zweigniederlassung der erwerbenden Gesellschaft unter der Firma * Bezeichnung der Zweigniederlassung *

Die Geschäftsräume der Zweigniederlassung befinden sich in * Ort und Straße *

Jeder Gesellschafter zeichnet bei der Zweigniederlassungsfirma seine Namensunterschrift wie folgt:

(Unterschriftsbeglaubigung wie bei Nr. 161 und 167)

46. Der Geschäftsbetrieb der Gesellschaft verkleinert sich; kaufmännische Einrichtungen sind nicht mehr erforderlich

▶ Hinweise: Die Veränderung führt nicht notwendig zur Auflösung der Gesellschaft.

Die OHG verwandelt sich in eine Gesellschaft bürgerlichen Rechts, wobei sich ihre Identität nicht verändert. Die Gesellschafter können aber in Ausübung der Eintragungsoption nach § 105 Abs. 2 HGB von einer Löschung im Handelsregister Abstand nehmen. Dann besteht die Gesellschaft als Handelsgesellschaft weiter (vgl. Hinweis bei Nr. 42), und eine Anmeldung ist nicht erforderlich.

Bis zur Eintragung des Firmenerlöschens gilt gegenüber Dritten § 5 HGB.

Bisherige Vertretungsbestimmungen gelten im Zweifel fort; vgl. B § 170 HGB Nr. 1.

▶ Beizufügende Unterlagen: keine

▶ Kosten beim Gericht: Keine Gebühr für das Erlöschen der Firma (GVHR Vorbem. 1 Abs. 4). Keine Gebühr für die Eintragung des Erlöschens einer Prokura.

▶ Kosten beim Notar: Wert: 25 000 Euro, § 41a Abs. 4 Nr. 3 HS. 1 KostO. ⁵/10-Gebühr. Das Erlöschen einer Prokura wird als notwendige Folge der Löschung der Gesellschaft nicht zusätzlich bewertet (bestr.; a. A. OLG Köln, MittRhNotK 1977, 181: für § 44 Abs. 2a KostO, also Addition der einzelnen Werte der Löschung der Gesellschaft und der mehreren Prokurenlöschungen).

▶ Text der Anmeldung durch alle Gesellschafter:
1. Der Geschäftsbetrieb der Gesellschaft hat sich so verkleinert, daß kaufmännische Einrichtungen nicht mehr erforderlich sind und die Gesellschaft nicht mehr im Handelsregister eingetragen werden will.

2. Die Prokura von * Name, Vorname, Geburtsdatum, Wohnort * ist erloschen.
3. Die Firma ist erloschen.
(Unterschriftsbeglaubigung wie bei Nr. 162)

47. Die Gesellschafter beschließen, die Gesellschaft aufzulösen

▶ Hinweise: Gleiche Anmeldungspflicht bei Ablauf einer im Gesellschaftsvertrag festgelegten Zeitdauer.
Folgeanmeldungen: siehe insbes. unten Nr. 52–55.

▶ Beizufügende Unterlagen: keine

▶ Kosten beim Gericht: Gebühr für die Eintragung der Tatsache der Auflösung je nach Größe der Gesellschaft 40 bis 60 Euro (GVHR 1501–1503). Die Liquidatorbestellung ist Teil der Auflösung der Gesellschaft, gleiches gilt für Löschung einer Prokura.

▶ Kosten beim Notar: Wert: 25 000 Euro, § 41a Abs. 4 Nr. 3 HS. 1 KostO. 5/10-Gebühr; umfaßt Anmeldung und gleichzeitige Namenszeichnung des Liquidators. Auflösung und Bestellung des Liquidators sind gegenstandsgleich. Bei nicht gleichzeitiger Zeichnung: wie bei Nr. 21. Wegen Prokuralöschung wie bei Nr. 46.

▶ Text der Anmeldung durch alle Gesellschafter:

1. Die Gesellschaft ist durch Beschluß sämtlicher Gesellschafter aufgelöst.
2. Die Prokura von * Name, Vorname, Geburtsdatum, Wohnort * ist erloschen.
3. Zu Liquidatoren wurden bestellt:
   * Name, Vorname, Geburtsdatum, Wohnort *
4. Vertretungsrecht:
   Die allgemeine Vertretungsregelung ist geändert. Die persönlich haftenden Gesellschafter sind nicht mehr berechtigt, die Gesellschaft zu vertreten.
   Jeder Liquidator vertritt die Gesellschaft jeweils
   • einzeln
   • gemeinschaftlich.
   Einem Liquidator kann Befreiung von den Beschränkungen des § 181 BGB erteilt werden.
   Die Liquidatoren * jeweils Name, Vorname, Geburtsdatum, Wohnort * sind jeweils einzelvertretungsberechtigt. Diese Personen sind befugt, die Gesellschaft bei der Vornahme von Rechtsgeschäften mit sich selbst oder als Vertreter eines Dritten uneingeschränkt zu vertreten (Befreiung von den Beschränkungen des § 181 BGB).

Offene Handelsgesellschaft   A 47-50

Jeder Liquidator zeichnet seine Namensunterschrift bei der von der Liquidation betroffenen Firma wie folgt:
Die Geschäftsräume befinden sich unverändert in * Ort und Straße *
(Unterschriftsbeglaubigung wie bei Nr. 162 und 167)

48. Über das Vermögen der Gesellschaft wird das Insolvenzverfahren eröffnet

▶ Hinweise: Bei Insolvenzablehnung mangels Masse keine Auflösung der Gesellschaft, aber evtl. Nr. 46, 47, 53, 54; anders bei der beschränkt haftenden Personengesellschaft (§ 131 Abs. 2 Nr. 1 HGB).

▶ Was ist anzumelden: nichts (Eintragung von Amts wegen)

49. Über das Vermögen eines Gesellschafters wird das Insolvenzverfahren eröffnet

▶ Hinweise: Der Gemeinschuldner scheidet mit Eröffnung des Insolvenzverfahrens aus der Gesellschaft aus (§ 131 Abs. 3 Nr. 2 HGB). Bei Zwei-Personen-Gesellschaft siehe Hinweis bei Nr. 33.

▶ Wer muß anmelden: alle Gesellschafter mit Ausnahme des in Insolvenz gefallenen, für den der Insolvenzverwalter anzumelden hat (vgl. B § 143 HGB Nr. 4)

▶ Beizufügende Unterlagen: Bestellung des Insolvenzverwalters

▶ Kosten beim Gericht: wie bei Nr. 29

▶ Kosten beim Notar: wie bei Nr. 32

▶ Text der Anmeldung:

Der Gesellschafter * Name, Vorname, Geburtsdatum, Wohnort * ist infolge Eröffnung des Insolvenzverfahrens über sein Vermögen aus der Gesellschaft ausgeschieden.
Die Geschäftsräume befinden sich unverändert in * Ort und Straße *
(Unterschriftsbeglaubigung wie bei Nr. 162)

50. Ein Privatgläubiger eines Gesellschafters kündigt (§ 135 HGB)

▶ Hinweise: Die Hinweise bei Nr. 49 gelten entsprechend.

- ▶ Was ist anzumelden: das Ausscheiden des Gesellschafters
- ▶ Wer muß anmelden: alle Gesellschafter einschließl. des Ausgeschiedenen
- ▶ Beizufügende Unterlagen: keine
- ▶ Kosten beim Gericht: wie bei Nr. 29
- ▶ Kosten beim Notar: Wert: wie bei Nr. 32
- ▶ Text der Anmeldung:

Der Gesellschafter * Name, Vorname, Geburtsdatum, Wohnort * ist aus der Gesellschaft ausgeschieden.

Die Geschäftsräume befinden sich unverändert in * Ort und Straße *

(Unterschriftsbeglaubigung wie bei Nr. 162)

51. Ein Gesellschafter macht von einem gesetzlichen oder vertraglichen Kündigungsrecht Gebrauch

- ▶ Hinweise: Im Gesellschaftsvertrag kann anstelle des Ausscheidens (§ 131 Abs. 3 Nr. 3 HGB) die Auflösung der Gesellschaft vereinbart sein; dann Anmeldung wie Nr. 47 unter Angabe des Auflösungsgrundes.
- ▶ Wer muß anmelden: alle Gesellschafter einschl. des Ausgeschiedenen
- ▶ Beizufügende Unterlagen: keine
- ▶ Kosten beim Gericht: wie bei Nr. 29
- ▶ Kosten beim Notar: wie bei Nr. 32
- ▶ Text der Anmeldung: wie bei Nr. 50

52. Der Geschäftsbetrieb der Gesellschaft wird an einen Dritten veräußert

- ▶ Hinweise: Bei vollständiger Veräußerung an einen *Gesellschafter* ist regelmäßig ein Ausscheiden aller Gesellschafter bis auf den Übernehmer zweckmäßig; siehe Nr. 33.

Bei Veräußerung eines Teils des Geschäftsbetriebes ist nichts anzumelden, wenn der der Gesellschaft verbleibende Teil weiterhin einen in kaufmännischer Weise eingerichteten Geschäftsbetrieb erfordert; ist das nicht der Fall, siehe oben Nr. 46, auch zur Eintragungsoption.

Offene Handelsgesellschaft A 52

Die Teilveräußerung kann zur Vermeidung einer Einzelrechtsübertragung der veräußerten Unternehmensteile auch im Wege der Spaltung nach §§ 123 ff. UmwG erfolgen.

Bei Veräußerung einer selbständigen *Zweigniederlassung* siehe B § 23 HGB Nr. 1, zur Haftung § 25 HGB Nr. 5.

Der Vorgang bedeutet regelmäßig, aber nicht zwingend, eine *Auflösung* der Gesellschaft; siehe oben Nr. 46 und 47, aber auch Teil B § 105 HGB Nr. 1 und 2.

Soll der Erwerber des Geschäfts die Firma fortführen, so muß die veräußernde OHG, wenn sie als ihr Vermögen verwaltende Gesellschaft (vgl. § 105 Abs. 2 HGB) eingetragen bleiben soll oder wenn noch Abwicklungsmaßnahmen nötig sind, zu diesem Zweck eine neue Firma annehmen.

- Anzumelden: a) bei Veräußerung ohne Firma: das Erlöschen der Firma der Gesellschaft; außerdem vom neuen Inhaber seine neue Firma
b) bei Veräußerung mit Firma: der Inhaberwechsel von Geschäft und Firma

- Wer muß anmelden: bei a) alle Gesellschafter
bei b) alle Gesellschafter und Erwerber

- Beizufügende Erklärung: bei b) Einwilligung der Gesellschafter in Firmenfortführung (§ 22 HGB)

- Kosten beim Gericht: bei Veräußerung ohne Firma: Gebühr für Ersteintragung der Einzelfirma 50 Euro (GVHR 1100); gebührenfrei ist die Eintragung des Erlöschens der Firma (GVHR Vorbem. 1 Abs. 4). Bei Veräußerung mit Firma: Umwandlung der OHG in Einzelfirma wie bei Nr. 33.

- Kosten beim Notar: Wert: ohne Fortführung der Firma: 25 000 Euro, § 41a Abs. 4 Nr. 3 HS. 1 KostO; für neue Firma des Inhabers: Wert: 25 000 Euro, § 41a Abs. 3 Nr. 1 KostO. Bei Fortführung der Firma: Wert nach § 41a Abs. 3 Nr. 1 KostO. Werteaddition nach § 44 Abs. 2a KostO. Im übrigen wie bei Nr. 5.

- Text der Anmeldung:

zu a):

Der Geschäftsbetrieb der Gesellschaft wurde an * Name, Vorname, Geburtsdatum, Wohnort des Erwerbers * veräußert. Dieser führt die bisherige Firma *nicht* fort. Die Gesellschaft ist aufgelöst. Eine Liquidation findet nicht statt.

Der Veräußerer meldet das Erlöschen seiner bisherigen Firma an.

Der Erwerber des Geschäfts hat die neue Firma * genaue Bezeichnung der neuen Firma mit Rechtsformzusatz * angenommen. Er zeichnet seine Namensunterschrift bei der neuen Firma wie folgt:

Die Geschäftsräume befinden sich in * Ort und Straße *

Die Prokura von * Name, Vorname, Geburtsdatum, Wohnort * bleibt weiterhin bestehen.

Der Prokurist zeichnet seine Namensunterschrift bei der neuen Firma wie folgt:

(Unterschriftsbeglaubigung wie bei Nr. 166 + 161 + 163)

zu b):

Der Geschäftsbetrieb der Gesellschaft wurde an * Name, Vorname, Geburtsdatum, Wohnort des Erwerbers * veräußert.

Die Gesellschaft ist aufgelöst. Eine Liquidation findet nicht statt.

Der Erwerber führt das Geschäft unter der Firma * bisherige Firma mit oder ohne Nachfolgezusatz, aber mit Rechtsformzusatz * fort. Er zeichnet seine Namensunterschrift bei der fortgeführten Firma wie folgt:

Die bisherigen Gesellschafter willigen in die Firmenfortführung ein.

Die Geschäftsräume befinden sich in * Ort und Straße *

(Unterschriftsbeglaubigung wie bei Nr. 166 + 161)

53. Die Gesellschaft soll nach ihrer Auflösung liquidiert werden

▶ Hinweise: Alternativen zur Liquidation:
Veräußerung des Geschäfts im ganzen; siehe Nr. 52.
Übernahme durch einen Gesellschafter; siehe Nr. 33.

Bestellung von Liquidatoren durch Gesellschafter und Registergericht siehe § 146 HGB.

▶ Beizufügende Unterlagen: keine

▶ Kosten beim Gericht und beim Notar: wie bei Nr. 47. Bei Liquidatorbestellung durch Registergericht doppelte Gebühr nach § 121 KostO, Wert nach § 30 KostO.

▶ Text der Anmeldung durch alle Gesellschafter: wie bei Nr. 47

Offene Handelsgesellschaft A 54-55

54. Der Geschäftsbetrieb wird ohne Liquidation eingestellt

- Was ist anzumelden: die Auflösung der Gesellschaft und das Erlöschen der Firma, aber nur bei endgültiger Stillegung (B § 31 HGB Nr. 2).
- Wer muß anmelden: alle Gesellschafter
- Beizufügende Unterlagen: keine
- Kosten beim Gericht und beim Notar: wie bei Nr. 46. Auflösung der Gesellschaft und Erlöschen der Firma sind gegenstandsgleich.
- Text der Anmeldung:
   1. Die Gesellschaft ist durch Beschluß sämtlicher Gesellschafter aufgelöst.
   2. Die Prokura von * Name, Vorname, Geburtsdatum, Wohnort * ist erloschen.
   3. Der Geschäftsbetrieb wurde ohne Liquidation eingestellt. Zu verteilendes Vermögen ist nicht vorhanden.
   4. Die Firma ist erloschen.
   (Unterschriftsbeglaubigung wie bei Nr. 162)

55. Die Liquidation der Gesellschaft ist beendet

- Hinweise: Keine Löschung vor Einstellung oder Aufhebung des Insolvenzverfahrens, siehe B § 157 HGB Nr. 1.
  Unrichtige Löschung siehe Nr. 56.
  Kann die Anmeldung des Erlöschens nicht herbeigeführt werden – auch nicht mit Zwangsgeld –, kann das Registergericht die Firma von Amts wegen löschen (§ 31 Abs. 2 HGB).
- Wer muß anmelden: alle Liquidatoren oder alle Gesellschafter
- Beizufügende Unterlagen: keine
- Kosten beim Gericht und beim Notar: wie bei Nr. 46
- Text der Anmeldung:
   1. Die Liquidation ist beendet.
   2. Die Firma ist erloschen.
   3. Die Bücher und Papiere der aufgelösten Gesellschaft sind dem Gesellschafter * Name, Vorname, Geburtsdatum, Wohnort und Privatadresse * in Verwahrung gegeben worden.
   (Unterschriftsbeglaubigung wie bei Nr. 161 oder 162)

56. Nach Schluß der Abwicklung und Löschung der Gesellschaft stellt sich weiteres Gesellschaftsvermögen heraus

- Hinweise: Die erforderliche Nachtragsabwicklung erfolgt durch die letzten Liquidatoren; vgl. B § 157 HGB Nr. 2.
  Wiedereintragung nur erforderlich, wenn noch eine umfangreiche und längere Abwicklung nötig ist.
- Was ist anzumelden: wenn sich an dem Abwicklungsziel nichts ändert, keine Anmeldung erforderlich; siehe aber Hinweis.
- Kosten beim Gericht: Nur bei Wiedereintragung, die auch veröffentlicht wird: wie bei Nr. 25.
- Kosten beim Notar: Stellt Notar auftragsgemäß Antrag auf Nachtragsliquidation, entsteht eine Gebühr nach § 147 Abs. 2 KostO aus einem Geschäftswert von etwa 20% des Vermögenswertes (§ 30 Abs. 1 KostO).

57. Die Gesellschafter wollen eine aufgelöste Gesellschaft wieder aufleben lassen (Fortsetzung)

- Hinweise: Nach Abschluß der Liquidation oder vollständiger Verteilung des Gesellschaftsvermögens ist eine Neugründung erforderlich.
  Bei minderjährigen Gesellschaftern Genehmigung des Vormundschaftsgerichts erforderlich.
- Wer muß anmelden: alle Gesellschafter
- Beizufügende Unterlagen: keine
- Kosten beim Gericht: wie bei Nr. 25
- Kosten beim Notar: Wert: 25 000 Euro, § 41a Abs. 4 Nr. 3 HS. 1 KostO. $^5/_{10}$-Gebühr; umfaßt auch Abberufung des Liquidators.
- Text der Anmeldung:
  1. Wir, * Name, Vorname, Geburtsdatum, Wohnort * und * Name, Vorname, Geburtsdatum, Wohnort * setzen die bisherige, aufgelöste Gesellschaft wieder als Erwerbsgesellschaft unter der alten Firma fort. Die Liquidation ist noch nicht beendet.
  2. Der Liquidator * Name, Vorname, Geburtsdatum, Wohnort * ist abberufen.

Offene Handelsgesellschaft

3. Vertretungsrecht:
Die allgemeine Vertretungsregelung ist geändert. Die persönlich haftenden Gesellschafter sind berechtigt, die Gesellschaft jeweils einzeln zu vertreten.

Einem persönlich haftenden Gesellschafter kann Befreiung von den Beschränkungen des § 181 BGB erteilt werden.

Die persönlich haftenden Gesellschafter * jeweils Name, Vorname, Geburtsdatum, Wohnort *, sind berechtigt, die Gesellschaft jeweils einzeln zu vertreten. Diese Personen sind befugt, die Gesellschaft bei der Vornahme von Rechtsgeschäften mit sich selbst oder als Vertreter eines Dritten uneingeschränkt zu vertreten (Befreiung von den Beschränkungen des § 181 BGB).

Jeder Gesellschafter zeichnet seine Namensunterschrift bei der von der Anmeldung betroffenen Gesellschaft zur Aufbewahrung beim Gericht wie folgt:

Der Sitz und die Geschäftsräume der Gesellschaft sind unverändert.

(Unterschriftsbeglaubigung wie bei Nr. 162)

58. Der Geschäftsbetrieb der Gesellschaft soll von einer aus denselben Gesellschaftern bestehenden GmbH übernommen werden

Siehe unten Nr. 92 unter d. Bei Übernahme eines einzelkaufmännischen Geschäfts durch eine GmbH siehe unten Nr. 92 unter c.

Zusätzliche Vorgänge bei der Kommanditgesellschaft

59. Vorbemerkungen

▶ **1. Geltung des OHG-Rechts**

Für Vorgänge und Veränderungen bei der Kommanditgesellschaft gelten, soweit im folgenden keine besonderen Erläuterungen aufgeführt sind, die Erläuterungen zur OHG mit dem Hinweis, daß dort, wo als Anmeldepflichtige *„alle Gesellschafter"* angegeben sind, auch die Kommanditisten anmelden müssen, während dort, wo *„Gesellschafter in der zur Vertretung der Gesellschaft erforderlichen Zahl"* angegeben ist, Kommanditisten bei der Anmeldung nicht beteiligt sind.

▶ **2. Auswirkungen der Euro-Währung**

Bei der OHG besteht kein registerrechtlicher Handlungsbedarf, weil weder ein Gesamtkapital der Gesellschaft noch Einlagen der Gesellschafter im Handelsregister eingetragen werden. Bei Kommanditgesellschaften ist mit dem Ende der Übergangsphase am 31. 12. 2001 eine automatische Umrechnung der zu diesem Zeitpunkt noch mit DM-Bezeichnung eingetragenen Kommanditeinlagen in Euro nach dem festgelegten Umrechnungskurs (1 Euro = 1,95583 DM) eingetreten. Sie ist zur Eintragung im Handelsregister anzumelden (§ 12 Abs. 1 HGB). Diese Anmeldung bedarf nicht der im § 12 HGB vorgeschriebenen Form (Art. 45 Abs. 1 EGHGB). Außerdem gilt für sie die Kostenvergünstigung nach § 26 Abs. 7 KostO. Wird bei Anteilsübertragungen oder -vererbungen die Eintragung der Einlagen des neuen Kommanditisten in Eurowährung beantragt, dürfte darin eine „Anmeldung" i. S. von Art. 45 EGHGB liegen.

Die Umstellung (Umrechnung) zum festgelegten Kurs führt zwangsläufig zu „krummen" Einlagebeträgen. Wollen die Gesellschafter diese „glätten", so ist – ebenso wie bei der GmbH (vgl. dazu A Nr. 129) – eine schlichte Glättung und eine solche unter Wahrung der bestehenden Beteiligungsquoten möglich. Dafür sind die für die GmbH entwickelten Berechnungsmethoden verwendbar, wobei aber das Erfordernis einer Teilbarkeit durch bestimmte Beträge (vgl. § 5 Abs. 3 S. 2 GmbHG) außer Betracht gelassen werden kann, weil es solche Vorschriften bei der KG nicht gibt. Glättungen der Einlagebeträge stellen ebenfalls eine Änderung des Gesellschaftsvertrages dar. Sie müssen nach §§ 162, 175 HGB zur Eintragung angemeldet werden. Für

Kommanditgesellschaft A 59-60

diese Anmeldungen gelten jedoch die in Art. 45 EGHGB enthaltenen Erleichterungen nicht.

Bei Neugründungen in der Übergangsphase stand es den Gesellschaftern frei, ob sie als Währungseinheit DM (als Untereinheit des Euro) oder Euro vereinbaren wollten. Jetzt kann nur noch mit Euro-Einlagen gegründet werden.

Treten in eine KG, deren Kommanditeinlagen noch in DM ausgewiesen sind, weitere Kommanditisten ein, so stand es den Gesellschaftern in der Übergangsphase bis zum 31. 12. 2001 frei, ob sie diese neuen Einlagen in DM oder in Euro bezeichnen. Es können also, auch wenn das wenig zweckmäßig erscheint, bei einer Gesellschaft sowohl DM- als auch Euro-Einlagen eingetragen sein. Dabei handelt es sich nicht um ein unzulässiges (vgl. § 3 Abs. 2 S. 2 EGAktG) „gespaltenes" Kapital, weil die Eintragung nur den Haftungsumfang einzelner Gesellschafter ausweist, nicht dagegen eine Haftungsverfassung der Gesellschaft selbst. Nach dem 1. 1. 2002 ist ein Eintritt nur noch mit Betragsangabe in Euro möglich. Daraus ergibt sich aber kein rechtlicher Zwang, die zu diesem Zeitpunkt eingetretene automatische Umrechnung eingetragener DM-Einlagen in Euro zur Eintragung anzumelden. Eine Registersperre für Kapitalveränderungen, wie sie § 86 Abs. 1 S. 4 GmbHG, § 3 Abs. 5 EGAktG vorsehen, enthält das Gesetz für die KG nicht.

Sowohl die Anmeldungen über eine Umrechnung in Euro als auch über dabei vorgenommene Glättungen müssen nach §§ 162, 175 HGB von allen Gesellschaftern, also auch von den Kommanditisten vorgenommen werden. Insoweit enthält Art. 45 EGHGB keine Erleichterungen, insbesondere ist der Gesetzgeber Vorschlägen nicht gefolgt, hier die Mitwirkung der persönlich haftenden Gesellschafter ausreichen zu lassen. Jedoch dürften umfassende Vollmachten der Kommanditisten (vgl. dazu B Nr. 8 § 12 HGB) eine reine Umrechnung umfassen. Für eine verhältniswahrende Glättung mit Erhöhung der Einlagen dürfte das nur dann gelten, wenn die Vollmacht als umfassende Generalvollmacht erteilt ist oder wenn sie eine Einlagenerhöhung umfaßt (vgl. dazu auch B § 12 HGB Nr. 8).

60. Gründung einer Kommanditgesellschaft (KG) zum Beginn eines Gewerbes

▶ **Hinweise:** Siehe bei Nr. 21; zur Anmeldung der Vertretung OLG Köln, ZIP 2004, 419.

A 60 Kommanditgesellschaft

Einlage i. S. von § 162 HGB ist der im Gesellschaftsvertrag festzulegende Betrag der Haftsumme.

Anmeldung eilbedürftig, weil die Kommanditisten bis zur Eintragung der Gesellschaft persönlich haften (§ 176 Abs. 1 HGB).

Können eine GmbH vor Eintragung und eine ausländische Gesellschaft Gesellschafter sein? Siehe B § 161 HGB Nr. 1 und 2 sowie B § 12 FGG Nr. 3.

Geschäftsführungsbefugnis für Kommanditisten nicht eintragungsfähig; aber Prokura (dann Nr. 41).

Anmeldung eines Kommanditisten, der Kaufmann ist, unter seiner Firma: siehe B § 162 HGB Nr. 2.

Keine Bekanntmachung von Kommanditisteneintragungen, auch bei späteren Veränderungen (§§ 162 Abs. 2, 175 S. 2 HGB).

▶ Wer muß anmelden: alle Gesellschafter einschließlich Kommanditisten

▶ Beizufügende Unterlagen: keine

▶ Kosten beim Gericht: wie bei Nr. 21

▶ Kosten beim Notar: Wert nach § 41a Abs. 1 Nr. 5 KostO: Summe der Kommanditeinlagen unter Hinzurechnung eines Betrages von 25 000 Euro für den ersten Komplementär und 12 500 Euro für jeden weiteren Komplementär. Höchstwert der Anmeldung 500 000 Euro, § 39 Abs. 4 KostO. $^{5}/_{10}$-Gebühr; umfaßt Anmeldung und gleichzeitige Namenszeichnung sowie Bezeichnung der Kommanditisten und ihrer Einlagen. Bei nicht gleichzeitiger Zeichnung Gebühr nach § 45 KostO aus dem Wert nach § 30 KostO, in der Regel aus der Hälfte des Wertes nach § 41a Abs. 1 Nr. 5 KostO.

▶ Text der Anmeldung:

Es wurde unter der Firma * Bezeichnung der Kommanditgesellschaft * eine Kommanditgesellschaft errichtet.

Sitz der Gesellschaft ist * Ort *

Gegenstand des Unternehmens ist: * schlagwortartige Bezeichnung *

Persönlich haftender Gesellschafter ist: * Name, Vorname, Geburtsdatum, Wohnort *

Kommanditist ist * Name, Vorname, Geburtsdatum, Wohnort * mit einer Einlage von Euro * Zahl *

Kommanditgesellschaft   **A 60-61**

Vertretungsrecht der persönlich haftenden Gesellschafter:
Jeder persönlich haftende Gesellschafter vertritt die Gesellschaft jeweils einzeln. Einem Gesellschafter kann durch Gesellschafterbeschluß Befreiung von den Beschränkungen des § 181 BGB erteilt werden.

Der persönlich haftende Gesellschafter * jeweils Name, Vorname, Geburtsdatum, Wohnort * ist einzelvertretungsberechtigt. Diese Person ist befugt, die Gesellschaft bei der Vornahme von Rechtsgeschäften mit sich selbst oder als Vertreter eines Dritten uneingeschränkt zu vertreten (Befreiung von den Beschränkungen des § 181 BGB).

Der persönlich haftende Gesellschafter zeichnet seine Namensunterschrift bei der angemeldeten Firma wie folgt:

Die Geschäftsräume der Gesellschaft befinden sich in * Ort, Straße *

(Unterschriftsbeglaubigung wie bei Nr. 162 und 166 bzw. 167)

61. Aufnahme eines Kommanditisten in das Geschäft eines Einzelkaufmanns

▶ Hinweise: Siehe oben Nr. 21 und 23.

Haftung des Kommanditisten siehe Hinweis bei Nr. 60 und 62.

Zum Haftungsausschluß bei Firmenfortführung siehe Hinweis bei Nr. 23 und B § 28 HGB Nr. 1 und 2.

▶ Wer muß anmelden: alle Gesellschafter einschl. Kommanditisten

▶ Beizufügende Erklärung: ggf. Einwilligung des bisherigen Inhabers in die Firmenfortführung

▶ Kosten beim Gericht und Notar: wie bei Nr. 60

▶ Text der Anmeldung:

Ich, der bisherige Geschäftsinhaber * Name, Vorname, Geburtsdatum, Wohnort * habe in mein Handelsgeschäft als Kommanditisten aufgenommen:

* Name, Vorname, Geburtsdatum, Wohnort *

Die Einlage des Kommanditisten beträgt Euro * Zahl *

Der bisherige Inhaber willigt in die Firmenfortführung ein. Die Firma ist geändert in

* neue Bezeichnung mit Rechtsformzusatz *

Sitz der Gesellschaft ist * Ort *

Die Geschäftsräume der Gesellschaft befinden sich in * Ort und Straße *

Gegenstand des Unternehmens ist: * schlagwortartige Bezeichnung *

Der Kommanditist haftet nicht für die im Geschäft entstandenen Verbindlichkeiten des bisherigen Inhabers.

Vertretungsrecht der persönlich haftenden Gesellschafter:

Jeder persönlich haftende Gesellschafter vertritt die Gesellschaft jeweils einzeln. Einem Gesellschafter kann durch Gesellschafterbeschluß Befreiung von den Beschränkungen des § 181 BGB ertwilt werden.

Der persönlich haftende Gesellschafter * jeweils Name, Vorname, Geburtsdatum, Wohnort * ist einzelvertretungsberechtigt. Diese Person ist befugt, die Gesellschaft bei der Vornahme von Rechtsgeschäften mit sich selbst oder als Vertreter eines Dritten uneingeschränkt zu vertreten (Befreiung von den Beschränkungen des § 181 BGB).

(Unterschriftsbeglaubigung wie bei Nr. 162)

62. Aufnahme eines weiteren Kommanditisten

▶ Hinweise: Aufnahme eines Kommanditisten in eine OHG siehe oben Nr. 31

Anmeldung *eilbedürftig*, weil der Eingetretene bis zu seiner Eintragung im Handelsregister persönlich haften kann (§ 176 Abs. 2 HGB). Zur Vermeidung dieser Haftung ist zu empfehlen, die Aufnahme in die Gesellschaft vertraglich erst mit der Eintragung wirksam werden zu lassen (B § 176 HGB).

Aufnahme setzt die Zustimmung aller anderen Gesellschafter voraus, wenn der *Gesellschaftsvertrag* nichts Abweichendes bestimmt, z. B. eine Ermächtigung an den persönlich haftenden Gesellschafter enthält, weitere Kommanditisten aufzunehmen.

Aufnahme *minderjähriger* Kommanditisten setzt, wenn einer der Eltern oder ein Verwandter in gerader Linie ebenfalls Gesellschafter ist, die Bestellung eines Pflegers voraus, außerdem eine Genehmigung des Vormundschafts- bzw. Familiengerichts; siehe B § 1822 BGB Nr. 3 u. 4.

Haftungsausschluß für den Eintretenden mit Wirkung gegenüber den Gläubigern nicht möglich (§ 173 HGB).

▶ Wer muß anmelden: alle Gesellschafter einschl. des Eintretenden

▶ Beizufügende Unterlagen: keine

▶ Kosten beim Gericht: Gebühr für Eintragung des neuen Kommanditisten je nach Größe der Gesellschaft 40 bis 60 Euro (GVHR 1501–1503).

Kommanditgesellschaft   A 62-63

▶ Kosten beim Notar: Wert: einzutragender Geldbetrag der Einlage, ggf. Summe derselben (§ 41a Abs. 1 Nr. 6 HS. 1 KostO), Höchstwertgrenze von 500 000 Euro.

▶ Text der Anmeldung:

In die Gesellschaft ist als Kommanditist eingetreten:

* Name, Vorname, Geburtsdatum, Wohnort *

Die Kommanditeinlage beträgt Euro * Zahl *

Der neue Kommanditist wurde darauf hingewiesen, daß er bis zu seiner Eintragung im Handelsregister persönlich haftet (§ 176 Abs. 2 HGB). Weiter ist dem Eintretenden bekannt, daß für ihn ein Haftungsausschluß mit Wirkung gegenüber den Gläubigern nicht möglich ist (§ 173 HGB).

Die Geschäftsräume befinden sich unverändert in * Ort und Straße *

(Unterschriftsbeglaubigung wie bei Nr. 162)

63. Ein Kommanditist wird persönlich haftender Gesellschafter und umgekehrt

▶ Hinweise: Handelt es sich um den *einzigen* Kommanditisten, so verwandelt sich die KG in eine OHG ohne Veränderung ihrer Identität (keine neue Gesellschaft, keine Anmeldung nach § 106 HGB), aber Firmenänderung (§ 19 Abs. 1 HGB). Vgl. auch Nr. 31.

▶ Wer muß anmelden: alle Gesellschafter einschl. des Kommanditisten, außerdem: Zeichnung durch den neuen persönlich haftenden Gesellschafter, wenn nicht von der Vertretung ausgeschlossen.

▶ Beizufügende Unterlagen: keine

▶ Kosten beim Gericht: Gebühr für Eintragung der Umwandlung der Gesellschafterposition je nach Größe der Gesellschaft 40 bis 60 Euro (GVHR 1501–1503).

▶ Kosten beim Notar: Wert: Nennbetrag der einfachen Kommanditeinlage, höchstens 500 000 Euro, § 41a Abs. 1 Nr. 6 HS. 2 KostO. Im übrigen wie bei Nr. 60.

▶ Text der Anmeldung:

Der bisherige Kommanditist * Name, Vorname, Geburtsdatum, Wohnort * ist fortan persönlich haftender Gesellschafter.

Er vertritt die Gesellschaft wie folgt: * Angabe der Vertretung/Gesamtvertretung *

Die Firma wird unverändert fortgeführt. Die Geschäftsräume befinden sich unverändert in * Ort und Straße *

Der neue persönlich haftende Gesellschafter zeichnet seine Namensunterschrift bei der von der Anmeldung betroffenen Firma wie folgt:

(Unterschriftsbeglaubigung wie bei Nr. 162 und 166)

oder:

Der persönlich haftende Gesellschafter * Name, Vorname, Geburtsdatum, Wohnort * ist fortan Kommanditist mit einer Einlage von Euro * Zahl * Er willigt in die Firmenfortführung ein.

* Name, Vorname, Geburtsdatum, Wohnort des bisherigen Komplementärs * ist nicht mehr vertretungsberechtigt.

Die Firma ist geändert in * neue Bezeichnung *

Die Geschäftsräume befinden sich unverändert in * Ort und Straße *

(Unterschriftsbeglaubigung wie bei Nr. 162)

64. Eine Kommanditeinlage wird erhöht

▶ Hinweise: Einzahlung der vertraglich vereinbarten Einlage oder deren spätere Rückzahlung erfordern keine Erklärungen zum Handelsregister. Aus dem Register ist nicht ersichtlich, ob die Einlage geleistet ist. Zur Haftung vgl. aber §§ 171 Abs. 1, 172 Abs. 4 HGB.

Erhöhung auch nach Auflösung, siehe B § 175 HGB.

Keine Erzwingung der Anmeldung durch das Registergericht.

▶ Wer muß anmelden: alle Gesellschafter einschl. der Kommanditisten

▶ Beizufügende Unterlagen: keine

▶ Kosten beim Gericht: Gebühr für die Eintragung dieser Tatsache 40 bis 60 Euro je nach Größe der Gesellschaft (GVHR 1501–1503).

▶ Kosten beim Notar: Wert: einzutragender Geldbetrag, ggf. Summe aller einzutragender Geldbeträge (§ 41a Abs. 1 Nr. 7 KostO), mit Höchstgrenze von 500 000 Euro.

▶ Text der Anmeldung:

Die Einlage des Kommanditisten * Name, Vorname, Geburtsdatum, Wohnort * wurde auf Euro * Zahl * erhöht.

Die Geschäftsräume befinden sich unverändert in * Ort und Straße *

(Unterschriftsbeglaubigung wie bei Nr. 162)

Kommanditgesellschaft   A 65-66

65. Eine Kommanditeinlage wird herabgesetzt

▶ Hinweise: Vor Eintragung keine Wirkung gegenüber Gläubigern (§ 174 HGB).

▶ Wer muß anmelden: alle Gesellschafter einschl. der Kommanditisten

▶ Beizufügende Unterlagen: keine

▶ Kosten beim Gericht: Gebühr für die Eintragung der Herabsetzung 40 bis 60 Euro je nach Größe der Gesellschaft (GVHR 1501–1503). Bei Herabsetzung mehrerer Einlagen für jede weitere Herabsetzung 30 Euro (GVHR 1506), wenn gleichzeitig angemeldet.

▶ Kosten beim Notar: Wert: § 41a Abs. 1 Nr. 7 KostO: Ermäßigungsbetrag (ggf. Summe aller Ermäßigungsbeträge, § 44 Abs. 2a KostO) mit Höchstwertgrenze von 500 000 Euro.

▶ Text der Anmeldung:

Die Einlage des Kommanditisten * Name, Vorname, Geburtsdatum, Wohnort * wurde auf Euro * Zahl * herabgesetzt.

Die Beteiligten wurden darauf hingewiesen, daß die Herabsetzung der Einlage vor Eintragung im Handelsregister den Gläubigern gegenüber keine Wirkung hat (§ 174 HGB).

Die Geschäftsräume befinden sich unverändert in * Ort und Straße *

(Unterschriftsbeglaubigung wie bei Nr. 162)

66. Tod eines Kommanditisten – ein Alleinerbe tritt in die Gesellschaft ein

▶ Hinweise: Nach § 177 HGB Übergang des Anteils auf den oder die Erben. Regelung im Gesellschaftsvertrag möglich, daß die Gesellschaft durch den Tod des Kommanditisten aufgelöst ist (dann Nr. 34) oder daß der Erbe vom Eintritt in die Gesellschaft ausgeschlossen ist (dann Nr. 35).

Anmeldebefugnis des Testamentsvollstreckers siehe B § 143 HGB Nr. 3.

Ist der Erbe schon Kommanditist, so sind das Ausscheiden des Erblassers, der Übergang der Einlage auf den Erben – Kommanditisten, die Erhöhung von dessen Einlage und seine neue Gesamteinlage anzumelden.

- ▶ Wer muß anmelden: alle Gesellschafter einschl. des eingetretenen Erben – Kommanditisten.
- ▶ Kosten beim Gericht: wie bei Nr. 36
- ▶ Kosten beim Notar: Wert: Nennbetrag der einfachen Kommanditeinlage, höchstens 500 000 Euro, § 41a Abs. 1 Nr. 6 HS. 2 KostO.
- ▶ Text der Anmeldung:

Der Kommanditist * Name, Vorname, Geburtsdatum, Wohnort * ist durch Tod aus der Gesellschaft ausgeschieden. Seine Einlage ist durch Erbfolge übergegangen auf den Alleinerben * Name, Vorname, Geburtsdatum, Wohnort *

Dieser Alleinerbe ist dementsprechend als Kommanditist mit einer Einlage von Euro * Zahl * in die Gesellschaft eingetreten.

Als Erbnachweis wird vorgelegt:

0 Ausfertigung des Erbscheins des Nachlaßgerichts * Ort * vom * Erbscheindatum *

0 Notarielle Verfügung von Todes wegen vom * Datum * mit Eröffnungsprotokoll des Nachlaßgerichts * Ort * vom * Datum des Protokolls *

Die Geschäftsräume befinden sich unverändert in * Ort und Straße *

oder:

Der Kommanditist * Name, Vorname, Geburtsdatum, Wohnort * ist durch Tod aus der Gesellschaft ausgeschieden. Seine Einlage ist durch Erbfolge übergegangen auf den Alleinerben * Name, Vorname, Geburtsdatum, Wohnort *

Da der Alleinerbe bisher schon Kommanditist war, hat sich durch den Übergang der Einlage des Erblassers auf diesen Kommanditisten dessen Einlage erhöht; seine Gesamteinlage beträgt jetzt Euro * Zahl *

Als Erbnachweis wird vorgelegt: (wie bei Nr. 34)

Die Geschäftsräume befinden sich unverändert in * Ort und Straße *

(Unterschriftsbeglaubigung wie bei Nr. 162)

67. Tod eines Kommanditisten – mehrere Erben

- ▶ Hinweise: Jeder Erbe tritt als selbständiger Kommanditist mit dem seiner Erbquote entsprechenden Teil der Einlage des Erblassers ein. Der Betrag muß in der Anmeldung angegeben werden. Siehe im übrigen Hinweise bei Nr. 66 und Nr. 35–39 (abweichende Vertragsgestaltungen).

Kommanditgesellschaft   A 67-68

Regelung im Gesellschaftsvertrag möglich, daß der Kommanditanteil auf nur einen von mehreren Erben übergehen soll; dann ist nur dieser als Eintretender anzumelden.

▶ Wer muß anmelden: alle Gesellschafter einschl. aller Erben
▶ Kosten beim Gericht: wie bei Nr. 36
▶ Kosten beim Notar: Wert: wie bei Nr. 66
▶ Text der Anmeldung:

Der Kommanditist * Name, Vorname, Geburtsdatum, Wohnort * ist durch Tod aus der Gesellschaft ausgeschieden: Seine Einlage ist durch Erbfolge auf seine Erben übergegangen.

Diese sind im Wege einer Sondererbfolge mit folgenden Teilbeträgen in die Gesellschaft als Kommanditisten eingetreten: * Name, Vorname, Geburtsdatum, Wohnort der Erben und einzelne Geldbeträge in Euro der Einlagen *

Als Erbnachweis wird vorgelegt: (wie bei Nr. 66)

Die Geschäftsräume befinden sich unverändert in * Ort und Straße *

(Unterschriftsbeglaubigung wie bei Nr. 162)

68. Tod eines Kommanditisten – Erbe ist ein persönlich haftender Gesellschafter

▶ Hinweise: Ist der persönlich haftende Gesellschafter nur *Miterbe*, so ist nur der Eintritt der anderen Miterben im Erbwege mit den ihren Erbquoten entsprechenden Teilbeträgen der Erblasser-Einlage anzumelden; der auf den pers. haftenden Gesellschafter entfallende Teil erscheint nicht.

War der Verstorbene *einziger Kommanditist*, so wandelt sich die KG in eine OHG um ohne Veränderung ihrer Identität (keine Anmeldung nach § 106 HGB). Aber Firmenänderung (Rechtsformhinweis) erforderlich.

Einziger Kommanditist als alleiniger Vor-Erbe des einzigen Komplementärs: LG Düsseldorf, DNotZ 1976, 498.

▶ Wer muß anmelden: alle Gesellschafter einschl. der Kommanditisten
▶ Beizufügende Unterlagen: Erbnachweis (siehe Nr. 66)
▶ Kosten beim Gericht: Wert: wie bei Nr. 36. War der Verstorbene einziger Kommanditist, vgl. bei Nr. 33.

- Kosten beim Notar: Wert: wie bei Nr. 66. War der Verstorbene einziger Kommanditist, vgl. bei Nr. 33.

- Text der Anmeldung:

Der Kommanditist * Name, Vorname, Geburtsdatum, Wohnort * ist durch Tod aus der Gesellschaft ausgeschieden und von dem persönlich haftenden Gesellschafter * Name, Vorname, Geburtsdatum, Wohnort des persönlich haftenden Gesellschafters * allein beerbt worden.

Die Geschäftsräume befinden sich unverändert in * Ort und Straße *

Als Erbnachweis wird vorgelegt: (wie bei Nr. 66)

oder

Der Kommanditist * Name, Vorname, Geburtsdatum, Wohnort * ist aus der Gesellschaft ausgeschieden. Seine Einlage ist durch Sondererbfolge übergegangen auf die Erben * Name, Vorname, Geburtsdatum, Wohnort der Erben *

Der Miterbe * Name, Vorname, Geburtsdatum, Wohnort * war bisher schon persönlich haftender Gesellschafter; er kann deshalb nicht mit einem seiner Erbquote entsprechenden Teilbetrag der Erblasser-Einlage in die Kommanditgesellschaft eintreten.

Die übrigen genannten Miterben sind im Wege einer Sondererbfolge mit folgenden Teilbeträgen in die Gesellschaft als Kommanditisten eingetreten: * Name, Vorname, Geburtsdatum, Wohnort und einzelne Geldbeträge der Einlagen *

Als Erbnachweis wird vorgelegt: (wie bei Nr. 66)

Die Geschäftsräume befinden sich unverändert in * Ort und Straße *

(Unterschriftsbeglaubigung wie bei Nr. 162)

69. Ein Kommanditist scheidet durch Kündigung oder Vertrag aus

- Hinweise: Siehe auch die folgende Nr. 70 sowie B § 143 HGB Nr. 4

Kündigung führt zum Ausscheiden des Kommanditisten, es sei denn, der Gesellschaftsvertrag sieht etwas anderes vor.

War der Ausscheidende *einziger Kommanditist*, so verwandelt sich die KG in eine OHG ohne Veränderung ihrer Identität (keine neue Gesellschaft, keine Anmeldung nach § 106 HGB, aber Firmenänderung). Siehe auch Nr. 33 und 74.

- Wer muß anmelden: alle Gesellschafter einschließlich des Ausscheidenden

- Beizufügende Unterlagen: keine

Kommanditgesellschaft   A 69-70

▶ Kosten beim Gericht: Gebühr für Eintragung der Tatsache des Ausscheidens je nach Größe der Gesellschaft 40 bis 60 Euro (GVHR 1501-1503). War der Ausscheidende einziger Kommanditist Gebühr wie bei Nr. 33.

▶ Kosten beim Notar: Wert: Nennbetrag der einfachen Kommanditeinlage (§ 41a Abs. 1 Nr. 6 HS. 1 KostO). War der Ausscheidende einziger Kommanditist: Umwandlung KG in OHG gegenstandsgleich, keine besondere Gebühr.

▶ Text der Anmeldung:

Der Kommanditist * Name, Vorname, Geburtsdatum, Wohnort des Kommanditisten * ist aus der Gesellschaft ausgeschieden.

Den Beteiligten ist ihre Haftung gemäß §§ 171-173, 159 HGB bekannt.

Die Geschäftsräume befinden sich unverändert in * Ort und Straße *

(Unterschriftsbeglaubigung wie bei Nr. 162)

70. Ein Kommanditist überträgt seinen Anteil auf einen damit neu in die Gesellschaft Eintretenden

▶ Hinweise: Zur Haftung des ausscheidenden und des eintretenden Kommanditisten siehe B § 171 HGB Nr. 1 und 2. Haftung bei unterbliebenem Rechtsnachfolgehinweis: B § 171 HGB Nr. 3. Zum Erfordernis einer sogenannten Abfindungsversicherung siehe B § 171 HGB Nr. 1.

Übertragung zulässig nur bei Zustimmung aller anderen Gesellschafter, die vorweg im Gesellschaftsvertrag oder im Einzelfall erteilt werden kann.

▶ Wer muß anmelden: alle Gesellschafter, einschl. der Kommanditisten (auch des Ausscheidenden und des Eintretenden); zur sog. Abfindungsversicherung siehe aber folgenden Text der Anmeldung sowie B § 171 HGB Nr. 1 und 2.

▶ Beizufügende Unterlagen: keine

▶ Kosten beim Gericht: Gebühr für Eintragung des Ausscheidens je nach Größe der Gesellschaft 40 bis 60 Euro (GVHR 1501-1503); hinzu für Eintragung des Eintritts des neuen Kommanditisten 30 Euro (GVHR 1506); vgl. auch § 2 Abs. 2 S. 2 HRegGebV.

▶ Kosten beim Notar: Wert: wie bei Nr. 66. $^5/_{10}$-Gebühr; umfaßt Anmeldung und gleichzeitige Versicherung über unterlassene Abfindung.

Anmeldung des Ausscheidens und Eintritt des neuen Kommanditisten (Sonderrechtsnachfolge) sind gegenstandsgleich.

▶ Text der Anmeldung:

Der Kommanditist * Name, Vorname, Geburtsdatum, Wohnort * ist aus der Gesellschaft ausgeschieden.

Dieser Kommanditist hat seine Kommanditeinlage von Euro * Zahl * übertragen auf * Name, Vorname, Geburtsdatum, Wohnort des neuen Kommanditisten *. Der Erwerber ist anstelle des bisherigen Kommanditisten im Wege der Sonderrechtsnachfolge in die Gesellschaft als Kommanditist eingetreten.

Alle vertretungsberechtigten Gesellschafter und der übertragende Kommanditist versichern, daß der ausgeschiedene Kommanditist keine Abfindung aus dem Gesellschaftsvermögen erhalten hat oder ihm versprochen ist.

Die Geschäftsräume befinden sich unverändert in * Ort und Straße *

(Unterschriftsbeglaubigung wie bei Nr. 162)

71. Ein Kommanditist überträgt einen *Teil* seiner Einlage auf einen neuen Gesellschafter

▶ Hinweise: Siehe Nr. 70

▶ Wer muß anmelden: Alle Gesellschafter und neuer Kommanditist; Versicherung wie in Nr. 70 über unterlassene Abfindung an den Kommanditisten, dessen Einlage herabgesetzt worden ist. Zum Erfordernis einer sogenannten Abfindungsversicherung siehe B § 171 HGB Nr. 1.

▶ Beizufügende Unterlagen: keine

▶ Kosten beim Gericht: Gebühr für Eintragung des verkleinerten Kommanditanteils je nach Größe der Gesellschaft 40 bis 60 Euro (GVHR 1501–1503); hinzu für Eintragung des Eintritts des neuen Kommanditisten 30 Euro (GVHR 1506).

▶ Kosten beim Notar: Wert: Nennbetrag des übertragenen Teils der Einlage, höchstens 500 000 Euro, § 41a Abs. 1 Nr. 6 HS. 2, § 39 Abs. 4 KostO. Im übrigen wie bei Nr. 70.

▶ Text der Anmeldung:

Der Kommanditist * Name, Vorname, Geburtsdatum, Wohnort * hat im Wege der Sonderrechtsnachfolge von seiner Kommanditeinlage von Euro * Zahl * einen Kommanditanteil von Euro * Zahl * auf den neu eintretenden Kommanditisten * Name, Vorname, Geburtsdatum, Wohnort des neuen Kommanditisten * übertragen.

Kommanditgesellschaft A 71-72

Die Kommanditeinlage von * Name, Vorname, Geburtsdatum, Wohnort * ist infolgedessen herabgesetzt von Euro * Zahl * auf Euro * Zahl *.

Alle vertretungsberechtigten Gesellschafter und der übertragende Kommanditist versichern, daß der Kommanditist keine Abfindung aus dem Gesellschaftsvermögen erhalten hat oder ihm versprochen ist.

Die Geschäftsräume befinden sich unverändert in * Ort und Straße *

(Unterschriftsbeglaubigung wie bei Nr. 162)

72. Ein Kommanditist überträgt einen *Teil* seines Anteils auf einen anderen Kommanditisten

▶ Wer muß anmelden: alle Gesellschafter einschl. aller Kommanditisten. Außerdem: Versicherung wie oben Nr. 70 über unterlassene Abfindung an den Kommanditisten, dessen Einlage herabgesetzt worden ist. Zum Erfordernis einer sogenannten Abfindungsversicherung siehe B § 171 HGB Nr. 1.

▶ Beizufügende Unterlagen: keine

▶ Kosten beim Gericht: Gebühr für Eintragung des verkleinerten Kommanditanteils je nach Größe der Gesellschaft 40 bis 60 Euro (GVHR 1501–1503); hinzu für Eintragung der Vergrößerung des Kommanditanteils des Erwerbers 30 Euro (GVHR 1506).

▶ Kosten beim Notar: wie bei Nr. 71

▶ Text der Anmeldung:

Der Kommanditist * Name, Vorname, Geburtsdatum, Wohnort * hat im Wege der Sonderrechtsnachfolge von seiner Kommanditeinlage von Euro * Zahl * einen Kommanditanteil von Euro * Zahl * auf den Kommanditisten * Name, Vorname, Geburtsdatum, Wohnort * übertragen, dessen Einlage dadurch auf Euro * Zahl * erhöht worden ist.

Die Kommanditeinlage von * Name, Vorname, Geburtsdatum, Wohnort * ist herabgesetzt von Euro * Zahl * auf Euro * Zahl *.

Alle vertretungsberechtigten Gesellschafter und der übertragende Kommanditist versichern, daß der Kommanditist keine Abfindung aus dem Gesellschaftsvermögen erhalten hat oder ihm versprochen ist.

Die Geschäftsräume befinden sich unverändert in * Ort und Straße *

(Unterschriftsbeglaubigung wie bei Nr. 162)

73. Ein Kommanditist überträgt seinen gesamten Anteil auf einen anderen Kommanditisten

- Hinweise: Siehe Nr. 70
- Wer muß anmelden: alle Gesellschafter einschl. aller Kommanditisten, auch des Ausscheidenden. Außerdem: Versicherung wie oben Nr. 70
- Beizufügende Unterlagen: keine
- Kosten beim Gericht: Gebühr für Eintragung des Ausscheidens je nach Größe der Gesellschaft 40 bis 60 Euro (GVHR 1501–1503); hinzu für Eintragung der Vergrößerung des Kommanditanteils des Erwerbers 30 Euro (GVHR 1506).
- Kosten beim Notar: Wert: wie bei Nr. 66
- Text der Anmeldung:

Der Kommanditist * Name, Vorname, Geburtsdatum, Wohnort * ist aus der Gesellschaft ausgeschieden.

Dieser Kommanditist hat seine Kommanditeinlage von Euro * Zahl * im Wege der Sonderrechtsnachfolge auf den Kommanditisten * Name, Vorname, Geburtsdatum, Wohnort * übertragen, dessen Einlage dadurch auf Euro * Zahl * erhöht worden ist.

Alle vertretungsberechtigten Gesellschafter und der übertragende Kommanditist versichern, daß der ausgeschiedene Kommanditist keine Abfindung aus dem Gesellschaftsvermögen erhalten hat oder ihm versprochen ist.

Die Geschäftsräume befinden sich unverändert in * Ort und Straße *

(Unterschriftsbeglaubigung wie bei Nr. 162)

74. Ein Kommanditist überträgt seinen Anteil an einen persönlich haftenden Gesellschafter und scheidet zu dessen Gunsten aus der Gesellschaft aus

- Hinweise: Bei *teilweiser* Übertragung des Anteils auf den persönlich haftenden Gesellschafter: Herabsetzung der Einlage (oben Nr. 65).

Ist der persönlich haftende Gesellschafter *einziges* verbleibendes Mitglied und übernimmt er das Handelsgeschäft der Gesellschaft, siehe oben Nr. 33; Haftung in diesem Fall: BGHZ 61, 151; sonst keine Haftung, BGHZ 93, 246.

Kein Rechtsnachfolgevermerk im Handelsregister: B § 171 HGB Nr. 4.

Kommanditgesellschaft　　　　　　　　　　　　　　　　A 74-75

▶ Wer muß anmelden: alle Gesellschafter einschl. der Kommanditisten, auch des Ausscheidenden. Keine Versicherung.

▶ Beizufügende Unterlagen: keine

▶ Kosten beim Gericht: Gebühr für Eintragung des Ausscheidens je nach Größe der Gesellschaft 40 bis 60 Euro (GVHR 1501–1503).

▶ Kosten beim Notar: Wert: § 41a Abs. 1 Nr. 6 HS. 1 KostO: Betrag der Kommanditeinlage; $^5/_{10}$-Gebühr.

▶ Text der Anmeldung:

Der Kommanditist * Name, Vorname, Geburtsdatum, Wohnort * ist aus der Gesellschaft ausgeschieden.

Dieser Kommanditist hat seine Kommanditeinlage auf den persönlich haftenden Gesellschafter * Name, Vorname, Geburtsdatum, Wohnort * übertragen.

Die Geschäftsräume befinden sich unverändert in * Ort und Straße *

(Unterschriftsbeglaubigung wie bei Nr. 162)

75. Der persönlich haftende Gesellschafter scheidet aus, der Kommanditist übernimmt als *einziger* weiterer Gesellschafter das Unternehmen

▶ Hinweis: Vgl. Nr. 33, 79 und B § 24 HGB Nr. 5.

Zusätzliche Vorgänge bei der GmbH & Co. KG

76. Vorbemerkung

Die GmbH & Co. KG ist eine besondere Form der Kommanditgesellschaft. Für Vorgänge und Veränderungen bei der GmbH & Co. KG gelten daher, soweit nachstehend keine Besonderheiten aufgeführt sind, die Erläuterungen zur Kommanditgesellschaft (vgl. auch die dortige Vorbemerkung). Dasselbe, wenn eine AG oder eine andere juristische Person persönlich haftender Gesellschafter ist („Beschränkt haftende Personengesellschaft").

Zur Einreichungspflicht der Jahresabschlüsse sowie deren Erzwingung bei der GmbH & Co. KG vgl. A 126 sowie die Rechtsprechung B § 325 HGB.

Eintragungsgebühren des Gerichts siehe Anhang zu Teil A.

77. Gründung (Ergänzungen)

▶ Hinweise: Folgende *Reihenfolge* der Gründung ist zweckmäßig:
a) Gründung der GmbH und deren Anmeldung
b) Anmeldung der KG nach Eintragung der GmbH

Gründung und Anmeldung der KG sowie die Geschäftsübernahme sind nach BGH Teil B Nr. 2 zu § 11 GmbH-Gesetz schon vor der Eintragung der GmbH zulässig, aber wegen der möglichen Differenzhaftung der Gründer (BGH aaO) nur in Ausnahmefällen zu empfehlen.

Die *Firma* muß entweder nach § 18 oder nach §§ 22, 24 HGB gebildet sein. Die Firma muß außerdem stets, also auch bei Fortführung der Firma eines Einzelkaufmanns oder einer Personengesellschaft, einen Hinweis auf die Haftungsbeschränkung enthalten (§ 19 Abs. 2 HGB); über die Form dieses Zusatzes umfangreiche Rechtsprechung unter B § 19 Abs. 2 HGB Nr. 1–5.

Eintritt einer GmbH als persönlich haftende Gesellschafterin in ein bestehendes einzelkaufmännisches Unternehmen oder in eine Personengesellschaft ist nach BGH B Nr. 2 zu § 11 GmbH-Gesetz bereits vor Eintragung der GmbH möglich, aber wegen der Differenzhaftung nur in Ausnahmefällen zu empfehlen. Anmeldung des Eintritts daher erst nach Eintragung der GmbH. Bei Eintritt einer GmbH in eine bestehende Gesellschaft keine Anmeldung nach Nr. 22, 23, 60, sondern nur nach Nr. 29 (siehe auch Hinweise dort).

GmbH & Co. KG   A 77-78

Ist der GmbH-Geschäftsführer gleichzeitig Kommanditist der Kommanditgesellschaft, so ist eine doppelte *Unterzeichnung* der Anmeldung nicht zwingend erforderlich; siehe aber B § 108 HGB Nr. 3. Die Anmeldung selbst (nicht nur der Beglaubigungsvermerk) sollte daher die Doppeleigenschaft zum Ausdruck bringen.

Befreiung der Komplementär-GmbH und ihrer Geschäftsführer von § 181 BGB siehe B § 181 BGB Nr. 7.

Zur Gesellschaft bürgerlichen Rechts als Komplementärin siehe LG Berlin ZIP 2003, 1201.

Namenszeichnungen der Geschäftsführer der Komplementär-GmbH auch bei der KG nötig, aber keine handschriftliche Zeichnung der GmbH-Firma. Vgl. im übrigen B § 108 HGB Nr. 4.

▶ Was ist anzumelden: a) Gründung der GmbH wie Nr. 91 b) die Kommanditgesellschaft wie Nr. 22, 23, 60

▶ Wer muß anmelden, welche Unterlagen sind beizufügen: siehe Nr. 22, 23, 60 bei der KG, Nr. 91 bei der GmbH

▶ Kosten beim Gericht und Notar: a) Gründung einer GmbH wie bei Nr. 91. b) Errichtung einer KG wie bei Nr. 60.

▶ Text der Anmeldung: wie bei Nr. 91, 22, 23, 60

---

78. Bei der persönlich haftenden Gesellschafterin (GmbH/Aktiengesellschaft) wird ein Geschäftsführer/Vorstand bestellt oder abberufen oder die Vertretung ändert sich

▶ Hinweise: Die KG kann sich gegen eine GmbH, die ihre Vertretungsmacht mißbraucht, nur nach § 127 HGB wehren. Keine unmittelbare Abberufungsmöglichkeit der KG-Gesellschafter gegenüber dem Geschäftsführer der Komplementär-GmbH.

Geschäftsführer der Komplementärin als Prokuristen der KG: BayObLG, MDR 1981, 146.

Möglichkeiten zur Prokuragestaltung bei der KG: B Nr. 3 zu § 48 HGB.

▶ Was ist anzumelden: nichts (nur Anmeldung bei der GmbH/Aktiengesellschaft); neu bestellte Geschäftsführer müssen aber zu den Registerakten der Kommanditgesellschaft eine Namenszeichnung einreichen;

▶ Kosten beim Gericht: bei der Kommanditgesellschaft: keine

► Kosten beim Notar: a) bei der GmbH: wie bei Nr. 96. Umfaßt Anmeldung und gleichzeitige Zeichnung.
b) bei KG: Wert für Zeichnung: § 30 Abs. 1, 2 KostO nach der wirtschaftlichen Bedeutung der Bestellung zu schätzender Betrag, notfalls 3 000 Euro, Obergrenze 25 000 Euro.

► Text der Anmeldung:

Zu den Registerakten der Kommanditgesellschaft unter der Firma

* Bezeichnung der Kommanditgesellschaft nach dem Handelsregister *

wird hiermit die Namenszeichnung des neuen Geschäftsführers der Komplementär-GmbH eingereicht:

Bei der persönlich haftenden Gesellschafterin * Name der GmbH * ist * Name, Vorname, Geburtsdatum, Wohnort des Geschäftsführers der GmbH * als weiterer Geschäftsführer bestellt worden.

Dieser Geschäftsführer der Komplementär-GmbH zeichnet bei der Firma der Kommanditgesellschaft seine Namensunterschrift zur Aufbewahrung beim Registergericht wie folgt:

* empfohlen wird maschinenschriftliche Bezeichnung der Firma der Kommanditgesellschaft und der Komplementär-GmbH, erforderlich aber stets nur handschriftliche Namensunterschrift *

Die Geschäftsräume der Gesellschaft befinden sich unverändert in * Ort und Straße *

(Unterschriftsbeglaubigung wie bei Nr. 164)

Ist es dem Geschäftsführer der Komplementär-GmbH gestattet, Rechtsgeschäfte mit sich im eigenen Namen und der KG vorzunehmen, kann diese Befreiung von den Beschränkungen des § 181 BGB im Handelsregister der KG eingetragen werden.

► Text der Anmeldung:

Die Komplementärin und ihre Geschäftsführer sind von den Beschränkungen des § 181 BGB befreit.

(Unterschriftsbeglaubigung wie bei Nr. 162)

---

79. Die persönlich haftende Gesellschafterin wird aufgelöst (z. B. durch Gesellschafterbeschluß, Insolvenzverfahrenseröffnung oder -ablehnung mangels Masse)

► Hinweise: Vertretung der – dadurch nicht aufgelösten – KG weiterhin durch die GmbH, vertreten durch ihren Liquidator; siehe BGH, NJW 1980, 233 = DNotZ 1980, 416.

GmbH & Co. KG   A 79-80

Wird über die Komplementärin das Insolvenzverfahren eröffnet, scheidet sie mangels abweichender vertraglicher Bestimmung aus der Gesellschaft aus (§ 131 Abs. 3 Nr. 2 HGB). Ist kein weiterer persönlich haftender Gesellschafter vorhanden, ist damit die KG aufgelöst, wenn nicht die Kommanditisten einen neuen Komplementär finden oder zu diesem Zweck gründen; vgl. auch Nr. 33 und BGH, BB 2004, 1244 zur sog. zweigliedrigen Gesellschaft.

Wird die Eröffnung des Insolvenzverfahrens über das Vermögen der Kommanditgesellschaft mangels Masse abgelehnt, ist sie damit aufgelöst (§ 131 Abs. 2 Nr. 1 HGB); Eintragung von Amts wegen.

▶ Was ist anzumelden: nichts (h. A.; siehe BGH aaO).

80. Die persönlich haftende Gesellschafterin wird im Handelsregister gelöscht

▶ Hinweise: Mit der Löschung scheidet die GmbH entsprechend § 131 Abs. 3 Nr. 1 HGB i.V.m. § 161 Abs. 2 aus der Gesellschaft aus. War sie einziger Komplementär, ist damit die Gesellschaft aufgelöst; Fortsetzung unter Eintritt eines neuen persönlich haftenden Gesellschafters (oder entsprechender Beteiligungsumwandlung eines Kommanditisten) siehe Nr. 57. Bei einer zweigliedrigen Gesellschaft Übergang des Gesellschaftsvermögens der KG auf den Kommanditisten nach § 738 BGB.

Häufig wird eine Liquidation der KG nicht erforderlich und sogleich auch das Erlöschen der Firma anzumelden sein, jedenfalls in diesem Fall dürfte die Anmeldung der GmbH durch einen hierzu vom Registergericht bestellten Nachtragsliquidator entbehrlich sein.

Bestellung eines Notliquidators für die GmbH auf Antrag eines Kommanditisten siehe BayObLG, DB 1979, 1571.

Zur Nachtragsliquidation siehe B § 157 HGB Nr. 2.

Vgl. im übrigen Hinweise zu Nr. 122 und Rechtsprechung B § 141a FGG.

▶ Was ist anzumelden: die Auflösung der KG
▶ Wer muß anmelden: alle Gesellschafter (ohne GmbH, siehe aber Hinweis!)
▶ Beizufügende Unterlagen: beglaubigter Handelsregisterauszug über Löschung der GmbH

- Kosten beim Gericht: wie bei Nr. 46
- Kosten beim Notar: wie bei Nr. 46
- Text der Anmeldung:
  1. Die persönlich haftende Gesellschafterin * Bezeichnung der GmbH nach dem Handelsregister * wurde im Handelsregister Abt. B Nr. * Zahl * des Amtsgerichts * Ort * gelöscht.
  Die Kommanditgesellschaft ist aufgelöst.
  2. Die Prokura von * Name, Vorname, Geburtsdatum, Wohnort * ist erloschen.
  3. Die Firma ist erloschen.

  (Unterschriftsbeglaubigung wie bei Nr. 161 bzw. 162)

81. Die GmbH & Co. KG wird in eine GmbH (d. h.: auf ihre persönlich haftende Gesellschafterin) umgewandelt

- Hinweise: Die Umwandlung kann dadurch vollzogen werden, daß alle Gesellschafter bis auf die Komplementär-GmbH ausscheiden. In diesem Fall tritt Gesamtrechtsnachfolge ein; siehe Hinweise bei Nr. 33. Möglich ist auch eine formwechselnde Umwandlung der KG nach §§ 190 ff. UmwG.

  Die GmbH kann nicht neben ihrer eigenen Firma die ehemalige Firma der KG fortführen (B Nr. 2 zu § 22 HGB). Legt sie auf diese Firma Wert, muß sie ihre eigene Firma entsprechend ändern; dabei sind alle anderen Gesellschaftszusätze bis auf „GmbH" zu streichen.

  Zur (unechten) verschmelzenden Umwandlung zweier GmbH & Co KG durch Anwachsung siehe OLG Frankfurt, GmbHR 2003, 1358 = Rpfleger 2004, 52.

- Wer muß anmelden: alle Gesellschafter einschl. GmbH
- Kosten beim Gericht und Notar: wie bei Nr. 33
- Text der Anmeldung:
  1. Der Kommanditist * Name, Vorname, Geburtsdatum, Wohnort * mit einer Einlage von Euro * Zahl * ist aus der Gesellschaft ausgeschieden, indem er seine Einlage im Wege der Sonderrechtsnachfolge auf die Firma * Name der Komplementär-GmbH * übertragen hat.
  2. Der bisherige weitere persönlich haftende Gesellschafter * Name, Vorname, Geburtsdatum, Wohnort * ist aus der Gesellschaft ausgeschieden.

GmbH & Co. KG

3. Die * Name der Komplementär-GmbH * hat das Geschäft ohne Liquidation mit Aktiven und Passiven übernommen.
4. Die Kommanditgesellschaft ist aufgelöst und ohne Liquidation beendet.
5. Die Firma ist erloschen.

(Unterschriftsbeglaubigung wie bei Nr. 162)

Partnerschaftsgesellschaft

82. Gründung einer Partnerschaftsgesellschaft

▶ Hinweise: Rechtsgrundlagen: Gesetz über Partnerschaftsgesellschaften Angehöriger Freier Berufe (BGBl. I 1994, 1744) und Partnerschaftsregister-VO (BGBl. I 1995, 808). Subsidiär gelten durch Verweisung die §§ 705 ff. BGB (§ 1 Abs. 4 PartGG), teilweise auch das Recht der OHG (z. B. §§ 4 Abs. 1, 7, 8–10 PartGG).

Literaturauswahl: Meilicke/von Westphalen/Hoffmann/Lenz, Kommentar zum Partnerschaftsgesellschaftsgesetz, 1995; Ring, Die Partnerschaftsgesellschaft, 1997; Henssler, Kommentar zum Partnerschaftsgesellschaftsgesetz, 1997; Neye, DB 1998, 1649; Böhringer, BWNotZ 1995, 1; Michalski/Römermann, PartGG, 2. Aufl.; Heins, NotBZ 2001, 273; Keilbach, RNotZ 2001, 159.

Die Partnerschaftsgesellschaft ist eine neue Form des Zusammenschlusses neben den bisherigen Unternehmensformen, die kein Handelsgewerbe ausübt. Sie steht nur den Angehörigen sog. Freier Berufe offen (dazu näher § 1 Abs. 2 PartGG). Mitglieder können nur natürliche Personen sein. Die Verwendung eines Pseudonym als Name der Gesellschaft ist zulässig (OLG Frankfurt/M., NJW 2003, 364). Namenszusätze dürfen nicht irreführend sein (OLG Frankfurt/M., MDR 2001, 1177); Phantasiebezeichnungen sind als Zusätze zulässig (BGH, Rpfleger 2004, 496).

Gesellschaftsvertrag bedarf der Schriftform (zum notwendigen Inhalt § 3 PartGG). Der Name der Partnerschaft muß nach § 2 PartGG gebildet sein. Für die Vertretung gilt OHG-Recht (§ 7). Abweichungen vom Prinzip der Einzelvertretung durch jeden Partner sind also möglich, müssen aber zum Partnerschaftsregister angemeldet werden. Die Eintragung der Partnerschaft erfolgt in einem besonderen Register, wobei aber weitgehend das Handelsregisterrecht gilt (vgl. § 4 Abs. 1, § 5 PartGG).

Aufgrund des Gesetzes zur Änderung des Umwandlungsgesetzes, des Partnerschaftsgesellschaftsgesetzes und anderer Gesetze vom 22. 7. 1998 (BGBl. I S. 1878) kann die Partnerschaftsgesellschaft jetzt auch Beteiligte an Umwandlungsvorgängen (Verschmelzung, Spaltung, Formwechsel) sein (vgl. Neye, DB 1998, 1649).

▶ Wer muß anmelden: Alle Partner beim Registergericht des Sitzes der Partnerschaftsgesellschaft

Partnerschaftsgesellschaft							A 82

▶ Beizufügende Unterlagen: siehe Anmeldungstext; ferner Urkunden über die staatliche Zulassung zur Berufsausübung oder die Prüfungszeugnisse für alle Partner in Urschrift, Ausfertigung oder öffentlich beglaubigter Abschrift. Bedarf die Partnerschaft aufgrund von Vorschriften der einzelnen Berufe insgesamt der staatlichen Zulassung (§ 1 Abs. 3 PartGG), so ist statt dessen diese Zulassung oder eine sie in Aussicht stellende Bestätigung der zuständigen Behörde ausreichend.

▶ Kosten bei Gericht: Die Vorschriften über die OHG gelten entsprechend (GVHR 1101, 1102). Wie bei Nr. 21.

▶ Kosten beim Notar: Wert: wie Nr. 21, § 41b KostO. $^{5}/_{10}$-Gebühr; umfaßt Anmeldung und gleichzeitige Namenszeichnung sowie Versicherung über Zugehörigkeit zu einem freien Beruf. Bei nicht gleichzeitiger Zeichnung: vgl. Nr. 21.

▶ Text der Anmeldung:

Zur Ersteintragung in das Partnerschaftsregister wird angemeldet:

Es wurde unter dem Namen * Bezeichnung der Partnerschaft * eine Partnerschaft (im Sinne des Gesetzes über die Partnerschaftsgesellschaften Angehöriger Freier Berufe Partnerschaftsgesellschaft) nach §§ 1 ff. PartGG gegründet.

Sitz der Partnerschaft ist * Ort *

Die Geschäftsräume der Partnerschaft befinden sich in * Ort, Straße *.

Gegenstand der Partnerschaft ist: * schlagwortartige Bezeichnung *

Partner sind:

* Name, Vorname, Geburtsdatum, Wohnort der Partner *

Vertretungsrecht der Partner:

Jeder Partner vertritt die Partnerschaftsgesellschaft jeweils einzeln. Einem Partner kann durch Vereinbarung der Partner Befreiung von den Beschränkungen des § 181 BGB erteilt werden.

Die Partner * jeweils Name, Vorname, Geburtsdatum, Wohnort * sind jeweils einzelvertretungsberechtigt. Diese Personen sind befugt, die Partnerschaftsgesellschaft bei der Vornahme von Rechtsgeschäften mit sich selbst oder als Vertreter eines Dritten uneingeschränkt zu vertreten (Befreiung von den Beschränkungen des § 181 BGB).

Jeder Partner zeichnet seine Namensunterschrift bei der angemeldeten Partnerschaft zur Aufbewahrung beim Registergericht wie folgt:

In der Partnerschaft ausgeübter Freier Beruf eines jeden Partners: * genaue Bezeichnung *

Wir versichern die Zugehörigkeit jedes Partners zu dem freien Beruf, den wir in der Partnerschaft ausüben und die bisherige Ausübung dieses Berufs. Als Nachweis legen wir vor:

0 Auszug unserer Registrierung bei unserer Kammer

0 Bescheinigung unserer berufsständischen Vereinigung

Eine Zusammenarbeit der Partner in der Partnerschaft ist berufsrechtlich weder eingeschränkt noch ausgeschlossen.

Eine staatliche Zulassung ist nicht erforderlich.

Für die in der Partnerschaft ausgeübten Berufe bestehen folgende Berufskammern: * Bezeichnung und Anschrift der jeweiligen Berufskammern *

(Unterschriftsbeglaubigung wie bei Nr. 167)

83. Eintritt eines weiteren Partners

▶ Hinweise: Neue Partner müssen dem in § 1 Abs. 2 PartGG beschriebenen Kreis von Freiberuflern angehören.

▶ Wer muß anmelden: alle Partner einschl. des Neuen

▶ Beizufügende Unterlagen: Nachweise wie in Nr. 82

▶ Kosten beim Gericht: wie bei Nr. 29.

▶ Kosten beim Notar: wie bei Nr. 29. $5/10$-Gebühr; im übrigen wie bei Nr. 82.

▶ Text der Anmeldung:

Zur Eintragung in das Partnerschaftsregister bei der Partnerschaft * Name der Partnerschaft * wird angemeldet:

In die Partnerschaft ist als weiterer Partner eingetreten:

* Name, Vorname, Geburtsdatum, Wohnort des neuen Partners *

Der eingetretene Partner * Name, Vorname, Geburtsdatum, Wohnort * ist einzelvertretungsberechtigt. Diese Person ist befugt, die Partnerschaftsgesellschaft bei der Vornahme von Rechtsgeschäften mit sich selbst oder als Vertreter eines Dritten uneingeschränkt zu vertreten (Befreiung von den Beschränkungen des § 181 BGB).

Dieser Partner zeichnet seine Namensunterschrift bei der von der Anmeldung betroffenen Partnerschaft wie folgt:

Der neue Partner übt in der Partnerschaft folgenden Freien Beruf aus: * genaue Bezeichnung *

Wir versichern die Zugehörigkeit des eintretenden Partners zu dem freien Beruf, den wir in der Partnerschaft ausüben und die bisherige Ausübung dieses Berufs. Als Nachweis legen wir vor:

0 Auszug unserer Registrierung bei unserer Kammer

0 Bescheinigung unserer berufsständischen Vereinigung

Partnerschaftsgesellschaft A 83-84

Eine Zusammenarbeit der Partner in der Partnerschaft ist berufsrechtlich weder eingeschränkt noch ausgeschlossen.
Eine staatliche Zulassung ist nicht erforderlich.
Für den in der Partnerschaft ausgeübten Beruf des neuen Partners besteht folgende Berufskammer: * Bezeichnung und Anschrift der Berufskammer *
Die Geschäftsräume befinden sich unverändert in * Ort und Straße *
(Unterschriftsbeglaubigung wie bei Nr. 166 + 162)

84. Ausscheiden eines Mitgliedes durch Vereinbarung oder Kündigung

▶ Hinweise: Außer den im OHG-Recht enthaltenen Gründen für ein Ausscheiden (Vereinbarung, vertragliche Kündigung) führen auch Kündigungen nach §§ 132, 135 HGB sowie der Verlust der Berufszulassung unmittelbar zum Ausscheiden aus der Partnerschaft (§ 9 Abs. 1–3 PartGG).

Ausscheiden eines Partners durch Übertragung seines Anteils auf einen Dritten setzt voraus, daß dieser einen der in § 1 genannten Freien Berufe ausübt und dafür zugelassen ist (vgl. K. Schmidt, NJW 1995, 1, 4 und Nr. 83; Böhringer, BWNotZ 1995, 1, 4).

▶ Wer muß anmelden: alle Partner einschließlich des Ausgeschiedenen
▶ Beizufügende Unterlagen: keine
▶ Kosten beim Gericht: Gebühr für Eintragung des Ausscheidens je nach Größe der Partnerschaftsgesellschaft 40 bis 60 Euro (GVHR 1501–1503). Scheidet ein weiterer Partner aufgrund derselben Anmeldung aus, dann für jede Eintragung 30 Euro (GVHR 1506); § 2 Abs. 2 S. 2 HRegGebV.
▶ Kosten beim Notar: wie bei Nr. 32 für Ausscheiden eines Partners bei Bestehenbleiben der Partnerschaft bzw. beim Ausscheiden des vorletzten Partners Wert für Auflösung der Partnerschaft 25 000 Euro, §§ 41b, 41a Abs. 4 Nr. 3 HS. 1 KostO.
▶ Text der Anmeldung:
Ausscheiden eines Partners:
Zur Eintragung in das Partnerschaftsregister bei der Partnerschaft * Name der Partnerschaft * wird angemeldet:
Der Partner * Bezeichnung des ausscheidenden Partners * ist aus der Partnerschaft ausgeschieden.

Dem ausgeschiedenen Partner ist bekannt, daß er gutgläubigen Dritten für alle Verbindlichkeiten der Partnerschaft haftet, die bis zu seiner Löschung im Partnerschaftsregister entstehen.

Der ausscheidende Partner willigt in die Fortführung des Namens der Partnerschaft ein.

Die Geschäftsräume befinden sich unverändert in * Ort und Straße *

Ausscheiden des vorletzten Partners:

Zur Eintragung in das Partnerschaftsregister bei der Partnerschaft * Name der Partnerschaft * wird angemeldet:

Der – vorletzte – Partner * Name, Vorname, Geburtsdatum, Wohnort des ausscheidenden Partners * ist aus der Partnerschaft ausgeschieden.

Die Partnerschaft ist aufgelöst und ohne Liquidation beendet.

Das Vermögen der Partnerschaft geht im Wege der Gesamtrechtsnachfolge in das Alleinvermögen des verbleibenden „Partners" * Name, Vorname, Geburtsdatum, Wohnort des letzten Partners * über; eine Liquidation findet nicht statt.

Die Partnerschaft ist erloschen.

Die Geschäftsräume befinden sich unverändert in * Ort und Straße *

(Unterschriftsbeglaubigung wie bei Nr. 162)

Anteilsübertragung:

Zur Eintragung in das Partnerschaftsregister bei der Partnerschaft * Name der Partnerschaft * wird angemeldet:

Der Partner * Name, Vorname, Geburtsdatum, Wohnort des abtretenden Partners * hat seine Beteiligung an der Partnerschaft übertragen auf * Vor- und Zuname, Geburtsdatum und Wohnort des eintretenden Partners * und ist aus der Partnerschaft ausgeschieden; er willigt in die Fortführung des Namens der Partnerschaft ein.

* Name, Vorname, Geburtsdatum, Wohnort * ist in die Partnerschaft eingetreten.

Der eingetretene Partner ist einzelvertretungsberechtigt.

Alle Partner sind mit der Anteilsübertragung einverstanden.

Der neue Partner zeichnet seine Namensunterschrift bei der Partnerschaft wie folgt:

Der neue Partner übt in der Partnerschaft folgenden Freien Beruf aus: * genaue Bezeichnung *

Wir versichern die Zugehörigkeit des eintretenden Partners zu dem freien Beruf, den wir in der Partnerschaft ausüben und die bisherige Ausübung dieses Berufs. Als Nachweis legt der neue Partner vor:

Partnerschaftsgesellschaft   **A 84-85**

0 Auszug unserer Registrierung bei unserer Kammer
0 Bescheinigung unserer berufsständischen Vereinigung
Eine Zusammenarbeit der Partner in der Partnerschaft ist berufsrechtlich weder eingeschränkt noch ausgeschlossen.
Eine staatliche Zulassung ist nicht erforderlich.
Für den in der Partnerschaft ausgeübten Beruf des neuen Partners besteht folgende Berufskammer: * Bezeichnung und Anschrift der Berufskammer *
Die Geschäftsräume befinden sich unverändert in * Ort und Straße *
(Unterschriftsbeglaubigung wie bei Nr. 166 + 162)

85. Tod eines Partners und Nachfolge

▶ Hinweise: Der Anteil des Partners ist nicht vererblich (vertragliche Ausnameregelung siehe § 9 Abs. 4 PartGG). Der verstorbene Partner scheidet also aus, seine Erben werden nicht Mitglied in der Partnerschaft. Ausscheiden auch bei Insolvenz des Partners oder Verlust der Berufszulassung.

▶ Wer muß anmelden: alle Partner und die Erben des Ausgeschiedenen (§ 9 Abs. 1 PartGG i.V.m. § 143 Abs. 2 und 3 HGB; die Rechtsprechung B § 143 HGB Nr. 2 dürfte entsprechend gelten).

▶ Beizufügende Unterlagen: Erbnachweis (§ 5 Abs. 2 PartGG i.V.m. § 12 Abs. 2 S. 2 HGB; mit Rücksicht darauf, daß regelmäßig keine Eintragung der Erben erfolgt, dürfte ein Nachweis der Erbfolge durch öffentliche Urkunden meist nicht tunlich sein).

▶ Kosten beim Gericht: Gebühr für Eintragung des Ausscheidens je nach Größe der Partnerschaft 40 bis 60 Euro (GVHR 1501–1503). Gebühr für Eintragung des Eintritts eines neuen Partners aufgrund derselben Anmeldung 30 Euro (GVHR 1506); § 2 Abs. 2 S. 2 HRegGebV.

▶ Kosten beim Notar: Wert nach §§ 41b, 41a Abs. 4 Nr. 3 KostO: 25 000 Euro. Bei Eintritt von mehr als 2 Partnern sind als Wert 12 500 Euro für jeden weiteren eintretenden Partner zu addieren. $^{5}/_{10}$-Gebühr; umfaßt Anmeldung und gleichzeitige Zeichnung der Namensunterschrift sowie Versicherung über Zugehörigkeit zu einem freien Beruf. Bei nicht gleichzeitiger Zeichnung: vgl. Nr. 21.

▶ Text der Anmeldung:
Zur Eintragung in das Partnerschaftsregister bei der Partnerschaft * Name der Partnerschaft * wird angemeldet:

Der Partner * Bezeichnung des verstorbenen Partners * ist durch Tod aus der Partnerschaft ausgeschieden.

Die Erben des verstorbenen Partners willigen in die Fortführung des Namens der Partnerschaft ein.

Anstelle des verstorbenen Partners ist in die Partnerschaft als weiterer Partner eingetreten: * Vor- und Zuname, Geburtsdatum und Wohnort des Nachfolgers *.

Dieser eintretende Partner ist einzelvertretungsberechtigt.

Alle Partner stimmen dem Eintritt des Nachfolgers zu.

Dieser eingetretene Partner zeichnet seine Namensunterschrift bei der Partnerschaft wie folgt:

Der eingetretene Partner vertritt die Partnerschaft wie folgt:

0 er hat Vertretungsrecht zusammen mit einem weiteren Partner

0 er hat alleiniges Vertretungsrecht

0 er hat kein Vertretungsrecht.

Als Erbausweis wird vorgelegt:

0 Ausfertigung des Erbscheins des Nachlaßgerichts * Ort * vom * Datum *

0 Notarielle Verfügung von Todes wegen vom * Datum * mit Eröffnungsprotokoll des Nachlaßgerichts * Ort * vom * Datum *

Der neue Partner übt in der Partnerschaft folgenden Freien Beruf aus: * genaue Bezeichnung *

Wir versichern die Zugehörigkeit des eintretenden Partners zu dem freien Beruf, den wir in der Partnerschaft ausüben und die bisherige Ausübung dieses Berufs. Als Nachweis legen wir vor:

0 Auszug unserer Registrierung bei unserer Kammer

0 Bescheinigung unserer berufsständischen Vereinigung

Eine Zusammenarbeit der Partner in der Partnerschaft ist berufsrechtlich weder eingeschränkt noch ausgeschlossen.

Eine staatliche Zulassung ist nicht erforderlich.

Für den in der Partnerschaft ausgeübten Beruf des neuen Partners besteht folgende Berufskammer: * Bezeichnung und Anschrift der Berufskammer *

Die Geschäftsräume befinden sich unverändert in * Ort und Straße *

(Unterschriftsbeglaubigung wie bei Nr. 166 + 161 oder 162)

86.–90. Frei

Gesellschaft mit beschränkter Haftung

91. Gründung einer GmbH zum Beginn eines Handelsgewerbes

▶ Hinweise: **Allgemein** (Gründung der GmbH zur Fortführung eines Unternehmens siehe Nr. 92)
Aufteilung der Urkunde in „Mantel" und Satzung: B § 3 GmbHG Nr. 9. Belehrungspflichten des Notars siehe Meyding/Heidinger, ZNotP 1999, 190.
Firma der Gesellschaft: siehe Vorbemerkungen vor B § 18 HGB und B § 4 GmbHG Nr. 1–8.
Sitz der Gesellschaft im Rahmen von § 4a GmbHG wählbar; siehe B § 3 GmbHG Nr. 1.
Ausländer als Geschäftsführer: B § 6 GmbHG Nr. 2.
Freie Verfügung der Geschäftsführer über Einlageleistungen auf Gesellschaftskonto: B § 7 GmbHG Nr. 4–6.
Bestimmtheit des *Unternehmensgegenstandes*: B § 3 GmbHG Nr. 3–7, B § 1 GmbHG Nr. 1 (Freiberufler-GmbH). Zulässigkeit von Vorratsgesellschaften siehe B § 23 Abs. 3 Nr. 2 AktG.
BGB-Gesellschaft als *Gründer*: B § 2 GmbHG Nr. 1 und B § 3 GmbHG Nr. 10; Minderjährige müssen bei Beteiligung von Eltern oder bestimmten Verwandten durch Pfleger vertreten werden (§§ 181, 1795 BGB), außerdem ist nach h.A. Genehmigung des Vormundschafts- bzw. Familiengerichts erforderlich (B § 1822 BGB Nr. 6).
Stammkapital/Stammeinlagen: Stammkapital und Stammeinlagen seit dem 1.1.2002 nur noch in Euro.
Zur *Umstellung auf Euro* siehe Nr. 129.
Gründungskosten können nur dann wirksam der Gesellschaft angelastet werden, wenn die Übernahmeverpflichtung der Gesellschaft im Vertrag vereinbart und zumindest mit einem Höchstbetrag („bis zu … Euro") konkretisiert ist (B § 5 GmbHG).
Unklare Satzungsbestimmungen können nach § 9c GmbHG nur eingeschränkt *beanstandet* werden (B § 10 GmbHG Nr. 1); nichtige Bestimmungen können u.U. mit Zustimmung der Anmeldenden von der Eintragung ausgenommen werden (B § 7 GmbHG Nr. 2).

Zum Erfordernis staatlicher *Genehmigung* siehe B §8 GmbHG Nr. 5–9.

Vor *Eintragung* besteht die GmbH als solche nicht; die Geschäftsführer können aber mit Zustimmung der Gesellschafter schon Rechtsgeschäfte für die GmbH vornehmen (zu den Rechtsfolgen siehe B § 11 GmbHG Nr. 2, grundlegende Entscheidung).

Grundbuchfähigkeit der GmbH vor Eintragung: B § 11 GmbHG Nr. 1.

Gesellschafterwechsel vor Eintragung: Nr. 94.

Rücknahme der Anmeldung bis zur Eintragung jederzeit zulässig: B § 7 GmbHG Nr. 1 (auch durch Urkundsnotar nach § 24 Abs. 3 S. 2 BNotO).

Konkrete Form der Versicherung über Einlagenleistung und Bestellungshindernisse: B § 8 GmbHG Nr. 1, 4 und 10. Nachprüfungsrecht des Registergerichts aaO Nr. 2. Pflicht zur Offenlegung von Vorbelastungen B § 11 GmbHG Nr. 2 und B § 8 GmbHG Nr. 3.

Zur Anmeldung der Vertretungsbefugnis B § 8 Nr. 12 und 13.

Eintragungsverweigerung bei Vorbelastungen? Vgl. B § 8 GmbHG Nr. 3.

Besonderheiten bei der Einbringung von Sacheinlagen (zur Unternehmenseinbringung siehe Nr. 92).

Im Gesellschaftsvertrag müssen der Gegenstand der Sacheinlage, der einbringende Gesellschafter und der Betrag der von ihm hierfür übernommenen Stammeinlage angegeben werden (§ 5 Abs. 4 GmbHG); zu den erforderlichen Festsetzungen, wenn der Wert der Sacheinlage den Betrag der dafür gewährten Stammeinlage übersteigt, vgl. B § 56 GmbHG Nr. 2 und 3.

Die Versicherung der Geschäftsführer muß dahin abgegeben werden, daß die Sacheinlagen so an die Gesellschaft bewirkt sind, daß sie endgültig zur freien Verfügung der Geschäftsführer stehen (zur Einbringung von Grundstücken und Grundstücksrechten vgl. B § 7 GmbHG Nr. 6).

Besonderheiten bei der Einmanngründung

Der Gründer hat entweder das Stammkapital sofort voll einzuzahlen oder für den nicht eingezahlten Teil der Einlage eine Sicherung zu bestellen (§ 7 Abs. 2 S. 3 GmbHG); hierauf muß sich auch die Versicherung der Geschäftsführer in der Anmeldung erstrecken. Im übrigen zur freien Verfügbarkeit: B § 7 GmbHG Nr. 7.

Gesellschaft mit beschränkter Haftung A 91

Bei nachträglich entstehender Einmanngesellschaft siehe Nr. 94 und 104.

▶ Wer muß anmelden: alle Geschäftsführer; Vertretung nicht zulässig

▶ Beizufügende Unterlagen: a) notariell beurkundeter Gesellschaftsvertrag (bei Vertragsänderung vor Eintragung siehe Nr. 93)
b) falls bei der Gründung Bevollmächtigte aufgetreten sind, notariell beglaubigte Vollmachten; falls gesetzliche Vertreter gehandelt haben, urkundlicher Nachweis der Vertreterbefugnis (z. B. Handelsregisterauszug, Vertretungsbescheinigung); bei doppelter Vertretung muß auch die Befreiung des Vertreters von den Beschränkungen des § 181 BGB nachgewiesen werden
c) der Beschluß über die Bestellung der Geschäfsführer, sofern nicht in der Urkunde zu a) enthalten
d) Liste der Gesellschaft nach § 8 Abs. 1 Nr. 3 GmbHG
e) ggf. behördliche Genehmigung (siehe Hinweise mit Rechtsprechung)
f) ggf. urkundlicher Nachweis über die versicherten Einlageleistungen; eine Vielzahl von Registergerichten verlangt im Hinblick auf §§ 9c GmbHG, 12 FGG, daß neben der Versicherung nach § 8 Abs. 2 GmbHG die Leistungen auf die Einlagen glaubhaft gemacht werden, z. B. mittels Einzahlungsbeleg und Kontoauszug, Eröffnungsbilanz o.ä.

Zusätzlich beizufügende Unterlagen bei Sacheinlagen (§ 8 Abs. 1 Nr. 4 und 5 GmbHG): Die Verträge, die den Sacheinlagefestsetzungen zugrunde liegen oder zu ihrer Ausführung geschlossen werden (wenn solche Vereinbarungen außerhalb des Gründungsvertrages vorhanden sind); der von allen Gesellschaftern aufgestellte und unterschriebene Sachgründungsbericht (§ 5 Abs. 4 S. 2 GmbHG); Unterlagen darüber, daß der Wert der Sacheinlagen den Betrag der dafür übernommenen Stammeinlagen erreicht (z. B.: bei neuwertigen Gegenständen Rechnungen über ihre Anschaffung zu Nettopreisen; sonst Gutachten). Zum Sachgründungsbericht siehe Priester, DNotZ 1980, 520.

▶ Kosten beim Gericht: Gebühr für Eintragung der GmbH bei Bargründungen 100 Euro (GVHR 2100), bei Sachgründung 150 Euro (GVHR 2101). Für die nach § 8 Abs. 1 Nr. 3 GmbHG einzureichende Gesellschafterliste wird keine Gebühr beim Gericht erhoben.

▶ Kosten beim Notar: 5/10-Gebühr aus vollem (nominellem) Betrag des Stammkapitals, § 41a Abs. 1 Nr. 1 KostO; Höchstwert der Anmeldung 500 000 Euro, § 39 Abs. 4 KostO. Umfaßt Anmeldung und gleichzeitige Zeichnung der Namensunterschrift sowie die Versicherungen (§ 8

A 91 Gesellschaft mit beschränkter Haftung

Abs. 3 S. 1 GmbHG) des neuen Geschäftsführers. Nach h. M. nicht mehr zu erheben ist die $^5/_{10}$-Gebühr für die Belehrung gemäß § 8 Abs. 3 S. 2 GmbHG aus 10–20% des Stammkapitals, sofern die Anmeldung vom Notar beurkundet oder entworfen wurde. Fertigt der Notar die Liste der Gesellschafter, dann $^5/_{10}$-Gebühr nach § 147 Abs. 2 KostO aus 10–20% des Stammkapitals (bestr., OLG Stuttgart, DNotZ 1985, 121 = JurBüro 1984, 1078). Fertigt der Notar den Sachgründungsbericht, dann $^5/_{10}$-Gebühr gemäß § 147 Abs. 2 KostO aus 20–30% des Wertes der Sacheinlagen ohne Schuldenabzug.

▶ Text der Anmeldung:

Zur Ersteintragung in das Handelsregister wird angemeldet, daß heute unter der Firma

* genaue Bezeichnung der GmbH *

eine Gesellschaft mit beschränkter Haftung gegründet worden ist.

Sitz der Gesellschaft ist * Ort *

Die Geschäftsräume der Gesellschaft befinden sich in * Ort und Straße *

Die Gesellschaft hat einen oder mehrere Geschäftsführer.

Ist nur ein Geschäftsführer bestellt, so vertritt dieser die Gesellschaft allein.

Sind mehrere Geschäftsführer bestellt, so wird die Gesellschaft durch zwei Geschäftsführer gemeinsam oder durch einen Geschäftsführer in Gemeinschaft mit einem Prokuristen vertreten.

Durch Gesellschafterbeschluß kann einzelnen Geschäftsführern die Befugnis zur Alleinvertretung erteilt werden.

Zum ersten Geschäftsführer der Gesellschaft wurde bestellt:

* Vor- und Zuname, Geburtsdatum, Wohnort des Geschäftsführers *

Der Geschäftsführer ist berechtigt, die Gesellschaft stets allein zu vertreten und kann als Geschäftsführer mit sich im eigenen Namen oder als Vertreter eines Dritten Rechtsgeschäfte vornehmen (Befreiung von den Beschränkungen des § 181 BGB).

Der Geschäftsführer zeichnet seine Namensunterschrift bei der von der Anmeldung betroffenen Firma zur Aufbewahrung beim Registergericht wie folgt:

Versicherungen

Nach Belehrung durch den Notar über die unbeschränkte Auskunftspflicht gegenüber dem Gericht gemäß § 53 des Gesetzes über das Zentralregister und das Erziehungsregister und die Strafbarkeit einer falschen Versicherung (§ 8 Abs. 2 GmbHG) wird versichert:

Der Geschäftsführer (bei mehreren jeder für sich) versichert (zum Zeitpunkt des Zugangs der Anmeldung beim Registergericht), daß

Gesellschaft mit beschränkter Haftung A 91

a) keine Umstände vorliegen, aufgrund deren der Geschäftsführer nach § 6 Abs. 2 S. 3 und 4 GmbHG von dem Amt als Geschäftsführer ausgeschlossen wäre: Während der letzten 5 Jahre erfolgte keine Verurteilung nach §§ 283 bis 283d Strafgesetzbuch (z. B. wegen Bankrotts, schweren Bankrotts, Verletzung der Buchführungspflicht, Schuldner- oder Gläubigerbegünstigung); auch ist dem Geschäftsführer weder durch gerichtliches Urteil noch durch vollziehbare Entscheidung einer Verwaltungsbehörde die Ausübung eines Berufes, Berufszweiges, Gewerbes oder Gewerbezweiges untersagt; ferner der Geschäftsführer nicht aufgrund einer behördlichen Anordnung in einer Anstalt verwahrt wurde (Amtsunfähigkeit);
b) er vom beglaubigenden Notar auf seine unbeschränkte Auskunftspflicht gegenüber dem Registergericht belehrt worden ist,
c) die Gesellschafter folgende Leistungen auf ihre Stammeinlagen bewirkt haben, und zwar * Namen und Höhe der Leistungen *,

bei Volleinzahlung:

c) die Gesellschafter * Namen * ihre Stammeinlagen vollständig, und zwar insgesamt * Betrag * bewirkt haben,
d) der Gegenstand der Leistungen sich endgültig in der freien Verfügung des Geschäftsführers befindet,
e) das Vermögen der Gesellschaft – abgesehen von dem im Gesellschaftsvertrag festgesetzten Aufwand (Kosten, Gebühren und Steuern) – durch keinerlei Verbindlichkeiten vorbelastet oder gar aufgezehrt ist. (ggf. Ergänzung, um den Verdacht einer verschleierten Sachgründung oder etwaiger Vorbelastungen auszuräumen: daß die Gesellschaft von keinem Gesellschafter Vermögensgegenstände, insbesondere kein dem Gesellschafter oder einer Personengesellschaft, an der dieser beteiligt ist, gehörendes Unternehmen entgeltlich mit Mitteln der geleisteten Stammeinlagen oder im Wege der Verrechnung mit dieser/diesen erworben hat und auch keine Absicht zu einem solchen Erwerb besteht, und daß darüber hinaus die Gesellschaft keine Schulden eines bereits bestehenden Unternehmens übernommen hat.)

Angeschlossen werden vorgelegt:
– Ausfertigung des Gesellschaftsvertrages vom heutigen Tage, beurkundet von dem untenstehenden Beglaubigungsnotar, enthaltend den Gesellschaftsvertrag und den Beschluß über die Bestellung der ersten Geschäftsführung,
– Liste der Gesellschafter,
– ggf. urkundlicher Nachweis über Einlageleistungen.

Der Notar machte den Geschäftsführer darauf aufmerksam, daß er jede Änderung im Gesellschafterbestand unverzüglich dem Handelsregister mitzuteilen hat, da er andernfalls den Gläubigern der Gesellschaft für den daraus entstandenen Schaden persönlich haftet (§ 40 Abs. 2 GmbHG).

(Unterschriftsbeglaubigung wie bei Nr. 166)

Zusätzlicher Anmeldungstext bei Einbringung von Sacheinlagen:
Der Geschäftsführer versichert, daß die von dem Gesellschafter * Name * zu leistende Sacheinlage * nähere Bezeichnung der Gegenstände * auf die Gesellschaft übertragen ist. Über die Vereinbarungen im Vertrag über die Errichtung der GmbH hinaus sind keine zusätzlichen schriftlichen Vereinbarungen getroffen.

Dieser Anmeldung sind weiter beigefügt:
– die Verträge, die den Festsetzungen der Sacheinlagen zugrunde liegen oder zu ihrer Ausführung geschlossen worden sind,
– der Sachgründungsbericht,
– Unterlagen darüber, daß der Wert der Sacheinlagen den Betrag der dafür übernommenen Stammeinlagen erreicht.

92. Gründung einer GmbH zur Fortführung eines Unternehmens (auch Ausgliederung zur Neugründung)

▶ Hinweise: Folgende Fälle sind zu unterscheiden:

a) Bisheriger Inhaber des Unternehmen ist ein *Dritter*, der nicht Gesellschafter wird: Bargründung wie Nr. 91.

Bei Firmenfortführung nach § 22 HGB (mit den Folgen des § 25 HGB) Anmeldung wie Nr. 5 zum bisherigen Handelsregister; wird die Firma des erworbenen Unternehmens nicht fortgeführt, ist vom bisherigen Inhaber ihr Erlöschen anzumelden (siehe Nr. 6).

b) Bisheriger Inhaber des Unternehmens ist *einer von mehreren Gesellschaftern*: Sachgründung wie Nr. 91 (siehe besondere Hinweise dort und B § 56 GmbHG Nr. 2 und 3). Die anderen Gesellschafter können aber auch schon in das einzelkaufmännische Unternehmen aufgenommen werden (dann OHG/KG) mit anschließender Umwandlung wie unten d).

c) Bisheriger Inhaber des Unternehmens ist der *alleinige Gesellschafter* der GmbH (Einmanngründung): entweder Sachgründung wie bei Nr. 91 oder Ausgliederung zur Neugründung auf der Grundlage einer Schlußbilanz unter Wahrung der Frist nach § 17 Abs. 2 S. 4 UmwG, wenn die Firma des Unternehmens schon im Handelsregister eingetragen ist und die Verbindlichkeiten des Einzelkaufmanns sein Vermögen nicht übersteigen (§§ 152, 123 Abs. 3 Nr. 2, 156 ff. UmwG). Die Ausgliederung zur Neugründung erfordert:
– notariellen Spaltungsplan (§§ 136, 125, 6 UmwG), dem Schlußbilanz zu Grunde zu legen ist (§§ 125, 17 Abs. 2 UmwG), mit Abschluß des

Gesellschaft mit beschränkter Haftung   A 92

Gesellschaftsvertrages und Zustimmungsentschluß (§§ 37, 13, 125 UmwG),
- Sachgründungsbericht mit Angaben zum Geschäftsverlauf und zur Lage des Unternehmens (§§ 159, 58 Abs. 1 UmwG),
- bei Gründungsprüfung Aufstellung, in der Vermögen des Einzelkaufmanns seinen Verbindlichkeiten gegenübergestellt wird (§§ 60 Abs. 2, 159 Abs. 2 und 3 UmwG),
- keine Anmeldung des Erlöschens der bisherigen Einzelfirma, jedoch Anmeldung der Ausgliederung (§§ 137 Abs. 2, 155, 158 UmwG).

d) Bisheriger Inhaber des Unternehmens ist eine *Personengesellschaft oder Partnerschaftsgesellschaft*, bestehend aus den zukünftigen Gesellschaftern der GmbH: Sachgründung nach Nr. 91 oder Umwandlung, und zwar entweder als Verschmelzung zur Neugründung (§ 2 Nr. 2 UmwG) oder als Formwechsel (§§ 190, 214 ff. UmwG; zwar ohne Schlußbilanz, aber unter Beachtung der Frist aus § 14 UmwStG).

▶ Wer muß anmelden: Einzelkaufmann und Geschäftsführer der neu gegründeten Gesellschaft

▶ Kosten beim Gericht: Zu c) Gebühr für Eintragung der Umwandlung durch Neugründung der GmbH 190 Euro (GVHR 2104); hinzu für Eintragung der Ausgliederung beim Einzelkaufmann 130 Euro (GVHR 1400). Für die nach § 8 Abs. 1 Nr. 3 GmbHG einzureichende Gesellschafterliste wird beim Gericht keine Gebühr erhoben.

▶ Kosten beim Notar: wie bei Nr. 91 für die neue Gesellschaft, hinzu 25 000 Euro für Ausgliederung beim Einzelkaufmann (§§ 41a Abs. 4 Nr. 4, 44 KostO), wenn alle Anmeldungen in einer Urkunde enthalten sind.

▶ Text der Anmeldung:

bei einer Ausgliederung zu c)

beim ausgliedernden Unternehmen:

Zur Eintragung in das Handelsregister bei der Firma * Bezeichnung der Einzelfirma nach dem Handelsregister * wird angemeldet, daß * Name, Geburtsdatum und Wohnort des Einzelunternehmers * gemäß § 123 Abs. 3 Nr. 2, §§ 153, 158 UmwG zum Stichtag * Datum * aus seinem Vermögen einen Teil ausgegliedert hat zur Neugründung der Gesellschaft mit beschränkter Haftung mit der Firma * Bezeichnung der GmbH *

Es wird versichert, daß die verbliebenen Verbindlichkeiten des Einzelkaufmanns sein Vermögen nicht übersteigen.

Angeschlossen werden vorgelegt:
- Ausfertigung der notariellen Urkunde über den Ausgliederungsentschluß mit Spaltungsplan und Stichtagsbilanz sowie Gesellschaftsvertrag der neu gegründeten GmbH samt Bestellung der Geschäftsführung
- Sachgründungsbericht
- ggf. Nachweis über Zuleitung des Entwurfs des Ausgliederungsplans an den Betriebsrat des ausgliedernden Einzelunternehmens

(Unterschriftsbeglaubigung wie bei Nr. 161)

für Ersteintragung der GmbH:

Zur Eintragung in das Handelsregister bei der Firma * Bezeichnung der Firma des neuen Rechtsträgers nach dem Handelsregister * wird angemeldet, daß * Name, Vorname, Geburtsdatum und Wohnort des Einzelunternehmers * gemäß § 123 Abs. 3 Nr. 2, §§ 153, 158 UmwG zum Stichtag * Datum * aus seinem Vermögen einen Teil ausgegliedert hat zur Neugründung durch Übertragung dieses Teils als Gesamtheit auf eine von ihm dadurch neu gegründeten Gesellschaft mit beschränkter Haftung mit der Firma * Bezeichnung der GmbH *.

Sitz der neu errichteten Gesellschaft ist * Ort *.

Die Geschäftsräume der Gesellschaft befinden sich in * Ort und Straße *.

Die Gesellschaft hat einen oder mehrere Geschäftsführer. Ist nur ein Geschäftsführer vorhanden, so vertritt dieser die Gesellschaft allein.

Sind mehrere Geschäftsführer vorhanden, so wird die Gesellschaft durch zwei Geschäftsführer gemeinsam oder durch einen Geschäftsführer in Gemeinschaft mit einem Prokuristen vertreten.

Zum ersten Geschäftsführer der Gesellschaft wurde bestellt * Name, Vorname, Geburtsdatum, Wohnort des Geschäftsführers *.

Dieser Geschäftsführer ist berechtigt, die Gesellschaft stets allein zu vertreten und kann als Geschäftsführer mit sich im eigenem Namen oder als Vertreter eines Dritten Rechtsgeschäfte vornehmen (Befreiung von den Beschränkungen des § 181 BGB).

Der Geschäftsführer zeichnet seine Namensunterschrift bei der von der Anmeldung betroffenen Firma zur Aufbewahrung beim Registergericht wie folgt:

Versicherungen

Wie bei Nr. 91. Sodann:

Der übertragende Einzelunternehmer erklärt, daß seine Verbindlichkeiten sein Vermögen nicht übersteigen.

Es wird weiter erklärt, daß eine Klage gegen die Wirksamkeit des Zustimmungsentschlusses nicht innerhalb eines Monats nach der Beschlußfassung erhoben wurde;

oder:

Es wird weiter erklärt, daß eine Klage gegen die Wirksamkeit des Zustimmungsentschlusses zwar erhoben wurde, das Prozeßgericht aber durch rechtskräftigen Beschluß festgestellt hat, daß die Erhebung der Klage der Eintragung der Ausgliederung im Handelsregister nicht entgegensteht; Ausfertigung des rechtskräftigen Beschlusses liegt bei.

Ferner wird erklärt, daß das Vermögen der neu gegründeten Gesellschaft – abgesehen von dem im Gesellschaftsvertrag festgesetzten Gründungsaufwand (Kosten, Gebühren und Steuern) – durch keinerlei Verbindlichkeiten vorbelastet oder gar aufgezehrt ist und sich endgültig in der freien Verfügung der Geschäftsführung befindet.

Angeschlossen werden vorgelegt:
- Ausfertigung der notariellen Urkunde über den Ausgliederungsentschluß mit Spaltungsplan und Stichtagsbilanz sowie dem Gesellschaftsvertrag der neu gegründeten Gesellschaft mit beschränkter Haftung samt Bestellung der Geschäftsführung
- Nachweis über die Zuleitung des Entwurfs des Spaltungsplans an den Betriebsrat des übertragenden Rechtsträgers
- (ggf. Urkunde über die staatliche Genehmigung)
- Liste der Gesellschafter
- Sachgründungsbericht

Der Notar machte den Geschäftsführer darauf aufmerksam, daß er jede Änderung im Gesellschafterbestand unverzüglich dem Handelsregister mitzuteilen hat, da er andernfalls den Gläubigern der Gesellschaft für den daraus entstandenen Schaden persönlich haftet (§ 40 GmbHG).

(Unterschriftsbeglaubigung wie bei Nr. 166)

93. Änderung des Gesellschaftsvertrages vor Eintragung

▶ <u>Hinweise</u>: Die Änderung des Gesellschaftsvertrages muß *einstimmig* erfolgen. Alle Gesellschafter müssen die Urkunde unterzeichnen (§ 2 Abs. 1 S. 2 GmbHG).

Vollmachten zur Änderung müssen beglaubigt sein (§ 2 Abs. 2 GmbHG; OLG Köln, DB 1995, 2413); ebenso Genehmigungen, B § 2 GmbHG Nr. 4.

Wechsel des *Geschäftsführers* vor Eintragung: siehe B § 8 GmbHG Nr. 4. Der neue Geschäftsführer muß außerdem die Versicherung nach § 8 Abs. 3 GmbHG abgeben.

▶ <u>Was ist anzumelden</u>: nichts (h.A., vgl. B § 7 GmbHG Nr. 3 und B § 8 GmbHG Nr. 11)

- ▶ Vom Geschäftsführer einzureichende Unterlagen: die beurkundete Änderung; außerdem: vollständiger Wortlaut des Gesellschaftsvertrages (in der neuen Fassung) in einer Urkunde mit Notarbescheinigung nach § 54 Abs. 1 S. 2 GmbHG, siehe B § 8 GmbHG Nr. 11.
- ▶ Kosten beim Notar: Änderung ist als Vertragsnachtrag i. S. von § 42 KostO anzusehen. Geschäftswert bestimmt sich entsprechend § 30 Abs. 1 KostO unter Berücksichtigung des Umfangs der Veränderung. Die Nachtragsurkunde wird von der Geschäftsführung formlos dem Registergericht als Beilage zur bereits vorhandenen Anmeldung eingereicht.
- ▶ Kosten beim Gericht: keine

94. Gesellschafterwechsel vor Eintragung

- ▶ Hinweise: Der Gesellschafterwechsel kann entweder a) bereits im Gründungsstadium durch Satzungsänderung (vgl. oben Nr. 93) oder b) durch Abtretung des zukünftigen Geschäftsanteils mit Wirkung ab Eintragung erfolgen (vgl. B § 2 GmbHG Nr. 2 und 3). Die Urkunde muß zum Ausdruck bringen, welche dieser Möglichkeiten gewollt ist.

Soll aus einer von *zwei Personen* gegründeten GmbH ein Gesellschafter ersatzlos ausscheiden, so sind bei a) die zusätzlichen Anforderungen für die Gründung als Einmanngesellschaft einzuhalten (vgl. oben Nr. 91), bei b) sind die Regelungen des § 19 Abs. 4 GmbHG zu beachten.

- ▶ Was ist anzumelden:

a) bei Gesellschafterwechsel vor Eintragung nichts, siehe Nr. 93

b) bei Abtretung des zukünftigen Geschäftsanteils ebenfalls nichts, siehe Nr. 101/102

- ▶ Einzureichende Unterlagen: bei a) wie bei Nr. 93; zusätzlich eine neue Liste der Gesellschafter nach § 8 Abs. 1 Nr. 3 GmbHG
bei b) nichts, aber nach Eintragung unverzüglich neue Liste nach § 40 GmbHG (siehe Nr. 101).
- ▶ Kosten beim Gericht: keine
- ▶ Kosten beim Notar: keine

95. Gesellschaft erwirbt nach der Gründung Sachwerte von einem Gesellschafter

▶ Hinweise: Stellt sich der Erwerb als Umgehung der Sachgründungsvorschriften dar, etwa weil eine Geldanlage bei der Gründung mit der Abrede übernommen worden ist, sie nach Eintragung der Gesellschaft gegenüber Übertragung bestimmter Vermögensgegenstände zurückzuzahlen, oder weil die Bareinzahlung alsbald zurückgewährt werden soll, um den Vergütungsanspruch aus einer Sachübernahme zu erfüllen (sog. verschleierte Sacheinlage), so verstößt der Erwerb und die Gegenleistung der Gesellschaft gegen §§ 5 Abs. 4, 19 Abs. 2 S. 2 und Abs. 5 GmbHG, möglicherweise auch gegen § 30 Abs. 1 GmbHG. Das führt zu einer Rückzahlungspflicht des Gesellschafters (vgl. Langenfeld, GmbHR 1981, 53).

▶ Was ist anzumelden: nichts (keine Nachgründungsvorschriften entspr. § 52 AktG)

96. Gesellschafter bestellen einen Geschäftsführer

▶ Hinweise: Die Bestellung ist mit dem Gesellschafterbeschluß wirksam, siehe B § 39 GmbHG Nr. 1.

Für die Bestellung genügt einfache Mehrheit, falls nicht der Gesellschaftsvertrag etwas anderes bestimmt.

Einfache Schriftform des Beschlusses ausreichend.

Vollmachten zur Ausübung des Stimmrechts bei der Beschlußfassung zumindest in Textform zu Legitimationszwecken nötig (§ 47 Abs. 3 GmbHG); vgl. B § 47 GmbHG Nr. 2 und 3.

Soll ein Gesellschafter zum Geschäftsführer bestellt werden, ist er dabei stimmberechtigt, wenn der Vertrag nicht etwas anderes bestimmt (vgl. Melchior, Rpfleger 1997, 505 mit Nachweisen zur Rechtsprechung und B § 181 BGB Nr. 11).

Die Vertretungsbefugnis des bestellten Geschäftsführers richtet sich nach dem Gesellschaftsvertrag (siehe dazu B § 35 GmbHG Nr. 1, B § 10 GmbHG Nr. 3), hilfsweise nach § 35 Abs. 2 GmbHG (Gesamtvertretung). Zur Vertretungsbefugnis im übrigen Nr. 98.

Stellvertreter von Geschäftsführern: B § 44 GmbHG.

Kein unmittelbarer Zwang des Registergerichts zur Bestellung eines Geschäftsführers: B § 39 GmbHG Nr. 12 und § 6 GmbHG Nr. 3.
Befreiung des Geschäftsführers von den Beschränkungen des § 181 BGB (Insichgeschäfte): B § 181 BGB Nr. 4–6, 10; Eintragung der Befreiung im Handelsregister: B § 181 BGB Nr. 1–3.
§ 181 BGB gilt auch für den alleinigen Gesellschafter-Geschäftsführer (§ 35 Abs. 4 GmbHG).
Austausch der Geschäftsführer kann ein Indiz sein für eine wirtschaftliche Neugründung, die gegenüber dem Registergericht offenzulegen ist. Die Vorschriften über die Kapitalaufbringung und den -erhalt werden entsprechend angewendet, ebenso die Handelndenhaftung; vgl. Nr. 102.

▶ Wer muß anmelden: Geschäftsführer in der zur Vertretung erforderlichen Zahl; der bestellte Geschäftsführer kann bei der Anmeldung mitwirken. Mitwirken von Prokuristen: B § 39 GmbHG Nr. 2. Eine Anmeldung der Vertretungsbefugnis des Geschäftsführers ist nur bei Abweichungen von § 35 GmbHG erforderlich, dies sieht der Text der Anmeldung vor.

▶ Kosten beim Gericht: Gebühr für die Eintragung der Tatsache der Geschäftsführerbestellung 40 Euro (GVHR 2500). Werden mehrere Geschäftsführer abberufen oder neu bestellt und gehen die Anmeldungen am gleichen Tage beim Registergericht ein, dann Gebühr für jede weitere Eintragung aufgrund derselben Anmeldung 30 Euro (GVHR 2502).

▶ Kosten beim Notar: $5/10$-Gebühr. Geschäftswert: 1 % des eingetragenen Stammkapitals, mindestens 25 000 Euro und höchstens 500 000 Euro. Werden mehrere Geschäftsführer abberufen oder neu bestellt, dann ist jede einzelne Änderung mit dem Wert nach § 41a Abs. 4 Nr. 1 KostO zu bewerten und zu addieren, beachte die Höchstwertbestimmung (§ 39 Abs. 4 KostO) mit 500 000 Euro, $5/10$-Gebühr. Umfaßt Anmeldung und gleichzeitige Zeichnung der Namensunterschrift sowie Versicherung des neuen Geschäftsführers. Wegen Belehrung des Geschäftsführers: Nr. 91. Erfolgt Zeichnung der Namensunterschrift nicht in der gleichen Anmeldung, dann $5/20$-Gebühr gemäß §§ 141, 45 KostO aus Wert nach § 30 Abs. 1, 2 KostO, Mindestwert 3 000 Euro, im Regelfall die Hälfte des Wertes des § 41a Abs. 4 Nr. 1 KostO.

▶ Text der Anmeldung:
Zum Geschäftsführer ist bestellt worden:
* Name, Vorname, Geburtsdatum, Wohnort des neuen Geschäftsführers *

Gesellschaft mit beschränkter Haftung　　　　　　　　A 96-97

Der neue Geschäftsführer vertritt die Gesellschaft wie folgt:
0 Er ist stets allein vertretungsberechtigt.
0 Er vertritt die Gesellschaft in Gemeinschaft mit einem weiteren Geschäftsführer oder mit einem Prokuristen.

Der Geschäftsführer * Name * ist befugt, die Gesellschaft bei der Vornahme von Rechtsgeschäften mit sich selbst oder als Vertreter eines Dritten uneingeschränkt zu vertreten (Befreiung von den Beschränkungen des § 181 BGB).

Der neue Geschäftsführer zeichnet seine Namensunterschrift bei der von der Anmeldung betroffenen Firma zur Aufbewahrung beim Registergericht wie folgt:

Versicherungen (wie bei Nr. 91 zu a. und b.) Bei wirtschaftlicher Neugründung außerdem Offenlegung und Versicherung entsprechend § 8 Abs. 2 GmbHG, vgl. Nr. 102.

Urkundenbeilagen

Angeschlossen ist die beglaubigte Kopie des Protokolls der Gesellschafterversammlung über die Bestellung des Geschäftsführers.

Der Notar machte den Geschäftsführer darauf aufmerksam, daß er jede Änderung im Gesellschafterbestand unverzüglich dem Handelsregister mitzuteilen hat, da er andernfalls den Gläubigern der Gesellschaft für den daraus entstandenen Schaden persönlich haftet (§ 40 GmbHG).

Die Geschäftsräume befinden sich unverändert in * Ort und Straße *

(Unterschriftsbeglaubigung wie bei Nr. 166 bzw. 161 + 164)

97. Gesellschafter berufen einen Geschäftsführer ab

▶ Hinweise: Die Abberufung ist mit dem Gesellschafterbeschluß sofort wirksam. Folgen für die Vertretung der Gesellschaft: B § 39 GmbHG Nr. 1. Bis zur Eintragung kann aber die Abberufung gutgläubigen Dritten nicht entgegengesetzt werden (§ 15 HGB); Anmeldung daher *eilbedürftig!*

Die Abberufung ist auch dann keine Änderung des Gesellschaftsvertrages, wenn der Geschäftsführer bei der Gründung in der Satzung bestellt worden ist (B § 6 GmbHG Nr. 1).

Der Abzuberufende hat als Gesellschafter Stimmrechte, wenn der Vertrag nicht etwas anderes bestimmt. Ausnahme: Bei Abberufung aus wichtigem Grund ist der betroffene Gesellschafter vom Stimmrecht ausgeschlossen; siehe B § 47 GmbHG Nr. 4 und 5.

Zeitpunkt der Abberufung nicht eintragungsfähig (B § 39 GmbHG Nr. 9).

Anmeldung und Eintragung der Abberufung (oder Niederlegung, Nr. 99) ist auch dann erforderlich, wenn die Bestellung noch nicht angemeldet und eingetragen war. Siehe auch B § 67 GmbHG Nr. 2.

Austausch der Geschäftsführer kann ein Indiz sein für eine wirtschaftliche Neugründung, die gegenüber dem Registergericht offenzulegen ist. Die Vorschriften über die Kapitalaufbringung und den -erhalt werden entsprechend angewendet, ebenso die Handelndenhaftung; vgl. Nr. 102.

▶ Wer muß anmelden: Geschäftsführer in vertretungsberechtiger Zahl; der abberufene Geschäftsführer kann nicht mitwirken; es sei denn, der Abberufungsbeschluß sieht die Beendigung des Geschäftsführeramtes zu einem späteren Zeitpunkt vor und die Anmeldung erfolgt vor Ablauf der Frist

▶ Beizufügende Unterlagen: Gesellschafterbeschluß über die Abberufung in Urschrift oder beglaubigter Abschrift (vgl. B § 39 GmbHG Nr. 4)

▶ Kosten beim Gericht: Gebühr für die Eintragung dieser Tatsache 40 Euro (GVHR 2500).

▶ Kosten beim Notar: wie bei Nr. 96

▶ Text der Anmeldung:

Als Geschäftsführer ist * Name, Vorname, Geburtsdatum, Wohnort des bisherigen Geschäftsführers * aus der Geschäftsführung ausgeschieden.

Angeschlossen ist die beglaubigte Kopie des Protokolls der Gesellschafterversammlung über die Abberufung des Geschäftsführers.

Die Geschäftsräume befinden sich unverändert in * Ort und Straße *

(Unterschriftsbeglaubigung wie bei Nr. 161 bzw. 162)

98. Die Vertretungsbefugnis eines Geschäftsführers ändert sich

▶ Hinweise: Eine Änderung der Vertretungsbefugnis von Geschäftsführern ist aufgrund eines einfachen, nicht satzungsändernden Gesellschafterbeschlusses nur möglich, wenn der Gesellschaftsvertrag die Gesellschafterversammlung zu solchen Entscheidungen ermächtigt (B § 35 GmbHG Nr. 1) oder wenn sich die Änderung zwangsläufig aus der Bestellung/oder Abberufung eines Geschäftsführers ergibt (z. B. B § 39

Gesellschaft mit beschränkter Haftung A 98-99

GmbHG Nr. 1; Alleinvertretungsbefugnis des einzigen Geschäftsführers wandelt sich bei Bestellung weiterer Geschäftsführer in Gesamtvertretungsbefugnis um).

Anzumelden sind auch Namensänderungen und Wohnortänderungen eines Geschäftsführers.

Befreiung eines Geschäftsführers von den Beschränkungen des § 181 BGB (Verbot von Insichgeschäften) siehe Hinweise bei Nr. 96.

▶ Wer muß anmelden: Geschäftsführer in der zur Vertretung erforderlichen Zahl

▶ Beizufügende Unterlagen: Gesellschafterbeschluß über die eingetretene Veränderung (siehe Hinweis) in Urschrift oder beglaubigter Abschrift (vgl. B § 39 GmbHG Nr. 4)

▶ Kosten beim Gericht: wie bei Nr. 97. Handelt es sich um Eintragung einer Änderung des Namens oder Wohnortes eines Geschäftsführers, dann Tatsacheneintragung ohne wirtschaftliche Bedeutung mit Gebühr von 30 Euro (GVHR 2501).

▶ Kosten beim Notar: wie bei Nr. 96; für Namensänderungen und Wohnortänderungen gilt § 41a Abs. 6 KostO mit Festwert von 3 000 Euro.

▶ Text der Anmeldung:

Der Geschäftsführer * Name, Vorname, Geburtsdatum, Wohnort * ist jetzt stets allein vertretungsberechtigt.

Angeschlossen ist die beglaubigte Kopie des Protokolls der Gesellschafterversammlung über die angemeldete Änderung der Vertretungsbefugnis.

oder:

Der Geschäftsführer * Name, Vorname, Geburtsdatum, Wohnort * ist befugt, die Gesellschaft bei der Vornahme von Rechtsgeschäften mit sich selbst oder als Vertreter eines Dritten uneingeschränkt zu vertreten (Befreiung von den Beschränkungen des § 181 BGB).

Angeschlossen ist die beglaubigte Kopie des Protokolls der Gesellschafterversammlung über die angemeldete Änderung der Vertretungsbefugnis.

Die Geschäftsräume befinden sich unverändert in * Ort und Straße *

(Unterschriftsbeglaubigung wie bei Nr. 161 bzw. 162)

99. Amtsniederlegung/Kündigung/Tod eines Geschäftsführers

▶ Hinweise: Kündigung und Amtsniederlegung sind grundsätzlich gegenüber der Gesellschaft zu erklären. Sind keine weiteren Geschäftsführer vorhanden, so ist die Erklärung an die Gesellschafter zu richten; Abgabe der Erklärung gegenüber einem Gesellschafter genügt auch, wenn Benachrichtigung der anderen Gesellschafter unterbleibt (BGH, ZIP 2001, 2227).

Amtsniederlegung des Geschäftsführers ist grundsätzlich mit sofortiger Wirkung zulässig und sofort wirksam, auch wenn die Niederlegung nicht auf einen wichtigen Grund gestützt wird (B § 39 GmbHG Nr. 5 und 6).

Amtsniederlegung durch den einzigen Geschäftsführer, der zugleich alleiniger Gesellschafter ist, ist regelmäßig mißbräuchlich, was das Registergericht berechtigt, die Eintragung zu verweigern (B § 39 GmbHG Nr. 7).

Zeitpunkt des Erlöschens der Vertretungsbefugnis ist nicht eintragungsfähig (B § 39 GmbHG Nr. 9).

▶ Wer muß anmelden: Geschäftsführer in der zur Vertretung erforderlichen Zahl; der ausgeschiedene Geschäftsführer kann u.U. mitwirken (B § 39 GmbHG Nr. 8).

▶ Beizufügende Unterlagen: die Urkunden über die eingetretene Veränderung in Urschrift oder beglaubigter Abschrift (vgl. B § 39 GmbHG Nr. 4 sowie Hinweise)

▶ Kosten beim Gericht: wie bei Nr. 97

▶ Kosten beim Notar: wie bei Nr. 96

▶ Text der Anmeldung:

Als Geschäftsführer ist * Name, Vorname, Geburtsdatum, Wohnort des bisherigen Geschäftsführers * aus der Geschäftsführung ausgeschieden.

Angeschlossen ist

0 Schreiben des ausgeschiedenen Geschäftsführers an die Gesellschaft wegen der Niederlegung des Amtes

0 Schreiben des ausgeschiedenen Geschäftsführers an die Gesellschaft wegen der Kündigung seines Amtes

0 Sterbeurkunde des ausgeschiedenen Geschäftsführers

Die Geschäftsräume befinden sich unverändert in * Ort und Straße *

(Unterschriftsbeglaubigung wie bei Nr. 161 bzw. 162)

oder

Der Unterzeichner hat sein Amt unter der aufschiebenden Bedingung der Eintragung in das Handelsregister niedergelegt und scheidet somit aus der Geschäftsführung aus.

Gesellschaft mit beschränkter Haftung A 99-101

Angeschlossen ist:
- notariell beglaubigte Ablichtung des Niederlegungsschreibens an die Gesellschaft mit Empfangsbescheinigung oder
- postalischer Rückschein bei Einschreiben mit Rückschein oder Datenauszug bei einem „Einwurf-Einschreiben" oder
- Protokoll über die Gesellschafterversammlung vom * Datum * (bei Amtsniederlegung in einer Gesellschafterversammlung)

(Unterschriftsbeglaubigung wie bei Nr. 161)

100. In der Zusammensetzung eines Aufsichtsrats tritt eine Änderung ein

▶ Was ist zu veranlassen: Die Bestellung und jeder Wechsel von Aufsichtsratsmitgliedern ist von den Geschäftsführern im Bundesanzeiger und etwaigen weiteren Geschäftsblättern bekanntzumachen (§ 52 Abs. 2 GmbHG).

▶ Einzureichende Unterlagen: Ein Belegblatt über die Bekanntmachung

▶ Kosten beim Gericht: Gebühr für Entgegennahme der Bekanntmachung der Änderungen im Aufsichtsrat 20 Euro (GVHR 5006).

▶ Kosten beim Notar: keine

▶ Hinweise: Die Bekanntmachungs- und Einreichungspflicht gilt auch dann, wenn das Gesellschaftsorgan als Verwaltungsrat oder Beirat bezeichnet ist, seine Aufgabe aber vorwiegend in der Überwachung der Geschäftsführung besteht.

101. Ein Gesellschafter scheidet aus (Abtretung eines Geschäftsanteils)

▶ Hinweise: Erfolgt die Abtretung an den einzigen anderen Gesellschafter siehe Nr. 104 (Einmanngesellschaft).

Gesellschafterwechsel im Gründungsstadium siehe oben Nr. 94.

Vollmacht zur Abtretung formfrei wirksam; anders bei einer Blankovollmacht. Anzeigepflicht (Anmeldung) bei der Gesellschaft nach § 16 GmbHG.

Zustimmungspflicht der Gesellschaft oder aller Gesellschafter nur bei entsprechender Regelung im Gesellschaftsvertrag (§ 15 Abs. 5 GmbHG).

A 101   Gesellschaft mit beschränkter Haftung

Zustimmung des Vormundschafts- bzw. Familiengerichts bei Erwerb durch Minderjährigen: B § 1822 BGB Nr. 7; bei Veräußerung KG, MDR 1976, 755.

Beurkundung im Ausland B § 15 GmbHG Nr. 1.

Schadensersatzpflicht des Geschäftsführers bei Verletzung der Pflichten nach § 40 siehe § 40 Abs. 2 GmbHG.

Ausscheiden eines Gesellschafters durch Abtretung seines Geschäftsanteils an die Gesellschaft siehe § 33 GmbHG (nur bei voll eingezahlten Anteilen bedingt zulässig).

Ausscheiden eines Gesellschafters durch Einziehung seines Geschäftsanteils siehe § 34 GmbHG (Voraussetzung u. a.: Volleinzahlung des Anteils). Zahlung eines Entgelts nur aus nicht durch § 30 GmbHG gebundenen Vermögen, vgl. OLG Celle, GmbHR 1998, 140. Siehe im übrigen B § 34 GmbHG Nr. 1–5.

▸ Was ist anzumelden: nichts

▸ Einzureichende Unterlagen:

a) Der Geschäftsführer hat unverzüglich eine neue vollständige Liste der Gesellschafter nach § 40 Abs. 1 GmbHG einzureichen; zum Inhalt: B § 40 GmbHG Nr. 2. Eine regelmäßige jährliche Aktualisierung dieser Liste ist dagegen nicht (mehr) erforderlich.

b) Der beurkundende Notar hat die Abtretung unverzüglich dem Registergericht anzuzeigen (§ 40 Abs. 1 S. 2 GmbHG). Die Anzeigepflicht besteht auch vor der Anmeldung nach § 16 GmbHG und vor Erteilung einer Genehmigung nach §§ 15 Abs. 5, 17 GmbHG (vgl. Frenz, ZNotP 1998, 178; DNotI-Report 1998, 125 f).

c) Die notarielle Abtretungsurkunde braucht grundsätzlich nicht eingereicht zu werden: B § 40 GmbHG Nr. 3. Werden aber später Änderungen des Gesellschaftsvertrages oder eine Veränderung bei den Geschäftsführern angemeldet, dann kann bei Abweichung von der Aktenlage Vorlage der Abtretungsurkunden verlangt werden, vgl. Baumbach/Hueck, GmbHG, 17. Aufl., § 54 Rdnr. 18 und Scholz/Priester, GmbHG, 9. Aufl., § 54 Rdnr. 33 m.w.Nw. Vgl. auch § 57a GmbHG und B § 12 FGG.

▸ Kosten beim Gericht: Gebühr für Entgegennahme der Gesellschafterliste 20 Euro (GVHR 5004). Die Entgegennahme der Anzeige des Notars durch das Gericht ist gebührenfrei.

▸ Kosten beim beim Notar: Für die vom Notar dem Gericht gegenüber zu erstattende Anzeige der Anteilsübertragung werden keine Gebüh-

Gesellschaft mit beschränkter Haftung A 101-102

ren erhoben, da Notar eine gesetzliche Pflicht erfüllt (§ 40 Abs. 1 S. 2, § 15 Abs. 3 GmbHG).

▶ Text der Anzeige des Notars:
Ich zeige an, daß der Gesellschafter * Name * am * Datum * zu meiner Urkundenrolle Nr. * Zahl * einen Geschäftsanteil von * Nennbetrag * an der * Name der GmbH * an * Name des Erwerbers * abgetreten hat.

102. Ein neuer Gesellschafter tritt ein – auch: mit Einbringung eines Unternehmens

▶ Hinweise: Die Aufnahme eines neuen Gesellschafters ist möglich durch Abtretung eines Geschäftsanteils oder eines Teils davon durch einen bisherigen Gesellschafter (siehe dazu Nr. 101 und 103) oder durch Kapitalerhöhung gegen Einlagen (siehe unten Nr. 108).
Anteilserwerb durch Minderjährigen: B § 1822 BGB Nr. 7.

Übernimmt der eintretende Gesellschafter durch Abtretung sämtliche Geschäftsanteile und bringt er anschließend in die Gesellschaft ein Unternehmen ein (wirtschaftliche Neugründung), dann ist der Vorgang gegenüber dem Registergericht offenzulegen. Zusätzlich werden die Vorschriften über die Kapitalaufbringung und den -erhalt entsprechend angewendet; zwei Fallgruppen sind zu unterscheiden.

a) Mantelverwendung einer Vorrats-GmbH: Die bislang unternehmenslose GmbH als Rechtsträger erstmalig mit einem Unternehmen ausgestattet und der Geschäftsbetrieb aufgenommen, vgl. B § 15 GmbHG Nr. 3.

b) Verwertung eines unternehmenslosen GmbH-Mantels: Der Geschäftsbetrieb der GmbH ist eingestellt, ohne daß die Gesellschaft liquidiert wird; der Erwerber der Geschäftsanteile reaktiviert den unternehmenslosen Mantel, vgl. B § 15 GmbHG Nr. 4.

Bei a) und b) besteht immer das Risiko der Unterbilanzhaftung und ggf. der Handelndenhaftung. Bei b) ist im Einzelfall schwierig festzustellen, wann eine wirtschaftliche Neugründung vorliegt oder eine nicht offenzulegende Umstrukturierung oder Sanierung (Übersichten bei Bärwaldt, GmbHR 2004, 50, 350; K. Schmidt, NJW 2004, 1345 und OLG Thüringen, BB 2004, 2206). Indizien für das Registergericht (Amtsermittlung nach § 12 FGG) sind einzeln oder kumulativ folgende Vorgänge im zeitlichen Zusammenhang mit der Abtretung der

A 102 Gesellschaft mit beschränkter Haftung

Geschäftsanteile: Änderung der Firma, Änderung des Unternehmensgegenstandes, Austausch der Geschäftsführer, Sitzverlegung.

Rechtlich nicht abschließend geklärt ist die Zulässigkeit der Abtretung aller Geschäftsanteile zum Zweck der Unternehmensbestattung (siehe z. B. AG Memmingen, GmbHR 2004, 952 mit Anm. Wachter).

Unstreitig unzulässig dürfte die Verwendung von Gesellschaften sein, die aufgelöst sind, weil die Eröffnung des Insolvenzverfahrens mangels Masse abgelehnt worden ist (§ 60 Abs. 1 Nr. 5 GmbHG), oder die zwar aufgelöst sind, aber nicht fortgesetzt werden können; vgl. B § 60 GmbHG und Nr. 120. Schwierig die Abgrenzung des Sachverhalts zwischen (zulässiger) Umstrukturierung eines Unternehmens und der (unzulässigen) Reaktivierung fast beendeter Gesellschaften.

▶ Was ist anzumelden ohne Einbringung eines Unternehmens: nichts

▶ Wer muß anmelden bei Einbringung eines Unternehmens: alle Geschäftsführer; Vertretung nicht zulässig

▶ Kosten beim Gericht: Entgegennahme der Offenlegungserklärung ist gebührenfrei. Die Offenlegung ist nicht als Anmeldung zum Handelsregister anzusehen.

▶ Kosten beim Notar: Wert: auf die wirtschaftliche Neugründung finden nach BGH die Gründungsvorschriften des GmbHG Anwendung, daher ist Geschäftswert das eingetragene Stammkapital (§ 41a Abs. 1 Nr. 1 KostO), dessen Unversehrtheit im Mittelpunkt der Offenlegungserklärung steht. Gebühr: gemäß § 145 i. V. m. §§ 45, 38 Abs. 2 Nr. 7 KostO analog, 5/10-Gebühr.

▶ Text der Anmeldung bei Einbringung eines Unternehmens:

a) Bei wirtschaftlicher Neugründung durch Mantelverwendung einer Vorrats-GmbH und Volleinzahlung:

Die wirtschaftliche Neugründung der Gesellschaft wird hiermit offengelegt. Die Gesellschaft hat bislang keine Geschäftstätigkeit aufgenommen. (*Alternativ:* Mir dem Erwerb der Geschäftsanteile der Vorrats-GmbH liegt eine wirtschaftliche Neugründung vor. Die Gesellschaft ist erst ab Eingang der Anmeldung beim Registergericht wirtschaftlich tätig.)

Nach Belehrung durch den Notar über die Strafbarkeit einer falschen Versicherung (§ 8 Abs. 2 GmbHG) versichert der Geschäftsführer (bei mehreren jeder für sich), daß

a) die ursprünglichen Gesellschafter * Namen * ihre Stammeinlagen vollständig, und zwar insgesamt * Betrag * bewirkt haben,

b) der Gegenstand der Leistungen sich weiterhin endgültig in der freien Verfügung des Geschäftsführers befindet,

Gesellschaft mit beschränkter Haftung A 102-103

c) das Vermögen der Gesellschaft – abgesehen von dem im Gesellschaftsvertrag festgesetzten Aufwand (Kosten, Gebühren, Steuern) – durch keinerlei Verbindlichkeiten vorbelastet oder gar aufgezehrt ist.

Ggf. wird angeschlossen mit der Anmeldung vorgelegt urkundlicher Nachweis über weiterhin vorhanden Einlageleistung (z. B. Kontoauszug, Zwischenbilanz usw.).

(Unterschriftsbeglaubigung wie bei Nr. 161 bzw. 162)

b) *Bei wirtschaftlicher Neugründung durch Verwertung eines unternehmenslosen GmbH-Mantels:*

Die wirtschaftliche Neugründung der Gesellschaft wird hiermit offengelegt. Die Gesellschaft hat bislang keine neue Geschäftstätigkeit aufgenommen.

(*Alternativ:* Mit dem Erwerb der Geschäftsanteile der GmbH liegt eine wirtschaftliche Neugründung vor. Die Gesellschaft ist erst wieder ab Eingang der Anmeldung beim Registergericht wirtschaftlich tätig.)

Nach Belehrung durch den Notar über die Strafbarkeit einer falschen Versicherung (§ 8 Abs. 2 GmbHG) versichert der Geschäftsführer (bei mehreren jeder für sich), daß

a) die ursprünglichen Gesellschafter * Namen * ihre Stammeinlagen vollständig, und zwar insgesamt * Betrag * bewirkt haben,

b) die Gesellschaft zum heutigen Tag mindestens ein Gesellschaftsvermögen in Höhe der Stammkapitalziffer besitzt, das sich in der freien Verfügung des Geschäftsführers befindet, das Gesellschaftsvermögen nicht mit Verbindlichkeiten vorbelastet ist, die den Wert unter das Stammkapital herabsetzen.

Ggf. wird angeschlossen mit der Anmeldung vorgelegt urkundlicher Nachweis über das Gesellschaftsvermögen (z. B. Kontoauszug, Zwischenbilanz usw.).

(Unterschriftsbeglaubigung wie bei Nr. 161 bzw. 162)

103. Übertragung eines Teils eines Geschäftsanteils

▶ Hinweise: Siehe zunächst Hinweise bei Nr. 101.

Für die Teilung eines Geschäftsanteils ist die Genehmigung der Gesellschaft erforderlich (§ 17 Abs. 1 GmbHG). Form der Genehmigung: § 17 Abs. 2 GmbHG. Ausnahmen von der Genehmigungspflicht: § 17 Abs. 3 GmbHG.

Keine Teilung von Anteilen, die nicht einer bestimmten Abtretung dient (OLG Frankfurt, MDR 1978, 143 = DB 1977, 2180).

Mindestgröße und Teilbarkeit von Geschäftsanteilen (500 DM bzw. 100 DM vor Anpassung an Euro-Währung, 100 Euro bzw. 50 Euro danach, hierzu Nr. 129) müssen für jeden durch Teilung entstehenden Geschäftsanteil eingehalten werden (§ 17 Abs. 4 GmbHG). Ausnahme zur Mindestgröße bei zeitgleicher Zusammenlegung mit anderen Anteilen: KG, GmbHR 2001, 520.

- Was ist anzumelden: nichts
- Einzureichende Unterlagen: siehe bei Nr. 101
- Kosten beim Gericht und Notar: wie bei Nr. 101

104. Anteilsvereinigung in einer Hand

- Hinweise: Der Alleingesellschafter hat, wenn die Stammeinlagen noch nicht voll eingezahlt sind und die Anteilsvereinigung innerhalb von 3 Jahren seit der Eintragung der Gesellschaft in Handelsregister stattfindet, innerhalb von 3 Monaten seit der Anteilsvereinigung die Einzahlung nunmehr nachzuholen oder eine Sicherung der Zahlung der noch ausstehenden Beträge zu bestellen oder einen Teil der Geschäftsanteile an einen Dritten zu übertragen (§ 19 Abs. 4 GmbHG). Eine dieser Tatsachen ist dem Registergericht zumindest glaubhaft zu machen.

  Bei Untätigkeit des Einmanngesellschafters hat das Registergericht ein zur Auflösung der GmbH führendes Verfahren nach § 144b FGG einzuleiten; dazu B § 19 GmbHG Nr. 2 und B § 144 FGG.

- Was ist anzumelden: nichts
- Einzureichende Unterlagen: Einzureichende Unterlagen: siehe bei Nr. 101
- Kosten beim Gericht und beim Notar: siehe bei Nr. 101

105. Eine Stammeinlage wird nicht eingezahlt

- Hinweise: Möglichkeit zum Ausschluß des säumigen Gesellschafters nach § 21 GmbHG, Haftung der Rechtsvorgänger sowie der anderen Gesellschafter nach §§ 22–24 GmbHG. Nach § 33 GmbHG kein Erwerb des Geschäftsanteils durch die Gesellschaft.
- Was ist anzumelden: nichts

Gesellschaft mit beschränkter Haftung A 106-107

106. Ein Gesellschafter stirbt

▸ Hinweise: Ist der einzige andere Gesellschafter Alleinerbe und entsteht deshalb eine Einmanngesellschaft, siehe Nr. 104.

Der Geschäftsanteil des Gesellschafters geht auf die Erben über; zwischen mehreren Erben besteht eine Erbengemeinschaft, Ausübung der Gesellschafterrechte nach § 18 GmbHG.

Auflösung der Erbengemeinschaft am Anteil durch Auseinandersetzung in der Form des § 15 GmbHG unter Beachtung der Mindestgröße und Teilbarkeit gemäß § 5 GmbHG.

Eine vom Erblasser angeordnete Testamentsvollstreckung erfaßt den Geschäftsanteil; es sei denn, der Gesellschaftsvertrag schließt eine Testamentsvollstreckung ausdrücklich aus.

▸ Was ist anzumelden: nichts

▸ Einzureichende Unterlagen: Der Geschäftsführer hat unverzüglich eine neue Gesellschafterliste nach § 40 GmbHG einzureichen.

▸ Kosten beim Gericht: Gebühr für Entgegennahme der Gesellschafterliste 20 Euro (GVHR 5004).

▸ Kosten beim Notar: keine

107. Ein Geschäftsanteil wird gepfändet

▸ Hinweise: Pfändbarkeit des Geschäftsanteils kann nicht durch Vertrag ausgeschlossen werden. Zustellung des Pfändungsbeschlusses an Schuldner-Gesellschafter und Gesellschaft.

Einziehung des gepfändeten Geschäftsanteils nach § 34 GmbHG bei entsprechender Regelung im Vertrag zulässig und nicht beurkundungsbedürftig (B § 34 GmbHG Nr. 3).

Einziehungsentgelt unter dem vollen Wert des Geschäftsanteils? Siehe B § 34 GmbHG Nr. 1 und 2.

Verpfändung eines Geschäftsanteils in der Form des § 15 Abs. 3 und 5 GmbHG zulässig, ebenso Sicherungsübertragung.

Stimmrecht verbleibt bei Pfändung und Verpfändung beim Gesellschafter, bei Sicherungsübertragung dagegen beim Sicherungsnehmer; bei Einziehung siehe B § 34 GmbHG Nr. 5.

▶ Was ist anzumelden: nichts
▶ Kosten beim Gericht und beim Notar: keine

108. Kapitalerhöhung mit weiteren Einzahlungen oder Sacheinlagen

▶ Hinweise zur Durchführung der Erhöhung: Kapitalerhöhungsbeschluß in beurkundeter Form (§ 53 GmbHG). Beurkundung im Ausland vgl. Übersicht bei B § 15 GmbHG Nr. 1.
Notwendige Änderungen der Satzung: B § 54 GmbHG Nr. 4.
Weglassen der Angaben über die Gründer: B § 53 GmbHG Nr. 5 und 7.
Erhöhung regelmäßig durch Bildung neuer Geschäftsanteile (§ 55 Abs. 3 GmbHG). Erhöhung des Nennbetrages bestehender Geschäftsanteile zulässig, wenn der Übernehmer zu den Gründern gehört oder die Anteile voll eingezahlt sind (B § 55 GmbHG Nr. 2). Zum Übergang von einer Bar- in eine Sacheinlage: B § 53 GmbHG Nr. 6.
Die Übernahme der neuen (oder erhöhten) Stammeinlagen muß nicht in die Satzung aufgenommen werden (B § 55 GmbHG Nr. 1). Vollmacht entsprechend § 2 Abs. 2 GmbHG; siehe B § 55 GmbHG Nr. 5.
Übernahme durch Erbengemeinschaft zulässig (B § 55 GmbHG Nr. 4). Keine Übernahmemöglichkeit für die Gesellschaft selbst (B § 55 GmbHG Nr. 3).
Umstellung von DM auf Euro Nr. 129.
Versicherung der Geschäftsführer darüber, daß auf jede neue (oder erhöhte) Stammeinlage mindestens ¼ eingezahlt ist und endgültig zur freien Verfügung steht (§ 57 Abs. 2 GmbHG), konkret (B § 8 GmbHG Nr. 1).
Bezeichnung der geänderten Satzungsteile in der Anmeldung: B § 54 GmbHG Nr. 2 und 3.

Besonderheiten bei Kapitalerhöhung gegen Sacheinlagen
Festsetzung des Gegenstandes der Sacheinlage, des Einlegers und des Betrages der Stammeinlage, auf den sich die Sacheinlage bezieht, sowohl im Kapitalerhöhungsbeschluß als auch in der Übernahmeerklärung; aber keine doppelte Festsetzung innerhalb derselben Urkunde nötig (BGH, BB 1960, 1410).
Festsetzungen bei noch nicht bekanntem und möglicherweise höherem Wert der Sacheinlage (z. B. Unternehmen): B § 56 GmbHG Nr. 2 und 3.

Gesellschafterforderungen als Sacheinlage: B § 56 GmbHG Nr. 1. Vorleistungen auf Sacheinlagen: B § 56 GmbHG Nr. 8. Kapitalerhöhung im Wege des verdeckten „Ausschüttungs-Rückhol-Verfahrens" nur unter Beachtung der Sacheinlagevorschriften möglich (SAHZ): B § 56 GmbHG Nr. 5 und Nr. 7. Prüfungsbefugnis des Registergerichts: B § 57 GmbHG Nr. 3; Aufklärungspflicht des Notars: B § 56 GmbHG Nr. 6. Ob ein Sachgründungsbericht nach § 5 Abs. 4 GmbHG einzureichen ist, ist zweifelhaft; vgl. B § 56 GmbHG Nr. 2. Bei Überbewertung der Sacheinlage Differenzhaftung nach § 9 GmbHG.

▶ Wer muß anmelden: alle Geschäftsführer (§§ 57, 78 GmbHG); Vertretung nicht zulässig (bestr., vgl. B 57 GmbHG Nr. 1).

▶ Kosten beim Gericht: Gebühr für Eintragung der Kapitalveränderung durch Sacheinlage 140 Euro (GVHR 2401), bei Bareinlage 40 Euro (GVHR 2500). Hinzu Gebühr für Entgegennahme der einzureichenden Komplettliste 20 Euro (GVHR 5004). Für die Entgegennahme der nach § 57 Abs. 3 Nr. 2 GmbHG einzureichenden Erhöhungsliste werden keine Gebühren erhoben. Änderung der Stammkapitalziffer als Satzungsänderung und die Tatsache der Kapitalveränderung betrifft eine Tatsache, § 2 Abs. 3 S. 3 HRegGebV.

▶ Kosten beim Notar: Wert: Erhöhungsbetrag. Kapitalerhöhung und entsprechende Satzungsänderung sind gegenstandsgleich, § 44 Abs. 1 KostO, nicht aber sonstige Satzungsänderungen. Höchstwert der Anmeldung nach § 39 Abs. 4 KostO 500 000 Euro.

Wert für Übernahmeerklärungen: jeweiliger Nennbetrag der übernommenen Stammeinlagen, mindestens aber Ausgabebetrag der neuen Mitgliedschaftsrechte, § 39 Abs. 1 KostO; die Werte mehrerer Übernahmeerklärungen sind zu addieren, § 44 Abs. 2a KostO (keine Höchstwertgrenze); $^{10}/_{10}$-Gebühr gemäß § 36 Abs. 1 KostO.

Wert für Anfertigung der Gesellschafterliste über neue Stammeinlagen (Übernahmeliste): 10–20% des Erhöhungsbetrags, § 30 Abs. 1 KostO; Wert für berichtigte Liste (Komplettliste) 10–20% des Stammkapitals nach der durchgeführten Erhöhung. Gebühr gemäß § 147 Abs. 2 KostO; siehe auch Nr. 91 und 111.

Gebühren: $^{5}/_{10}$-Gebühr für Anmeldung, umfaßt Anmeldung und Versicherung des Geschäftsführers. § 147 Abs. 2 KostO: $^{5}/_{10}$-Gebühr für Anfertigung der Gesellschafterlisten. Wegen Zusammenstellung des Satzungswortlauts und der Satzungsbescheinigung: siehe auch Nr. 111.

A 108 Gesellschaft mit beschränkter Haftung

▶ Text der Anmeldung:

Das Stammkapital der Gesellschaft wurde von Euro * Zahl * um Euro * Erhöhungsbetrag * auf Euro * neues Kapital * erhöht. Der § * Zahl * der Gesellschaftssatzung wurde entsprechend geändert (genauer Wortlaut ergibt sich aus dem beigefügten notariellen Protokoll).

Nach Belehrung über die Strafbarkeit einer wissentlich falschen Versicherung (§ 82 GmbHG) versichert der Geschäftsführer (bei mehreren jeder für sich), daß

a) die ursprünglichen Stammeinlagen voll in bar einbezahlt sind,
b) auf jede neue Stammeinlage mindestens 25% in bar einbezahlt sind, im einzelnen wie folgt:
   von dem Gesellschafter * Name * ein Betrag von Euro * Zahl *
   von dem Gesellschafter * Name * ein Betrag von Euro * Zahl *
   und sich die geleisteten Beträge endgültig in der freien Verfügung der Geschäftsführung befinden und auch in der Folge nicht an den Einleger zurück gezahlt worden sind.

Urkundenbeilagen:

1. Ausfertigung des notariellen Protokolls über die Gesellschafterversammlung, in der die Erhöhung des Stammkapitals und die damit verbundene Änderung des Gesellschaftsvertrages beschlossen wurden,
2. Übernahmeerklärung des Übernehmers von neuen Stammeinlagen,
3. Liste der Personen, welche die neuen Stammeinlagen übernommen haben, und eine berichtigte Liste (Komplettliste),
4. vollständiger Wortlaut des Gesellschaftsvertrages nebst Bescheinigung des Notars.

Die Geschäftsräume befinden sich unverändert in * Ort und Straße *
(Unterschriftsbeglaubigung wie bei Nr. 161 bzw. 162)
(Bescheinigung nach § 54 GmbHG wie bei Nr. 111)

oder bei Sacheinlagen:

Zur Eintragung in das Handelsregister bei der * Bezeichnung der GmbH nach dem Handelsregister * wird angemeldet die beschlossene Erhöhung des Stammkapitals (*ergänzend bei SAHZ-Verfahren:* im Wege des Schütt-aushol-zurück-Verfahrens) von Euro * Zahl * um Euro * Erhöhungsbetrag * auf Euro * neues Kapital * und die dadurch bedingte Änderung von § * Zahl * (Stammkapital) der Gesellschaftssatzung (Wortlaut ergibt sich aus dem beigefügten notariellen Protokoll).

Vorgelegt wird:

1. Ausfertigung des notariellen Protokolls, aus dem sich die Erhöhung des Stammkapitals und die damit verbundene Änderung des Gesellschaftsvertrages ergibt,
2. Übernahmeerklärung des Übernehmers von neuen Stammeinlagen,

Gesellschaft mit beschränkter Haftung   A 108-109

3. Liste der Personen, welche die neuen Stammeinlagen übernommen haben, und eine berichtigte Liste (Komplettliste),
4. vollständiger Wortlaut des Gesellschaftsvertrages nebst Bescheinigung des Notars,
5. die Verträge, die den Festsetzungen nach § 56 GmbHG zugrunde liegen, also zur Bewertung und Ausführung der Sacheinlagen abgeschlossen worden sind sowie die Unterlagen über den Wert der Sacheinlagen.

Nach Belehrung über die Stafbarkeit einer wissenschaftlich falschen Versicherung (§ 82 GmbHG) versichert der Geschäftsführer (bei mehreren jeder für sich), daß
a. die ursprünglichen Stammeinlagen voll in bar eingezahlt sind und sich endgültig in der freien Verfügung der Geschäftsführung befinden,
b. die Sacheinlagen auf das neue Stammkapital auf die Gesellschaft übertragen sind und sich endgültig in der freien Verfügung der Geschäftsführung befinden und auch in der Folge nicht an den Einleger zurück übertragen worden sind.

Die Geschäftsräume befinden sich unverändert in * Ort und Straße *

(Unterschriftsbeglaubigung wie bei Nr. 161 bzw. 162)
(Bescheinigung gemäß § 54 GmbHG wie bei Nr. 111)

109. Kapitalerhöhung ohne Einzahlungen aus Gesellschaftsmitteln

▶ Hinweise: Die Kapitalerhöhung erfolgt ohne Einzahlungen aus offenen freien Rücklagen nach §§ 57c bis o GmbHG. Umstellung von DM auf Euro: Nr. 129

Der Kapitalerhöhungsbeschluß muß angeben, ob die Erhöhung durch Bildung neuer Anteile oder durch Erhöhung des Nennbetrages der bisherigen Anteile durchgeführt werden soll (§ 57h Abs. 2 GmbHG).

Die der Erhöhung zugrunde gelegte Bilanz muß die umgewandelten Rücklagen ausweisen und von einem Wirtschaftsprüfer oder vereidigten Buchprüfer (Steuerberater genügt nicht) mit dem uneingeschränkten Bestätigungsvermerk versehen sein (§§ 57d–f GmbHG).

Die Kapitalerhöhung kann erst beschlossen werden, nachdem der Jahresabschluß für das letzte vor der Beschlußfassung abgelaufene Geschäftsjahr festgestellt und über die Gewinnverteilung für dieses Geschäftsjahr Beschluß gefaßt ist (§ 57c Abs. 2 GmbHG). Die Kapitalerhöhung wird ausgeführt durch Erhöhung des Nennbetrages der Geschäftsanteile, und zwar bei einem Mindestbetrag von fünfzig Euro um jeden durch zehn teilbaren Betrag. Bei teileingezahlten Geschäfts-

A 109 Gesellschaft mit beschränkter Haftung

anteilen kann der Nennbetrag auf jeden durch fünf teilbaren Betrag gestellt werden. Soweit Geschäftsanteile vollständig eingezahlt sind, kann Kapitalerhöhung auch durch Bildung neuer Geschäftsanteile erfolgen, §§ 57h Abs. 1, 57l Abs. 2 GmbHG.

Die Anmeldung muß innerhalb von 8 Monaten nach dem Stichtag der zugrunde gelegten Bilanz zum Registergericht eingegangen sein (§§ 57e Abs. 1, 57f Abs. 1 GmbHG).

Fristüberschreitung wird nicht zugelassen (B § 57i GmbHG). Fristwahrung bei Doppelsitz: KG, NJW 1973, 853.

Kapitalerhöhung im Wege des offengelegten „Ausschüttungs-Rückhol-Verfahrens": B § 56 GmbHG Nr. 7.

▶ Wer muß anmelden: alle Geschäftsführer (§ 78 GmbHG); Vertretung nicht zulässig; Frist für Anmeldung siehe Hinweise

▶ Kosten beim Gericht: Gebühr für Eintragung der Kapitalerhöhung 40 Euro (GVHR 2500). Hinzu Gebühr für Entgegennahme der Komplettliste 20 Euro (GVHR 5004). Änderung der Stammkapitalziffer als Satzungsänderung und die Tatsache der Kapitalveränderung betreffen eine Tatsache, § 2 Abs. 3 S. 3 HRegGebV.

▶ Kosten beim Gericht und Notar: wie bei Nr. 108

▶ Text der Anmeldung:

Das Stammkapital der Gesellschaft wurde aus Gesellschaftsmitteln von Euro * Zahl * um Euro * Erhöhungsbetrag * auf Euro * neues Kapital * erhöht. § * Zahl * des Gesellschaftsvertrages ist entsprechend geändert worden.

Nach Belehrung über die Strafbarkeit einer wissentlich falschen Versicherung (§ 82 GmbHG) versichert der Geschäftsführer (bei mehreren jeder für sich), daß nach seiner Kenntnis seit dem Stichtag der Bilanz, welche der Kapitalerhöhung aus Gesellschaftsmitteln zugrunde gelegt wurde, bis zum heutigen Tage – dem Tage der Anmeldung – keine Vermögensminderung eingetreten ist, die der Kapitalerhöhung entgegenstünde, wenn sie am heutigen Tage beschlossen worden wäre.

Urkundenbeilagen:

1. Ausfertigung des notariellen Protokolls über die Gesellschafterversammlung, in der die Erhöhung des Stammkapitals und die damit verbundene Änderung des Gesellschaftsvertrages beschlossen wurde,

2. Liste der Personen, welche die Stammeinlagen innehaben, (§ 40 GmbHG – Komplettliste),

3. vollständiger Wortlaut des Gesellschaftsvertrages nebst Bescheinigung des Notars,

Gesellschaft mit beschränkter Haftung   A 109-110

4. die Bilanz, welche der Kapitalerhöhung aus Gesellschaftsmitteln zugrunde gelegt wurde, mit dem Bestätigungsvermerk des Abschlußprüfers (und die letzte Jahresbilanz, wenn der Kapitalerhöhung eine Zwischenbilanz zugrunde gelegt wird).

Die Geschäftsräume befinden sich unverändert in * Ort und Straße *

(Unterschriftsbeglaubigung wie bei Nr. 161 oder 162)
(Bescheinigung gemäß § 54 GmbHG wie bei Nr. 111)

110. Herabsetzung des Stammkapitals

▶ Hinweise: Die Kapitalherabsetzung dient entweder dazu, eine bestehende Unterbilanz zu beseitigen (Sanierungsherabsetzung) oder die Ausschüttung von Gesellschaftsvermögen an die Gesellschafter zu ermöglichen; was jeweils bezweckt ist, ist im Beschluß anzugeben (B § 58 GmbHG Nr. 1); ferner zur Umstellung von DM auf Euro (vgl. Nr. 129).

Dreimalige Veröffentlichung des Beschlusses mit Gläubigeraufruf nötig (§ 58 Abs. 1 Nr. 1 GmbHG).

Anmeldung der Kapitalherabsetzung ist erst im Jahr nach der letzten Bekanntmachung des Beschlusses möglich; erst danach wird die Herabsetzung wirksam.

Gläubigeraufruf, Anspruch der Gläubiger auf Befriedigung oder Sicherheitsleistung und Sperrjahr entfallen bei der vereinfachten Kapitalherabsetzung. Sie dient dem Ausgleich von Wertminderungen und der Deckung sonstiger Verluste; §§ 58a–f GmbHG.

Kapitalherabsetzung kann mit einer Kapitalerhöhung verbunden werden; §§ 58a Abs. 4, 58f GmbHG; auch bei Umstellung von DM auf Euro.

Zur Versicherung nach § 58 Abs. 1 Nr. 4 siehe auch die Entscheidungen B § 58 GmbHG Nr. 3 und 4.

Herabsetzung während der Liquidation? Siehe B § 58 GmbHG Nr. 2.

▶ Wer muß anmelden: alle Geschäftsführer; Vertretung nicht zulässig

▶ Kosten beim Gericht: Gebühr für Eintragung der Kapitalherabsetzung 40 Euro (GVHR 2500). Hinzu Gebühr für Entgegennahme der einzureichenden Gesellschafterliste 20 Euro (GVHR 5004). Änderung der Stammkapitalziffer als Satzungsänderung und die Tatsache der Kapitalveränderung betreffen eine Tatsache, § 2 Abs. 3 S. 3 HRegGebV.

► Kosten beim Notar: Wert: § 41a I Nr. 3 KostO; Herabsetzungsbetrag. Kapitalherabsetzung und Satzungsänderung sind gegenstandsgleich, § 44 Abs. 1 KostO, nicht aber sonstige Satzungsänderungen. Höchstwert der Anmeldung 500 000 Euro, § 39 Abs. 4 KostO. Wegen der Zusatzgebühren vgl. bei Nr. 111.

► Text der Anmeldung:

Das Stammkapital der Gesellschaft wurde von Euro * Zahl * um Euro * Zahl * auf Euro * Zahl * herabgesetzt.

Der § * Zahl * der Gesellschaftssatzung wurde entsprechend geändert.

Die Kapitalherabsetzung erfolgte zum Zwecke

0 der Rückzahlung von Stammeinlagen

0 der Beseitigung des angefallenen Verlustvortrages, welcher in der Bilanz zum * Bilanzstichtag * mit einem Betrag von Euro * Zahl * ausgewiesen ist

0 der Bildung einer Rücklage. Eine Rückzahlung von Stammeinlagen erfolgte nicht

0 des Erlasses der Einlageschuld der Gesellschafter für noch nicht voll eingezahlte Stammeinlagen

0 der Beseitigung eigener Anteile.

Versicherung

Nach Belehrung durch den Notar über die Strafbarkeit einer wissentlich falschen Versicherung (§ 82 GmbHG) wird von der Geschäftsführung versichert, daß diejenigen Gläubiger, die sich bei der Gesellschaft gemeldet haben und der Kapitalherabsetzung nicht zugestimmt haben, befriedigt oder sichergestellt worden sind.

Urkundenbeilagen

Dieser Anmeldung liegt bei
– Ausfertigung des notariellen Protokolls über die Herabsetzung des Stammkapitals und die damit verbundene Änderung der Satzung
– vollständiger Wortlaut des Gesellschaftsvertrages nebst Bescheinigung des Notars gemäß § 54 GmbHG
– die 3 Belegexemplare über die Bekanntmachung des Kapitalherabsetzungsbeschlusses (entfällt bei vereinfachter Kapitalherabsetzung).
– Berichtigte Liste der Gesellschafter

Die Geschäftsräume befinden sich unverändert in * Ort und Straße *

(Unterschriftsbeglaubigung wie bei Nr. 161 bzw. 162)
(Bescheinigung gemäß § 54 GmbHG wie bei Nr. 111)

Gesellschaft mit beschränkter Haftung A 111

111. Andere Änderungen des Gesellschaftsvertrages einschließlich Neufassung

▶ Hinweise: Beurkundung des Gesellschafterbeschlusses als Tatsachenbeurkundung nach §§ 36, 37 BeurkG; Unterschrift der Gesellschafter nicht erforderlich. Nötig ¾-Mehrheit.

Beurkundung im Ausland siehe B § 15 GmbHG Nr. 1.

Bei Änderung des Gegenstandes, der jetzt eine staatliche Genehmigung voraussetzt, ist die Erlaubnis einzureichen (B § 54 GmbHG Nr. 5; Änderung des Gegenstandes ohne entsprechende Satzungsänderung: B § 3 GmbHG Nr. 8.

Bei Firmenänderungen ist § 4 einzuhalten (B § 4 GmbHG Nr. 7).

Auch Änderungen der Fassung sind Satzungsänderungen. Besonderheiten bei Umstellung von DM auf Euro: Nr. 129.

Zur ordnungsmäßigen Einberufung der Gesellschafterversammlung bei Satzungsänderungen siehe B § 51 GmbHG Nr. 1–3 sowie BayObLG, Rpfleger 1979, 196.

Vertretung durch Bevollmächtigte aufgrund Vollmacht (B § 47 GmbHG Nr. 1–3).

Prüfungsrecht des Registergerichts: B § 53 GmbHG Nr. 1 und 2, § 12 FGG; zum Prüfungsumfang bei verändertem Gesellschafterbestand, vgl. Nr. 101.

Änderung wirkt erst ab Eintragung (§ 54 Abs. 3 GmbHG).

Satzungsänderung in der Abwicklung unzulässig, wenn dies dem Zweck der Abwicklung widerspricht (BGHZ 24, 286 und BayObLG, DNotZ 1995, 975).

Sperre des Handelsregisters für Satzungsänderungen bei fehlender Regelung über die Gewinnverwendung siehe BGH, GmbHR 1989, 72 und OLG Hamm, GmbHR 1989, 420.

Änderung der Firma oder Änderung des Unternehmensgegenstandes können ein Indiz sein für eine wirtschaftliche Neugründung, die gegenüber dem Registergericht offenzulegen ist. Die Vorschriften über die Kapitalaufbringung und den -erhalt werden entsprechend angewendet; vgl. Nr. 102.

▶ Wer muß anmelden: die Geschäftsführer in der zur Vertretung erforderlichen Zahl

A 111 Gesellschaft mit beschränkter Haftung

▶ Kosten beim Gericht: Gebühr für Eintragung der Tatsache der Änderung der Satzung 40 Euro (GVHR 2500). Mehrere Änderungen der Satzung werden als eine Tatsache berücksichtigt, § 2 Abs. 3 S. 2 HRegGebV.

▶ Kosten beim Notar: Wert: wie bei Nr. 96. Die Änderung mehrerer Bestimmungen der Satzung wird als ein Gegenstand betrachtet. – Die Notarbescheinigung nach § 54 GmbHG gilt als gebührenfreies Nebengeschäft (§ 47 KostO), allerdings nur für den Notar, der den satzungsändernden Beschluß beurkundet hat, § 47 S. 1 HS. 2, § 35 KostO. Schreibauslagen werden stets erhoben, § 136 Abs. 1 Nr. 1 KostO. Wird der Notar mit der Fertigung (Zusammenstellung) – und nicht nur mit der Überprüfung – des neuen Satzungswortlauts beauftragt, entsteht nach h. M. die Gebühr des § 147 Abs. 2 KostO nicht; a. A. Wert nach § 30 Abs. 1 KostO: 10–50% des Wertes nach § 41a Abs. 4 Nr. 1 KostO; bestr., vgl. Korintenberg/Lappe/Bengel/Reimann, § 47 Rdnr. 17 KostO; LG Düsseldorf, RNotZ 2004, 103.

▶ Text der Anmeldung:

Zur Eintragung in das Handelsregister bei der * Bezeichnung der GmbH nach dem Handelsregister * wird die beschlossene Änderung der Satzung angemeldet: geändert wurde § * Zahl und Absatz * (Änderung des * schlagwortartige Bezeichnung der Änderung *)

Es wird vorgelegt:

1. Ausfertigung des notariellen Protokolls vom heutigen Tag (Urk.-Rolle * Jahreszahl * Nr. * Zahl * des unterzeichneten Beglaubigungsnotars) über die Änderung des Gesellschaftsvertrages.

2. Vollständiger Wortlaut des Gesellschaftsvertrages nebst Bescheinigung des Notars gemäß § 54 GmbHG.

Die Geschäftsräume befinden sich unverändert in * Ort und Straße *

Bei wirtschaftlicher Neugründung außerdem Offenlegung und Versicherung entsprechend § 8 Abs. 2 GmbHG, vgl. Nr. 102.

(Unterschriftsbeglaubigung wie bei Nr. 161 bzw. 162)

Bescheinigung gemäß § 54 GmbHG

Ich bescheinige hiermit, daß der vorstehend aufgeführte Wortlaut des Gesellschaftsvertrages der Firma * Bezeichnung nach dem Handelsregister * die durch meine Urkunde vom heutigen Tage – Urk.-Rolle * Jahreszahl * Nr. * Zahl * – beschlossene Satzungsänderung enthält und daß diese mit dem dort enthaltenen Beschluß über die Änderung des Gesellschaftsvertrages übereinstimmt.

Gesellschaft mit beschränkter Haftung A 111-112

Die unveränderten Bestimmungen des Gesellschaftsvertrages stimmen mit dem zuletzt zum Handelsregister eingereichten vollständigen Wortlaut des Gesellschaftsvertrages überein.

Danach hat der Gesellschaftsvertrag nach Eintragung der beschlossenen Satzungsänderung in das Handelsregister den obenstehenden Wortlaut.

* Ort und Datum *
Notar Dienstsiegel

112. Sitzverlegung

▶ Hinweise: Faktische Sitzverlegung durch Verlegung der Geschäftsräume ohne entsprechende Änderung des Gesellschaftsvertrages und Eintragung siehe B § 3 GmbHG Nr. 1 und B § 144a FGG Nr. 2. Der neue Sitz muß die Voraussetzungen des § 4a Abs. 2 GmbHG erfüllen; B § 13h HGB Nr. 1–5. Sitzverlegung ins Ausland nicht zulässig (B § 3 GmbHG Nr. 2), es sei denn zum Zweck der Gründung einer SE (vgl. Nr. 148 und 150).

Sitzverlegung kann ein Indiz sein für eine wirtschaftliche Neugründung, die gegenüber dem Registergericht offenzulegen ist. Die Vorschriften über die Kapitalaufbringung und den -erhalt werden entsprechend angewendet; vgl. Nr. 102.

▶ Wer muß anmelden: Geschäftsführer in der zur Vertretung erforderlichen Zahl

▶ Kosten beim Gericht: Gebühren sind nicht zu erheben, wenn das bisherige Gericht zuständig bleibt (GHVR Vorbem. 2 Abs. 1 S. 2; GVHR 2300). Bei Verlegung in den Bezirk eines anderen Gerichts Gebühr 110 Euro (GVHR 2300) bei diesem Gericht, beim bisherigen Gericht keine Gebühr (GVHR Vorbem. 2 Abs. 1 S. 2).

▶ Kosten beim Notar: Wert: wie bei Nr. 96 und 111.

▶ Text der Anmeldung:

Zur Eintragung in das Handelsregister bei der * Bezeichnung der GmbH nach dem Handelsregister * wird die beschlossene Änderung der Satzung angemeldet: geändert wurde § * Zahl und Absatz * (Verlegung des Sitzes der Gesellschaft)

Es wird vorgelegt: (wie bei Nr. 111)

Die Geschäftsräume befinden sich jetzt in * Ort und Straße *

Bei wirtschaftlicher Neugründung außerdem Offenlegung und Versicherung entsprechend § 8 Abs. 2 GmbHG, vgl. Nr. 102.

(Unterschriftsbeglaubigung wie bei Nr. 161 bzw. 162)
(Bescheinigung gemäß § 54 GmbHG wie bei Nr. 111)

113. Spätere Errichtung, Aufhebung oder Verlegung einer Zweigniederlassung – auch: eines ausländischen Unternehmens

▶ Hinweise: Einzureichende Urkunden siehe A 40. Vgl. im übrigen Seibert, DB 1993, 1705. Eingeschränkte Bekanntmachung der Registereintragung nach §§ 13 Abs. 6, 13c Abs. 2 HGB.

Bei Errichtung von Zweigniederlassungen einer ausländischen Gesellschaft mit Sitz außerhalb der EU prüft Registergericht grundsätzlich Rechtsfähigkeit der ausländischen Gesellschaft: B § 12 FGG Nr. 3.

Für Zweigniederlassungen von ausländischen Gesellschaften, die nach dem Recht eines EU-Mitgliedstaates gegründet worden sind, ist die Rechtsfähigkeit anzuerkennen, auch wenn am Sitz der ausländischen Gesellschaft keine Geschäftstätigkeit stattfindet: B § 13 d–g HGB Nr. 1. In diesen Fällen ist die Prüfung des Registergerichts auf Mißbrauchsfälle beschränkt (EUGH – Inspire Art Ltd. – GmbHR 2003, 1260), z. B. die Umgehung gewerblicher Schranken. Jedoch kann keine Versicherung nach § 8 Abs. 3 GmbHG verlangt werden: B § 13 d–g HGB Nr. 2. Eine staatliche Genehmigung ist nach § 13e Abs. 2 S. 2 HGB nur dann Eintragungsvoraussetzung, wenn am Ort der Zweigniederlassung tatsächlich derartige konzessionspflichtige Tätigkeiten ausgeübt werden: B § 13 d–g HGB Nr. 3. Die Bestellung der Geschäftsführer ist anhand einer Legitimation i. S. des § 39 Abs. 2 GmbHG nachzuweisen: B § 13 d–g HGB Nr. 4. Anzumelden sind auch sogenannte ständige Vertreter (§ 13d Abs. 2 S. 4 Nr. 3 HGB). Der Gesellschaftsvertrag ist in öffentlich beglaubigter Form einzureichen (§ 13g Abs. 2 S. 1 HGB); ggf. apostilliert. Fremdsprachige Urkunden sind wegen § 184 GVG zu übersetzen.

Bei der Anmeldung einer Zweigniederlassung einer Gesellschaft mit beschränkter Haftung nach britischem Recht, Rechtsbereich England und Wales, (private company limited by shares) sollte auf das sehr strenge Haftungsrecht für die Organe und auf die weitreichenden Buchführungs- und Offenlegungspflichten hingewiesen werden: vgl. Maul/Schmidt, BB 2003, 2297; Wachter, GmbHR 2004, 88 ff. und MDR 2004, 611; Heckschen, GmbHR 2004, R 25; Altmeppen, NJW 2004, 97 ff.

▶ Wer muß anmelden: Geschäftsführer in der zur Vertretung erforderlichen Zahl

Gesellschaft mit beschränkter Haftung   A 113

▶ Beizufügende Unterlagen bei Errichtung: Abschrift des zuletzt eingereichten, mit Notarbescheinigung versehenen Gesellschaftsvertrages nach § 54 Abs. 1 S. 2 GmbHG,
Liste der Gesellschafter,
Zeichnung der Unterschriften aller Geschäftsführer für die Zweigniederlassung; dasselbe gilt für Prokuristen, soweit nicht die Prokura auf den Betrieb am Sitz der Gesellschaft oder anderer Zweigniederlassungen beschränkt ist.

▶ Kosten beim Gericht: Gebühr für Eintragung der Errichtung einer Zweigniederlassung beim Gericht der errichteten Zweigniederlassung 90 Euro (GVHR 2200). Gebühr für Eintragung der Verlegung einer Zweigniederlassung beim Gericht der verlegten Zweigniederlassung 90 Euro (GVHR 2200); allerdings gebührenfrei, wenn das bisherige Gericht zuständig bleibt (GVHR 2200). Bei Aufhebung der Zweigniederlassung keine Gebühr für Eintragung des Erlöschens der Firma (GVHR Vorbem. 2 Abs. 1). Für jede Eintragung einer Prokura beim Gericht einer jeden Zweigniederlassung Gebühr von 20 Euro (GVHR 4000).

▶ Kosten beim Notar: Geschäftswert nach § 41a Abs. 5 KostO die Hälfte des für die Hauptniederlassung nach § 41a Abs. 1 Nr. 1 KostO geltenden Wertes. Die erste Anmeldung einer Zweigniederlassung ist wie die Erstanmeldung eines Unternehmens zu behandeln, der Wert ist jedoch zu halbieren. Für die Anmeldung einer weiteren (späteren) Zweigniederlassung ist der Wert nach § 41a Abs. 1 Nr. 1, Abs. 5 S. 1 KostO zu ermitteln, nach § 41a Abs. 5 S. 2 KostO geteilt durch die Anzahl der eingetragenen Zweigniederlassungen unter Einbeziehung der neuen Zweigniederlassung. Eine spätere Anmeldung bei der Hauptniederlassung, die sämtliche Zweigniederlassungen eines Unternehmens betrifft, führt bei der Wertermittlung für die Zweigniederlassung dazu, daß der für die Hauptniederlassung maßgebende Wert (§ 41a Abs. 4 Nr. 1 KostO) zu halbieren (also mindestens 12 500 Euro, höchstens 250 000 Euro) und sodann durch die Zahl der Zweigniederlassungen zu dividieren ist. Der so ermittelte Wert gilt für die Anmeldung bei sämtlichen Zweigniederlassungen.

Bei nicht gleichzeitiger Namenszeichnung $^{5}/_{20}$-Gebühr (§§ 141, 45 KostO) aus Wert nach § 30 Abs. 1 KostO, im Regelfall die Hälfte des Wertes nach § 41a Abs. 5 S. 1 KostO.

§ 41a Abs. 5 S. 2 und 3 KostO ist für Prokuren nicht anzuwenden. Das bedeutet, daß der Geschäftswert für die Anmeldung oder Löschung einer Prokura gemäß § 41a Abs. 5 S. 1 KostO stets mit der Hälfte des nach § 41a Abs. 5 S. 1 KostO zu bestimmenden Wertes anzusetzen ist, ohne Rücksicht auf die Zahl der eingetragenen Zweigniederlassungen. Bei gleichzeitiger Erteilung einer Prokura bei Errichtung einer Zweigniederlassung Addition des halben Geschäftswertes nach § 41a Abs. 5 S. 1 i.V. mit § 41a Abs. 4 Nr. 1 KostO. ⁵/₁₀-Gebühr.

▶ Text der Anmeldung: wie bei Nr. 14–16 entsprechend

114. Erteilung, Widerruf oder andere Änderungen einer Prokura

▶ Was ist anzumelden: wie Nr. 3 und 4

▶ Wer muß anmelden: Geschäftsführer in der zur Vertretung erforderlichen Zahl; auch Prokuristen sind zusammen mit einem Geschäftsführer anmeldeberechtigt, wenn der Vertrag dies vorsieht, aber nicht der anzumeldende Prokurist selbst (B § 53 HGB Nr. 1 und B § 39 GmbHG Nr. 2).

▶ Beizufügende Unterlagen: keine (Nachweis der Zustimmung der Gesellschafterversammlung nach § 46 Nr. 7 GmbHG nicht erforderlich, B § 48 HGB Nr. 1)

▶ Kosten beim Gericht: Gebühr für die Eintragung einer Prokura 20 Euro (GVHR 4000).

▶ Kosten beim Notar: wie bei Nr. 96. Für Zweigniederlassungen gilt die Hälfte dieses Geschäftswertes, § 41a Abs. 5 S. 1, Abs. 4 Nr. 1 KostO. Bei mehreren Prokuren Addition der einzelnen Werte. ⁵/₁₀-Gebühr; vgl. im übrigen Nr. 3.

▶ Hinweise: Bindung der Vertretungsbefugnis an Geschäftsführer der GmbH und der GmbH & Co. KG: B § 48 HGB Nr. 1, 2 und 3.

Zeichnung der GmbH-Firma: B § 53 GmbHG Nr. 5.

Siehe im übrigen die Hinweise bei Nr. 3 und 4.

▶ Text der Anmeldung: wie bei Nr. 3 und 4 entsprechend

115. Die Gesellschafter beschließen die Auflösung der Gesellschaft

▶ Hinweise: Die Auflösung beendet nicht die Gesellschaft, sondern ändert nur ihren Zweck, der nunmehr auf die Liquidation und Beendigung des Unternehmens gerichtet ist.

Gesellschaft mit beschränkter Haftung   A 115

Nach der Auflösung der Gesellschaft ist regelmäßig eine Liquidation erforderlich (siehe Hinweise bei Nr. 119 und B § 67 GmbHG Nr. 1).

Sie ist Aufgabe der Liquidatoren; das sind entweder die bisherigen Geschäftsführer oder anläßlich des Auflösungsbeschlusses besonders bestimmte Personen (§ 66 Abs. 1 GmbHG). Insichgeschäfte: B § 181 BGB Nr. 6.

Anmeldung der ersten Liquidatoren durch diese (§ 67 GmbHG; vgl. auch bezüglich der Anmeldung über die Auflösung der Gesellschaft: B § 67 GmbHG Nr. 4). Dabei ist die Bestellung urkundlich nachzuweisen (Gesellschafterbeschluß). Die Liquidatoren müssen eine Versicherung über fehlende Bestellungshindernisse nach § 67 Abs. 3 GmbHG abgeben, die auch dann nötig sein soll, wenn der Liquidator sie bereits früher als Geschäftsführer abgegeben hat (B § 67 GmbHG Nr. 3). Die Liquidatoren müssen außerdem ihre Unterschrift zeichnen. Ende der Vertretungsbefugnis der bisherigen Geschäftsführer, soweit nicht durch Gesellschaftsvertrag auf den Liquidator erstreckt: B § 67 GmbHG Nr. 2 und Nr. 5, B § 68 GmbHG.

Anmeldung der Liquidatoren auch dann nötig, wenn keine Abwicklung mehr erforderlich und sogleich das Erlöschen der Firma anzumelden ist (B § 67 GmbHG Nr. 1).

Aufgabe der Liquidatoren ist – neben der Abwicklung – die unverzügliche dreimalige Bekanntmachung der Auflösung und des Gläubigeraufrufs (§ 65 Abs. 2 GmbHG; zur Bedeutung der Bekanntmachung für die Verteilung des Gesellschaftsvermögens siehe Hinweise Nr. 119).

Liquidation ist entbehrlich bei der Umwandlung, die daher eine wichtige Alternative zur Auflösung und Abwicklung darstellt (siehe dazu Nr. 123 und 124).

Auflösung auf Klage eines Gesellschafters aus wichtigem Grund siehe §§ 60 Abs. 1 Nr. 3, 61 GmbHG; Auflösung hier nicht vertraglich abdingbar.

Bestellung und Abberufung von Liquidatoren durch das Registergericht möglich (§ 66 Abs. 2 und 3 GmbHG); Eintragungen insoweit ohne Anmeldung von Amts wegen.

▶ Wer muß anmelden: die Liquidatoren in der zur Vertretung erforderlichen Zahl (h. A.); nicht Gesellschafter (B § 65 GmbHG).

▶ Beizufügende Unterlagen: der Gesellschafterbeschluß über die Auflösung. Er bedarf keiner Beurkundung, es sei denn, die Gesellschaft ist nach dem Vertrag auf eine bestimmte Zeit fest abgeschlossen, die noch nicht abgelaufen ist. Nötig ¾-Mehrheit, wenn der Vertrag nichts anderes bestimmt.

▶ Kosten beim Gericht: Gebühr für Eintragung dieser Tatsache 40 Euro (GVHR 2500). Die Liquidatorbestellung ist Teil der Auflösung der Gesellschaft, gleiches gilt für Löschung einer Prokura.

▶ Kosten beim Notar: Geschäftswert: 1% des eingetragenen Stammkapitals, mindestens 25 000 Euro, höchstens 500 000 Euro, § 41a Abs. 4 Nr. 1 KostO. ⁵⁄₁₀-Gebühr, umfaßt Anmeldung und gleichzeitige Namenszeichnung sowie Versicherung der Liquidatoren nach § 67 Abs. 3 GmbHG. Wegen Belehrung der Liquidatoren: wie bei Nr. 91.

▶ Text der Anmeldung:

1. Die Gesellschaft ist durch Beschluß der Gesellschafter aufgelöst. Die Vertretungsbefugnis des bisherigen Geschäftsführers ist erloschen.

2. Die Prokura von * Name, Vorname, Geburtsdatum, Wohnort * ist erloschen.

3. Zu Liquidatoren wurden bestellt:
* Name, Vorname, Geburtsdatum, Wohnort *

0 Sie vertreten die Gesellschaft gemeinschaftlich.

0 Sie haben Einzelvertretungsbefugnis.

Durch Beschluß der Gesellschafterversammlung vom * Datum * ist der Liquidator ermächtigt, mit sich im eigenen Namen oder als Vertreter eines Dritten Rechtsgeschäfte vorzunehmen (Befreiung von den Beschränkungen des § 181 BGB).

Jeder Liquidator zeichnet seine Namensunterschrift bei der von der Liquidation betroffenen Firma wie folgt:

Versicherungen

Nach Belehrung durch den Notar über die unbeschränkte Auskunftspflicht gegenüber dem Gericht gemäß § 53 des Gesetzes über das Zentralregister und das Erziehungsregister und die Strafbarkeit einer falschen Versicherung (§ 66 Abs. 4 GmbHG) wird versichert:

Jeder Liquidator versichert, daß
a) keine Umstände vorliegen, aufgrund deren der Liquidator nach § 6 Abs. 2 S. 3 und 4 GmbHG von dem Amt als Liquidator ausgeschlossen wäre: Während der letzten 5 Jahre erfolgte keine Verurteilung nach §§ 283 bis 283d Strafgesetzbuch (z. B. wegen Bankrotts, schweren Bankrotts, Verletzung der Buchführungspflicht, Schuldner- oder Gläubigerbegünstigung); auch ist dem Liquidator weder durch gerichtliches Urteil noch durch vollziehbare Entscheidung einer Verwaltungsbehörde die Ausübung eines Berufes, Berufszweiges, Gewerbes oder Gewerbezweiges untersagt; ferner der

Gesellschaft mit beschränkter Haftung   A 115-118

Liquidator nicht aufgrund einer behördlichen Anforderung in einer Anstalt verwahrt wurde (Amtsunfähigkeit),
b) er vom beglaubigenden Notar auf seine unbeschränkte Auskunftspflicht gegenüber dem Registergericht belehrt worden ist.

Urkundenbeilagen
Angeschlossen ist die beglaubigte Kopie des Protokolls der Gesellschafterversammlung über die Auflösung der Gesellschaft.

Die Geschäftsräume befinden sich in * Ort und Straße *

(Unterschriftsbeglaubigung wie bei Nr. 166 bzw. 167)

116. Die Gesellschaft wird zahlungsunfähig oder das Gesellschaftsvermögen deckt die Verbindlichkeiten nicht mehr

▶ Was ist anzumelden: nichts; aber Antrag beim Insolvenzgericht auf Eröffnung des Insolvenzverfahrens oder des gerichtlichen Vergleichsverfahrens (§ 64 Abs. 1 GmbHG).

▶ Wer muß den Antrag stellen: die Geschäftsführer (jeder allein auch bei Gesamtvertretung)

117. Ein Gesellschafter wird zahlungsunfähig

▶ Was ist anzumelden: nichts (siehe aber Hinweis)

▶ Hinweise: Der Gesellschaftsvertrag kann vorsehen, daß die Insolvenz eines Gesellschafters die Auflösung der Gesellschaft zur Folge hat; dann wie Nr. 115.

Der Gesellschaftsvertrag kann vorsehen, daß der Geschäftsanteil des zahlungsunfähigen Gesellschafters eingezogen werden kann; dazu Hinweise bei Nr. 101 und 107.

118. Die Eröffnung des Insolvenzverfahrens wird mangels Masse abgelehnt

▶ Was ist anzumelden: nichts (die nach § 60 Abs. 1 Nr. 5 GmbHG eingetretene Auflösung der Gesellschaft wird von Amts wegen auf Mitteilung des Insolvenzgerichts eingetragen)

▶ Hinweise: Bei Eröffnung des Insolvenzverfahrens ebenfalls keine Pflicht zur Anmeldung (§ 65 Abs. 1 S. 2 GmbHG).

Die etwa noch erforderliche Liquidation wird von den bisherigen Geschäftsführern durchgeführt, falls die Gesellschafter nicht andere Abwickler bestellen; bei solcher Bestellung Anmeldung der Liquidatoren nach § 67 GmbHG (siehe Nr. 115).

Ist keine Liquidation erforderlich, siehe Nr. 119.

Ist die Gesellschaft persönlich haftender Gesellschafter bei einer Kommanditgesellschaft (GmbH & Co. KG), so ist die KG nicht aufgelöst und wird weiterhin durch die GmbH vertreten, BGH, NJW 1980, 233. Siehe aber auch § 141a Abs. 3 FGG bei Vermögenslosigkeit.

Keine Fortsetzung der Gesellschaft möglich: B § 60 GmbHG.

Bei Vermögenslosigkeit kommt Amtslöschen nach § 141a FGG in Betracht (siehe BGH, NJW 1980, 233 = DNotZ 1980, 416).

119. Eine Liquidation der Gesellschaft ist nicht erforderlich

▶ Hinweise: Die Entscheidung der Gesellschafter, das Unternehmen nicht mehr fortzuführen und dabei von einer Liquidation abzusehen, bedeutet zugleich einen Beschluß über die Auflösung der Gesellschaft; mit dem Erlöschen der Firma ist daher vorrangig die Auflösung der Gesellschaft anzumelden (siehe Nr. 115 und B § 74 GmbHG Nr. 1).

Die Liquidation wird nicht dadurch entbehrlich, daß das Gesellschaftsvermögen an die Gesellschafter verteilt wird; das ist nur im Rahmen einer Liquidation nach den gesetzlichen Bestimmungen möglich und erst nach Ablauf eines Jahres seit dem letzten Gläubigeraufruf zulässig (§§ 65 Abs. 2, 73 GmbHG; siehe Hinweise bei Nr. 115 u. 121).

Als Alternative zu der Liquidation nach dem GmbHG ist deshalb häufig eine Umwandlung nach dem Umwandlungsgesetz in Betracht zu ziehen (siehe Nr. 123 und 124).

Der oben genannten Anmeldung wird daher nur entsprochen werden, wenn die Geschäftsführer dem Registergericht nachweisen, daß eine Liquidation nicht erforderlich und möglich ist.

Durch die Anmeldung des Firmenerlöschens wird die Anmeldung der Liquidatoren nicht entbehrlich (B § 67 GmbHG Nr. 1).

▶ Wer muß anmelden: die letzten Geschäftsführer als Liquidatoren in der zur Vertretung erforderlichen Zahl

Gesellschaft mit beschränkter Haftung				A 119-120

▶ Kosten beim Gericht: Keine Gebühr für Eintragung der Löschung der Gesellschaft (GVHR Vorbem. 2 Abs. 3). Gebühr für Eintragung der Auflösung der Gesellschaft 40 Euro (GVHR 2500). Die Löschung einer Prokura ist Teil der Auflösung der Gesellschaft.

▶ Kosten beim Notar: Wert nach § 41a Abs. 4 Nr. 1 KostO. ⁵/₁₀-Gebühr. Umfaßt Anmeldung und gleichzeitige Zeichnung der Namensunterschrift des Liquidators. Prokuralöschung ist Teil der Anmeldung der Auflösung der Gesellschaft (vgl. auch bei Nr. 46).

▶ Text der Anmeldung:

1. Die Gesellschaft ist durch Beschluß der Gesellschafter aufgelöst.
2. Die Prokura von * Name, Vorname, Geburtsdatum, Wohnort * ist erloschen.
3. Die Firma ist erloschen.
4. Zu Liquidatoren wurden bestellt: * Name, Vorname, Geburtsdatum, Wohnort * Jeder Liquidator zeichnet seine Namensunterschrift bei der von der Liquidation betroffenen Firma wie folgt:
5. Eine Liquidation ist nicht erforderlich, da ein Gesellschaftsvermögen nicht mehr vorhanden ist.

Dazu werden die tatsächlichen Verhältnisse wie folgt dargestellt: ... Dies wird hiermit versichert.

Jeder dieser Liquidatoren vertritt die Gesellschaft wie folgt:

0 Sie vertreten die Gesellschaft gemeinschaftlich

0 Sie haben Einzelvertretungsrecht

Versicherungen

Wie bei Nr. 115. Sodann:

Es wird versichert, daß Vermögen der Gesellschaft nicht mehr vorhanden ist.

Urkundenbeilagen

Angeschlossen ist die beglaubigte Kopie des Protokolls der Gesellschafterversammlung über die Auflösung der Gesellschaft.

Die Geschäftsräume befinden sich in * Ort und Straße *

(Unterschriftsbeglaubigung wie bei Nr. 166 bzw. 167)

120. Die Gesellschafter wollen eine aufgelöste Gesellschaft fortsetzen

▶ Hinweise: Fortsetzung im Insolvenzfall siehe § 60 Abs. 1 Nr. 4 GmbHG.

In anderen Fällen Fortsetzung zulässig, solange mit der Verteilung des Gesellschaftsvermögens an die Gesellschafter noch nicht begonnen ist (siehe BayObLG, DNotZ 1979, 49 = DB 1978, 2164).

Fortsetzung einer nach § 141a FGG als vermögenslos gelöschten GmbH? Siehe B § 141a FGG Nr. 6.

Keine Fortsetzung, wenn Eröffnung des Insolvenzverfahrens mangels Masse abgelehnt worden ist: B § 60 GmbHG.

Zur Fortsetzung von Gesellschaften mit DDR-Bezug siehe Darstellung in der 3. Auflage zu Nr. 129.

▶ Wer muß anmelden: die gleichzeitig mit dem Fortsetzungsbeschluß zu bestellenden Geschäftsführer

▶ Kosten beim Gericht: Gebühr für Eintragung der Fortsetzung 40 Euro (GVHR 2500); Gebühr für Eintragung eines Geschäftsführers 30 Euro (GVHR 2502); Gebühr für Abberufung eines Liquidators 30 Euro (GVHR 2502).

▶ Kosten beim Notar: Wert nach § 41a Abs. 4 Nr. 1 KostO. $^{5}/_{10}$-Gebühr; umfaßt Anmeldung der Aufhebung des Auflösungsbeschlusses und Fortsetzung der Gesellschaft sowie Abberufung des Liquidators, Bestellung des Geschäftsführers und dessen Zeichnung seiner Namensunterschrift sowie Versicherung seiner Amtsfähigkeit. Wegen Belehrung des Geschäftsführers: wie bei Nr. 96.

▶ Text der Anmeldung:

Zur Eintragung in das Handelsregister bei der * Bezeichnung der GmbH nach dem Handelsregister * wird angemeldet:

1. Die Aufhebung des Auflösungsbeschlusses vom * Datum * und die Fortsetzung der Gesellschaft als Erwerbsgesellschaft.
2. die Abberufung des Liquidators * Name, Vorname, Geburtsdatum, Wohnort *
3. die Bestellung des Geschäftsführers * Name, Vorname, Geburtsdatum, Wohnort *

Die Geschäftsräume befinden sich in * Ort und Straße *

Der neue Geschäftsführer vertritt die Gesellschaft wie folgt: Er ist stets einzelvertretungsberechtigt.

Der neue Geschäftsführer zeichnet seine Namensunterschrift bei der von der Anmeldung betroffenen Firma zur Aufbewahrung beim Registergericht wie folgt:

Versicherungen

Wie bei Nr. 96. Sodann:

Weiter wird von uns versichert, daß mit der Verteilung des Vermögens der Gesellschaft an die Gesellschafter noch nicht begonnen wurde und daß das Gesellschaftsvermögen die Verbindlichkeiten übersteigt.

Urkundenbeilagen
Angeschlossen ist die beglaubigte Kopie des Protokolls der Gesellschafterversammlung über die Fortsetzung der aufgelösten Gesellschaft und der Bestellung des Geschäftsführers.
(Unterschriftsbeglaubigung wie bei Nr. 166 bzw. 167)

121. Die Liquidation ist beendet

▶ Hinweise: Wird im Rahmen der Liquidation Gesellschaftsvermögen an die Gesellschafter ausgeschüttet, ist die Anmeldung erst nach Ablauf eines Jahres seit dem letzten Gläubigeraufruf möglich (siehe auch Hinweise bei Nr. 119).

Wird bei der Liquidation das gesamte Gesellschaftsvermögen ausschließlich zur Befriedigung der Gläubiger verwendet, so ist die Anmeldung ausnahmsweise schon vor Ablauf des Sperrjahres möglich; dabei ist dem Registergericht der genannte Sachverhalt nachzuweisen (OLG Naumburg, GmbHR 2002, 858).

Als Alternative zu der Liquidation nach dem GmbHG ist deshalb häufig eine Umwandlung nach dem Umwandlungsgesetz in Betracht zu ziehen (siehe Nr. 123 und 124; das gilt auch für die bereits aufgelöste GmbH, §§ 3 Abs. 3, 191 Abs. 2, 124 Abs. 2 UmwG).

Verwahrung von Büchern und Schriften der Gesellschaft sowie Einsicht siehe B § 74 GmbHG Nr. 5 und 6.

▶ Wer muß anmelden: die Liquidatoren in der zur Vertretung erforderlichen Zahl (zum Zeitpunkt siehe Hinweise)

▶ Kosten beim Gericht: Keine Gebühr für Eintragung der Löschung der Gesellschaft und des Schlusses der Abwicklung (GVHR Vorbem. 2 Abs. 3).

▶ Kosten beim Notar: Wert nach § 41a Abs. 4 Nr. 1 KostO. $^{5}/_{10}$-Gebühr.

▶ Text der Anmeldung:
1. Die Liquidation ist beendet. Das Liquidatorenamt ist niedergelegt.
2. Die Firma ist erloschen.
3. Die Bücher und Schriften der Gesellschaft werden von * Name, Geburtsdatum und Wohnort * aufbewahrt.

Beigefügt sind die Belegexemplare über den dreimaligen Aufruf an die Gesellschaftsgläubiger nach § 65 Abs. 2 GmbHG.
(Unterschriftsbeglaubigung wie bei Nr. 161 bzw. 162)

122. Nach Schluß der Abwicklung und Löschung der Gesellschaft stellt sich weiteres Gesellschaftsvermögen heraus

▶ Hinweise: Die Vertretungsbefugnis der letzten Abwickler ist mit der Löschung im Handelsregister beendet und lebt nicht wieder auf; das Registergericht bestellt auf Antrag einen Nachtragsliquidator (B § 74 GmbHG Nr. 2, 3, 4).

Die GmbH besteht weiter; es muß eine Nachtragsliquidation stattfinden; eine Wiedereintragung der Gesellschaft auf Anmeldung des gerichtlich bestellten Liquidators ist nicht nötig, wenn nur einzelne Abwicklungshandlungen nötig sind (B § 74 GmbHG Nr. 2).

Zur Nachtragsliquidation für eine gelöschte GmbH siehe § 273 Abs. 4 AktG (B § 74 GmbHG) und § 141a FGG (B § 66 GmbHG).

Die Gesellschaft bleibt in Prozessen über ihr Vermögen parteifähig (OLG Frankfurt, DB 1978, 2355). Zur Auswahl des Nachtragsliquidators vgl. B § 39 BGB Nr. 2.

▶ Was ist anzumelden: zunächst nichts (siehe Hinweis)

▶ Kosten beim Gericht: Gebühr für Bestellung eines Nachtragsliquidators: doppelte Gebühr (§ 121 KostO); Wert nach § 30 KostO.

▶ Kosten beim Notar: Stellt der Notar auftragsgemäß Antrag auf Nachtragsliquidation, entsteht eine 5/10-Gebühr gemäß § 147 Abs. 2 KostO aus einem Geschäftswert von etwa 20% des Vermögenswertes (§ 30 Abs. 1 KostO).

123. Der Alleingesellschafter übernimmt den Geschäftsbetrieb durch Umwandlung (Verschmelzung durch Aufnahme)

▶ Hinweise: Die Umwandlung erfolgt als Verschmelzung durch Aufnahme; §§ 2 Nr. 1, 3 Abs. 2 Nr. 2, 120 ff. UmwG. Auch Verschmelzung einer aufgelösten Gesellschaft, wenn Fortsetzung möglich, § 3 Abs. 3 UmwG; vgl. Nr. 120. Verschmelzung auch möglich auf den Alleingesellschafter, der nicht im Handelsregister eingetragen ist und auch nicht eingetragen werden kann.

Gesellschaft mit beschränkter Haftung   **A 123**

Keine Verschmelzung auf Einzelfirma durch den Hauptgesellschafter (§ 3 Abs. 2 Nr. 2 UmwG); unschädlich hingegen eigene Anteile der GmbH (§ 120 Abs. 2 UmwG). Hauptgesellschafter hat aber Möglichkeit, GmbH durch Mehrheitsbeschluß in KG umzuwandeln (Formwechsel, § 233 Abs. 2 UmwG).

Bilden die Gesellschafter künftig eine Partnerschaftsgesellschaft, OHG oder KG, kommt eine Umwandlung entweder als Verschmelzung durch Aufnahme (§§ 3 Abs. 1 Nr. 1, 39 ff. UmwG) oder als Formwechsel (§§ 190, 214 ff. UmwG) in Betracht; für Gesellschaft bürgerlichen Rechts nur Formwechsel.

▶ Wer muß anmelden: die Geschäftsführer in zur Vertretung berechtigter Zahl und Anmeldung der Einzelfirma durch bisherigen Alleingesellschafter.

▶ Kosten beim Gericht: Gebühr für Eintragung der Umwandlung bei der GmbH 160 Euro (GVHR 2402); Gebühr für Eintragung der Umwandlung beim Einzelkaufmann 50 Euro (GVHR 1103).

▶ Kosten beim Notar: Geschäftswert für Anmeldung des Umwandlungsbeschlusses zum Handelsregister B nach § 41a Abs. 4 Nr. 1 KostO. Geschäftswert für Einzelfirma: stets 25 000 Euro, § 41a Abs. 3 Nr. 1 KostO. Bei Anmeldung in einer Urkunde Addition der Werte (§ 44 Abs. 2a KostO). Umfaßt Anmeldung und gleichzeitige Namenszeichnung. $^{5}/_{10}$-Gebühr.

▶ Text der Anmeldung:

Zur Eintragung in das Handelsregister bei der Firma * Bezeichnung der Firma des übertragenden Rechtsträgers nach dem Handelsregister * wird angemeldet, daß das Vermögen dieser Gesellschaft von ihrem Alleingesellschafter * Name, Vorname, Geburtsdatum, Wohnort des Alleingesellschafters * zum Stichtag * Datum * übernommen worden ist. Die Verschmelzung erfolgte unter Auflösung der Gesellschaft ohne Abwicklung im Wege der Aufnahme durch Übertragung des Vermögens der Gesellschaft als Ganzes auf den genannten Alleingesellschafter, § 2 Nr. 1, § 3 Abs. 2 Nr. 2 UmwG.

Der genannte Alleingesellschafter führt das von der bisherigen Gesellschaft betriebene Handelsgeschäft weiter unter der Firma * Bezeichnung des Einzelunternehmens mit Rechtsformzusatz *

Der Firmeninhaber zeichnet seine Namensunterschrift bei der Firma wie folgt:

Die Geschäftsräume befinden sich in * Ort und Straße *

Gegenstand des Geschäfts ist * schlagwortartige Bezeichnung des Geschäftszweigs *

Es wird erklärt, daß eine Klage gegen die Wirksamkeit des Verschmelzungsbeschlusses nicht innerhalb eines Monats nach der Beschlußfassung erhoben wurde.

oder:

Es wird erklärt, daß eine Klage gegen die Wirksamkeit des Verschmelzungsbeschlusses zwar erhoben wurde, das Prozeßgericht aber durch rechtskräftigen Beschluß festgestellt hat, daß die Erhebung der Klage der Eintragung der Verschmelzung im Handelsregister nicht entgegensteht; Ausfertigung des rechtskräftigen Beschlusses liegt bei.

Angeschlossen werden vorgelegt:
– Ausfertigung der notariellen Urkunde über den Verschmelzungsbeschluß mit Stichtagsbilanz und weiter enthaltend den Verzicht auf die Klagebefugnis gegen die Wirksamkeit des Verschmelzungsbeschlusses
– Verschmelzungsvertrag
– Nachweis über die Zuleitung des Entwurfs des Verschmelzungsplans an den Beriebsrat des übertragenden Rechtsträgers

(Unterschriftsbeglaubigung wie bei Nr. 166)

124. Die Gesellschafter wollen durch Umwandlung den Geschäftsbetrieb als Personengesellschaft weiterführen – Verschmelzung oder Formwechsel von GmbH auf GmbH & Co KG

▶ Hinweise: Umwandlung entweder als Verschmelzung durch Neugründung (§§ 3 Abs. 1 Nr. 1, 39 ff. UmwG) oder als Formwechsel (§§ 191 Abs. 2, 214 ff. UmwG), zu den unterschiedlichen Wirkungen vgl. §§ 20 Abs. 1, 202 Abs. 1 UmwG. Bei Gesellschaft bürgerlichen Rechts nur Formwechsel. Formwechsel von GmbH auf GmbH & Co KG zulässig. Ob eine Umwandlung in eine OHG/KG oder in eine BGB-Gesellschaft möglich ist, entscheidet sich auch danach, ob die umzuwandelnde GmbH ein Gewerbe im Umfange des § 1 Abs. 2 HGB betreibt und dieses fortbestehen soll oder ob die Eintragung der OHG/KG nach § 105 Abs. 2 HGB beanftragt wird. Ist das nicht der Fall, kommt nur Formwechsel in eine BGB-Gesellschaft in Betracht; vgl. § 228 UmwG. Formwechsel in OHG oder Gesellschaft bürgerlichen Rechts nur mit Zustimmung aller Gesellschafter (§§ 233 f. UmwG). Verschmelzung und Formwechsel auch auf Partnerschaftsgesellschaft zulässig.

Wegen Verschmelzung siehe im übrigen Hinweise bei Nr. 123.

Formwechsel in GmbH & Co KG durch Mehrheitsbeschluß möglich (§ 233 Abs. 2 UmwG). Die künftige Komplementär-GmbH muß nicht

Gesellschaft mit beschränkter Haftung   A 124

bereits bei Fassung des Umwandlungsbeschlusses Gesellschafter der formwechselnden GmbH sein: B § 190 UmwG. Firmenfortführung nach §§ 18, 200 UmwG. Anmeldung des Formwechsels in GmbH & Co KG durch Geschäftsführer der GmbH in vertretungsberechtigter Zahl (§§ 235, 198 UmwG).

Keine erneute Anmeldung bestehender Prokuren erforderlich (OLG Köln, GmbHR 1996, 773).

▸ Kosten beim Gericht: Gebühr für Eintragung der Umwandlung bei der GmbH 160 Euro (GVHR 2402). Gebühr für Eintragung der Umwandlung bei OHG/KG mit bis zu 3 Gesellschaftern 80 Euro (GVHR 1104), bei mehr als 3 Gesellschaftern erhöht sich die Gebühr für jeden weiteren Gesellschafter um 20 Euro (GVHR 1105).

▸ Kosten beim Notar: Geschäftswert für Anmeldung des Umwandlungsbeschlusses zum Handelsregister B nach § 41a Abs. 4 Nr. 1 KostO. Geschäftswert für OHG: § 41a Abs. 3 Nr. 2 KostO; für KG: § 41a Abs. 1 Nr. 5 KostO. Bei Rechtsformwechsel keine Addition der Werte; maßgeblich sind nur die jeweiligen Geschäftswerte für die Ersteintragung einer OHG bzw. KG. Umfaßt Anmeldung und gleichzeitige Namenszeichnung. $^{5}/_{10}$-Gebühr.

▸ Text der Anmeldung bei Verschmelzung:

Zur Eintragung in das Handelsregister bei der Firma * Bezeichnung der Firma des übertragenden Rechtsträgers nach dem Handelsregister * wird angemeldet, daß diese Gesellschaft zum Stichtag * Datum * verschmolzen wurde unter Auflösung der Gesellschaft ohne Abwicklung im Wege der Neugründung durch Übertragung des Vermögens dieser Gesellschaft als Ganzes auf eine neue, von ihr dadurch gegründete Kommanditgesellschaft unter der Firma * Bezeichnung des neuen Rechtsträgers mit Rechtsformzusatz *, § 2 Nr. 2, § 3 Abs. 2 Nr. 2 UmwG.

Jeder persönlich haftende Gesellschafter zeichnet seine Namensunterschrift bei der neu gegründeten Kommanditgesellschaft zur Aufbewahrung bei dem Gericht wie folgt:

Gesellschafter der neu errichteten Kommanditgesellschaft sind:

1. Persönlich haftende Gesellschafter:
   * Name, Vorname, Geburtsdatum, Wohnort *
   * Name, Vorname, Geburtsdatum, Wohnort *
2. Kommanditisten:
   * Name, Vorname, Geburtsdatum und Wohnort * mit einer Kommanditeinlage von Euro * Zahl *
   * Name, Vorname, Geburtsdatum und Wohnort * mit einer Kommanditeinlage von Euro * Zahl *

Vertretungsrecht der persönlich haftenden Gesellschafter:

Jeder persönlich haftende Gesellschafter vertritt die Gesellschaft jeweils einzeln. Einem Gesellschafter kann durch Gesellschafterbeschluß Befreiung von den Beschränkungen des § 181 BGB erteilt werden.

Die persönlich haftenden Gesellschafter * jeweils Name, Vorname, Geburtsdatum, Wohnort * sind jeweils einzelvertretungsberechtigt. Diese Personen sind befugt, die Gesellschaft bei der Vornahme von Rechtsgeschäften mit sich selbst oder als Vertreter eines Dritten uneingeschränkt zu vertreten (Befreiung von den Beschränkungen des § 181 BGB).

Sitz der Gesellschaft ist * Ort und Straße *

Die Geschäftsräume befinden sich in * Ort und Straße *

Gegenstand des Geschäfts ist * schlagwortartige Bezeichnung des Geschäftszweigs *

Es wird erklärt, daß eine Klage gegen die Wirksamkeit des Verschmelzungsbeschlusses nicht innerhalb eines Monats nach der Beschlußfassung erhoben wurde.

oder:

Es wird erklärt, daß eine Klage gegen die Wirksamkeit des Verschmelzungsbeschlusses zwar erhoben wurde, das Prozeßgericht aber durch rechtskräftigen Beschluß festgestellt hat, daß die Erhebung der Klage der Eintragung der Verschmelzung im Handelsregister nicht entgegensteht; Ausfertigung des rechtskräftigen Beschlusses liegt bei.

Angeschlossen werden vorgelegt:
- Ausfertigung der notariellen Urkunde über den Verschmelzungsbeschluß mit Stichtagsbilanz sowie dem Gesellschaftsvertrag der neu gegründeten Kommanditgesellschaft
- Verschmelzungsbericht
  (*oder:* Ausfertigung der notariell beurkundeten Verzichtserklärung der Anteilsinhaber wegen der Erstattung des Verschmelzungsberichts und Durchführung einer Verschmelzungsprüfung)
- Bericht über die Verschmelzungsprüfung
- Nachweis über die Zuleitung des Entwurfs des Spaltungsplans an den Betriebsrat des übertragenden Rechtsträgers
- Zustimmungserklärungen von Gesellschaftern
- (ggf. Urkunde über die staatliche Genehmigung)

(Unterschriftsbeglaubigung wie bei Nr. 166 bzw. 167)

▶ Text der Anmeldung bei Formwechsel:

Zur Eintragung in das Handelsregister bei der Firma * Bezeichnung der Firma des übertragenden Rechtsträgers nach dem Handelsregister * wird angemeldet, daß diese Gesellschaft durch Formwechsel in eine dadurch gegründete beschränkt haftende Kommanditgesellschaft unter der Firma * Bezeichnung

Gesellschaft mit beschränkter Haftung   A 124

des neuen Rechtsträgers mit Rechtsformzusatz * ungewandelt ist, §§ 191, 214 UmwG.

Gesellschafter der beschränkt haftenden Kommanditgesellschaft sind:

1. Persönlich haftende Gesellschafter:
   * Firma der GmbH, die vor Registereintragung Gesellschafterin der formwechselnden GmbH sein muß *
2. Kommanditisten:
   * Name, Vorname, Geburtsdatum, Wohnort * mit einer Kommanditeinlage von Euro * Zahl *
   * Name, Vorname, Geburtsdatum, Wohnort * mit einer Kommanditeinlage von Euro * Zahl *

Vertretungsrecht der persönlich haftenden Gesellschafter

Jeder persönlich haftende Gesellschafter vertritt die Gesellschaft jeweils einzeln. Einem Gesellschafter kann durch Gesellschafterbeschluß Befreiung von den Beschränkungen des § 8 BGB erteilt werden.

Die persönlich haftenden Gesellschafter * jeweils Name, Vorname, Geburtsdatum, Wohnort * sind jeweils einzelvertretungsberechtigt. Diese Personen sind befugt, die Gesellschaft bei der Vornahme von Rechtsgeschäften mit sich selbst oder als Vertreter eines Dritten uneingeschränkt zu vertreten (Befreiung von den Beschränkungen des § 181 BGB).

Sitz der Gesellschaft ist * Ort und Straße *

Die Geschäftsräume befinden sich in * Ort und Straße *

Gegenstand des Geschäfts ist * schlagwortartige Bezeichnung des Geschäftszweigs *

Der Geschäftsführer der Komplementär-GmbH zeichnet bei der Firma der Kommanditgesellschaft seine Namensunterschrift zur Aufbewahrung bei dem Gericht wie folgt:

* empfohlen z. B. maschinenschriftliche Bezeichnung der Firma der Kommanditgesellschaft und der Komplementär-GmbH, erforderlich aber stets nur handschriftliche Namensunterschrift *

Es wird erklärt, daß eine Klage gegen die Wirksamkeit des Umwandlungsbeschlusses nicht innerhalb eines Monats nach der Beschlußfassung erhoben wurde.

oder:

Es wird erklärt, daß eine Klage gegen die Wirksamkeit des Umwandlungsbeschlusses zwar erhoben wurde, das Prozeßgericht aber durch rechtskräftigen Beschluß festgestellt hat, daß die Erhebung der Klage der Eintragung der Verschmelzung im Handelsregister nicht entgegensteht; Ausfertigung des rechtskräftigen Beschlusses liegt bei.

Angeschlossen werden vorgelegt:
- Ausfertigung der notariellen Urkunde über den Umwandlungsbeschluß sowie der Gesellschaftsvertrag der Kommanditgesellschaft
- Umwandlungsbericht
- Bericht über die Durchführung der Umwandlungsprüfung
- Zustimmungserklärungen von Anteilseignern
- Nachweis über die Zuleitung des Entwurfs des Umwandlungsbeschlusses an den Betriebsrat des formwechselnden Rechtsträgers
- ggf. Urkunde über die staatliche Genehmigung

(Unterschriftsbeglaubigung wie bei Nr. 162 + 166)

125. Die Gesellschaft wird mit einer anderen GmbH verschmolzen

▶ Hinweise: Die Verschmelzung ist möglich
- durch Übertragung des Vermögens der Gesellschaft auf eine andere Gesellschaft (aufnehmende Gesellschaft) gegen Gewährung von Geschäftsanteilen dieser Gesellschaft (Verschmelzung durch Aufnahme, §§ 2 Nr. 1, 46 ff. UmwG);
- durch Bildung einer neuen GmbH, auf die das Vermögen mehrerer sich vereinigender Gesellschaften gegen Gewährung von Anteilen der neugegründeten Gesellschaft übergeht (Verschmelzung durch Neugründung, §§ 2 Nr. 2, 56 ff. UmwG).

Zur Verschmelzung ohne Kapitalerhöhung: § 54 UmwG; Kapitalerhöhung erforderlich bei Verschmelzung von Schwestergesellschaften, vgl. B § 54 UmwG. Frist für Anmeldung: 8 Monate nach Bilanzstichtag (§ 17 Abs. 2 S. 4 UmwG). Fristwahrende Anmeldung und Berechnung der Frist: B § 17 UmwG Nr. 3 und 4.

▶ Wer muß anmelden: Geschäftsführer der beteiligten Gesellschaften in vertretungsberechtigter Zahl jeweils zum Handelsregister ihrer Gesellschaft; zulässig auch Anmeldung zum Handelsregister der übertragenden Gesellschaft durch Geschäftsführer der übernehmenden Gesellschaft. Anmeldung der Kapitalerhöhung durch sämtliche Geschäftsführer der übernehmenden Gesellschaft.

▶ Kosten beim Gericht: Gebühr für Eintragung der Umwandlung bei übertragendem Rechtsträger 160 Euro (GVHR 2402); Gebühr für Eintragung der neu gebildeten Kapitalgesellschaft 190 Euro (GVHR 2104) bzw. Gebühr für Eintragung der Umwandlung bei aufnehmender Kapitalgesellschaft 160 Euro (GVHR 2403); wird bei dieser Gesellschaft das Stammkapital erhöht zum Zwecke der Umwandlung, dann zusätzlich

Gebühr von 140 Euro (GVHR 2401). Gebühr von 20 Euro für die Entgegennahme der Liste der Gesellschafter (GVHR 5004). Die Entgegennahme der nach § 57 Abs. 3 Nr. 2 GmbHG einzureichenden Gesellschafterliste (Übernahmeliste) ist gebührenfrei.

▶ Kosten beim Notar: Bei Verschmelzung durch Bildung einer neuen GmbH: Die Anmeldung der neu errichteten Gesellschaft durch die Geschäftsführer der übertragenden Gesellschaft(en) hat einen bestimmten Geldwert (= einzutragendes Stammkapital), § 41a Abs. 1 Nr. 1 KostO. Die Anmeldung zur Eintragung der Verschmelzung bei den übertragenden Gesellschaften, die durch die Geschäftsführer der neuen Gesellschaft vorzunehmen sind, sind Anmeldungen ohne bestimmten Geldwert. Für sie gilt daher § 41a Abs. 4 Nr. 1 KostO (= 1% des eingetragenen Stammkapitals, mindestens 25 000 Euro, höchstens 500 000 Euro). ⁵/₁₀-Gebühr. Umfaßt Anmeldung und gleichzeitige Zeichnung der Namensunterschrift sowie Versicherung und Erklärungen der Geschäftsführer. Wegen der Liste der Geschäftsführer und der Satzungsbescheinigung: vgl. Nr. 108, 111.

Bei Verschmelzung durch Aufnahme: Bei allen Gesellschaften ist Geschäftswert: § 41a Abs. 4 Nr. 1 KostO = 1% des eingetragenen Stammkapitals jeder Gesellschaft, mindestens 25 000 Euro, höchstens 500 000 Euro je Gesellschaft. ⁵/₁₀-Gebühr. Bei der Verschmelzung durch Aufnahme hat die Anmeldung nur dann einen bestimmten Geldbetrag zum Gegenstand, wenn eine Kapitalerhöhung mit angemeldet wird. ⁵/₁₀-Gebühr. Umfaßt Anmeldung und Erklärungen des Geschäftsführers. Wegen der Liste der Gesellschafter und Satzungsbescheinigung: vgl. Nr. 108 und 111.

▶ Text der Anmeldung:
bei übertragender Gesellschaft

Zur Eintragung in das Handelsregister bei der Firma * Bezeichnung der Firma des übertragenden Rechtsträgers nach dem Handelsregister * wird angemeldet, daß diese Gesellschaft zum Stichtag * Datum* verschmolzen wurde unter Auflösung der Gesellschaft ohne Abwicklung im Wege der Aufnahme durch Übertragung des Vermögens dieser Gesellschaft als Ganzes auf die bereits bestehende Gesellschaft mit beschränkter Haftung mit der Firma * Bezeichnung des neuen Rechtsträgers nach dem Handelsregister *, § 2 Nr. 1 UmwG.

Es wird erklärt, daß eine Klage gegen die Wirksamkeit des Verschmelzungsbeschlusses nicht innerhalb eines Monats nach der Beschlußfassung erhoben wurde.

oder:

Es wird erklärt, daß eine Klage gegen die Wirksamkeit des Verschmelzungsbeschlusses zwar erhoben wurde, das Prozeßgericht aber durch rechtskräftigen Beschluß festgestellt hat, daß die Erhebung der Klage der Eintragung der Verschmelzung im Handelsregister nicht entgegensteht; Ausfertigung des rechtskräftigen Beschlusses liegt bei.

Alle Vertretungsorgane der an der Verschmelzung beteiligten Rechtsträger erklären, daß dem Verschmelzungsbeschluß der übertragenden Gesellschaft alle bei der Beschlußfassung anwesenden Anteilsinhaber dieser Gesellschaft und auch die nicht erschienenen Gesellschafter dieser Gesellschaft zugestimmt haben.

Angeschlossen werden vorgelegt:
- Ausfertigung der notariellen Urkunde über den Verschmelzungsbeschluß mit Stichtagsbilanz
- Ausfertigung der notariellen Urkunde über den Verschmelzungsbeschluß der übernehmenden Gesellschaft
- Verschmelzungsvertrag
- Verschmelzungsbericht

oder:

- Ausfertigung der notariell beurkundeten Verzichtserklärung der Anteilsinhaber wegen der Erstattung des Verschmelzungsberichts und Durchführung einer Verschmelzungsprüfung
- Bericht über die Verschmelzungsprüfung
- Nachweis über die Zuleitung des Entwurfs des Verschmelzungsvertrages an den Betriebsrat der an der Verschmelzung beteiligten Rechtsträger
- Zustimmungserklärungen von Gesellschaftern der an der Verschmelzung beteiligten Rechtsträger
- berichtigte Liste der Gesellschafter (Komplettliste)

Die Geschäftsräume befinden sich unverändert in * Ort und Straße *

(Unterschriftsbeglaubigung wie bei Nr. 161 bzw. 162)

bei übernehmender Gesellschaft

1. Zur Eintragung in das Handelsregister bei der Firma * Bezeichnung der Firma des übertragenden Rechtsträgers nach dem Handelsregister * wird angemeldet, daß diese Gesellschaft zum Stichtag * Datum * verschmolzen wurde unter Auflösung der Gesellschaft ohne Abwicklung im Wege der Aufnahme durch Übertragung des Vermögens dieser Gesellschaft als Ganzes auf die bereits bestehende Gesellschaft mit beschränkter Haftung mit der Firma * Bezeichnung des neuen Rechtsträgers nach dem Handelsregister *, § 2 Nr. 1 UmwG.

2. Das Stammkapital der * Bezeichnung der aufnehmenden GmbH * ist zum Zwecke der Durchführung der Verschmelzung um Euro * Zahl * von Euro * Zahl * auf Euro * Zahl * erhöht worden.

Gesellschaft mit beschränkter Haftung   A 125

Der § * Zahl * (Stammkapital) der Satzung der aufnehmenden Gesellschaft wurde entsprechend geändert (genauer Wortlaut ergibt sich aus dem beigefügten notariellen Protokoll über die Satzungsänderung). Wegen der Vollwertigkeit der Sacheinlagen wird auf die Schlußbilanz der * Bezeichnung der übertragenden GmbH * zum Stichtag * Datum * verwiesen.

Im Hinblick auf §§ 53, 55 UmwG wird zunächst um Eintragung der Kapitalerhöhung in das Handelsregister der aufnehmenden Gesellschaft gebeten. Diese Anmeldung erfolgt jedoch nur unter der ausdrücklichen Bedingung der Eintragung der Verschmelzung (oben Nr. 1) beim übertragenden Rechtsträger. Sodann wird zur Vervollständigung der Anmeldung der Verschmelzung noch ein beglaubigter Handelsregisterauszug des übertragenden Rechtsträgers eingereicht, woraus sich ergibt, daß die Verschmelzung in das Handelsregister des Sitzes des übertragenden Rechtsträgers eingetragen ist.

Es wird erklärt, daß eine Klage gegen die Wirksamkeit des Verschmelzungsbeschlusses nicht innerhalb eines Monats nach der Beschlußfassung erhoben wurde.

oder:

Es wird erklärt, daß eine Klage gegen die Wirksamkeit des Verschmelzungsbeschlusses zwar erhoben wurde, das Prozeßgericht aber durch rechtskräftigen Beschluß festgestellt hat, daß die Erhebung der Klage der Eintragung der Verschmelzung im Handelsregister nicht entgegensteht; Ausfertigung des rechtskräftigen Beschlusses liegt bei.

Alle Vertretungsorgane der an der Verschmelzung beteiligten Rechtsträger erklären, daß dem Verschmelzungsbeschluß der übertragenden Gesellschaft alle bei der Beschlußfassung anwesenden Anteilsinhaber dieser Gesellschaft und auch die nicht erschienenen Gesellschafter dieser Gesellschaft zugestimmt haben.

Es wird zur Kapitalerhöhung weiter versichert, daß die Kapitalerhöhung der Durchführung der Verschmelzung dient und die Gesellschafterversammlungen beider Gesellschaften dem Verschmelzungsvertrag zugestimmt haben.

Angeschlossen werden vorgelegt:
– Ausfertigung der notariellen Urkunde über den Verschmelzungsbeschluß mit Stichtagsbilanz
– Ausfertigung der notariellen Urkunde über den Verschmelzungsbeschluß der übernehmenden Gesellschaft
– Verschmelzungsvertrag
– Verschmelzungsbericht

oder:

– Ausfertigung der notariell beurkundeten Verzichtserklärung der Anteilsinhaber wegen der Erstattung des Verschmelzungsberichts und Durchführung einer Verschmelzungsprüfung

- Bericht über die Verschmelzungsprüfung
- Nachweis über die Zuleitung des Entwurfs des Verschmelzungsvertrages an den Betriebsrat der an der Verschmelzung beteiligten Rechtsträger
- Zustimmungserklärungen von Gesellschaftern
- Liste der Gesellschafter der aufnehmenden Gesellschaft nach dem Stand der vollzogenen Verschmelzung (Komplettliste) und Liste der Gesellschafter (Übernehmerliste) gemäß § 57 Abs. 3 GmbHG
- vollständiger Wortlaut des Gesellschaftsvertrages der aufnehmenden Gesellschaft mit Notarbescheinigung nach § 54 GmbHG

Die Geschäftsräume befinden sich in * Ort und Straße *

(Unterschriftsbeglaubigung wie bei Nr. 161 bzw. 162)

126. Der Jahresabschluß wird festgestellt

▶ Einzureichende Unterlagen: Je nach der Größe der Gesellschaft (vgl. die in § 267 HGB geregelten Größenklassen) wie in Nr. 135. Die GmbH ist als *Kapitalgesellschaft* nach §§ 325–327 HGB offenlegungspflichtig. Durchsetzung der Offenlegung: vgl. §§ 335, 335a HGB, § 140a FGG und Rechtsprechung B § 325 HGB. Offenlegungspflicht gilt jetzt auch für GmbH & Co. (§ 264a HGB).

▶ Kosten beim Gericht: Gebühr 20 Euro für eingereichte Unterlage (GVHR 5000).

127. Die Gesellschaft schließt einen Unternehmensvertrag ab

▶ Hinweise: Der Unternehmensvertrag bedarf der einfachen Schriftform, nicht der notariellen Beurkundung. Der Zustimmungsbeschluß der beherrschten GmbH muß entsprechend § 53 Abs. 2 GmbHG notariell beurkundet werden. Die Gesellschafterversammlung der herrschenden GmbH hat in einfacher Schriftform zuzustimmen; der Beschlußniederschrift ist der Unternehmensvertrag als Anlage beizufügen. Keine Rückwirkung von Beherrschungsverträgen auf den Zeitpunkt vor der Eintragung, OLG Karlsruhe, GmbHG 1994, 810 und Nr. 137. Die Registeranmeldung hat bei der beherrschten GmbH zu erfolgen. (Vgl. im einzelnen B § 53 GmbHG Nr. 8 und 9). Übergang des Unternehmensvertrages bei Verschmelzung der herrschenden GmbH auf den übernehmenden Rechtsträger: LG Bonn, GmbHR 1996, 774.

Gesellschaft mit beschränkter Haftung   A 127-128

Früher abgeschlossene und nicht im Handelsregister eingetragene Unternehmensverträge sind unwirksam, können aber, wenn sie faktisch durchgeführt worden sind, nach den Grundsätzen über fehlerhafte Gesellschaftsverhältnisse als wirksam zu behandeln sein (BGHZ 103, 1). Bei Beteiligung einer Aktiengesellschaft sind die §§ 293 ff. AktG zu beachten.

- Wer muß anmelden: Geschäftsführer des beherrschten Unternehmens in vertretungsberechtigter Zahl.
- Kosten beim Gericht und Notar: wie bei Nr. 137
- Text der Anmeldung:
  1. Zwischen der Gesellschaft und der * Name des anderen Vertragsteils * besteht ein am * Datum * abgeschlossener
     0 Gewinnabführungsvertrag
     0 Beherrschungsvertrag
     0 Teil-Gewinnabführungsvertrag (Stille Beteiligung)
  2. Die Gesellschafterversammlung unserer Gesellschaft hat am * Datum * dem in Ziff. 1 genannten Vertrag zugestimmt. Die Gesellschafter * Name der Gesellschaft des anderen Vertragsteils * haben dem Vertrag ebenfalls zugestimmt.

Urkundenbeilagen

– beglaubigte Kopie des genannten privatschriftlichen Vertrages
– Ausfertigung der notariellen Niederschrift über den Zustimmungsbeschluß der Gesellschafterversammlung unserer (beherrschten) Gesellschaft vom * Datum *
– beglaubigte Kopie der Niederschrift über den Zustimmungsbeschluß der Gesellschafterversammlung der * Name der herrschenden GmbH * vom * Datum * mit Unternehmensvertrag in Anlage zum Beschluß

Die Geschäftsräume befinden sich unverändert in * Ort und Straße *

(Unterschriftsbeglaubigung wie bei Nr. 162)

128. Ein Unternehmensvertrag endet

- Hinweise: Keine Zustimmung der Gesellschafterversammlung der abhängigen GmbH zur Aufhebung des Unternehmensvertrages erforderlich: B § 53 GmbHG Nr. 10 und 11; keine Eintragung vor dem Beendigungszeitpunkt: B § 12 HGB Nr. 12.
- Wer muß anmelden: Geschäftsführer des beherrschten Unternehmens in vertretungsberechtigter Zahl.

- Beizufügende Unterlagen: falls die Beendigung des Vertrages auf einer Aufhebung oder einer Kündigung beruht – entsprechend §§ 296 f. AktG –: begl. Abschriften der entsprechenden Urkunden.
- Kosten beim Gericht und Notar: wie bei Nr. 137
- Text der Anmeldung:

    1. Der Unternehmensvertrag zwischen der Gesellschaft und der * Name des anderen Vertragsteils * ist beendet.
    2. Der Unternehmensvertrag vom * Datum * ist zum Ende des Geschäftsjahres unserer Gesellschaft, also zum * Datum *
    0 aufgehoben
    0 durch * Bezeichnung der Vertragspartei * gekündigt.

    Urkundenbeilagen

    0 Beglaubigte Abschrift des Aufhebungsvertrages vom * Datum *
    0 Beglaubigte Abschrift der Kündigung des Vertrages, datiert vom * Datum
    * Die Geschäftsräume befinden sich unverändert in * Ort und Straße *

    (Unterschriftsbeglaubigung wie bei Nr. 162)

129. Umstellung von DM auf Euro

- Übersicht bei Ries, GmbHR 2000, 264; Kallmeyer, GmbHR 1998, 963 und Schneider, NJW 1998, 3158 (jeweils zur GmbH) und Schürmann, NJW 1998, 3162 (zur AG; siehe auch Nr. 130, 134); Böhringer, BWNotZ 1999, 81.

    Umstellungsbedarf bei
    – Gesellschaften mit Eintragung vor dem 1. 1. 1999 oder
    – Gesellschaften mit Anmeldung vor dem 31. 12. 1998, aber Eintragung zwischen 1. 1. 1999 und 31. 12. 2001.

    Registersperre für Änderungen des Stammkapitals dieser Gesellschaften, wenn bis zum 31. 12. 2001 keine Umstellung auf Euro und keine Teilbarkeit der Nennbeträge der Geschäftsanteile durch 10 bei Mindestbetrag von 50 Euro (§ 86 Abs. 1 S. 4 GmbHG). Das Bundesministerium der Justiz bietet auf seiner Homepage einen verhältniswahrenden Euro-Umstellungs-Rechner (mit Ausdruckmöglichkeit) zum Download an. Vgl. Rechtsprechung zu B § 86 GmbHG.

- Maßnahmen:

    1. Anpassung der Fassung des Gesellschaftsvertrages durch bloße Umrechnung ohne Kapitalmaßnahmen (§ 86 Abs. 3 S. 1 und 2 GmbHG)

Gesellschaft mit beschränkter Haftung									A 129

Gesellschafterbeschluß mit einfacher Stimmenmehrheit, keine notarielle Beurkundung, keine Bekanntmachung. Bloße Umrechnung beseitigt Registersperre nicht.

▶ Wer muß anmelden: Geschäftsführer in vertretungsberechtigter Zahl, keine notarielle Beglaubigung der Anmeldung erforderlich

▶ Beizufügende Unterlagen: Gesellschafterbeschluß in Urschrift oder in beglaubigter Abschrift; neue Fassung des Gesellschaftervertrages, notarielle Bescheinigung nach § 54 Abs. 1 S. 2 GmbHG ist nicht erforderlich.

▶ Kosten des Gerichts: Gebühr für Eintragung der Umrechnung in Euro 30 Euro (GVHR 2501).

▶ Kosten des Notars: Wert: Sollte der Notar die Anmeldung fertigen, dürfte es sich um eine Anmeldung ohne wirtschaftliche Bedeutung (§ 41a Abs. 6 KostO, analog Art. 45 Abs. 2 a. F. EGHGB) handeln.

^{5}/10-Gebühr für den Entwurf der Anmeldung aus 3 000 Euro, § 145 Abs. 1 S. 1, § 38 Abs. 2 Nr. 7; § 41a Abs. 6 KostO. Sollte der Anmelder Beglaubigung seiner Unterschrift verlangen, so ist die (erste) Beglaubigung gebührenfrei (§ 145 Abs. 1 S. 4 KostO).

Wird von den Gesellschaftern ein Entwurf des Umstellungsbeschlusses vom Notar gefordert, so ^{5}/10-Gebühr nach § 147 Abs. 2 KostO zu erheben. Wert: Bruchteil (wohl 50%) des sich aus § 41a Abs. 4 Nr. 1 KostO (1% des Stammkapitals, mindestens 25 000 Euro) ergebenden Wertes. Nicht richtig wäre nach h. M. der Ansatz einer ^{20}/10-Gebühr aus § 145 Abs. 1 S. 1, § 47 KostO aus Wert des § 41a Abs. 4 Nr. 1 KostO, da die Entwurfsgebühr des § 145 KostO nur für den Entwurf rechtsgeschäftlicher Erklärungen, nicht von Beschlüssen erhoben werden darf (a. A. aber OLG Stuttgart, MittRhNotK 1993, 101). Sollten die Gesellschafter Beurkundung dieses (nicht beurkundungsbedürftigen) Beschlusses wünschen, 20/10-Gebühr (§ 47 KostO) aus Wert des § 41a Abs. 4 Nr. 1 KostO.

▶ Text der Anmeldung:
Zur Eintragung in das Handelsregister bei der Firma
* Bezeichnung der Firma nach dem Handelsregister *
angemeldet:

Die Gesellschafterversammlung vom * Datum * hat das Stammkapital der Gesellschaft von * Zahl * DM auf * Zahl * Euro (gerundet) und die Stammeinlagen sowie sämtliche Betragsangaben der Satzung entsprechend dem amtlichen Umrechnungskurs auf Euro umgestellt. Die Summe der umgerechneten und gerundeten Geschäftsanteile beträgt * Zahl * Euro.

§ * Zahl * und § * Zahl * des Gesellschaftsvertrags (Stammkapital, Gesellschafterversammlung) wurden entsprechend geändert.

Anlagen:
- Gesellschafterbeschluß in * Urschrift oder beglaubigter Abschrift *
- Neue Fassung des Gesellschaftervertrags (empfohlen zur Klarstellung und zwecks Beauskunftung und Akteneinsicht)
- (keine Unterschriftsbeglaubigung nötig)

2. Änderung des Gesellschaftervertrages im Wege der Umstellung mit Kapitalmaßnahmen (§ 86 Abs. 3 S. 3 GmbHG)

a) *Einfache Kapitalerhöhung gegen Einlagen* – Bar- oder Sacheinlage, vgl. Nr. 108; zum Ausschüttungs-Rückhol-Verfahren vgl. B § 56 GmbHG Nr. 5–7. Kapitalerhöhung gegen Einlagen auch möglich ohne Wahrung der bisherigen Beteiligungsquoten, anders bei 2.c).

Kapitalerhöhung gegen Einlagen erfolgt in der Weise, daß die einzelnen Geschäftsanteile auf einen durch zehn teilbaren Betrag aufgestockt werden und dabei mindestens 50 Euro betragen; § 86 Abs. 1 S. 4 GmbHG. Zum Zweck der Umstellung Kapitalerhöhung gegen Einlagen wohl auch zu höheren Beträgen zulässig, um Mindestbetrag und Teilbarkeit nach §§ 5 Abs. 1 und 3, 86 Abs. 3 S. 3 GmbHG zu wahren.

Fraglich, ob Aufstockung der Geschäftsanteile möglich auch ohne vorherige Volleinzahlung und bei Vormännerhaftung, vgl. § 86 Abs. 1 S. 4 GmbHG in Abgrenzung zu B § 55 GmbHG Nr. 2.

Mustertext mit proportionaler Glättung (Einhaltung der Proportionalität nicht zwingend) Beispielsfall: Stammkapital 50 000 DM, daran sind beteiligt A mit 25 000 DM, B mit 17 000 DM und C mit 8 000 DM.

Gesellschafterbeschluß bei *Bareinlagen:*
Wir halten je einen Geschäftsanteil. Jeder Geschäftsanteil ist voll eingezahlt.

I. Das Stammkapital der Gesellschaft in Höhe von 50 000 DM wird zu dem vom Rat der Europäischen Union festgelegten Umrechnungskurs von 1 Euro zu 1,95583 DM umgerechnet und beträgt demgemäß 25 564,59 Euro (gerundet). Die Summe der umgerechneten und gerundeten Geschäftsanteile beträgt 25 564,60 Euro.

II. Das Stammkapital der Gesellschaft in Höhe von nominal 25 564,59 Euro (gerundet) wird im Wege der Barkapitalerhöhung durch Erhöhung der Nennbeträge der vorhandenen Stammeinlagen um 435,41 Euro (gerundet) auf 26 000,00 Euro erhöht.

Auf das erhöhte Stammkapital sind Bareinlagen in Höhe von 435,41 Euro (gerundet) zu leisten. Zur Übernahme der Nennbetragserhöhung der vorhandenen Geschäftsanteile werden die Inhaber der aufzustockenden Stammeinlage

Gesellschaft mit beschränkter Haftung A 129

zugelassen. Die Einlagen (Erhöhungsbeträge) sind sofort in voller Höhe bar zu erbringen.

III. Die Kapitalerhöhung erfolgt durch Aufstockung der vorhandenen Stammeinlage
- des Gesellschafters A von 12 782,30 Euro (gerundet) um 217,70 Euro (gerundet) auf 13 000 Euro,
- des Gesellschafters B von 8 691,96 Euro (gerundet) um 148,04 Euro (gerundet) auf 8 840 Euro,
- des Gesellschafters C von 4 090,34 Euro (gerundet) um 69,66 Euro (gerundet) auf 4 160 Euro.

Die neuen Stammeinlagen (Aufstockung der Geschäftsanteile) werden zum Nennwert ausgegeben und sind ab dem laufenden Geschäftsjahr voll gewinnberechtigt.

IV. § * Zahl * des Gesellschaftsvertrags (Stammkapital, Stammeinlagen) wird geändert wie folgt:

„Das Stammkapital der Gesellschaft beträgt 26 000 Euro.
Auf das Stammkapital haben übernommen:
- der Gesellschafter A eine Stammeinlage von 13 000 Euro,
- der Gesellschafter B eine Stammeinlage von 8 840 Euro,
- der Gesellschafter C eine Stammeinlage von 4 160 Euro."

oder alternativ nur:

Das Stammkapital beträgt 26 000 Euro.

V. In § * Zahl * des Gesellschaftsvertrags (Gesellschafterversammlung) wird der Satz „Jede 100 DM eines Geschäftsanteils gewähren eine Stimme." durch den Satz „Je 10 Euro eines Geschäftsanteils gewähren eine Stimme." ersetzt.

In § * Zahl * des Gesellschaftsvertrags (Geschäftsführung) wird die Betragsangabe „DM" bei den zustimmungspflichtigen Rechtsgeschäften des Geschäftsführers ersetzt durch die Betragsangabe „Euro".

§ * Zahl * des Gesellschaftsvertrags (Schlußbestimmungen) wird neu gefaßt:
„Die Kosten dieses Vertrages und seiner Durchführung trägt die Gesellschaft bis zu einem Betrag von 2 556,46 Euro (gerundet)."

VI. Übernahmeerklärungen der Gesellschafter zur Nennwertaufstockung ihrer Anteile:

Jeder Übernehmer erklärt, daß er die nachstehend zugewiesenen neuen Stammeinlagen zu den im Erhöhungsbeschluß angegebenen Bedingungen übernimmt.

Der Gesellschafter A übernimmt den Erhöhungsbetrag von * Zahl * Euro (gerundet),

Der Gesellschafter B übernimmt den Erhöhungsbetrag von * Zahl * Euro (gerundet),

A 129 Gesellschaft mit beschränkter Haftung

Der Gesellschafter C übernimmt den Erhöhungsbetrag von * Zahl * Euro (gerundet).

oder alternativ:

Wir übernehmen die sich aus der Nennbetragserhöhung ergebenden Stammeinlagen nach Maßgabe des Abschnitts III dieser Urkunde.

Dazugehörige Handelsregisteranmeldung: *(es bestehen keine Privilege für die Euro-Umstellung)*

Zur Eintragung in das **Handelsregister** melden wir bei der Firma * Bezeichnung nach dem Handelsregister * an: Das Stammkapital der Gesellschaft in Höhe von 50 000 DM wurde zu dem vom Rat der Europäischen Union festgelegten Umrechnungskurs von 1 Euro zu 1,95583 DM umgerechnet und beträgt 25 564,59 Euro (gerundet). Die Summe der umgerechneten und gerundeten Geschäftsanteile beträgt 25 564,60 Euro. Das Stammkapital der Gesellschaft in Höhe von nominal 25 564,59 Euro (gerundet) wird im Wege der Barkapitalerhöhung durch Erhöhung der Nennbeträge der vorhandenen Stammeinlagen von 25 564,59 Euro (gerundet) um 435,41 Euro (gerundet) auf 26 000 Euro erhöht.

§§ * Zahlen * des Gesellschaftsvertrags (Stammkapital, Gesellschafterversammlung, Geschäftsführung, Schlußbestimmungen) wurden geändert.

Wir versichern, daß
- die Stammeinlage des Gesellschafters A zu 13 000 Euro voll einbezahlt war und der Erhöhungsbetrag von 217,70 Euro (gerundet) voll einbezahlt ist und
- die Stammeinlage des Gesellschafters B zu 8 840 Euro voll einbezahlt war und der Erhöhungsbetrag von 148,04 Euro (gerundet) voll einbezahlt ist und
- die Stammeinlage des Gesellschafters C zu 4 160 Euro voll einbezahlt war und der Erhöhungsbetrag von 69,66 Euro (gerundet) voll einbezahlt ist

und daß der Erhöhungsbetrag von 435,41 Euro (gerundet) endgültig zu unserer freien Verfügung als Geschäftsführer steht und auch in der Folge nicht an den Einleger zurückgezahlt worden ist.

Beigefügt sind
- Ausfertigung des notariellen Protokolls über die Gesellschafterversammlung, in der die Erhöhung des Stammkapitals und die damit verbundene Änderung des Gesellschaftsvertrages beschlossen wurden,
- die notariell beglaubigten Übernahmeerklärungen der Gesellschafter A, B und C (enthalten im oben genannten notariellen Protokoll),
- der vollständige Wortlaut des Gesellschaftsvertrags mit der notariellen Bescheinigung nach § 54 GmbHG,
- Liste der Gesellschafter, die neue Stammeinlagen übernommen haben und eine vollständige Liste aller Anteilsinhaber nach § 40 GmbHG.

Unterschrift **aller** Geschäftsführer mit notarieller Unterschriftsbeglaubigung wie bei Nr. 161 bzw. 162b)

b) *Kapitalherabsetzung,* vgl. Nr. 110; sonst wie 2.a).

Gesellschaft mit beschränkter Haftung A 129

c) *Kapitalerhöhung aus Gesellschaftsmitteln*, vgl. Nr. 109. Erhöhung zum Zweck der Umstellung auf den nächst höheren Betrag nur möglich bei gleichzeitiger Wahrung der bisherigen Beteiligungsquote, ansonsten Bildung neuer Geschäftsanteile (§§ 57h Abs. 1 S. 2, 57j GmbHG).

*Mustertext für **Kapitalerhöhung aus Gesellschaftsmitteln**; zwingend ist die **proportionale Erhöhung** der Anteile!*

Gesellschafterbeschluß (Urkunde nach §§ 36, 37 BeurkG: die Gesellschafter unterschreiben die notarielle Urkunde nicht):

Beschluß über eine **Gesellschafterversammlung** der * Bezeichnung nach dem Handelsregister * GmbH in * Ortsangabe *

Bei Tatsachenbeurkundung nach § 37 BeurkG:

Es sind die im beigefügten Teilnehmerverzeichnis erschienenen Gesellschafter bzw. Gesellschaftervertreter anwesend.

In der Gesellschafterversammlung vom * Datum * der * Bezeichnung nach dem Handelsregister * GmbH wurde der Jahresabschluß zum 31. Dezember * Jahreszahl * festgestellt und eine Gewinnausschüttung in Höhe von * Zahl * Euro beschlossen. Die Bilanz zum 31. Dezember * Jahreszahl * weist eine Rücklage in Höhe von * Zahl * Euro aus. Der Jahresabschluß zum 31. Dezember * Jahreszahl * ist mit dem uneingeschränkten **Bestätigungsvermerk** der * Bezeichnung * WP Wirtschaftsprüfungsgesellschaft mbH in * Ortsangabe * versehen.

Die Beteiligten erklären, eine Gesellschafterversammlung abhalten zu wollen und auf die Einhaltung der Vorschriften über Form und Frist zu verzichten. Herr * Name und Wohnsitz * übernimmt den Vorsitz in der Gesellschafterversammlung und stellt fest, daß das gesamte Stammkapital in Höhe von 50 000 DM vertreten ist und daher eine **Vollversammlung** stattfindet.

Der Vorsitzende unterzeichnet sodann vor der ersten Abstimmung das **Teilnehmerverzeichnis** und legt es zur Einsicht aus. Es ist hier als Anlage beigefügt. Als Form der Abstimmung bestimmt er Zuruf.

Allgemeiner Text bei jeder Art von Beurkundung

Die Gesellschafterversammlung beschließt daraufhin einstimmig folgendes:

I. Das Stammkapital der Gesellschaft in Höhe von 50 000 DM wird zu dem vom Rat der Europäischen Union festgelegten Umrechnungskurs von 1 Euro zu 1,95583 DM umgerechnet und beträgt demgemäß 25 564,59 Euro (gerundet). Die Geschäftsanteile werden in gleicher Weise umgerechnet. Die Summe der umgerechneten und gerundeten Geschäftsanteile beträgt 25 564,60 Euro.

II. Die in der Jahresbilanz zum 31. Dezember * Jahreszahl * ausgewiesene Gewinnrücklage wird in Höhe von * Zahl * DM in Stammkapital umgewandelt und umgerechnet in * Zahl * Euro (gerundet).

Das Stammkapital der Gesellschaft wird damit im Wege der Kapitalerhöhung aus Gesellschaftsmitteln von * Zahl * Euro (gerundet) um * Zahl * Euro (gerundet) auf * Zahl * Euro erhöht.

III. Die Kapitalerhöhung wird durch Erhöhung der Nennbeträge der Geschäftsanteile aller Gesellschafter ausgeführt. Nach der Umstellung auf den Euro und der Kapitalerhöhung betragen somit die Geschäftsanteile von

– A * Zahl * Euro durch Aufstockung des bisher vorhandenen Geschäftsanteils von * Zahl * Euro (gerundet) um * Zahl * Euro (gerundet),
– B * Zahl * Euro durch Aufstockung des bisher vorhandenen Geschäftsanteils von * Zahl * Euro (gerundet) um * Zahl * Euro (gerundet),
– C * Zahl * Euro durch Aufstockung des bisher vorhandenen Geschäftsanteils von * Zahl * Euro (gerundet) um * Zahl * Euro (gerundet).

IV. § * Zahl * des Gesellschaftsvertrags (Stammkapital, Stammeinlagen) wird geändert wie folgt:

„Das Stammkapital der Gesellschaft beträgt 26 000 Euro."

Das Stammkapital ist eingeteilt in die Geschäftsanteile
– des Gesellschafters A im Nennbetrag von * Zahl * Euro,
– des Gesellschafters B im Nennbetrag von * Zahl * Euro,
– des Gesellschafters C im Nennbetrag von * Zahl * Euro."

V. In § * Zahl * des Gesellschaftsvertrags (Gesellschafterversammlung) wird der Satz „Jede 100 DM eines Geschäftsanteils gewähren eine Stimme." durch den Satz „Je 10 Euro eines Geschäftsanteils gewähren eine Stimme." ersetzt.

In § * Zahl * des Gesellschaftsvertrags (Geschäftsführung) wird die Betragsangabe „DM" bei den zustimmungspflichtigen Rechtsgeschäften des Geschäftsführers ersetzt durch die Betragsangabe „Euro".

§ * Zahl * des Gesellschaftsvertrags (Schlußbestimmungen) wird neu gefaßt:
„Die Kosten dieses Vertrages und seiner Durchführung trägt die Gesellschaft bis zu einem Betrag von 2 556,46 Euro (gerundet)."

Die Kosten dieser Urkunde und des Vollzugs beim Handelsregister trägt die Gesellschaft.

Bei Tatsachenbeurkundung nach § 37 BeurkG:

Der Vorsitzende stellt die Beschlüsse fest und verkündet sie.

Zur Kapitalerhöhung durch Gesellschaftsmittel dazugehörige Handelsregisteranmeldung:

Zur Eintragung in das **Handelsregister** bei der * Bezeichnung nach dem Handelsregister * GmbH in * Ortsangabe * wird angemeldet:

Gesellschaft mit beschränkter Haftung A 129

Die Gesellschaft hat die Umstellung von Stammkapital und Geschäftsanteilen auf Euro beschlossen. Das Stammkapital der Gesellschaft wurde aus Gesellschaftsmitteln von 25 564,59 Euro (gerundet) um 435,41 Euro (gerundet) auf 26 000 Euro durch Erhöhung der Nennbeträge der vorhandenen und umgerechneten Stammeinlagen erhöht unter Umrechnung des vom Rat der Europäischen Union festgelegten Umrechnungskurs von 1 Euro zu 1,95583 DM.

§§ * Zahlen * des Gesellschaftsvertrags (Stammkapital, Gesellschafterversammlung, Geschäftsführung, Schlußbestimmungen) wurden geändert. Nach Belehrung über die Strafbarkeit einer wissentlich falschen Versicherung versichert der Geschäftsführer (bei mehreren jeder für sich), daß nach seiner Kenntnis seit dem Stichtag der Bilanz, welche der Kapitalerhöhung aus Gesellschaftsmitteln zu Grunde gelegt wurde, bis zum heutigen Tag der Anmeldung keine Vermögensminderungen eingetreten sind, die der Kapitalerhöhung entgegen stünden, wenn sie am heutigen Tage beschlossen worden wäre.

Der Geschäftsführer (bei mehreren jeder für sich) versichert weiter, daß
- die Stammeinlage eines jeden Gesellschafters voll einbezahlt war,
- die Sacheinlagen auf das neue Stammkapital auf die Gesellschaft übertragen sind und sich endgültig in der freien Verfügung der Geschäftsführung befinden.

Beigefügt sind:
- Ausfertigung des notariellen Protokolls über die Gesellschafterversammlung, in der die Erhöhung des Stammkapitals und die damit verbundene Änderung des Gesellschaftsvertrages beschlossen wurden,
- Ausfertigung des notariellen Protokolls über die Gesellschafterversammlung mit den Gesellschafterbeschlüssen über Feststellung, Jahresabschluß und Gewinnverwendung,
- der vollständige Wortlaut des Gesellschaftsvertrags mit der notariellen Bescheinigung nach § 54 GmbHG,
- Liste der Gesellschafter aller Anteilsinhaber, § 40 GmbHG, Komplettliste,
- die Bilanz, welche der Kapitalerhöhung aus Gesellschaftsmitteln zu Grunde gelegt wurde, mit dem Bestätigungsvermerk des Abschlußprüfers (und die letzte Jahresbilanz, wenn der Kapitalerhöhung eine Zwischenbilanz zu Grunde gelegt wird).

(**Beglaubigung der Unterschrift** sämtlicher Geschäftsführer durch Notar wie bei Nr. 161 bzw. 162)

d) *vereinfachte Kapitalherabsetzung* in Verbindung mit gleichzeitiger Kapitalerhöhung (§ 86 Abs. 3 S. 3 HS. 2 GmbHG). Vgl. Nr. 110 und 2c).

e) Für die Eintragung und Anmeldung der Erhöhung des Stammkapitals aus Gesellschaftsmitteln oder der Herabsetzung des Kapitals auf den nächsthöheren oder nächstniedrigeren Betrag, mit der die Nennbeträge der Geschäftsanteile auf einen durch zehn teilbaren Betrag in

Euro gestellt werden können, ist die Hälfte des sich aus § 41a Abs. 1 Nr. 3 KostO ergebenden Wertes als Geschäftswert zugrunde zu legen (Art. 45 Abs. 3 EGHGB). Die Eintragung und Anmeldung einer darüber hinausgehenden Kapitalerhöhung ist nach den Grundsätzen gemäß § 41a Abs. 1 Nr. 3 KostO zu bestimmen.

Beispielsfall: *50 000 DM Stammkapital; Herabsetzung des Stammkapitals auf 25 000 Euro und dann Bar-Erhöhung um 5 000 Euro auf 30 000 Euro. Die bisherigen Gesellschafter übernehmen die Kapitalzufuhr ohne einen Dritten.*

Gesellschafterbeschluß bei **Nennwertaufstockung:**

I. Das Stammkapital der Gesellschaft in Höhe von 50 000 DM wird zu dem vom Rat der Europäischen Union festgelegten Umrechnungskurs (1 Euro = 1,95583 DM) umgerechnet und beträgt 25 564,59 Euro (gerundet). Die Geschäftsanteile werden in gleicher Weise umgestellt, ebenso die Betragsangaben in der Satzung.

II. Aufschiebend bedingt auf die Wirksamkeit der nachfolgend beschlossenen Kapitalerhöhung wird das Stammkapital der Gesellschaft von 25 564,59 Euro (gerundet) auf 25 000 Euro herabgesetzt (§ 86 III 3 GmbHG).

Die Herabsetzung des Stammkapitals erfolgt zum Zwecke der Anpassung des Stammkapitals und der einzelnen Geschäftsanteile. Die Kapitalherabsetzung erfolgt durch entsprechende Teilrückzahlung der betroffenen Stammeinlagen.

Die Nennbeträge der einzelnen Geschäftsanteile werden dabei wie folgt reduziert:
– Der Geschäftsanteil des Gesellschafters A im Nennbetrag zu * Zahl * Euro (gerundet) um * Zahl * Euro (gerundet) auf * Zahl * Euro,
– Der Geschäftsanteil des Gesellschafters B im Nennbetrag zu * Zahl * Euro (gerundet) um * Zahl * Euro (gerundet) auf * Zahl * Euro,
– Der Geschäftsanteil des Gesellschafters C im Nennbetrag zu * Zahl * Euro (gerundet) um * Zahl * Euro (gerundet) auf * Zahl * Euro.

III. Das Stammkapital der Gesellschaft in Höhe von * Zahl * Euro wird im Wege der Barkapitalerhöhung um insgesamt * Zahl * Euro auf * Zahl * Euro erhöht.

Die Kapitalerhöhung erfolgt durch Aufstockung der vorhandenen Stammeinlage
– des Gesellschafters A in Höhe von * Zahl * Euro um * Zahl * Euro auf * Zahl * Euro,
– des Gesellschafters B in Höhe von * Zahl * Euro um * Zahl * Euro auf * Zahl * Euro,
– des Gesellschafters C in Höhe von * Zahl * Euro um * Zahl * Euro auf * Zahl * Euro.

Gesellschaft mit beschränkter Haftung A 129

Zur Übernahme der neuen Stammeinlagen werden die bisherigen Gesellschafter zugelassen. Die aufgestockten Beträge der Stammeinlagen werden zum Nennwert ausgegeben; sie sind in Geld zu erbringen und in voller Höhe sofort zur Zahlung fällig. Sie sind vom Beginn des bei der Eintragung in das Handelsregister laufenden Geschäftsjahres am Gewinn der Gesellschaft beteiligt.

IV. § * Zahl * des Gesellschaftsvertrags (Stammkapital) lautet künftig: „Das Stammkapital der Gesellschaft beträgt 30 000 Euro. Auf das Stammkapital haben übernommen:
- der Gesellschafter A Stammeinlagen zu * Zahl * Euro,
- der Gesellschafter B Stammeinlagen zu * Zahl * Euro,
- der Gesellschafter C Stammeinlagen zu * Zahl * Euro.

In § * Zahl * des Gesellschaftsvertrags (Gesellschafterversammlung) wird der Satz „Jede 100 DM eines Geschäftsanteils gewähren eine Stimme." durch den Satz „Je 10 Euro eines Geschäftsanteils gewähren eine Stimme." ersetzt.

In § * Zahl * des Gesellschaftsvertrags (Geschäftsführung) wird die Betragsangabe „DM" bei den zustimmungspflichtigen Rechtsgeschäften des Geschäftsführers ersetzt durch die Betragsangabe „Euro".

§ * Zahl * des Gesellschaftsvertrags (Schlußbestimmungen) wird neu gefaßt: „Die Kosten dieses Vertrages und seiner Durchführung trägt die Gesellschaft bis zu einem Betrag von 2 556,46 Euro (gerundet)."

Übernahmeerklärungen:
Die vorstehend zur Übernahme zugelassenen Personen erklären jeweils, daß sie die aufgestockte Stammeinlage entsprechend dem Kapitalerhöhungsbeschluß übernehmen.

*Die **dazugehörige Handelsregisteranmeldung** lautet:*

Zur Eintragung in das Handelsregister bei der * Bezeichnung nach dem Handelsregister * GmbH in * Ortsangabe * wird angemeldet:
Das Stammkapital der Gesellschaft, die Geschäftsanteile der Gesellschafter und die Betragsangaben in der Satzung wurden auf Euro umgestellt. Auf Grund dieser Umstellung beträgt das Stammkapital der Gesellschaft 25 564,59 Euro (gerundet).
Dieses Stammkapital der Gesellschaft wurde zum Zwecke der Glättung der Beträge zunächst um * Zahl * Euro auf 25 000 Euro herabgesetzt und sodann um 5 000 Euro auf 30 000 Euro erhöht.
§§ * Zahlen * des Gesellschaftsvertrags (Stammkapital, Gesellschafterversammlung, Geschäftsführung, Schlußbestimmungen) wurden geändert.
Wir versichern, daß die aufgestockten Stammeinlagen voll eingezahlt waren, daß auf diese die beschlossenen Aufstockungsbeträge in voller Höhe in Geld vor dieser Anmeldung geleistet worden sind und sich endgültig in der freien Verfügung der Geschäftsführung befinden und auch in der Folge nicht an den Einleger zurückgezahlt worden sind. Im einzelnen haben erbracht:

A 129

- der Gesellschafter A den Betrag von * Zahl * Euro,
- der Gesellschafter B den Betrag von * Zahl * Euro,
- der Gesellschafter C den Betrag von * Zahl * Euro.

Beigefügt sind:
- Ausfertigung des notariellen Protokolls über die Kapitalherabsetzung und anschließende Kapitalerhöhung und die damit verbundene Änderung der Satzung,
- die notariell beglaubigten Übernahmeerklärungen der Gesellschafter A, B und C,
- der vollständige Wortlaut des Gesellschaftsvertrags mit der notariellen Bescheinigung nach § 54 GmbHG,
- Liste der Übernehmer der durch die Kapitalerhöhung aufgestockten Stammeinlagen sowie eine aktuelle Liste aller Gesellschafter mit Stand nach Eintragung der Kapitalveränderungen im Handelsregister.

(Unterschrift **aller** Geschäftsführer und notarielle Unterschriftsbeglaubigung wie bei Nr. 161 bzw. 162)

Aktiengesellschaft

130. Gründung der Aktiengesellschaft

▶ Hinweis: Der oder die Gründer haben stets – also auch bei Bargründungen – einen *Gründungsbericht* zu erstatten. Die Vorstands- und Aufsichtsratsmitglieder haben diesen Bericht zu prüfen und das Ergebnis ebenfalls in einem Bericht darzulegen. Anschließend ist in den Fällen des § 33 Abs. 2 AktG eine Prüfung durch unabhängige *Gründungsprüfer* erforderlich. Sie werden vom Registergericht bestellt, wenn bei der Gründung Mitglieder des Vorstandes oder des Aufsichtsrats ein besonderer Vorteil gewährt wird oder eine Gründung mit Sacheinlagen oder Sachübernahmen vorliegt. In den anderen Fällen des § 33 Abs. 2 AktG kann der beurkundende Notar selbst im Auftrag der Gründer die Gründungsprüfung vornehmen. *Grundkapital/Aktiennennbetrag:* seit dem 1.1.2002 Grundkapital und Aktiennennbetrag nur noch in Euro. Zur Umstellung auf Euro allg. siehe Nr. 129. Besonderheiten der AG werden erörtert zu Nr. 134. Keine Befreiung von Vorstandsmitgliedern für Rechtsgeschäfte zwischen der AG und ihnen selbst (§ 112 AktG).

Doppelsitz siehe B § 23 AktG.

Siehe im übrigen die Hinweise zur Gründung der GmbH bei Nr. 91 und 92.

▶ Kosten beim Gericht: Gebühr für Eintragung der Aktiengesellschaft bei Bargründung 240 Euro (GVHR 2102), bei Sachgründung 290 Euro (GVHR 2103).

▶ Kosten beim Notar: Der Geschäftswert richtet sich immer nach dem einzutragenden Grundkapital mit der Besonderheit, daß ein in der Satzung bestimmtes genehmigtes Kapital dem Grundkapital hinzuzurechnen ist (§ 41a Abs. 1 Nr. 1 KostO). Gebühren: §§ 32, 141, 45, 145, 38 Abs. 2 Nr. 7 KostO: $5/10$-Gebühr. Höchstwert für Anmeldung 500 000 Euro, § 39 Abs. 4 KostO. Gebühr umfaßt Anmeldung und gleichzeitig Zeichnung der Namensunterschrift des Vorstands, außerdem die Abgabe der Erklärung über die Einzahlung des Grundkapitals und die Berechnung des Gründungsaufwandes sowie die Versicherung des Vorstands. Die Mitanmeldung des Aufsichtsrats ist Teil der Erstanmeldung und nicht gesondert zu bewerten. Wegen Belehrung des Vorstandes: wie bei Nr. 91. Entwirft der Notar das Aktionärsverzeichnis, dann ⁵/₁₀-Gebühr gemäß § 147 Abs. 2 KostO aus dem Geschäftswert nach § 30 KostO (Teilwert ca. 20–30% des Ausgabewertes der Aktien).

▶ Text der Anmeldung:

Wir, die unterzeichneten Gründer, Mitglieder des Vorstandes und des Aufsichtsrates melden hiermit die * Bezeichnung der Aktiengesellschaft * mit Sitz in * Ort * zur Eintragung in das Handelsregister an.

Wir erklären, daß die Aktien zum Nennwert übernommen sind und auf jede Aktie der Nennbetrag von Euro * Zahl * von den Gründern auf das Konto des Vorstands bei der * Bezeichnung der Bank * endgültig zu dessen freier Verfügung überwiesen worden ist. Wir versichern (zum Zeitpunkt des Zugangs der Anmeldung beim Registergericht), daß der Vorstand in der Verfügung über den eingezahlten Betrag von Euro * Zahl *, abzüglich der davon gezahlten Steuern und Gebühren nicht, namentlich nicht durch Gegenforderungen, beschränkt ist.

Die Geschäftsräume der Gesellschaft befinden sich in * Ort, Straße *

Die Gesellschaft wird durch zwei Vorstandsmitglieder oder durch ein Vorstandsmitglied gemeinsam mit einem Prokuristen gesetzlich vertreten.

Zu Vorstandsmitgliedern der Gesellschaft wurden bestellt:

* Name, Vorname, Geburtsdatum, Wohnort *

* Name, Vorname, Geburtsdatum, Wohnort *

Jedes Vorstandsmitglied zeichnet seine Namensunterschrift wie folgt:

Versicherung

Jedes Vorstandsmitglied versichert, daß es über seine unbeschränkte Auskunftspflicht gegenüber dem Registergericht vom beglaubigenden Notar belehrt worden ist und bei dem Vorstandsmitglied keine Umstände vorliegen, aufgrund deren er nach § 76 Abs. 3 AktG von dem Amt als Vorstand ausgeschlossen wäre: Das Bestellungshindernis einer Verurteilung nach §§ 283 bis 283d Strafgesetzbuch liegt nicht vor, auch ist dem Vorstandsmitglied weder durch gerichtliches Urteil noch durch vollziehbare Entscheidung einer Verwaltungsbehörde die Ausübung eines Berufes, Berufszweiges, Gewerbes oder Gewerbezweiges untersagt (Amtsunfähigkeit).

Urkundenbeilagen

1. Ausfertigung der notariellen Niederschrift des diese Anmeldung beglaubigenden Notars vom * Datum * über die Errichtung der Gesellschaft, worin die Satzung festgestellt ist, die Aktien von den Gründern übernommen sind und der Aufsichtsrat bestellt ist,

2. die Niederschrift über die Sitzung des Aufsichtsrates der Gesellschaft, worin die Vorstandsmitglieder bestellt sind,

3. den Gründungsbericht der Gründer,

Aktiengesellschaft	A 130-131

4. den Gründungsprüfungsbericht der Mitglieder des Vorstandes und des Aufsichtsrates,
5. den Prüfungsbericht der Gründungsprüfer,
6. die Bescheinigung der * Bezeichnung der Bank *, wonach der Vorstand der Gründungsgesellschaft in der Verfügung über den eingezahlten Betrag von Euro * Zahl *, abzüglich der davon gezahlten Steuern und Gebühren, nicht beschränkt ist, namentlich nicht durch Gegenforderungen,
7. Aufstellung der gezahlten Steuern und Gebühren mit einer Quittung für jeden bezahlten Betrag.

(Unterschriftsbeglaubigung wie bei Nr. 162 und 166 bzw. 167 von den Gründern, den Mitgliedern des Aufsichtsrates und des Vorstandes)

131. Die Gesellschaft erwirbt innerhalb von 2 Jahren nach ihrer Eintragung Vermögensgegenstände

Wenn von einem Gründer oder einem Aktionär, der mit mehr als 10% am Grundkapital beteiligt ist, erworben wird und die hierfür zu gewährende Vergütung ein Zehntel des Grundkapitals übersteigt und § 52 Abs. 9 AktG nicht einschlägig ist (kein Erwerb im Rahmen der laufenden Geschäfte o. ä.), sind die Vorschriften über die Nachgründung einzuhalten (§ 52 AktG):
a) Der Erwerbsvertrag bedarf mindestens der Schriftform.
b) Es ist ein Nachgründungsbericht zu erstatten.
c) Es muß eine Prüfung durch einen oder mehrere Gründungsprüfer stattfinden.
d) Danach muß die Hauptversammlung über die Zustimmung zu dem Vertrag beschließen.
e) Nach Zustimmung der Hauptversammlung hat der Vorstand in vertretungsberechtigter Zahl den Vertrag zur Eintragung in das Handelsregister anzumelden. Beizufügen sind der Vertrag, der Nachgründungsbericht, der Bericht der Gründungsprüfer und die Hauptversammlungsniederschrift (§ 52 Abs. 6 AktG).
f) Im Wege der Nachgründung kann auch eine Sacheinlage aus dem Gründungsvorgang, die mangels Festsetzung in der Satzung unwirksam war, geheilt werden.

132. Bestellung, Abberufung oder Amtsniederlegung von Vorstandsmitgliedern oder die Änderung ihrer Vertretungsbefugnis

▶ Hinweise: Geschäftsleiter der inländischen Niederlassung einer ausländischen Bank eintragungsfähig; B § 81 AktG.
Siehe im übrigen Hinweise bei Nr. 96–99.

▶ Wer muß anmelden: Vorstandsmitglieder in zur Vertretung berechtigter Zahl

▶ Kosten beim Gericht: Gebühr für Eintragung der entsprechenden Tatsache 40 Euro (GVHR 2500).

▶ Kosten beim Notar: Wert: wie bei Nr. 96. Umfaßt Anmeldung und gleichzeitige Zeichnung der Namensunterschrift. Bei mehreren Veränderungen Addition der Werte entsprechend der Zahl der Veränderungen. – Wegen Zusatzgebühren vgl. bei Nr. 96.

▶ Text der Anmeldung:

Durch Beschluß des Aufsichtsrates der Gesellschaft vom * Datum * wurde * Name, Vorname, Geburtsdatum, Wohnort * zum ordentlichen Vorstandsmitglied bestellt.

Das neue Vorstandsmitglied vertritt die Gesellschaft mit einem weiteren Vorstandsmitglied oder mit einem Prokuristen.

Das neue Vorstandsmitglied zeichnet seine Namensunterschrift wie folgt:

Das neue Vorstandsmitglied versichert, daß es über seine unbeschränkte Auskunftspflicht gegenüber dem Registergericht vom beglaubigenden Notar belehrt worden ist und bei dem neuen Vorstandsmitglied keine Umstände vorliegen, aufgrund deren er nach § 76 Abs. 3 AktG von dem Amt als Vorstand ausgeschlossen wäre:

Das Bestellungshindernis einer Verurteilung nach §§ 283 bis 283d Strafgesetzbuch liegt nicht vor, auch ist dem Vorstandsmitglied weder durch gerichtliches Urteil noch durch vollziehbare Entscheidung einer Verwaltungsbehörde die Ausübung eines Berufes, Berufszweiges, Gewerbes oder Gewerbezweiges untersagt (Amtsunfähigkeit).

Die Eintragung soll auch bei sämtlichen Zweigniederlassungen der Gesellschaft vollzogen werden.

Weitere beglaubigte Abschriften dieser Urkunde mit urschriftlicher Namenszeichnung für die Gerichte der in Betracht kommenden Zweigniederlassungen der Gesellschaft sind beigefügt.

Aktiengesellschaft A 132-133

Urkundenbeilagen

Angeschlossen ist die beglaubigte Kopie des Aufsichtsratsbeschlusses über die Bestellung des Vorstandsmitglieds.

(Unterschriftsbeglaubigung wie bei Nr. 162 und 164)

* Name, Vorname, Geburtsdatum, Wohnort * ist nicht mehr Mitglied des Vorstands.

Wir versichern, daß die Voraussetzungen für die heutige Anmeldung vorliegen.

Urkundenbeilagen

0 Angeschlossen ist die beglaubigte Kopie des Aufsichtsratsbeschlusses über die Abberufung des Vorstandsmitglieds.

0 Schreiben des ausgeschiedenen Vorstandsmitglieds an die Gesellschaft wegen der Niederlegung seines Amtes.

0 Schreiben des ausgeschiedenen Vorstandsmitglieds an die Gesellschaft wegen der Kündigung seines Amtes.

0 Sterbeurkunde des ausgeschiedenen Vorstandsmitglieds.

Die Geschäftsräume der Gesellschaft befinden sich unverändert in * Ort und Straße *

(Unterschriftsbeglaubigung wie bei Nr. 162)

133. Vereinigung aller Aktien in einer Hand

▶ Hinweise: § 42 AktG verlangt Anmeldung, wenn alle Aktien einem Aktionär allein gehören; eigene Aktien der Gesellschaft (vgl. §§ 71 ff. AktG) bleiben dabei außer Betracht. Zum Begriff „gehören" vgl. § 16 AktG und eingehend Heckschen, DNotZ 1995, 275 ff., 278. Zusätzliche Einzahlungs- oder Sicherungspflichten entstehen durch den Aktienerwerb in einer Hand, soweit er nicht bei der Gründung erfolgt (vgl. § 36 Abs. 2 AktG) nicht. Beruht Vereinigung aller Aktien in einer Hand auf dem Ausschluß von Minderheitsaktionären, dann ist der Übertragungsbeschluß zur Eintragung anzumelden (Squeeze-out, § 327e Abs. 1 AktG; eingehend Vossius, ZIP 2002, 511).

▶ Was ist anzumelden: Mitteilung der Anteilsvereinigung unter Angabe von * Name, Vorname, Geburtsdatum, Wohnort * des Alleinaktionärs ist zum Handelsregister einzureichen.

▶ Wer muß anmelden: Vorstand oder Alleinaktionär (vgl. Heckschen, aaO)

▶ Einzureichende Unterlagen: keine

▶ Kosten beim Gericht: Gebühr des Gerichts über die Entgegennahme der Mitteilung über die Anteilsvereinigung 10 Euro (GVHR 5007).

▶ Kosten beim Notar: Meldet der Notar auftragsgemäß dem Gericht die Anteilsvereinigung, so entsteht beim Notar eine Gebühr nach § 147 II KostO aus einem Geschäftswert von etwa 20% des Werts nach § 41a Abs. 4 Nr. 1 KostO.

134. Umstellung von DM auf Euro

Übersicht bei Schürmann, NJW 1998, 3162. Betroffene Gesellschaften wie bei Nr. 129; in Abweichung gegenüber GmbH gilt für die AG:

Registersperre ab 1. 1. 2002 für Kapitaländerungen, wenn AG die Aktiennennbeträge nicht an § 8 Abs. 2 S. 1 AktG angepaßt hat (§ 3 Abs. 5 EG-AktG).

Anpassung der Fassung der Satzung ohne Kapitalmaßnahme bis 31. 12. 2001 durch Beschluß der Hauptversammlung, danach durch Aufsichtsrat (§ 4 Abs. 1 S. 2 EG-AktG).

Beschluß zur Erhöhung des Grundkapitals aus Gesellschaftsmitteln zur Umstellung der Nennwertaktien auf nächsthöheren vollen EuroBetrag mit einfacher Mehrheit; anstelle der Erhöhung des Nennbetrages auch Neueinteilung der Nennbeträge möglich (§ 4 Abs. 2 und 3 EG-AktG).

Entsprechendes gilt für den Beschluß über die Kapitalherabsetzung, wobei zumindest die Hälfte des Grundkapitals vertreten sein muß (§ 4 Abs. 2 EG-AktG).

Kapitalerhöhung aus Gesellschaftsmitteln ohne Ausgabe neuer Aktien (§ 207 Abs. 2 S. 2 AktG i.V.m. § 4 Abs. 2 EG-AktG).

135. Durchführung der ordentlichen Hauptversammlung nach Feststellung des Jahresabschlusses

Einzureichen ist bei der Aktiengesellschaft eine beglaubigte Abschrift der Niederschrift über die Hauptversammlung; bei nicht zum Börsenhandel zugelassenen Gesellschaften reicht eine vom Vorsitzenden des Aufsichtsrates unterschriebene Niederschrift (§ 130 Abs. 1 und Abs. 5 AktG). Zu den notwendigen Anlagen gehören auch die Einberufungsunterlagen, es sei denn, ihr Inhalt ist in der Niederschrift aufgeführt.

Aktiengesellschaft   **A 135-136**

Die Vorlage der Jahresabschlußunterlagen im übrigen ist für alle Kapitalgesellschaften einheitlich in §§ 325–327 HGB geregelt. Zur Durchsetzung der Offenlegung und zu den Zwangs- und Ordnungsmitteln des Registergerichts vgl. §§ 335, 335a HGB, 140a FGG und die Rechtsprechung B § 325 HGB. Je nach der Größe des Unternehmens (vgl. § 267 HGB) ist folgendes beim Handelsregister einzureichen:

- Große Kapitalgesellschaft: Jahresabschluß (Bilanz, Gewinn- und Verlustrechnung, Anhang), Bestätigungsvermerk oder Vermerk über Versagung, Lagebericht, Vorschlag und Beschluß über Ergebnisverwendung, soweit nicht aus Jahresabschluß ersichtlich; und zwar innerhalb von 12 Monaten nach dem Bilanzstichtag

- Mittlere Gesellschaft: Jahresabschluß (mit verkürzter Bilanz), Bestätigungsvermerk oder Vermerk über Versagung, Lagebericht und Ergebnisverwendung, mit Ausnahmen nach § 325 Abs. 1 Satz 1 HS. 2 HGB; einzureichen innerhalb von 12 Monaten

- Kleine Kapitalgesellschaft: verkürzte Bilanz und bereinigter Anhang; innerhalb von 12 Monaten

Die Abschlußunterlagen müssen vom Vorstand/Geschäftsführer unterschrieben sein (§ 245 HGB).

Die Große Kapitalgesellschaft hat den Abschluß außerdem im Bundesanzeiger bekanntzumachen und dem Gericht ein Belegexemplar einzureichen. Kleine und mittlere Gesellschaften müssen unverzüglich nach der Einreichung beim Registergericht im Bundesanzeiger bekanntmachen, bei welchem Handelsregister und unter welcher Nummer die Unterlagen hinterlegt worden sind.

136. Durchführung einer *außerordentlichen* Hauptversammlung

▶ Was ist anzumelden: nichts, soweit nicht gefaßte Beschlüsse anzumelden sind

▶ Einzureichende Unterlagen: beglaubigte Abschrift der Niederschrift über die Hauptversammlung (§ 130 Abs. 5 AktG) mit Einberufungsbelegen

▶ Kosten beim Gericht: Gebühr für Entgegennahme des Protokolls der Jahreshauptversammlung 20 Euro (GVHR 5008).

▶ Kosten beim Notar: keine

137. Abschluß oder Änderung eines Unternehmensvertrages

▶ Hinweise: vgl. auch Nr. 127

▶ Wer muß anmelden: Vorstandsmitglieder in zur Vertretung berechtigter Zahl

▶ Beizufügende Unterlagen: der Unternehmensvertrag bzw. seine Änderung; außerdem die Niederschrift über den Hauptversammlungsbeschluß; ferner ggf. die Niederschrift der zustimmenden Hauptversammlung des anderen Vertragsteils

▶ Hinweise: Arten der Unternehmensverträge siehe §§ 291 ff. AktG. Der Vertrag und Änderungen desselben werden nur mit Zustimmung der Hauptversammlung, in den Fällen des § 293 AktG außerdem nur mit Zustimmung der Hauptversammlung des anderen Vertragsteils bei vorangegangener Berichterstattung durch den Vorstand und Prüfung des Unternehmensvertrages wirksam, ferner stets erst mit der Eintragung im Handelsregister.

Die Anmeldung ist nur zum Register der Aktiengesellschaft erforderlich, die ihre Leitung einem anderen Unternehmen unterstellt, sich zur Gewinnabführung verpflichtet oder die ihren Betrieb verpachtet.

Keine Rückwirkung auf Zeitpunkt vor Eintragung (Hans. OLG Hamburg, WM 1989, 1767).

▶ Kosten beim Gericht: Gebühr für Eintragung bei beherrschter Gesellschaft 40 Euro (GVHR 2500).

▶ Kosten beim Notar: Wert nach § 41a Abs. 4 Nr. 1 KostO, also 1 % des eingetragenen Stammkapitals der beherrschten Gesellschaft, mindestens 25 000 Euro, höchstens 500 000 Euro. $^{5}/_{10}$-Gebühr.

▶ Text der Anmeldung:

Zur Eintragung in das Handelsregister bei der * Bezeichnung der Aktiengesellschaft nach dem Handelsregister * wird angemeldet:

1. Zwischen unserer Gesellschaft und der * Name des anderen Vertragsteils oder eine Bezeichnung, die den jeweiligen Teilgewinnabführungsvertrag konkret bestimmt * besteht ein am * Datum * abgeschlossener

   0 Gewinnabführungsvertrag

   0 Beherrschungsvertrag

   0 Teilgewinnabführungsvertrag (stille Beteiligung)

2. Die Gesellschaftsversamlung unserer Gesellschaft hat am * Datum * dem in Ziff. 1 genannten Vertrag zugestimmt. Die Gesellschafter der * Name

Aktiengesellschaft						A 137-138

der Gesellschaft des anderen Vertragsteils * haben dem Vertrag ebenfalls zugestimmt.

Urkundenbeilagen
- der genannte Vertrag
- Ausfertigung der notariellen Niederschrift über den Zustimmungsbeschluß der Hauptversammlung unserer (beherrschten) Gesellschaft vom * Datum *
- Ausfertigung der Niederschrift über den Zustimmungsbeschluß der Hauptversammlung der * Name des anderen Vertragsteils * vom * Datum *

Die Geschäftsräume befinden sich unverändert in * Ort und Straße *

(Unterschriftsbeglaubigung wie bei Nr. 162)

138. Ein Unternehmensvertrag endet

▶ Hinweis: vgl. auch Nr. 128

▶ Wer muß anmelden: Vorstandsmitglieder in zur Vertretung berechtigter Zahl

▶ Beizufügende Unterlagen: falls die Beendigung des Vertrages auf einer Aufhebung (§ 296 AktG) oder einer Kündigung (§ 297 AktG) beruht: begl. Abschriften der entsprechenden Urkunden

▶ Kosten beim Gericht und Notar: wie bei Nr. 137

▶ Text der Anmeldung:
1. Der Unternehmensvertrag zwischen der Gesellschaft und der * Name des anderen Vertragsteils * ist beendet.
2. Der Unternehmensvertrag vom * Datum * ist zum Ende des Geschäftsjahres unserer Gesellschaft, also zum * Datum *

0 aufgehoben

0 durch * Bezeichnung der Vertragspartei * gekündigt.

Urkundenbeilagen

0 Niederschrift über den Sonderbeschluß der außenstehenden Aktionäre.

0 Beglaubigte Abschrift des Aufhebungsvertrages vom * Datum *

0 Beglaubigte Abschrift der Kündigung des Vertrages, datiert vom * Datum *

Die Geschäftsräume befinden sich unverändert in * Ort und Straße *

(Unterschriftsbeglaubigung wie bei Nr. 162)

139. Aktienurkunden werden wegen Veränderung der rechtlichen Verhältnisse unrichtig

- **Was ist anzumelden:** die Aushändigung der neuen Aktien oder deren Hinterlegung, wenn der Berechtigte unbekannt ist (§ 73 Abs. 3 AktG); bei Umstellung DM auf Euro siehe auch § 4 Abs. 6 EG-AktG.
- **Wer muß anmelden:** Vorstandsmitglieder in vertretungsberechtigter Zahl
- **Beizufügende Unterlagen:** keine
- **Kosten beim Gericht:** Wert wie beim Notar. Doppelte Gebühr (§ 121 KostO).
- **Kosten beim Notar:** Wert: gemäß § 30 KostO (ca. 10–20% des Werts der nach § 73 AktG für kraftlos zu erklärenden Aktien. $^{5}/_{10}$-Gebühr.
- **Text der Anmeldung:**

In der Registersache der * Bezeichnung der Aktiengesellschaft nach dem Handelsregister * stellen wir als vertretungsberechtigte Vorstandsmitglieder folgenden Antrag:

Am * Datum * hat die Hauptversammlung unserer Gesellschaft die Herabsetzung des Grundkapitals unserer Gesellschaft von bisher Euro * Zahl * auf Euro * Zahl * durch Herabsetzung des Nennbetrags der Aktien von je Euro * Zahl * auf Euro * Zahl * beschlossen. Die Kapitalherabsetzung ist durchgeführt und im Handelregister eingetragen. Die Aktienurkunden sollen dementsprechend berichtigt werden.

Wir beantragen, uns die Genehmigung zur Kraftloserklärung derjenigen Aktien zu erteilen, die trotz der Aufforderung gemäß § 73 AktG nicht zur Berichtigung bei der Gesellschaft eingereicht worden sind.

(keine Unterschriftsbeglaubigung nötig)

140. Die – normale – Kapitalerhöhung nach §§ 182–191 AktG

- **Wer muß anmelden:** Vorstandsmitglieder in vertretungsberechtigter Zahl und der Vorsitzende des Aufsichtsrates.
- **Kosten beim Gericht:** Gebühr für Eintragung des Kapitalerhöhungsbeschlusses 170 Euro (GVHR 2400). Gebühr für Eintragung der Durchführung der Kapitalerhöhung 170 Euro (GVHR 2400). Bei gleichzeitiger Eintragung des Kapitalerhöhungsbeschlusses und seiner Durchführung nur eine Gebühr von 170 Euro.

Aktiengesellschaft   **A 140**

▶ Kosten beim Notar: Wert der Anmeldung des Kapitalerhöhungsbeschlusses: einzutragender Geldbetrag (Erhöhungsnennbetrag), § 41a Abs. 1 Nr. 4 KostO. Anmeldung der Durchführung der Kapitalerhöhung: 1% des eingetragenen Grundkapitals, mindestens 25 000 Euro, höchstens 500 000 Euro. Bei gleichzeitiger Eintragung des Kapitalerhöhungsbeschlusses und seiner Durchführung eine Gebühr nach Wert gemäß § 41a Abs. 1 Nr. 4 KostO: Erhöhungsnennbetrag. Kapitalerhöhung und entsprechende Satzungsänderung sind gegenstandsgleich, § 44 Abs. 1 KostO, nicht aber sonstige Satzungsänderungen. Höchstwert der Anmeldung 500 000 Euro, § 39 Abs. 4 KostO. $^5/_{10}$-Gebühr, umfaßt Anmeldung und Versicherung der Anmeldenden über einbezahltes Grundkapital. Wegen Zusammenstellung des Satzungswortlauts und der Satzungsbescheinigung, siehe Nr. 111.

▶ Text der Anmeldung:

In der Registersache der Firma

* Bezeichnung der Firma *

melden wir als Mitglieder des Vorstandes und als Vorsitzender des Aufsichtsrates der Gesellschaft folgendes zur Eintragung in das Handelsregister an:

Satzungsänderung:

Die Hauptversammlung hat am * Datum * die Erhöhung des Grundkapitals von * Zahl * Euro um * Zahl * Euro auf * Zahl * Euro beschlossen.

Verweisungen:

Die Einzelheiten der Kapitalerhöhung und der Satzungsänderung ergeben sich aus dem notariellen Protokoll über die oben genannte Hauptversammlung der Gesellschaft, Urkunde des Notars * Name, Dienstort und Urkundenrolle *. Auf dieses Protokoll wird verwiesen.

Versicherung:

Wir versichern, daß das bisherige Grundkapital voll eingezahlt ist und Einlagen auf das bisherige Grundkapital nicht rückständig sind.

Urkundenvorlage:

Dieser Anmeldung wird beigefügt:
– Ausfertigung des oben genannten notariellen Protokolls
– Mehrfertigung dieser Anmeldung für die Gerichte der Zweigniederlassungen der Gesellschaft

(Unterschriftsbeglaubigung des Aufsichtsratsvorsitzenden und der Vorstandsmitglieder in vertretungsberechtigter Anzahl wie bei Nr. 162)

Anmeldung nach Durchführung der Kapitalerhöhung

In der Registersache der Firma

* genaue Bezeichnung der Firma *

melden wir als Mitglieder des Vorstandes und als Vorsitzender des Aufsichtsrates der Gesellschaft folgendes zur Eintragung in das Handelsregister an:

Durchführung der Kapitalerhöhung:

Die Hauptversammlung der Gesellschaft hat am * Datum * die Erhöhung des Grundkapitals von * Zahl * Euro um * Zahl * Euro auf * Zahl * Euro beschlossen. Die Erhöhung des Grundkapitals ist in vollem Umfang durchgeführt.

Satzungsänderung:

In Anpassung an die Kapitalerhöhung wurde § * Zahl und Absatz * der Satzung (Grundkapital) geändert. Wegen des genauen Wortlauts der Satzungsänderung wird auf das dem Gericht bereits vorliegende notarielle Protokoll verwiesen.

Versicherung:

Wir versichern weiter, daß der gesamte Ausgabebetrag der neuen Aktien von * Zahl * Euro auf das Gesellschaftssonderkonto bei der * Angabe der Bank * zur endgültigen freien Verfügung des Vorstands eingezahlt und auch in der Folge nicht an den Einleger zurückgezahlt worden ist. Der Vorstand ist in der Verfügung über den eingezahlten Betrag nicht, auch nicht durch Gegenforderungen, beschränkt. Die schriftliche Bestätigung der Bank liegt bei.

Weiter versichern wir, daß

– das bisherige Grundkapital voll eingezahlt ist und keine Einlagen auf das bisherige Grundkapital ausstehen.

– die Voraussetzungen der §§ 36 Abs. 2 und 36a AktG erfüllt sind.

Urkundenvorlage:

Dieser Anmeldung wird beigefügt:

– Zweitschrift des Zeichnungsscheins, der die gemäß § 205 Abs. 2 AktG erforderlichen Festsetzungen enthält

– ein vom Vorstand unterschriebenes Zeichnerverzeichnis, aus dem sich die Zeichner, die auf sie entfallenden Aktien und die darauf geleisteten Einzahlungen ergeben

– Berechnung der Kosten, die der Gesellschaft durch die Ausgabe von neuen Aktien entstehen

– vollständiger Wortlaut der geänderten Satzung mit Notarbescheinigung gemäß § 181 Abs. 1 S. 2 AktG (Mehrfertigungen für die Gerichte der Zweigniederlassungen der Gesellschaft liegen bei)

– Bankbescheinigung über die Einzahlung des Ausgabebetrags der neuen Aktien

Aktiengesellschaft   A 140-141

– bei Sacheinlagen zusätzlich die diesbezüglichen Verträge sowie der Prüfbericht (§§ 184 Abs. 1 S. 2, 183 Abs. 3 AktG).

(Unterschriftsbeglaubigung des Aufsichtsratsvorsitzenden und der Vorstandsmitglieder in vertretungsberechtigter Anzahl wie bei Nr. 162)

141. Bedingte Kapitalerhöhung für bestimmte Zwecke (§§ 192–201 AktG)

▶ Was ist anzumelden:

a) Anmeldung des Beschlusses der Hauptversammlung über die bedingte Kapitalerhöhung,

b) Anmeldung der Durchführung innerhalb eines Monats nach Ablauf des Geschäftsjahres, in welchem Umfang im abgelaufenen Geschäftsjahr Aktien ausgegeben worden sind. Dabei ist eine Erklärung über Ausgabezwecke und Gegenwert erforderlich (§ 201 Abs. 3 AktG).

▶ Wer hat anzumelden: bei a): Vorstandsmitglieder in vertretungsberechtigter Zahl und Vorsitzender des Aufsichtsrates; bei b): Vorstandsmitglieder in vertretungsberechtigter Zahl.

▶ Kosten beim Gericht: wie bei Nr. 140

▶ Kosten beim Notar: wie bei Nr. 140

▶ Text der Anmeldung bei a) (Beschluß der Hauptversammlung):

In der Registersache der Firma

* genaue Bezeichnung der Firma *

melden wir als Mitglieder des Vorstandes und als Vorsitzender des Aufsichtsrates der Gesellschaft folgendes zur Eintragung in das Handelsregister an:

Bedingte Kapitalerhöhung:

Die Hauptversammlung hat am * Datum * die bedingte Erhöhung des Grundkapitals von * Zahl * Euro um * Zahl * Euro auf * Zahl * Euro beschlossen.

Satzungsänderung:

§ * Zahl und Absatz * der Satzung ist in Anpassung an die bedingte Kapitalerhöhung ergänzt worden.

Verweisungen:

Die Einzelheiten der Kapitalerhöhung und der Satzungsänderung ergeben sich aus dem notariellen Protokoll über die oben genannte Hauptversammlung der Gesellschaft, Urkunde des Notars * Name, Dienstort und Urkundenrolle *. Auf dieses Protokoll wird verwiesen.

Urkundenvorlage:

Dieser Anmeldung wird beigefügt:

- Ausfertigung des oben genannten notariellen Protokolls
- vollständiger Wortlaut der geänderten Satzung mit Notarbescheinigung gemäß § 181 Abs. 1 S. 2 AktG (Mehrfertigungen für die Gerichte der Zweigniederlassungen der Gesellschaft liegen bei)
- Berechnung der Kosten, die für die Gesellschaft durch Ausgabe der Bezugsaktien entstehen werden

(Unterschriftsbeglaubigung des Aufsichtsratsvorsitzenden und der Vorstandsmitglieder in vertretungsberechtigter Anzahl wie bei Nr. 162)

▶ Text der Anmeldung bei b) (nach Durchführung der Kapitalerhöhung):

In der Registersache der Firma

* genaue Bezeichnung der Firma *

melden wir als Mitglieder des Vorstandes folgendes zur Eintragung in das Handelsregister an:

Durchführung der Kapitalerhöhung:

Die Erhöhung des Grundkapitals ist im Umfang von * Zahl * Euro durchgeführt.

Satzungsanpassung:

§ * Zahl und Absatz * der Satzung der Gesellschaft ist in Anpassung an die Kapitalerhöhung geändert worden.

Der Aufsichtsrat der Gesellschaft hat in seiner Sitzung am * Datum * beschlossen, die Satzung in § * Zahl und Absatz * entsprechend der Ausgabe der Bezugsaktien zu ändern.

Versicherung:

Die Bezugsaktien aus der bedingten Kapitalerhöhung, die im Geschäftsjahr * Jahreszahl * bezogen worden sind, sind ausschließlich in Erfüllung des im Beschluß über die bedingte Kapitalerhöhung festgesetzten Zwecks und nicht vor der vollen Leistung des Gegenwerts, der sich aus dem Beschluß ergibt, ausgegeben worden. Dies wird vom Vorstand versichert.

Urkundenvorlage:

Dieser Anmeldung wird beigefügt:

- Beschluß des Aufsichtsrats der Gesellschaft vom * Datum * über die Satzungsänderung (Satzungsanpassung),
- vollständiger Wortlaut der angepaßten Satzung mit Notarbescheinigung gemäß § 181 AktG,
- Zweitschrift der Bezugserklärungen, die die gemäß § 198 AktG erforderlichen Angaben enthalten,

Aktiengesellschaft   A 141-142

– ein vom Vorstand unterschriebenes Verzeichnis der Personen, die das Bezugsrecht ausgeübt haben

(Unterschriftsbeglaubigung der Vorstandsmitglieder in vertretungsberechtigter Anzahl wie bei Nr. 162)

142. Genehmigtes Kapital (§§ 202–206 AktG)

▶ Was ist anzumelden:

a) Anmeldung des Hauptversammlungsbeschlusses über die Satzungsänderung (Ermächtigung an den Vorstand zur Erhöhung des Grundkapitals).

b) Anmeldung der Durchführung der Kapitalerhöhung. Die Erhöhung kann stufenweise durchgeführt werden (teilweise Ausnutzung des genehmigten Kapitals). In der ersten Anmeldung der Durchführung ist die Erklärung über offene Einlagen abzugeben (siehe Nr. 140a).

▶ Wer hat anzumelden: bei a) und b) Vorstandsmitglieder in vertretungsberechtigter Zahl.

▶ Kosten beim Gericht: wie bei Nr. 140

▶ Kosten beim Notar: wie bei Nr. 140

▶ Text der Anmeldung bei a) (Beschluß der Hauptversammlung):

In der Registersache der Firma

* genaue Bezeichnung der Firma *

melden wir als Mitglieder des Vorstandes der Gesellschaft folgendes zur Eintragung in das Handelsregister an:

Satzungsänderung (Genehmigtes Kapital):

Die Hauptversammlung hat am * Datum * beschlossen, § * Zahl * der Satzung zur Schaffung genehmigten Kapitals durch einen Absatz * Zahl * zu ergänzen.

Verweisungen:

Die Einzelheiten der Satzungsänderung ergeben sich aus dem notariellen Protokoll über die oben genannten Hauptversammlung der Gesellschaft, Urkunde des Notars * Name, Dienstort und Urkundenrolle *. Auf dieses Protokoll wird verwiesen.

Urkundenvorlage:

Dieser Anmeldung wird beigefügt:

– Ausfertigung des oben genannten notariellen Protokolls

- Mehrfertigung dieser Anmeldung für die Gerichte der Zweigniederlassungen der Gesellschaft
- vollständiger Wortlaut der geänderten Satzung mit Notarbescheinigung gemäß § 181 Abs. 1 S. 2 AktG (Mehrfertigungen für die Gerichte der Zweigniederlassungen der Gesellschaft liegen bei)

(Unterschriftsbeglaubigung der Vorstandsmitglieder in vertretungsberechtigter Anzahl wie bei Nr. 162)

▶ Text der Anmeldung bei b) (Durchführung der Kapitalerhöhung und der Satzungsanpassung):

In der Registersache der Firma

* genaue Bezeichnung der Firma *

melden wir als Mitglieder des Vorstandes und als Vorsitzender des Aufsichtsrates der Gesellschaft folgendes zur Eintragung in das Handelsregister an:

Durchführung der Kapitalerhöhung:

Die Hauptversammlung der Gesellschaft hat am * Datum * den Vorstand ermächtigt, mit Zustimmung des Aufsichtsrats bis * Datum * das Grundkapital der Gesellschaft von * Zahl * Euro um * Zahl * Euro auf * Zahl * Euro durch Ausgabe neuer, auf den Namen lautender Aktien gegen Geld- oder Sacheinlagen einmalig oder mehrmals zu erhöhen, gegebenenfalls auch unter Ausschluß des gesetzlichen Bezugsrechts der Aktionäre (genehmigtes Kapital). Diese Satzungsänderung wurde am * Datum * im Handelsregister eingetragen.

Auf Grund der dem Vorstand erteilten Ermächtigung in § * Zahl * (Grundkapital) der Satzung ist die Erhöhung des Grundkapitals mit Zustimmung des Aufsichtsrats vom * Datum * um * Zahl * Euro auf * Zahl * Euro durchgeführt worden. Auf das erhöhte Grundkapital sind neue, auf den Inhaber lautende Aktien ausgegeben, eingeteilt in * Zahl * Stücke zu je * Zahl * Euro gegen Barzahlung zum Ausgabekurs von * Zahl * % mit Gewinnberechtigung ab * Datum *. Das gesetzliche Bezugsrecht ist ausgeschlossen.

Satzungsanpassung:

Durch Beschluß des Aufsichtsrats vom * Datum * ist die Satzung in § * Zahl * (Grundkapital) entsprechend der Kapitalerhöhung neu gefaßt mit Wirkung vom Zeitpunkt der Eintragung der Durchführung der Kapitalerhöhung ins Handelsregister.

Wir melden die vom Aufsichtsrat der Gesellschaft beschlossene Satzungsänderung zur Eintragung in das Handelsregister an. Wegen des genauen Wortlauts der Satzungsänderung wird auf das beiliegende Protokoll des Aufsichtsrats verwiesen.

Versicherung:

Wir versichern, daß das bisherige Grundkapital voll eingezahlt ist.

Aktiengesellschaft

Wir versichern weiter, daß der gesamte Ausgabebetrag der neuen Aktien von * Zahl * Euro auf das Gesellschaftskonto bei der * Bezeichnung der Bank * zur endgültigen freien Verfügung des Vorstands eingezahlt und auch in Folge nicht an den Einleger zurückgezahlt worden ist. Der Vorstand ist in der Verfügung über den eingezahlten Betrag nicht, auch nicht durch Gegenforderungen, beschränkt.

Weiter versichern wir, daß

– das bisherige Grundkapital voll eingezahlt ist,
– die Voraussetzungen der §§ 36 Abs. 2 und 36a AktG erfüllt sind,

Urkundenvorlage:

Dieser Anmeldung wird beigefügt:

– Beschluß des Vorstands vom * Datum * über die Ausgabe neuer Aktien
– Zweitschrift des Zeichnungsscheins, der die gemäß § 205 Abs. 2 AktG erforderlichen Festsetzungen enthält
– ein vom Vorstand unterschriebenes Zeichnerverzeichnis, aus dem sich die Zeichner, die auf sie entfallenden Aktien und die darauf geleisteten Einzahlungen ergeben
– Beschluß des Aufsichtsrats der Gesellschaft vom * Datum * über die Zustimmung zur Erhöhung des Grundkapitals und die entsprechende Satzungsänderung (Satzungsanpassung)
– Berechnung der Kosten, die der Gesellschaft durch die Ausgabe von neuen Aktien entstehen
– vollständiger Wortlaut der geänderten Satzung mit Notarbescheinigung gemäß § 181 Abs. 1 S. 2 AktG (Mehrfertigungen für die Gerichte der Zweigniederlassungen der Gesellschaft liegen bei)
– Bankbescheinigung über die Einzahlung des Ausgabebetrags der neuen Aktien

(Unterschriftsbeglaubigung des Aufsichtsratsvorsitzenden und der Vorstandsmitglieder in vertretungsberechtigter Anzahl wie bei Nr. 162)

143. Kapitalerhöhung aus Gesellschaftsmitteln (§§ 207–220 AktG)

▶ **Hinweise:** Bei Umstellung DM auf Euro zwecks Anpassung an § 8 Abs. 2 S. 1 AktG siehe § 4 Abs. 2, 3 und 5 EG-AktG.
– Frist für die Anmeldung: § 209 Abs. 1 und 2 AktG; siehe im übrigen Hinweise zur Fristüberschreitung bei Nr. 109.

▶ **Wer hat anzumelden:** Vorstandsmitglieder in vertretungsberechtigter Zahl und Vorsitzender des Aufsichtsrates.

▶ Kosten beim Gericht: Gebühr für Eintragung des Kapitalerhöhungsbeschlusses 170 Euro (GVHR 2400).

▶ Kosten beim Notar: Wert: Erhöhungsnennbetrag, § 41a Abs. 1 Nr. 4 KostO. Kapitalerhöhung und entsprechende Satzungsänderung sind gegenstandsgleich, § 44 Abs. 1 KostO, nicht aber sonstige Satzungsänderungen. Höchstwert der Anmeldung 500 000 Euro, § 39 Abs. 4 KostO. ⁵/₁₀-Gebühr, umfaßt Anmeldung und Versicherung der Anmeldenden über Vermögenserhalt. Wegen Zusammenstellung des Satzungswortlauts und der Satzungsbescheinigung, siehe Nr. 111.

▶ Text der Anmeldung:

In der Registersache der Firma

* genaue Bezeichnung der Firma *

melden wir als Mitglieder des Vorstandes und als Vorsitzender des Aufsichtsrates der Gesellschaft folgendes zur Eintragung in das Handelsregister an:

Kapitalerhöhung aus Gesellschaftsmitteln:

Durch Beschluß der Hauptversammlung vom * Datum * wurde das Grundkapital der Gesellschaft aus Gesellschaftsmitteln gemäß §§ 207 ff. AktG von * Zahl * Euro um * Zahl * Euro auf * Zahl * Euro erhöht.

Satzungsänderung:

§ * Zahl und Absatz * der Satzung wurde in Anpassung an die Kapitalerhöhung geändert.

Verweisungen:

Die Einzelheiten der Kapitalerhöhung und der Satzungsänderung ergeben sich aus dem notariellen Protokoll über die oben genannte Hauptversammlung der Gesellschaft, Urkunde des Notars * Name, Dienstort und Urkundenrolle *. Auf dieses Protokoll wird verwiesen.

Versicherung:

Wir versichern, daß nach unserer Kenntnis seit dem Stichtag der der Kapitalerhöhung zu Grunde gelegten Bilanz bis zum heutigen Tage keine Vermögensminderung eingetreten ist, die der Kapitalerhöhung entgegenstünde, wenn sie am Tage der Anmeldung beschlossen worden wäre.

Weiter versichern wir, daß das bisherige Grundkapital voll eingezahlt ist.

Urkundenvorlage:

Dieser Anmeldung wird beigefügt:

– Ausfertigung des oben genannten notariellen Protokolls

– vollständiger Wortlaut der geänderten Satzung mit Notarbescheinigung gemäß § 181 Abs. 1 S. 2 AktG (Mehrfertigungen für die Gerichte der Zweigniederlassungen der Gesellschaft liegen bei)

Aktiengesellschaft   A 143-144

– die dem Kapitalerhöhungsbeschluß zu Grunde liegende Bilanz zum 31. 12. * Jahreszahl *, die mit dem uneingeschränkten Bestätigungsvermerk der Prüfungsgesellschaft versehen ist

(Unterschriftsbeglaubigung des Aufsichtsratsvorsitzenden und der Vorstandsmitglieder in vertretungsberechtigter Anzahl wie bei Nr. 162)

144. Gesellschaft überträgt Vermögensteile auf neu zu gründende GmbH (Abspaltung)

▶ Hinweise: Einzelrechtsübertragung möglich im Rahmen einer GmbH-Gründung mit Sacheinlage; vgl. Hinweise bei Nr. 91 und 92. Hingegen partielle Gesamtrechtsnachfolge bei Abspaltung zur Neugründung (§§ 123 Abs. 2 Nr. 2, 138 ff. UmwG).

Abspaltung ausgeschlossen, wenn Aktiengesellschaft noch nicht zwei Jahre im Handelsregister eingetragen ist (§ 141 UmwG).

Sachgründungsbericht stets erforderlich (§ 138 UmwG). Keine Übertragung der Firma auf die neue Gesellschaft (§ 125 UmwG).

▶ Wer muß anmelden: Vorstand der übertragenden Gesellschaft meldet an

– Abspaltung zur Eintragung in das Handelsregister der übertragenden Gesellschaft, § 137 Abs. 2 UmwG und

– Eintragung der neuen GmbH zum Handelsregister am Sitz der neuen GmbH, § 137 Abs. 1 UmwG.

▶ Kosten beim Gericht: Gebühr für Eintragung der Umwandlung bei übertragendem Rechtsträger 160 Euro (GVHR 2402). Gebühr für Eintragung des neu gegründeten Rechtsträgers 190 Euro (GVHR 2104). Für die Entgegennahme der mit der Anmeldung einzureichenden Gesellschafterliste (§ 8 Abs. 1 Nr. 3 GmbHG) ist keine Gebühr zu erheben.

▶ Kosten beim Notar: Anmeldungen für die betroffenen Rechtsträger sind gegenstandsverschieden gemäß § 44 Abs. 2 KostO. Die Anmeldung der neu errichteten Gesellschaft hat einen bestimmten Geldwert (= einzutragendes Stammkapital), § 41a Abs. 1 Nr. 1 KostO. Höchstwert für Anmeldung 500 000 Euro, § 39 Abs. 4 KostO. $^{5}/_{10}$-Gebühr; umfaßt Anmeldung und gleichzeitige Zeichnung der Namensunterschrift der Geschäftsführer sowie Versicherung und Erklärungen der Geschäftsführer. Wegen Liste der Gesellschafter und Belehrung der Geschäftsführer: wie bei Nr. 91. Die Anmeldung bei der übertragenden Gesellschaft ist spätere Anmeldung und hat keinen bestimmten Geldbetrag (§ 41a Abs. 4 Nr. 1 KostO); $^{5}/_{10}$-Gebühr.

A 144 Aktiengesellschaft

▶ Text der Anmeldung:

bei der übertragenden Gesellschaft:

Zur Eintragung in das Handelsregister bei der Firma * Bezeichnung der Firma des übertragenden Rechtsträgers nach dem Handelsregister * wird angemeldet, daß diese Gesellschaft gemäß § 123 Abs. 2 Nr. 2 UmwG aus ihrem Vermögen einen Teil zum Stichtag * Datum * abgespalten hat zur Neugründung durch Übertragung dieses Teils als Gesamtheit auf eine von ihr dadurch neu gegründeten Gesellschaft mit beschränkter Haftung mit der Firma * Bezeichnung der GmbH * mit Sitz in * Ort *.

Der Vorstand der übertragenden Gesellschaft erklärt gemäß § 146 UmwG, daß die durch Gesetz und Satzung vorgesehenen Voraussetzungen für die Gründung dieser Gesellschaft unter Berücksichtigung der Abspaltung im Zeitpunkt der Anmeldung vorlagen.

Es wird weiter erklärt, daß eine Klage gegen die Wirksamkeit des Zustimmungsbeschlusses nicht innerhalb eines Monats nach der Beschlußfassung erhoben wurde.

oder:

Es wird weiter erklärt, daß eine Klage gegen die Wirksamkeit des Zustimmungsbeschlusses zwar erhoben wurde, das Prozeßgericht aber durch rechtskräftigen Beschluß festgestellt hat, daß die Erhebung der Klage der Eintragung der Spaltung im Handelsregister nicht entgegensteht; Ausfertigung des rechtskräftigen Beschlusses liegt bei.

Angeschlossen werden vorgelegt:

– Ausfertigung der notariellen Urkunde über den Spaltungsentschluß mit Spaltungsplan und Stichtagsbilanz sowie dem Gesellschaftsvertrag der neu gegründeten Gesellschaft mit beschränkter Haftung samt Bestellung der Geschäftsführung

– Spaltungsbericht

– Bericht über die Durchführung der Spaltungsprüfung

– Nachweis über die Zuleitung des Entwurfs des Spaltungsplans an den Betriebsrat des übertragenden Rechtsträgers

(Unterschriftsbeglaubigung wie bei Nr. 161 oder 162)

bei neu gegründeter Gesellschaft:

Texte wie bei übertragendem Rechtsträger und zusätzlich:

Sitz der neu errichteten Gesellschaft ist * Ort *

Die Geschäftsräume der Gesellschaft befinden sich in * Ort und Straße * Die Gesellschaft hat einen oder mehrere Geschäftsführer. Ist nur ein Geschäftsführer vorhanden, so vertritt dieser die Gesellschaft allein.

Aktiengesellschaft A 144-145

Sind mehrere Geschäftsführer vorhanden, so wird die Gesellschaft durch zwei Geschäftsführer gemeinsam oder durch einen Geschäftsführer in Gemeinschaft mit einem Prokuristen vertreten.

Durch Gesellschafterbeschluß kann einzelnen Geschäftsführern die Befugnis zur Alleinvertretung sowie Befreiung von den Beschränkungen des § 181 BGB erteilt werden.

Zum ersten Geschäftsführer der Gesellschaft wurde bestellt * Name, Vorname, Geburtsdatum, Wohnort des Geschäftsführers *.

Dieser Geschäftsführer ist berechtigt, die Gesellschaft stets allein zu vertreten und kann als Geschäftsführer mit sich im eigenen Namen oder als Vertreter eines Dritten Rechtsgeschäfte vornehmen (Befreiung von den Beschränkungen des § 181 BGB).

Der Geschäftsführer zeichnet seine Namensunterschrift bei der neu gegründeten GmbH zur Aufbewahrung beim Registergericht wie folgt:

Versicherungen

Wie bei Nr. 91. Sodann:

Der Geschäftsführer versichert, daß die Stammeinlagen in Höhe von * Betrag * durch Einbringung der durch Spaltung übergehenden Vermögensgegenstände vollständig erbracht sind.

Ferner wird erklärt, daß das Vermögen der neu gegründeten Gesellschaft – abgesehen von dem im Gesellschaftsvertrag festgesetzten Gründungsaufwand (Kosten, Gebühren und Steuern) – durch keinerlei Verbindlichkeiten vorbelastet ist und sich endgültig in der freien Verfügung der Geschäftsführung befindet.

Angeschlossen werden vorgelegt:

– (ggf. Urkunde über die staatliche Genehmigung)

– Liste der Gesellschafter

– Sachgründungsbericht

(Unterschriftsbeglaubigung wie bei Nr. 166)

145. Gesellschaft wird in GmbH umgewandelt (Verschmelzung durch Neugründung oder Formwechsel)

▶ Hinweise: Umwandlung möglich entweder als Verschmelzung zur Neugründung (§§ 2 Nr. 2, 56 ff. UmwG) oder als Formwechsel (§§ 191, 226 f., 238 ff. UmwG).

Verschmelzung ausgeschlossen, wenn Aktiengesellschaft noch nicht zwei Jahre im Handelsregister eingetragen ist (§ 76 Abs. 1 UmwG). Sachgründungsbericht bei neuer GmbH entbehrlich (§ 58 Abs. 2

UmwG). Zur Firmenfortführung: § 200 UmwG. Umstellung auf Euro: § 318 UmwG!

▶ Wer muß anmelden: Bei Formwechsel Vorstandsmitglieder in vertretungsberechtigter Zahl.

▶ Kosten beim Gericht: Bei Verschmelzung durch Neugründung: Gebühr für Eintragung bei übertragendem Rechtsträger 160 Euro (GVHR 2402); für neu einzutragende GmbH 190 Euro (GVHR 2104). Bei Formwechsel: Gebühr 160 Euro (GVHR 2402). Für das Eintragen des Erlöschens des formwechselnden Rechtsträgers fällt keine Löschungsgebühr an (GVHR Vorbem. 2 Abs. 3). Für die Genehmigung des Registergerichts wegen abweichender Firmenbildung gemäß § 200 Abs. 3 UmwG doppelte Gebühr aus Geschäftswert nach § 30 KostO (§ 121 KostO).

▶ Kosten beim Notar: $^5/_{10}$-Gebühr. Bei Verschmelzung durch Neugründung: Wert für Eintragung beim übertragenden Rechtsträger gemäß § 41a Abs. 4 Nr. 1 KostO; Wert für neu einzutragende Gesellschaft nach § 41a Abs. 1 Nr. 1 KostO. Bei Formwechsel: Wert nach § 41a Abs. 1 Nr. 1 KostO. Wegen Zusatzgebühren: wie bei Nr. 91.

▶ Text der Anmeldung bei Formwechsel:

Zur Eintragung in das Handelsregister bei der Firma * Bezeichnung der Firma des übertragenden Rechtsträgers nach dem Handelsregister * wird angemeldet, daß diese Gesellschaft durch Formwechsel in eine dadurch gegründete Gesellschaft mit beschränkter Haftung mit der Firma * Bezeichnung des neuen Rechtsträgers nach dem Handelsregister * umgewandelt ist, §§ 190, 220, 238 UmwG.

Sitz der neu errichteten Gesellschaft ist * Ort *.

Die Geschäftsräume der Gesellschaft befinden sich in * Ort und Straße *.

Die Gesellschaft hat einen oder mehrere Geschäftsführer. Ist nur ein Geschäftsführer vorhanden, so vertritt dieser die Gesellschaft allein.

Sind mehrere Geschäftsführer vorhanden, so wird die Gesellschaft durch zwei Geschäftsführer gemeinsam oder durch einen Geschäftsführer in Gemeinschaft mit einem Prokuristen vertreten.

Durch Gesellschafterbeschluß kann einzelnen Geschäftsführern die Befugnis zur Alleinvertretung sowie Befreiung von den Beschränkungen des § 181 BGB erteilt werden.

Zum ersten Geschäftsführer der Gesellschaft wurde bestellt * Name, Vorname, Geburtsdatum, Wohnort des Geschäftsführers *.

Dieser Geschäftsführer ist berechtigt, die Gesellschaft stets allein zu vertreten und kann als Geschäftsführer mit sich im eigenen Namen oder als Vertreter eines Dritten Rechtsgeschäfte vornehmen (Befreiung von den Beschränkungen des § 181 BGB).

Der Geschäftsführer zeichnet seine Namensunterschrift bei dem neuen Rechtsträger zur Aufbewahrung beim Registergericht wie folgt:

Versicherungen

Wie bei Nr. 91. Sodann:

Es wird weiter erklärt, daß eine Klage gegen die Wirksamkeit des Umwandlungsbeschlusses nicht innerhalb eines Monats nach der Beschlußfassung erhoben wurde.

oder:

Es wird weiter erklärt, daß eine Klage gegen die Wirksamkeit des Umwandlungsbeschlusses zwar erhoben wurde, das Prozeßgericht aber durch rechtskräftigen Beschluß festgestellt hat, daß die Erhebung der Klage der Eintragung des Formwechsels im Handelsregister nicht entgegensteht: Ausfertigung des rechtskräftigen Beschlusses liegt bei.

Angeschlossen werden vorgelegt:

- Ausfertigung der notariellen Urkunde über den Umwandlungsbeschluß mit dem Gesellschaftsvertrag der neu gegründeten Gesellschaft mit beschränkter Haftung samt Bestellung der Geschäftsführung
- Umwandlungsbericht
- Bericht über die Durchführung der Umwandlungsprüfung
- Zustimmungserklärungen von Anteilseignern
- Nachweis über die Zuleitung des Entwurfs des Umwandlungsbeschlusses an den Betriebsrat des formwechselnden Rechtsträgers
- ggf. Urkunde über die staatliche Genehmigung
- Liste der Gesellschafter

(Unterschriftsbeglaubigung wie bei Nr. 166)

146.–147. Frei

Europäische Gesellschaft (SE)

148. Gründung der SE

▶ Hinweise: Rechtsgrundlagen: Verordnung (EG) Nr. 2157/2001 des Rates vom 8.10.2001 über das Statut der Europäischen Gesellschaft (SE), im folgenden „SE-VO", und Richtlinie 2001/86/EG vom 8. 10. 2001 zur Ergänzung des Statuts der Europäischen Gesellschaft hinsichtlich der Beteiligung der Arbeitnehmer (Amtsblatt EG Nr. L 294 vom 10. 11. 2001, S. 1 ff. und 22 ff.); Entwurf eines Gesetzes zur Ausführung dieser Verordnung, im folgenden „SEAG-E"; Entwurf eines Gesetzes über die Beteiligung der Arbeitnehmer in einer Europäischen Gesellschaft, im folgenden „SEBG-E" (zitiert in der vom Bundestag am 29.10.2004 angenommenen Fassung, Drucksache 15/4053).

Literaturauswahl: Neye/Teichmann, AG 2003, 169; Kallmeyer, AG 2003, 197.

Allgemein: Die Europäische Gesellschaft (Societas Europaea = SE) ist eine eigenständige Rechtsform, die in allen EU-Mitgliedstaaten dieselbe gesellschaftsrechtliche Grundlage hat. Sie ist Handelsgesellschaft und ist in ihrer Struktur den Aktiengesellschaften in den Mitgliedstaaten vergleichbar. Die Gründer einer SE mit Sitz in Deutschland können wählen zwischen einer SE mit zweigliedrigen Leitungs- und Verwaltungsorganen wie bei der deutschen AG (**dualistische SE**) oder einer SE mit einer einzigen Führungsebene (**monistische SE**); zur Terminologie der Organe vgl. Nr. 149. Die SE muß in Deutschland ihren Sitz an dem Ort haben, an dem die Hauptverwaltung geführt wird (§ 2 SEAG-E).

Die *Gründung einer SE* ist nur zulässig durch die in der SE-VO bestimmten Gesellschaften (im wesentlichen AG und GmbH der Mitgliedstaaten gemäß Anhang I und II der SE-VO). Sie kann nur gegründet werden zum Zweck

a) der Verschmelzung von AGs, sofern mindestens zwei von ihnen dem Recht verschiedener Mitgliedstaaten unterliegen (Art. 2 Abs. 1 SE-VO),

b) der Gründung einer Holding-SE durch AGs und GmbHs, sofern mindestens zwei von ihnen entweder dem Recht verschiedener Mitgliedstaaten unterliegen oder sie seit mindestens zwei Jahren eine dem Recht eines anderen Mitgliedstaates unterliegende Toch-

Europäische Gesellschaft (SE)   A 148

tergesellschaft oder eine Zweigniederlassung in einem anderen Mitgliedstaat haben (Art. 2 Abs. 2 SE-VO),

c) der Gründung einer Tochter-SE durch Gesellschaften im Sinne des Art. 48 des Vertrages zur Gründung der Europäischen Gemeinschaft oder Körperschaften des öffentlichen oder privaten Rechts nach den Bedingungen wie zu b),

d) Umwandlung einer AG, wenn sie seit mindestens zwei Jahren eine dem Recht eines anderen Mitgliedstaates unterliegende Tochtergesellschaft hat (Art. 2 Abs. 4 SE-VO).

Eine SE kann ihrerseits Tochtergesellschaften in der Rechtsform der SE gründen (Art. 3 Abs. 2 SE-VO).

Die SE mit Sitz in Deutschland wird gemäß den für die AG geltenden Vorschriften eingetragen (§ 3 SEAG-E). Das Grundkapital der SE beträgt mindestens 120 000 Euro.

Besonderheiten bei der Gründung durch Verschmelzung zu a)

Die Verschmelzung erfolgt entweder zur Aufnahme oder zur Neugründung (Art. 17 SE-VO). Im ersten Fall nimmt die aufnehmende Gesellschaft die Form der SE an; bei der Neugründung ist die neue Gesellschaft SE. In beiden Fällen erlöschen die übertragenden AGs.

Den Anmeldungen zur Eintragung geht ein *förmliches Verfahren* zur Wahrung der Rechte der Gläubiger, Minderheitsaktionäre und ggf. der Arbeitnehmer voraus:

- Die Leitungs- und Verwaltungsorgane der beteiligten AGs stellen einen Verschmelzungsplan auf, der u. a. die Satzung der künftigen SE enthält (Art. 20 SE-VO).
- Der Verschmelzungsplan wird beim Registergericht der verschmelzenden AGs zusammen mit den Angaben zu Art. 21 SE-VO zwecks Bekanntmachung eingereicht (§ 5 SEAG-E, § 61 UmwG).
- Wenn der künftige Sitz der SE im Ausland liegt, dann enthält die Bekanntmachung zusätzlich den Hinweis, daß Gläubiger Sicherheit für Forderungen nach §§ 8, 13 Abs. 1 und 2 SEAG-E binnen zwei Monaten nach der Bekanntmachung verlangen können.
- Die Hauptversammlungen der verschmelzenden AGs stimmen dem Verschmelzungsplan zu (Art. 23 SE-VO).
- Das Registergericht der verschmelzenden AGs stellt auf Antrag und nach Prüfung der Rechtmäßigkeit eine Bescheinigung über die Durchführung der der Verschmelzung vorangehenden Rechtshand-

lungen und Formalitäten aus (Art. 25 Abs. 2 SE-VO, §§ 4, 8 SEAG-E), wenn die Vorstandsmitglieder der übertragenden Gesellschaft versichern, daß den berechtigten Gläubigern eine angemessene Sicherheit geleistet wurde.

Binnen sechs Monaten nach der Ausstellung der Bescheinigungen legen die verschmelzenden AGs jeder für sich dem für die aufnehmende AG oder neu gegründete SE zuständigen Registergericht diese nebst einer Ausfertigung des Verschmelzungsplanes vor und melden die Durchführung der Verschmelzung zur Eintragung an (Art. 26 SE-VO). Das Register am Sitz der neuen SE trägt die neue SE bzw. die Umwandlung der aufnehmenden AG in eine SE ein und teilt diese Tatsache den Registern der verschmelzenden Gesellschaften mit. Erst dann erfolgt deren Löschung.

Besonderheiten bei der Gründung einer Holding-SE zu b)

Die gegenseitige Beteiligung an der neu gegründeten Holding-SE wird durch Anteilstausch bei Gesellschaftern der Gründungsgesellschaften erreicht.

- Die Leitungs- und Verwaltungsorgane der beteiligten AGs stellen einen Gründungsplan auf, der u. a. die Satzung der künftigen SE, einen Gründungsbericht und ein Abfindungsangebot enthält, wenn der Sitz der Holding-SE im Ausland liegt oder sie selbst abhängig ist im Sinne des § 17 AktG (Art. 32 Abs. 2 SE-VO).
- Der Gründungsplan wird beim Registergericht der beteiligten Gesellschaften zwecks Bekanntmachung eingereicht (Art. 32 Abs. 3 SE-VO).
- Die Haupt- oder Gesellschafterversammlungen der Gründungsgesellschaften stimmen dem Gründungsplan zu (Art. 32 Abs. 6 SE-VO). Der Beschluß kann erst einen Monat nach Bekanntmachung des Gründungsplanes und -berichtes gefaßt werden.
- Bei der Anmeldung der Holding-SE haben die Vertretungsorgane zu erklären, daß eine Klage gegen die Wirksamkeit der Zustimmungsbeschlüsse nicht oder nicht fristgemäß erhoben oder eine solche Klage rechtskräftig abgewiesen oder zurückgenommen worden ist.
- Die Gründungsgesellschaften bestehen nach Eintragung der Holding-SE weiter.

Besonderheiten bei der Gründung einer Tochter-SE zu c)

Die Gründung und Anmeldung der Tochter-SE erfolgt ohne vorangehende, besondere Rechtshandlungen oder Formalitäten zum Schutz

Europäische Gesellschaft (SE) A 148

von Gläubiger oder Minderheitsgesellschaftern. Text der Anmeldung wie hier unten zu a) bei der neu gegründeten SE, jedoch ohne Angabe zum Entstehungsgrund der SE.

Besonderheiten bei der Umwandlung einer bestehenden AG zu d)
Eine SE kann auch durch identitätswahrende Umwandlung ohne Auflösung wie bei einem Formwechsel nach §§ 190 ff. AktG erfolgen; die Sitzverlegung aus Anlaß der Umwandlung ist nicht zulässig (Art. 37 Abs. 2 und 3 SE-VO). Der Umwandlungsbeschluß kann erst einen Monat nach Bekanntmachung des Umwandlungsplanes und -berichtes gefaßt werden.

Der Text zur Anmeldung zur Umwandlung in eine SE entspricht dem Text in Nr. 145 mit folgenden Maßgaben:

- Die zur Anmeldung verpflichteten Personen werden als Mitglieder des Leitungsorgans/geschäftsführende Direktoren bezeichnet; zur Terminologie vgl. Nr. 149.

- Ergänzende Angabe zum Entstehungsgrund der SE:
Die Gesellschaft ist entstanden durch formwechselnde Umwandlung der * Bezeichnung der AG nach dem Handelsregister * mit Sitz in * Ort * (Amtsgericht * Bezeichnung des Registergerichts und der Registrierungsnummer *) auf Grund des Umwandlungsbeschlusses vom * Datum *.

- Keine Vertretungsbefugnis der Mitglieder des Leitungsorgans/geschäftsführenden Direktoren bei der SE bezüglich § 181 1. Alt. BGB.

- Belehrung durch Notar und Versicherungen der Mitglieder des Leitungsorgans/der geschäftsführenden Direktoren wie bei Nr. 149.

Die Rückumwandlung der SE in eine AG ist zulässig erst zwei Jahre nach Eintragung der SE oder nach Genehmigung der ersten beiden Jahresabschlüsse. Text der Anmeldung wie oben; die ergänzende Angabe zum Entstehungsgrund der AG lautet:

Die Gesellschaft ist entstanden durch formwechselnde Umwandlung der * Bezeichnung der SE nach dem Handelsregister * mit Sitz in * Ort * (Amtsgericht * Bezeichnung des Registergerichts und der Registrierungsnummer *) auf Grund des Umwandlungsbeschlusses vom * Datum *.

▶ Text des Antrages zu a) *bei der Einreichung des Verschmelzungsplanes:*

In der Registersache der * Bezeichnung der Aktiengesellschaft nach dem Handelsregister * teilen wir als vertretungsberechtigte Mitglieder des Leitungsorgans/geschäftsführende Direktoren mit, daß beabsichtigt ist, auf der Grundlage des Verschmelzungsplans vom * Datum * die Gesellschaft und die

* Bezeichnung der anderen zu verschmelzenden Aktiengesellschaften unter Abgabe der Firma, des Sitzes ggf. des Mitgliedstaates, des Registers, Registrierungsnummer * zu einer hierdurch neu gegründeten Europäischen Gesellschaft (SE) unter der Firma * Bezeichnung * mit Sitz in * Ort, ggf. Mitgliedstaat * zu verschmelzen.

Es wird beantragt, die Einreichung des vorgenannten Verschmelzungsplanes zusammen mit folgenden Angaben bekannt zu machen:

a) Die sich verschmelzenden Gesellschaften haben folgende Rechtsform, Firma und Sitz: * Bezeichnungen ergänzen *;

b) die Urkunden der sich verschmelzenden Gesellschaften sind hinterlegt bei: * Angabe des Registers und ggf. der Nummer der Eintragung *;

c) folgender Hinweis wird erteilt zu den Modalitäten für die Ausübung der Rechte der Gläubiger der Gesellschaft gemäß Art. 24 der EU-Verordnung vom 8. 10. 2001 über das Statut der Europäischen Gesellschaft (SE): * ergänzen *;
Unter folgender Anschrift können erschöpfende Auskünfte über diese Modalitäten kostenlos eingeholt werden: * ergänzen *;

d) folgender Hinweis wird erteilt zu den Modalitäten für die Ausübung der Rechte der Minderheitsaktionäre der Gesellschaft gemäß Art. 24 der EU-Verordnung vom 8. 10. 2001 über das Statut der Europäischen Gesellschaft (SE): * ergänzen *;
Unter folgender Anschrift können erschöpfende Auskünfte über diese Modalitäten kostenlos eingeholt werden: * ergänzen *;

e) Die Europäische Gesellschaft (SE) wird folgende Firma haben : * Bezeichnung ergänzen *; ihr Sitz wird sein in * Ort, ggf. Mitgliedstaat *.

Angeschlossen reichen wir ein eine Ausfertigung bzw. eine beglaubigte Abschrift der notariellen Urkunde über den Verschmelzungsplan.

(keine Unterschriftsbeglaubigung nötig)

▶ Wer muß anmelden zu a) *bei der neu gegründeten SE:* alle Gründer der SE; bei der dualistischen SE (§ 3 SEAG-E, § 36 Abs. 1 AktG) alle Mitglieder des Aufsichtsorgans und des Leitungsorgans/bei der monistischen SE alle Mitglieder des Verwaltungsrates und alle geschäftsführenden Direktoren (§ 21 Abs. 1 SEAG-E); zur Terminologie vgl. Nr. 149.

▶ Kosten zu a) beim Gericht: Gebühr für Bekanntmachung des Verschmelzungsplans 20 Euro (GVHR 5009 analog). Für Ausstellung der Bescheinigung des Gerichts (Art. 25 Abs. 2 SE-VO, § 4 SEAG-E) doppelte Gebühr gemäß § 121 KostO aus Geschäftswert nach § 30 KostO.

▶ Kosten zu a) beim Notar: wie bei Nr. 130.

Europäische Gesellschaft (SE) A 148

▶ Text der Anmeldung zu a) *bei der neu gegründeten SE:*
Wir, die unterzeichneten Gründer, Mitglieder des Leitungsorgans/geschäftsführenden Direktoren und Mitglieder des Aufsichtsorgans/des Verwaltungsrats melden hiermit die * Bezeichnung der SE * mit Sitz in * Ort * zur Eintragung in das Handelsregister an.

Die Gesellschaft ist entstanden durch Verschmelzung der * Bezeichnung der AGs nach dem Register * mit Sitz in * Ort, ggf. Mitgliedstaat * (Amtsgericht * Bezeichnung des Registergerichts *) auf Grund des Verschmelzungsplanes vom * Datum * und der zustimmenden Beschlüsse der Hauptversammlungen der übertragenden Gesellschaften vom * Datum *.

Die Geschäftsräume der Gesellschaft befinden sich in * Ort, Straße *.

Die Gesellschaft wird durch zwei Mitglieder des Leitungsorgans/geschäftsführende Direktoren oder durch ein Mitglied des Leitungsorgans/einen geschäftsführenden Direktor gemeinsam mit einem Prokuristen gesetzlich vertreten.

Zu Mitgliedern des Leitungsorgans/ geschäftsführenden Direktoren der Gesellschaft wurden bestellt:

* Name, Vorname, Geburtsdatum, Wohnort *

* Name, Vorname, Geburtsdatum, Wohnort *

Jedes Mitglied des Leitungsorgans/ Jeder geschäftsführende Direktor zeichnet seine Namensunterschrift wie folgt:

Versicherung

Jedes Mitglied des Leitungsorgans/Jeder geschäftsführende Direktor versichert, daß es/er über seine unbeschränkte Auskunftspflicht gegenüber dem Registergericht vom beglaubigenden Notar belehrt worden ist und bei dem Vorstandsmitglied keine Umstände vorliegen, aufgrund deren es/er nach § 76 Abs. 3 AktG von dem Amt als Mitglied des Leitungsorgans/geschäftsführender Direktor ausgeschlossen wäre: Das Bestellungshindernis einer Verurteilung nach §§ 283 bis 283d Strafgesetzbuch liegt nicht vor, auch ist dem Mitglied des Leitungsorgans/geschäftsführenden Direktor weder durch gerichtliches Urteil noch durch vollziehbare Entscheidung einer Verwaltungsbehörde die Ausübung eines Berufes, Berufzweiges, Gewerbes oder Gewerbezweiges untersagt (Amtsunfähigkeit).

Die Vorstandsmitglieder der übertragenden Gesellschaft versichern, daß allen Gläubigern, die nach § 8 Abs. 1 Satz 1 SEAG-E einen Anspruch auf Sicherheitsleistung haben, eine angemessene Sicherheit geleistet wurde.

Urkundenbeilagen

1. Ausfertigung der notariellen Niederschriften über den Verschmelzungsplan, worin die Satzung festgestellt ist, vom * Datum * über die zustimmenden Beschlüsse der Hauptversammlungen der übertragenden Gesellschaften und vom * Datum * über die Bestellung des Aufsichtsorgans/Verwaltungsrats,

2. die Niederschrift über die Sitzung des Aufsichtsorgans/Verwaltungsrats der Gesellschaft, worin die Mitglieder des Leitungsorgans/die geschäftsführenden Direktoren bestellt sind,

3. die Bescheinigungen der * Bezeichnung des Registers und der Registrierungsnummer * nach Art. 25 Abs. 2 der EU-Verordnung vom 8.10.2001 über das Statut der Europäischen Gesellschaft (SE) darüber, daß bei der * Bezeichnung der übertragenden Gesellschaften * mit Sitz in * Ort, ggf. Mitgliedstaat * die der Verschmelzung vorangehenden Rechtshandlungen und Formalitäten durchgeführt wurden.

(Unterschriftsbeglaubigung wie bei Nr. 162 und 166 bzw. 167 von den Gründern, Mitgliedern des Leitungsorgans/geschäftsführenden Direktoren und Mitgliedern des Aufsichtsorgans/des Verwaltungsrats)

149. Bestellung, Abberufung oder Amtsniederlegung von Organen der SE oder Änderung ihrer Vertretungsbefugnis

▶ Hinweise: Vertretungsberechtigte Organe der SE können nur natürliche Personen sein (Art. 47 Abs. 1 SE-VO, § 40 Abs. 1 S. 4 SEAG-E); sie werden für einen in der Satzung festgelegten Zeitraum bestellt, der sechs Jahre nicht überschreiten darf (Art. 46 Abs. 1 SE-VO). Je nach Struktur der SE werden die zur Vertretung berechtigten Organmitglieder und die Bestellungsorgane unterschiedlich bezeichnet.

Die **dualistische SE** hat wie bei der deutschen AG zwei Organe, auf die das AktG anzuwenden ist: ein Leitungsorgan (Art. 39 Abs. 1 SE-VO, entspricht dem Vorstand der AG) und ein Aufsichtsorgan (Art. 39 Abs. 2 SE-VO, entspricht dem Aufsichtsrat der AG).

Die **monistische SE** hat eine einziges Organ, den Verwaltungsrat (§ 20 SEAG-E), der die Gesellschaft leitet, die Grundlinien ihrer Tätigkeiten bestimmt und deren Umsetzung überwacht. Die Mitglieder des Verwaltungsrats werden vorbehaltlich der Regelungen des SEBG-E von der Hauptversammlung bestellt. Ersatzmitglieder können bestellt werden, Stellvertreter jedoch nicht (§ 28 Abs. 3 SEAG-E). Der Verwaltungsrat bestellt einen oder mehrere Mitglieder des Verwaltungsrats oder Dritte zu geschäftsführenden Direktoren, die die Gesellschaft vertreten. Mitglieder des Verwaltungsrats können zu geschäftsführenden Direktoren bestellt werden, sofern die Mehrheit des Verwaltungsrats weiterhin aus nicht geschäftsführende Direktoren besteht.

▶ <u>Wer muß anmelden:</u> Mitglieder des Leitungsorgans bzw. geschäftsführende Direktoren in zur Vertretung berechtigter Zahl

Europäische Gesellschaft (SE) A 149

▶ Kosten beim Gericht: wie bei Nr. 132
▶ Kosten beim Notar: wie bei Nr. 132
▶ Text der Anmeldung:

Durch Beschluß des Aufsichtsorgans/des Verwaltungsrats der Gesellschaft vom * Datum * wurde * Name, Vorname, Geburtsdatum, Wohnort * zum ordentlichen Mitglied des Leitungsorgans/zum geschäftsführenden Direktor bestellt.

Das neue Mitglied des Leitungsorgans/Der neue geschäftsführende Direktor vertritt die Gesellschaft mit einem weiteren Mitglied des Leitungsorgans/geschäftsführenden Direktor oder mit einem Prokuristen.

Das neue Mitglied des Leitungsorgans/Der neue geschäftsführende Direktor zeichnet seine Namensunterschrift wie folgt:

Das neue Mitglied des Leitungsorgans/Der neue geschäftsführende Direktor versichert, daß es über seine unbeschränkte Auskunftspflicht gegenüber dem Registergericht vom beglaubigenden Notar belehrt worden ist und bei dem neuen Mitglied des Leitungsorgans/geschäftsführenden Direktor keine Umstände vorliegen, aufgrund deren er nach § 76 Abs. 3 AktG von dem Amt als Mitglied des Leitungsorgans/geschäftsführender Direktor ausgeschlossen wäre:

Das Bestellungshindernis einer Verurteilung nach §§ 283 bis 283d Strafgesetzbuch liegt nicht vor, auch ist dem Mitglied des Leitungsorgans/geschäftsführender Direktor weder durch gerichtliches Urteil noch durch vollziehbare Entscheidung einer Verwaltungsbehörde die Ausübung eines Berufes, Berufszweiges, Gewerbes oder Gewerbezweiges untersagt (Amtsunfähigkeit).

Die Eintragung soll auch bei sämtlichen Zweigniederlassungen der Gesellschaft vollzogen werden.

Weitere beglaubigte Abschriften dieser Urkunde mit urschriftlicher Namenszeichnung für die Gerichte der in Betracht kommenden Zweigniederlassungen der Gesellschaft sind beigefügt.

Urkundenbeilagen

Angeschlossen ist die beglaubigte Kopie des Beschlusses des Aufsichtsorgans bzw. des Verwaltungsrats über die Bestellung des Mitgliedes des Leitungsorgans/des geschäftsführenden Direktors.

(Unterschriftsbeglaubigung wie bei Nr. 162 und 165)

* Name, Vorname, Geburtsdatum, Wohnort * ist nicht mehr Mitglied des Mitglied des Leitungsorgans/geschäftsführender Direktor.

Wir versichern, daß die Voraussetzungen für die heutige Anmeldung vorliegen.

Urkundenbeilagen

0 Angeschlossen ist die beglaubigte Kopie des Beschlusses des Aufsichtsorgans/des Verwaltungsrats über die Abberufung des Mitgliedes des Leitungsorgans/des geschäftsführenden Direktors.

0 Schreiben des ausgeschiedenen Mitgliedes des Leitungsorgans/des geschäftsführenden Direktors an die Gesellschaft wegen der Niederlegung seines Amtes.

0 Schreiben des ausgeschiedenen Mitgliedes des Leitungsorgans/des geschäftsführenden Direktors an die Gesellschaft wegen der Kündigung seines Amtes.

0 Sterbeurkunde des ausgeschiedenen Mitgliedes des Leitungsorgans/des geschäftsführenden Direktors.

(Unterschriftsbeglaubigung wie bei Nr. 162)

150. Änderung der Satzung – auch Sitzverlegung

▶ Hinweise: Änderungen der Satzung und Kapitalmaßnahmen werden beurkundet und angemeldet wie bei der AG (Art. 9 c) ii), 59, 60 SE-VO); vgl. insoweit Nr. 133, 135–144; Mehrheitserfordernisse nach § 51 SE-AG.

Bei der Sitzverlegung ist zu unterscheiden: Wird der Sitz der SE im Inland verlegt, ist § 45 AktG anzuwenden; vgl. Nr. 112.

Wird der Sitz in ein anderes Mitgliedsland verlegt (**grenzüberschreitende Sitzverlegung**), reicht eine Satzungsänderung aus; die SE wird weder aufgelöst noch am Zielort neu gegründet (Art. 8 Abs. 1 SE-VO). Der Satzungsänderung zwecks Sitzverlegung geht ein *förmliches Verfahren* zur Wahrung der Rechte der Gläubiger und der Minderheitsaktionäre voraus:

– Die Leitungs- und Verwaltungsorgane der SE stellen einen Verlegungsplan auf, der u. a. die vorgesehene Satzung der SE, einen Gründungsbericht und ein Abfindungsangebot enthält (Art. 8 Abs. 2 SE-VO, 12 SEAG-E).

– Der Verlegungsplan wird beim Registergericht am bisherigen Sitz zusammen mit den weiteren Angaben zu Art. 8 Abs. 2 SE-VO zwecks Bekanntmachung eingereicht (§ 12 Abs. 1 S. 3 SEAG-E).

– Die Bekanntmachung enthält zusätzlich den Hinweis, daß Gläubiger Sicherheit für Forderungen nach §13 Abs. 1 und 2 SEAG-E binnen zwei Monaten nach der Bekanntmachung verlangen zu können.

- Die Hauptversammlung der SE faßt einen Verlegungsbeschluß frühestens zwei Monate nach Bekanntmachung des Verlegungsplanes (Art. 8 Abs. 6 S. 1 SE-VO).
- Das Registergericht am bisherigen Sitz stellt auf Antrag und nach Prüfung der Rechtmäßigkeit eine Bescheinigung über die Durchführung der der Verschmelzung vorangehenden Rechtshandlungen und Formalitäten aus (Art. 8 Abs. 8 SE-VO), wenn die zur Vertretung berechtigten Organe versichern, daß den berechtigten Gläubigern eine angemessene Sicherheit geleistet wurde, und wenn sie erklären, daß eine Klage gegen die Wirksamkeit des Verlegungsbeschlusses nicht oder nicht fristgemäß erhoben oder eine solche Klage rechtskräftig abgewiesen oder zurückgenommen worden ist (§§ 13 Abs. 3, 14 SEAG-E).

Die SE legt dem am neuen Sitz zuständigen Register die Bescheinigung und meldet die Durchführung der Sitzverlegung zur Eintragung an (Art. 8 Abs. 11 SE-VO). Das Register am Sitz der neuen SE trägt die SE und die Änderung der Satzung infolge Sitzverlegung ein und teilt diese Tatsache dem Register am bisherigen Sitz mit. Erst dann erfolgt deren Löschung.

Eine aufgelöste SE kann ihren Sitz nicht verlegen; entsprechendes gilt bei Zahlungsunfähigkeit, vorläufiger Zahlungseinstellung und ähnlichen, gegen die Gesellschaft eröffnete Verfahren (Art. 8 Abs. 15 SE-VO). Die faktische Sitzverlegung ins Ausland kann zur Auflösung der SE führen, siehe Nr. 151.

151. Auflösung der SE

Hinsichtlich der Gründe, die zur Auflösung der SE führen, der diesbezüglichen Anmeldungen und Eintragungen findet das AktG Anwendung (Art. 63 SE-VO). Fehlende Kontrolle der Rechtmäßigkeit der Verschmelzung kann zur Auflösung der SE führen (Art. 30, 25, 26 SE-VO). Wird der Sitz der SE – ohne Satzungsänderung – faktisch ins Ausland verlegt, stellt das einen Mangel der Satzung dar, der die Auflösung der SE zur Folge hat (Art. 64 SE-VO, § 52 SEAG-E). Hingegen bleibt die faktische Sitzverlegung im Inland ohne Sanktion, vgl. Nr. 112

152. Frei

Europäische Wirtschaftliche Interessenvereinigung

153. Eine Europäische Wirtschaftliche Interessenvereinigung (EWIV) wird gegründet

▶ Hinweise: Rechtsgrundlagen: Verordnung (EWG) vom 25. 7. 1985 (ABl. EG Nr. L 199, S. 1 vom 31. 7. 1985); im folgenden „EWIV-VO"; Deutsches Gesetz zur Ausführung dieser Verordnung vom 14. 4. 1988 (BGBl. I 514, zuletzt geändert durch HandelsrechtsreformG vom 22. 6. 1998, BGBl. I 1474); im folgenden „EWIV-AG".

Literaturauswahl: Ganske, Betrieb, Beilage 20/1985; Autenrieth, BB 1989, 305; Abmeier, NJW 1988, 2987; Böhringer, BWNotZ 1990, 133; Selbherr/Manz (Hrsg.), Kommentar zur EWIV, 1995; Müller-Gugenberger/Schotthöfer (Hrsg.), Die EWIV in Europa, 1994; Hammen, Jus 2002, 571; zur Firma: Müller-Gugenberger, BB 1989, 1922.

Die Firma muß zumindest die Worte „Europäische wirtschaftliche Interessenvereinigung" oder die Abkürzung „EWIV" enthalten, die übrigen Bestandteile wie OHG (hierzu Vorbemerkungen bei B § 18 HGB), also auch reine Sachfirma zulässig; EuGH, BB 1998, 177.

Eine EWIV kann gegründet werden:

- von mindestens zwei natürlichen oder juristischen Personen (Art. 4 EWIV-VO);
- von denen mindestens zwei ihre Haupttätigkeit oder Hauptverwaltung in verschiedenen Mitgliedstaaten der EG haben müssen;
- nur zu dem Zweck, die wirtschaftliche Tätigkeit ihrer Mitglieder zu erleichtern oder zu entwickeln sowie die Ergebnisse dieser Tätigkeit zu verbessern; also nicht zu dem Zweck, Gewinne für sich selbst zu erzielen (Art. 3 EWIV-VO). Daraus folgen die in Art. 3 Abs. 2 genannten Aufgaben- und Tätigkeitsverbote.

▶ Wer muß anmelden: Alle Geschäftsführer der Vereinigung beim Registergericht ihres Sitzes

▶ Beizufügende Unterlagen:
  - Siehe Anmeldungstext; ferner
  - Nachweise zur Existenz und zur Vertretung der nicht in der Bundesrepublik ansässigen Mitglieder der Vereinigung

Europäische Wirtschaftliche Interessenvereinigung   A 153

▶ Kosten beim Gericht: Gebühr für Eintragung der EWIV 70 Euro (GVHR Vorbem. 1 Abs. 1 i.V.m GVHR 1101).
▶ Kosten beim Notar: wie bei Nr. 21. Umfaßt Anmeldung und gleichzeitige Namenszeichnung sowie die Versicherung des Geschäftsführers.
Für die Belehrung gemäß § 3 Abs. 3 EWIV-AG: wie bei Nr. 91. Bei nicht gleichzeitiger Zeichnung: wie bei Nr. 96.
▶ Text der Anmeldung:

Zur Erst-Eintragung in das Handelsregister – Abt. A – wird angemeldet: Es wurde unter der Firma * Bezeichnung der EWIV * eine Europäische Wirtschaftliche Interessenvereinigung errichtet.

Die Dauer der Vereinigung ist unbestimmt.

Sitz der Vereinigung ist * Ort *

Die Geschäftsräume der Vereinigung befinden sich in * Ort, Straße *

Gegenstand des Unternehmens ist: * schlagwortartige Bezeichnung *

Mitglieder der Vereinigung sind:

* Name, Geburtsdatum, Firma, Rechtsform, Wohnort oder Sitz, Nummer und Ort der Registereintragung *

* Name, Geburtsdatum, Firma, Rechtsform, Wohnort oder Sitz, Nummer und Ort der Registereintragung *

Vertretungsbefugnis

Die Vereinigung hat einen oder mehrere Geschäftsführer. Ist nur ein Geschäftsführer bestellt, so vertritt dieser die Vereinigung allein.

Sind mehrere Geschäftsführer bestellt, so wird die Vereinigung durch zwei Geschäftsführer gemeinsam oder durch einen Geschäftsführer in Gemeinschaft mit einem Prokuristen vertreten. Durch Beschluß der Mitglieder der Vereinigung kann einzelnen Geschäftsführern die Befugnis zur Alleinvertretung sowie Befreiung von den Beschränkungen des § 181 BGB erteilt werden.

Zum ersten Geschäftsführer der Vereinigung wurde bestellt: * Name, Vorname, Geburtsdatum, Wohnort des Geschäftsführers *.

Der Geschäftsführer ist berechtigt, die Vereinigung stets allein zu vertreten und kann als Geschäftsführer mit sich im eigenen Namen oder als Vertreter eines Dritten Rechtsgeschäfte vornehmen (Befreiung von den Beschränkungen des § 181 BGB).

Der Geschäftsführer zeichnet seine Namensunterschrift bei der angemeldeten Vereinigung zur Aufbewahrung bei dem Gericht wie folgt: * handschriftliche Namensunterschrift *

Versicherungen

Nach Belehrung durch den Notar über die unbeschränkte Auskunftspflicht gegenüber dem Gericht gemäß § 53 Abs. 2 des Bundeszentralregistergesetzes wird versichert:

Der Geschäftsführer (bei mehreren jeder für sich) versichert, daß keine Umstände vorliegen, die nach Art. 19 Abs. 1 der Verordnung (EWG) Nr. 2137/85 des Rates vom 25. Juli 1985 über die Schaffung einer Europäischen Wirtschaftlichen Interessenvereinigung (EWIV) – ABl. EG Nr. L 199 S. 1 – seiner Bestellung als Geschäftsführer entgegenstehen; der Geschäftsführer also keine Person ist, die

– nach dem auf sie anwendbaren Recht oder
– nach dem innerstaatlichen Recht des Staates des Sitzes der Vereinigung oder
– aufgrund einer in einem Mitgliedstaat ergangenen oder anerkannten gerichtlichen Entscheidung oder Verwaltungsentscheidung

dem Verwaltungs- oder Leitungsorgan von Gesellschaften nicht angehören darf, Unternehmen nicht leiten darf oder nicht als Geschäftsführer einer Europäischen Wirtschaftlichen Interessenvereinigung handeln darf.

Urkundenbeilagen

Angeschlossen werden in beglaubigter Kopie vorgelegt:

– der Gründungsvertrag der Vereinigung,
– der Beschluß der Mitglieder der Vereinigung über die Bestellung der ersten Geschäftsführung.

(Unterschriftsbeglaubigung wie bei Nr. 167)

154. Eintritt eines weiteren Mitglieds in die EWIV

▶ Hinweis: Zustimmung aller bisherigen Mitglieder erforderlich. Der Eintretende haftet für die bisherigen Schulden der Vereinigung, soweit dies nicht im Gesellschaftsvertrag oder im Aufnahmevertrag ausgeschlossen und nach Art. 8 durch Registereintragung offengelegt wird (Art. 26 Abs. 2, 9 Abs. 1 EWIV-VO, § 15 HGB).

▶ Wer muß anmelden: Geschäftsführer in der zur Vertretung berechtigten Anzahl (§ 3 Abs. 1 S. 1 EWIV-AG); hinsichtlich des Haftungsausschlusses ist auch das neue Mitglied anmeldeberechtigt (§ 3 Abs. 2 S. 2 EWIV-AG).

▶ Beizufügende Unterlagen:

– der Vertrag über die Aufnahme des neuen Mitglieds

- ggf. Nachweis über die Existenz und die Vertretung des neuen Mitglieds
- Kosten beim Gericht: Gebühr für Eintragung eines weiteren Mitglieds 40 Euro (GVHR Vorbem. 1 Abs. 1 i.V.m. GVHR 1501); Gebühr für Eintragung eines jeden weiteren Mitglieds 30 Euro (GVHR Vorbem. 1 Abs. 1 i.V.m. GVHR 1506).
- Kosten beim Notar: Wert: wie bei Nr. 29. Umfaßt Anmeldung und Haftungsausschluß.
- Text der Anmeldung:

Zur Eintragung in das Handelsregister bei der Europäischen Wirtschaftlichen Interessenvereinigung unter der Firma * Bezeichnung der EWIV nach dem Handelsregister * wird angemeldet:

In die Vereinigung ist als weiteres Mitglied eingetreten:

* Name, Geburtsdatum, Firma, Rechtsform, Wohnort oder Sitz, Nummer und Ort der Registereintragung *

Alle Mitglieder der Vereinigung haben der Aufnahme dieses Mitglieds zugestimmt.

Firma und Sitz der Vereinigung bleiben unverändert. Die Geschäftsräume befinden sich in * Ort und Straße *

Die Haftung des neu aufgenommenen Mitglieds für die Verbindlichkeiten der Vereinigung, die vor seinem Beitritt entstanden sind, ist ausgeschlossen.

(Unterschriftsbeglaubigung wie bei Nr. 161 bzw. 162)

155. Übertragung des Anteils an einer EWIV

- Hinweis: Übertragung möglich an ein anderes Mitglied der Vereinigung oder an Dritte, aber nur mit Zustimmung der anderen Mitglieder (Art. 22 Abs. 1 EWIV-VO). Teilübertragung unter denselben Voraussetzungen zulässig.
- Wer muß anmelden: Geschäftsführer in vertretungsberechtigter Zahl (§ 3 Abs. 1 S. 1 EWIV-AG)
- Beizufügende Unterlagen:
  - Übertragungsvertrag
  - Zustimmung der anderen Mitglieder
- Kosten beim Gericht: Gebühr für Eintragung des Ausscheidens des Mitglieds 40 Euro (GVHR Vorbem. 1 Abs. 1 i.V.m. GVHR 1501); hinzu für Eintragung des Eintritts eines neuen Mitglieds aufgrund derselben

Anmeldung 30 Euro (GVHR Vorbem. 1 i.V.m. GVHR 1506); vgl. § 2 Abs. 2 S. 2 HRegGebV.

▶ Kosten beim Notar: Wert: wie bei Nr. 29

▶ Text der Anmeldung:

Das Mitglied der Vereinigung

* Name, Geburtsdatum, Firma, Rechtsform, Wohnort oder Sitz, Nummer und Ort der Registereintragung *

hat seine gesamte Beteiligung an der Vereinigung an

* Name, Geburtsdatum, Firma, Rechtsform, Wohnort oder Sitz, Nummer und Ort der Registereintragung *

abgetreten.

Alle Mitglieder der Vereinigung haben der Abtretung zugestimmt.

Die Geschäftsräume befinden sich in * Ort und Straße *

(Unterschriftsbeglaubigung wie bei Nr. 161 bzw. 162)

156. Ausscheiden eines Mitglieds durch Vereinbarung, Kündigung oder Tod

▶ Hinweise: Kündigung nur zulässig bei entsprechender Regelung im Gründungsvertrag, Zustimmung aller Mitglieder oder bei wichtigem Grund.

Eintritt eines Erben nur möglich bei entsprechender Regelung im Gründungsvertrag oder mit Zustimmung aller Mitglieder (Art. 28 Abs. 2 EWIV–VO). Ausscheiden eines Mitgliedes auch bei Verlust der Gesellschaftsvoraussetzungen nach Art. 4 EWIV-VO.

▶ Wer muß anmelden: Geschäftsführer in vertretungsberechtigter Zahl, anmeldeberechtigt ist auch das ausscheidende Mitglied (§ 3 Abs. 2 EWIV-AG).

▶ Beizufügende Unterlagen:

– Vereinbarung aller Mitglieder über das Ausscheiden; oder

– Kündigungsschreiben; oder

– Erbnachweis wie im Anmeldungstext

▶ Kosten beim Gericht: Gebühr für die Eintragung der Tatsache des Ausscheidens 40 Euro (GVHR Vorbem. 1 Abs. 1 i.V.m. GVHR 1501); hinzu für jede Eintragung eines neuen Mitglieds aufgrund derselben Anmeldung 30 Euro (GVHR 1506); vgl. § 2 Abs. 2 S. 2 HRegGebV.

▶ Kosten beim Notar: Wert nach § 41a Abs. 4 Nr. 3 KostO. Scheidet ein Mitglied aus, Wert 25 000 Euro. 12 500 Euro für jeden eintretenden Erben und für das Ausscheiden des Erblassers (Werteaddition). ⁵/10-Gebühr. Umfaßt Anmeldung und Haftungsausschluß.

▶ Text der Anmeldung:

Aus der Vereinigung ist als Mitglied ausgeschieden:

* Name, Geburtsdatum, Firma, Rechtsform, Wohnort oder Sitz, Nummer und Ort der Registereintragung *

Die Vereinigung besteht weiterhin fort.

Firma und Sitz der Vereinigung bleiben unverändert. Die Geschäftsräume befinden sich unverändert in * Ort und Straße *

Dem ausgeschiedenen Mitglied ist bekannt, daß er gutgläubigen Dritten für alle Verbindlichkeiten haftet, die sich aus der Tätigkeit der Vereinigung vor seinem Ausscheiden ergeben.

Das ausscheidende Mitglied willigt in die Fortführung der Firma ein.

(Unterschriftsbeglaubigung wie bei Nr. 161 bzw. 162)

oder:

Das Mitglied der Vereinigung

* Name, Geburtsdatum, Firma, Rechtsform, Wohnort oder Sitz, Nummer und Ort der Registereintragung *

ist durch Tod aus der Vereinigung ausgeschieden.

Die Vereinigung besteht weiterhin fort.

Firma und Sitz der Vereinigung bleiben unverändert. Die Geschäftsräume befinden sich unverändert in * Ort und Straße *

Als Erben des verstorbenen Mitglieds sind in die Vereinigung eingetreten:

* Name, Geburtsdatum, Firma, Rechtsform, Wohnort oder Sitz, Nummer und Ort der Registereintragung *

*Name, Geburtsdatum, Firma, Rechtsform, Wohnort oder Sitz, Nummer und Ort der Registereintragung *

Als Erbausweis wird vorgelegt:

0 Ausfertigung des Erbscheins des Nachlaßgerichts * Ort * vom * Erbscheindatum *

0 Notarielle Verfügung von Todes wegen vom * Datum * mit Eröffnungsprotokoll des Nachlaßgerichts * Ort * vom * Datum des Protokolls *

(Unterschriftsbeglaubigung wie bei Nr. 162)

157. Bestellung eines Geschäftsführers

▶ Hinweise: Nur natürliche Personen als Geschäftsführer möglich. Mangels abweichender Regelung des Gesellschaftsvertrages gilt Einzelvertretungsbefugnis.

Keine Beschränkung der Vertretungsmacht gegenüber Dritten möglich, auch nicht bei entsprechender Eintragung oder Bekanntmachung (Art. 20 EWIV-VO).

▶ Wer muß anmelden: Geschäftsführer in vertretungsberechtigter Zahl

▶ Beizufügende Unterlagen: siehe Anmeldungstext

▶ Kosten beim Gericht: Gebühr für Eintragung des Geschäftsführers 40 Euro (GVHR Vorbem. 1 Abs. 1 i.V.m GVHR 1501); hinzu für jeden weiteren Geschäftsführer aufgrund derselben Anmeldung Eintragungsgebühr mit 30 Euro (GVHR 1506).

▶ Kosten beim Notar: Wert: 25 000 Euro, § 41a Abs. 4 Nr. 3 KostO. $^{5}/_{10}$-Gebühr. Umfaßt Anmeldung und gleichzeitige Namenszeichnung sowie die Versicherung des neuen Geschäftsführers. Für die Belehrung gemäß § 3 III EWIV-AG: wie bei Nr. 91. Bei nicht gleichzeitiger Zeichnung: wie bei Nr. 96.

▶ Text der Anmeldung:

Zum Geschäftsführer ist bestellt worden: * Name, Vorname, Geburtsdatum, Wohnort des neuen Geschäftsführers *

Der Geschäftsführer ist berechtigt, die Vereinigung stets allein zu vertreten und kann als Geschäftsführer mit sich im eigenen Namen oder als Vertreter eines Dritten Rechtsgeschäfte vornehmen (Befreiung von den Beschränkungen des § 181 BGB).

Der Geschäftsführer zeichnet seine Namensunterschrift bei der von der Anmeldung betroffenen Vereinigung zur Aufbewahrung bei dem Gericht wie folgt: * handschriftliche Namensunterschrift *

Versicherungen

wie bei Nr. 151

Urkundenbeilagen

Angeschlossen ist die beglaubigte Kopie des Beschlusses der Mitglieder der Vereinigung über die Bestellung des Geschäftsführers.

(Unterschriftsbeglaubigung wie bei Nr. 166 bzw. 167)

Europäische Wirtschaftliche Interessenvereinigung   A 158-159

158. Änderung des Gründungsvertrages

- Hinweise: Beschlüsse über die in Art. 17 Abs. 2 EWIV-VO genannten Gegenstände müssen einstimmig durch alle Mitglieder gefaßt werden. Für andere Fälle kann der Gründungsvertrag Beschlußfähigkeit und Mehrheiten regeln.
- Wer muß anmelden: Geschäftsführer in vertretungsberechtigter Zahl
- Beizufügende Unterlagen: siehe Anmeldungstext
- Kosten beim Gericht: Gebühr für Eintragung der Tatsache 40 Euro (GVHR Vorbem. 1 Abs. 1 i.V.m. GVHR 1501). Betrifft die Eintragung eine Tatsache ohne wirtschaftliche Bedeutung wie z. B. Änderung des Namens oder Wohnorts eines Mitglieds der EWIV, dann Gebühr von 30 Euro (GVHR 1505). Vgl. auch § 2 Abs. 3 S. 2 HRegGebV.
- Kosten beim Notar: Wert: 25 000 Euro, § 41a Abs. 4 Nr. 3 KostO. $^5/_{10}$-Gebühr.
- Text der Anmeldung:

Die Mitglieder der Vereinigung haben am * Datum * die Änderung des Gründungsvertrags in § * Zahl und schlagwortartige Bezeichnung der Änderung * beschlossen.

Urkundenbeilagen

Angeschlossen ist die beglaubigte Kopie des vollständigen Wortlauts des geänderten Gründungsvertrages und der Änderungsbeschluß.

Die Geschäftsräume befinden sich unverändert in * Ort und Straße *

(Unterschriftsbeglaubigung wie bei Nr. 161 bzw. 162)

159. Auflösung der EWIV

- Hinweise: Vgl. Art. 30, 31 EWIV-VO. Ergänzend gelten §§ 131 ff. HGB.
- Wer muß anmelden: Geschäftsführer in vertretungsberechtigter Zahl oder jedes Mitglied der Vereinigung (§ 3 Abs. 2 S. 2 EWIV-AG).
- Beizufügende Unterlagen: siehe Anmeldetext
- Kosten beim Gericht: Gebühr für die Eintragung der Tatsache der Auflösung mit Liquidation 40 Euro (GVHR Vorbem. 1 Abs. 1 i.V.m. GVHR 1501). Eintragung des Schlusses der Abwicklung gebührenfrei (GVHR Vorbem. 1 Abs. 4). Die Liquidatorbestellung ist Teil der Auflösung der EWIV; gleiches gilt für Löschung der Prokura.

► Kosten beim Notar: Wert: 25 000 Euro, § 41a Abs. 4 Nr. 3 HS. 1 KostO. ⁵/₁₀-Gebühr; umfaßt Anmeldung und gleichzeitige Namenszeichnung sowie die Versicherung des Liquidators. Auflösung und Bestellung des Liquidators sind gegenstandsgleich. Bei nicht gleichzeitiger Zeichnung: wie bei Nr. 25. Wegen Prokuralöschung wie bei Nr. 46.

► Text der Anmeldung:

1. Die Vereinigung ist durch Beschluß sämtlicher Mitglieder der Vereinigung aufgelöst.

2. Die Prokura von * Name, Vorname, Geburtsdatum, Wohnort * ist erloschen.

3. Zu Liquidatoren wurden bestellt:
   * Name, Vorname, Geburtsdatum, Wohnort der Liquidatoren *

   Jeder Liquidator zeichnet seine Namensunterschrift bei der aufgelösten Vereinigung zur Aufbewahrung bei dem Gericht wie folgt: * handschriftliche Namensunterschrift *

4. Vertretungsrecht:

   Die allgemeine Vertretungsregelung ist geändert. Die Geschäftsführer sind nicht mehr berechtigt, die Vereinigung zu vertreten.

   Jeder Liquidator vertritt die Vereinigung jeweils einzeln. Einem Liquidator kann Befreiung von den Beschränkungen des § 181 BGB erteilt werden.

   Die Liquidatoren * jeweils Name, Vorname, Geburtsdatum, Wohnort * sind jeweils einzelvertretungsberechtigt. Diese Personen sind befugt, die Vereinigung bei der Vornahme von Rechtsgeschäften mit sich selbst oder als Vertreter eines Dritten uneingeschränkt zu vertreten (Befreiung von den Beschränkungen des § 181 BGB).

Versicherungen

Nach Belehrung durch den Notar über die unbeschränkte Auskunftspflicht gegenüber dem Gericht gemäß § 53 Abs. 2 des Bundeszentralregistergesetzes wird versichert:

Der Liquidator (bei mehreren jeder für sich) versichert, daß keine Umstände vorliegen, die nach Art. 19 Abs. 1 der Verordnung (EWG) Nr. 2137/85 des Rates vom 25. Juli 1985 über die Schaffung einer Europäischen Wirtschaftlichen Interessenvereinigung (EWIV) – ABl. EG Nr. L 199 S. 1 – seiner Bestellung als Liquidator entgegenstehen; der Liquidator also keine Person ist, die

– nach dem auf sie anwendbaren Recht oder

– nach dem innerstaatlichen Recht des Staates des Sitzes der Vereinigung oder

– aufgrund einer in einem Mitgliedstaat ergangenen oder anerkannten gerichtlichen Entscheidung oder Verwaltungsentscheidung dem Verwaltungs- oder Leitungsorgan von Gesellschaften nicht angehören darf, Unternehmen nicht leiten darf oder nicht als Liquidator einer Europäischen Wirtschaftlichen Interessenvereinigung handeln darf.

Urkundenbeilagen
Angeschlossen ist die beglaubigte Kopie des Beschlusses der Mitglieder der Versicherung über die Auflösung der Vereinigung und die Bestellung der Liquidatoren.

* Ort und Datum *

Die Geschäftsräume befinden sich unverändert in * Ort und Straße *

(Unterschriftsbeglaubigung wie bei Nr. 166 bzw. 167)

Umwandlungen

160. Fundstellen im Buch und allgemeine Hinweise

Das UmwG stellt hohe Anforderungen an den Schutz von Gläubigern, Minderheitsgesellschaftern, Arbeitnehmern und ihren Vertretungen, die sich niederschlagen in präzisen Vorgaben für den Inhalt von Anmeldungen bei Umwandlungsvorgängen und die außerdem nach Art der beteiligten Rechtsträger sehr differenziert sind. Aus den über 270 möglichen Umwandlungsformen sind in diesem Buch die Umwandlungsfälle mit konkreten Anmeldemustern und Hinweisen aufgeführt, die in der Praxis am häufigsten nachgefragt werden.

▶ Fundstellen zu Umwandlungsvorgängen mit **Anmeldemustern** im Teil A:

	OHG/KG	GmbH	AG
Verschmelzung	Nr. 92	Nr. 92, 123, 124	Nr. 145
Spaltung	Nr. 92	Nr. 92	Nr. 144, 145
Formwechsel	Nr. 92	Nr. 92, 123, 124	

▶ Hinweise: Siehe zunächst Rechtsprechungsübersicht im Teil B.

Die Möglichkeiten zur Verschmelzung, Spaltung, Vermögensübertragung und zum Formwechsel eines Rechtsträgers sind nach geltendem Recht beschränkt auf inländische Rechtsträger und auf die im UmwG oder einem anderen Gesetz ausdrücklich zugelassenen Fälle (§ 1 Abs. 2 UmwG; Ausnahme bildet die SE, vgl. Nr. 148). Gleichwohl gibt es außerhalb des UmwG gesellschaftsrechtliche Vorgänge, die zu Gesamtrechtsnachfolgen führen und teilweise steuerlich wie Vorgänge nach dem UmwG behandelt werden. Beispiele Nr. 33 und 75 (alle Gesellschafter einer OHG/KG scheiden mit Ausnahme eines Gesellschafters aus, der das Geschäft als Einzelunternehmer fortführt); Nr. 74 und 81 (alle Kommanditisten übertragen ihre Anteile auf die Komplementär-GmbH).

Die Beteiligung an einer Verschmelzung setzt die Fortsetzungsfähigkeit des Rechtsträgers voraus, vgl. B § 3 Abs. 3 UmwG.

Vertretung bei der Anmeldung ist außer in den ausdrücklich gesetzlich zugelassenen Fällen (§ 16 Abs. 1 S. 2 UmwG) auch generell zulässig, soweit nicht der Inhalt der Erklärungen und Versicherungen eine höchstpersönliche Wahrnehmung verlangt (Melchior, GmbHR 1999, 520).

Die Einreichung der Anmeldung einer Verschmelzung durch den Notar ist wegen der Frist aus § 17 Abs. 2 S. 4 UmwG mit Haftungsrisiken verbunden, vgl. B § 17 Abs. 2 S. 4 UmwG Nr. 4.

Für die steuerliche Anerkennung der Umwandlung ist eine Eintragung in das Handelsregister innerhalb derselben Frist nicht erforderlich. §§ 2 Abs. 1, 14 Abs. 3 UmwStG gehen von der Relevanz des steuerlichen Übertragungs- bzw. Umwandlungsstichtages aus, der identisch ist mit § 17 Abs. 2 S. 4 UmwG, und ordnet eine steuerliche Rückwirkung an. Aus steuerlicher Sicht ist regelmäßig von der Maßgeblichkeit der – späteren – wirksamen und unumkehrbaren Eintragung in das Handelsregister auszugehen (BMF-Schreiben vom 23. 3. 1998, BStBl. I, 268 Rdnr. 01.07), vgl. auch B § 20 UmwG.

Beglaubigungsvermerke

161. Unterschriftsbeglaubigung einer Person

Ich beglaubige öffentlich als echt und als heute vor mir eigenhändig vollzogen die Unterschrift von
* Name, Vorname, Geburtsdatum, Wohnort und Privatadresse oder Geschäftsanschrift *
Ausweis: * alternativ angeben: persönlich bekannt/
  Bundespersonalausweis/deutscher Reisepaß *

162. Unterschriftsbeglaubigung mehrerer Personen

Ich beglaubige öffentlich als echt und als heute vor mir eigenhändig vollzogen die Unterschriften von
* Name, Vorname, Geburtsdatum, Wohnort und Privatadresse oder Geschäftsanschrift *
* Name, Vorname, Geburtsdatum, Wohnort und Privatadresse oder Geschäftsanschrift *
Ausweis: * alternativ für jede Person angeben: persönlich bekannt/
  Bundespersonalausweis/deutscher Reisepaß *

163. Zeichnung der Namensunterschrift durch Prokuristen

Ich beglaubige ferner die heute vor mir eigenhändig vollzogene Zeichnung der Namensunterschrift durch den Prokuristen
* Name, Vorname, Geburtsdatum, Wohnort und Privatadresse oder Geschäftsanschrift *
Ausweis: * alternativ angeben: persönlich bekannt/
  Bundespersonalausweis/deutscher Reisepaß *

164. Zeichnung durch einen Geschäftsführer, Vorstandsmitglied, Liquidator

Ich beglaubige die heute vor mir eigenhändig vollzogene Zeichnung seiner Namensunterschrift durch

Beglaubigungsvermerke   A 164-167

* Name, Vorname, Geburtsdatum, Wohnort und Privatadresse oder Geschäftsanschrift *

Ausweis: * alternativ angeben: persönlich bekannt/
Bundespersonalausweis/deutscher Reisepaß *

165. Zeichnung mehrerer Geschäftsführer, Vorstandsmitglieder, Liquidatoren

Ich beglaubige die heute vor mir eigenhändig vollzogene Zeichnung ihrer Namensunterschriften durch
* Name, Vorname, Geburtsdatum, Wohnort und Privatadresse oder Geschäftsanschrift *
* Name, Vorname, Geburtsdatum, Wohnort und Privatadresse oder Geschäftsanschrift *
Ausweis: * alternativ für jede Person angeben: persönlich bekannt/
Bundespersonalausweis/deutscher Reisepaß *

166. Unterschriftsbeglaubigung und Zeichnung durch eine Person

Ich beglaubige öffentlich als echt und als heute vor mir eigenhändig vollzogen die Namensunterschrift im und unter dem Anmeldungstext von
* Name, Vorname, Geburtsdatum, Wohnort und Privatadresse oder Geschäftsanschrift *
Ausweis: * alternativ angeben: persönlich bekannt/
Bundespersonalausweis/deutscher Reisepaß *

167. Unterschriftsbeglaubigung und Zeichnung durch mehrere Personen

Ich beglaubige öffentlich als echt und als heute vor mir eigenhändig vollzogen die Unterschriften von
* Name, Vorname, Geburtsdatum, Wohnort und Privatadresse oder Geschäftsanschrift *
* Name, Vorname, Geburtsdatum, Wohnort und Privatadresse oder Geschäftsanschrift *
sowie deren heute je vor mir eigenhändig vollzogene Namensunterschriften im Anmeldungstext

Ausweis: * alternativ für jede Person angeben: persönlich bekannt/
Bundespersonalausweis/deutscher Reisepaß *

168. Unterschriftsbeglaubigung und Zeichnung durch mehrere Gesellschafter, Prokuristen

Ich beglaubige öffentlich als echt und als heute vor mir eigenhändig vollzogen die Unterschriften von
* Name, Vorname, Geburtsdatum, Wohnort und Privatadresse oder Geschäftsanschrift *
* Name, Vorname, Geburtsdatum, Wohnort und Privatadresse oder Geschäftsanschrift *
und deren heute vor mir eigenhändig vollzogene Zeichnung ihrer Namensunterschriften im Anmeldungstext sowie die Zeichnung seiner Namensunterschrift durch den Prokuristen
* Name, Vorname, Geburtsdatum, Wohnort und Privatadresse oder Geschäftsanschrift *
nebst einem die Prokura andeutenden Zusatz.

Ausweis: * alternativ für jede Person angeben: persönlich bekannt/
Bundespersonalausweis/deutscher Reisepaß *

Anhang zu Teil A

Grundlagen der Kostenberechnung für Anmeldungen und Eintragungen

1. Änderungen in der KostO

Durch das Gesetz zur Umstellung des Kostenrechts und der Steuerberatergebührenverordnung auf Euro (KostR-EuroUG) vom 27. 4. 2001 wurden die in DM ausgedrückten Geschäftswerte in Euro umgestellt.

Der *Geschäftswert* in Handelsregistersachen und von Organbeschlüssen ohne bestimmten Geldwert wurde bis 31. 12. 1996 vom Kapital oder vom Einheitswert des Betriebsvermögens abgeleitet. An seine Stelle ist, soweit möglich, eine Bewertung mit dem Kapital oder einem Bruchteil davon, im übrigen ein Festwert von 50 000 DM (25 000 Euro ab 1. 1. 2002), der sich bei einigen Geschäften nach der Gesellschafterzahl erhöht, getreten.

Die Rechtsprechung des EuGH machte eine grundlegende Änderung des Gebührensystems für Eintragungen in das Handelsregister erforderlich. Mit dem Handelsregistergebühren-Neuordnungsgesetz (HRegGebNeuOG) vom 3. 7. 2004 (BGBl. I 1410) wurde das gegenstandswertbezogene Gebührensystem bei Handelsregistereintragungen aufgegeben und dafür in §§ 79 und 79a KostO aufwandsbezogene Festgebühren eingeführt, welche in der Handelsregistergebührenverordnung (HRegGebV) vom 30.9.2004 (BGBl. I 2562) enthalten sind. Eine künftige Anpassung der Gebühren ist durch Rechtsverordnung möglich. Die das Notarkostenrecht betreffenden, bisher in §§ 26, 26a und 27 KostO enthaltenen Wertvorschriften wurden durch die annähernd identischen Bestimmungen der §§ 41a bis 41c KostO ersetzt.

2. Grundsätze

Weiterhin besteht die Unterscheidung von Anmeldungen mit bestimmtem bzw. unbestimmtem Wert. Auch bleibt die Unterscheidung von ersten und späteren Anmeldungen.

Für die Einordnung, ob mehrere Anmeldungen oder Beschlüsse gegenstandsgleich oder gegenstandsverschieden sind, bleibt es bei den bisherigen Grundsätzen.

Unverändert vorhanden sind Höchstwerte und Höchstgebühren. Die Höchstwertvorschrift für Anmeldungen zum Handelsregister wurde in § 39 Abs. 4 KostO eingefügt. Bei Anmeldungen besteht ein Höchstwert von 500 000 Euro.

Für *Eintragungen in das Handels- und Partnerschaftsregister und sonstige Vorgänge beim Registergericht* regelt § 79 KostO die Gebührenpflicht nur dem Grunde nach und selbst insoweit nur im Grundsatz. § 79a KostO bildet anschließend die Grundlage für die ihm zugeordnete Rechtsverordnung des Bundesjustizministeriums mit ihrem Gebührenverzeichnis. Da die Handelsregistergebührenverordnung zu § 79a KostO nur noch Festgebühren enthält, braucht nunmehr für Eintragungen keine Wertermittlung mehr stattzufinden. Die Festgebühr richtet sich gemäß § 1 HRegGebV nach dem amtlichen Gebührenverzeichnis der Anlage zu dieser Verordnung. Das Gebührenverzeichnis wird als GVHR (Gebührenverzeichnis in Handelsregistersachen) abgekürzt und unterscheidet sich von dem Kostenverzeichnis des GKG, des GvKostG und dem RVG. Die Verlagerung der Gebührenbemessung vom Parlament auf das Bundesjustizministerium dient einer leichteren Anpassung bei Veränderungen der Lebensverhältnisse. Je nach Vorgang werden Festgebühren von 10 Euro bis 290 Euro erhoben. Betrifft die Eintragung eine Tatsache ohne wirtschaftliche Bedeutung, so beträgt die Festgebühr 30 Euro.

Nach § 8 Abs. 2 KostO kann das Gericht Kostenvorschuß erheben.

Außer den Gebühren entstehen bei Gericht Auslagen für die öffentliche Bekanntmachung der Eintragung. Die Höhe dieser Auslagen richtet sich nach dem Umfang des veröffentlichten Textes. Soweit eine Vorschußpflicht besteht, gilt dies auch für die Auslagen. Die Eintragung von Tatsachen, deren Anmeldung nach § 14 HGB nicht erzwingbar ist, kann nicht von der Zahlung eines Vorschusses abhängig gemacht werden.

3. Ableitung des Geschäftswerts vom Kapital bei Anmeldungen

Anmeldungen mit bestimmtem Wert sind einzeln und abschließend aufgezählt. Klarstellungen bestehen bei Abtretung von Kommanditeinlagen, Beteiligungsumwandlung bei einer KG. Spätere Anmeldungen bei einer Kapitalgesellschaft werden mit einem Geschäftswert von 1% des eingetragenen Kapitals (ohne Addition des genehmigten Kapitals) bewertet.

Grundlagen der Kostenberechnung   A Anh.

4. Vorgänge ohne bestimmten Geldwert

Für Anmeldungen, die nicht einen bestimmten Geldbetrag betreffen, treten feste Werte (§ 41a Abs. 3 Nr. 1, 3, Abs. 4 Nr. 2, 4), für OHG Werte, deren Höhe sich nach der Zahl der Gesellschafter richten (§ 41a Abs. 3 Nr. 2, Abs. 4 Nr. 3 HS. 2 KostO). Bei Änderungen ohne wirtschaftliche Bedeutung gilt der Festwert von 3 000 Euro, § 41a Abs. 6 KostO.

5. Anmeldung von Zweigniederlassungen

Für Zweigniederlassungen ist der *halbe* Wert vorgesehen, der sich für eine allgemeine Anmeldung ergeben hätte. Bei mehreren Zweigniederlassungen wird dieser Wert durch die Anzahl der vorhandenen Zweigniederlassungen geteilt.

6. Mehrere gleichzeitige Eintragungen

Sind mehrere Tatsachen auf Grund derselben Anmeldung einzutragen, ist für jede Tatsache die Gebühr gesondert in Ansatz zu bringen, es sei denn, sie können nur gemeinsam eingetragen werden, § 2 HRegGebV. Die Eintragungen müssen dasselbe Unternehmen betreffen. Es müssen mehrere Anmeldungen an demselben Tag beim Registergericht eingegangen sein und zu mehreren Eintragungen führen. Maßgeblich ist der Stempel der Posteinlaufstelle des Gerichts, nicht der Registerabteilung.

7. Besonderheiten bei Anmeldungen

Für den *Geschäftswert bei mehreren Anmeldungen* in einer Urkunde gilt § 44 KostO: Haben die Anmeldungen denselben Gegenstand, so wird die Gebühr einmal nach dem höchsten der Werte angesetzt. Haben die Anmeldungen verschiedenen Gegenstand, so wird die Gebühr nach der Summe der Werte berechnet.

Der Geschäftswert einer Anmeldung beträgt nach § 39 Abs. 4 KostO höchstens 500 000 Euro *(Höchstwert)*.

Für die *Gebühr* einer *Anmeldungsbeglaubigung* gilt: Legen die Anmeldepflichtigen die vollständige Urkunde vor, so daß der Notar lediglich die Unterschrift oder Namenszeichnung zu beglaubigen hat, so erhält er dafür ¼ der vollen Gebühr. Überlassen die Anmeldepflichtigen das Entwerfen der Anmeldung dem Notar, so steht diesem dafür gemäß §§ 145 Abs. 1, 38 Abs. 2 Nr. 7 KostO die Hälfte der vollen Gebühr zu; der erste demnächst darauf gefertigte Beglaubigungsvermerk ist durch die Entwurfsgebühr abgegolten.

Alle zusammen mit der Anmeldung geleisteten Unterschriften und Namenszeichnungen sind durch die Gebühr für diese (§§ 45, 145 Abs. 1, 38 Abs. 2 Nr. 7 KostO) mit abgegolten. Eine gesondert geleistete Unterschrift oder Namenszeichnung ist auch gesondert zu vergüten; doch ist für diese der Geschäftswert – da es sich nicht um eine „Anmeldung" handelt – gemäß § 30 Abs. 1 KostO zu schätzen, im Regelfall die Hälfte des für die Anmeldung maßgebenden Wertes des § 41a Abs. 3–5 KostO.

8. Notariatsgebühren für die den Anmeldungen zugrundeliegenden materiellen Rechtsvorgänge

Diese Rechtsänderungen bedürfen der notariellen Form nur insoweit, als dies gesetzlich vorgeschrieben ist, also insbesondere bei der Gründung, Satzungsänderung, Kapitalerhöhung und Kapitalherabsetzung von GmbH und Aktiengesellschaft sowie bei der Abtretung von Geschäftsanteilen an einer GmbH und einer dazu erforderlichen Aufspaltung der Geschäftsanteile. Gebührenpflichtig ist die notarielle Tätigkeit jedoch auch dort, wo sie in Anspruch genommen wird, ohne daß das Gesetz dies forderte.

Die Notariatsgebühren folgen für Beschlüsse von Gesellschafterversammlungen aus § 47 KostO (doppelte Gebühr), für rechtsgeschäftliche Erklärungen einzelner Personen aus § 36 Abs. 1 bzw. Abs. 2 KostO (einfache bzw. doppelte Gebühr). Die maßgeblichen Geschäftswerte sind für Beschlüsse nach § 41c KostO, für rechtsgeschäftliche Erklärungen nach den allgemeinen Wertvorschriften (§§ 18–25, 30, 39 KostO) zu bestimmen; sie stimmen mit den Werten, die der anschließenden Anmeldung zum Handelsregister zugrunde zu legen sind, häufig nicht überein. Nähere Ausführungen hierzu würden über den Rahmen dieses Buches hinausgehen. Die Hinweise zu den einzelnen Anmeldungen über „Kosten beim Notar" berücksichtigen daher die Kosten solcher vorangegangenen Beurkundungsvorgänge nicht.

Grundlagen der Kostenberechnung A Anh.

Die volle Gebühr beträgt bei einem Geschäftswert beispielsweise:

Geschäftswert	Gebühr
2 000,- Euro	18,- Euro
11 000,- Euro	54,- Euro
20 000,- Euro	72,- Euro
26 000,- Euro	84,- Euro
32 000,- Euro	96,- Euro
50 000,- Euro	132,- Euro
150 000,- Euro	282,- Euro
250 000,- Euro	432,- Euro

9. Besonderheiten in den neuen Bundesländern

Ermäßigte Gebühren bei Gericht und Notar in den neuen Bundesländern (einschließlich Ost-Berlin) waren nach Art. 8 Anlage I Kapitel III Sachgebiet A Abschnitt III Nr. 20 des Einigungsvertrages und den §§ 1, 2 KostGErmAV (BGBl. 1996 I 604) zu gewähren und zwar bis 30. 6.2004.

Die in der KostO bestimmte Kosten- und Gebührenfreiheit (§§ 11, 55a, 141, 144 KostO) gilt ohne weiteres auch in den neuen Bundesländern. Andere bundesrechtliche Befreiungsvorschriften sind nach Maßgabe des Art. 8 Einigungsvertrag anwendbar. Landesrechtliche Befreiungen bleiben in den neuen Bundesländern unberührt. Sofern altes DDR-Recht noch als Landesrecht fortgilt (Art. 9 Einigungsvertrag) oder ab dem 3. 10. 1990 Landesrecht in Kraft tritt, sind diese Befreiungen zu beachten.

Teil B

Gerichtsentscheidungen zum Handelsregisterrecht[*]

I. Bürgerliches Gesetzbuch

§ 29 BGB Bestellung eines Notvertreters

§ 29 BGB Nr. 1 (Anlaß zur Bestellung)

Kann nach der Satzung eine GmbH durch einen Geschäftsführer alleine verteten werden, so ist ein weiteres Tätigwerden des Registergerichts zur Ermittlung eines geeigneten Notgeschäftsführers nicht mehr zulässig, sobald feststeht, daß ein von der Gesellschafterversammlung bestellter Geschäftsführer nicht wirksam abberufen wurde.
BayObLG, 14. 9. 1999, GmbHR 1999, 1292. Zurückhaltend auch OLG Frankfurt/M., Rpfleger 2001, 241.

§ 29 BGB Nr. 2 (Ermittlung bereiter Personen durch das Registergericht)

2. Benennt der Antragsteller keine geeignete und zur Übernahme des Amtes bereite Person, so haben die Tatsachengerichte eine solche unter Beteiligung der Organe des Handelsstandes und des Handwerksstandes zu ermitteln. Der Ermittlungspflicht sind nach Lage des Falles dadurch Grenzen gesetzt, daß sich der Vergütungsanspruch des Notgeschäftsführers allein gegen die Gesellschaft richtet.
OLG Hamm, 4. 12. 1995, GmbHR 1996, 210. Aber keine Bestellung eines Gesellschafters gegen seinen Willen, KG, GmbHR 2000, 660 und 2001, 252.

---

[*] Gerichtsentscheidungen zu Vorschriften, die inzwischen aufgehoben oder geändert sind, werden, soweit sie Bedeutung behalten haben, den neuen Vorschriften bzw. Gesetzen zugeordnet.

§ 181 BGB Rechtsgeschäfte mit sich selbst

§ 181 BGB Nr. 1 (Eintragungsfähigkeit)

Die Befreiung des Alleingesellschafter-Geschäftsführers von dem Verbot, Geschäfte der Gesellschaft mit beschränkter Haftung mit sich selbst abzuschließen, ist im Handelsregister einzutragen. Nicht wirksam beschlossen und eingetragen werden kann, daß der Geschäftsführer befreit sein soll, wenn er alleiniger Gesellschafter ist.
BGH, 28. 2. 1983, BGHZ 87, 59

§ 181 BGB Nr. 2 (Eintragung der eingeschränkten Befreiung)

Die Befreiung des Geschäftsführers einer GmbH vom Selbstkontrahierungsverbot gemäß § 181 BGB ist auch dann in das Handelsregister einzutragen, wenn sie nur in beschränktem Umfang erteilt worden ist.
OLG Düsseldorf, 1. 7. 1994, DB 1994, 1922 = BB 1995, 10; a. A. LG Berlin, 6. 4. 1981, Rpfleger 1981, 309

§ 181 BGB Nr. 3 (Ermächtigung zur Befreiung)

Die in der Satzung festgelegte Ermächtigung zur Befreiung eines jeden Geschäftsführers von den Beschränkungen des § 181 BGB durch Beschluß der Gesellschafterversammlung braucht nicht zur Eintragung im Handelsregister angemeldet zu werden. Nur die aufgrund einer solchen Ermächtigung erteilte Befreiung selbst ist anzumelden und einzutragen.
BayObLG, 28. 1. 1982, BayObLGZ 1982, 41 = DB 1982, 689 = WPM 1982, 1033 = ZIP 1982, 312 = GmbHR 1982, 257 = BB 1982, 577

Ebenso BayObLG, 7. 5. 1984, BayObLGZ 1984, 109 = DB 1984, 1517 = WPM 1984, 1570 = GmbHR 1985, 116 = BB 1984, 1117 und OLG Frankfurt, Rpfleger 1994, 170.

§ 181 BGB Nr. 4 (Satzungsänderung nötig)

Die nachträgliche generelle Befreiung des Geschäftsführers einer GmbH von den Beschränkungen des § 181 BGB ist i.d.R. eine Satzungsänderung, die nur unter den Voraussetzungen der §§ 53, 54 GmbHG wirksam wird.
BayObLG, 17. 7. 1980, Rpfleger 1980, 427.

Ebenso OLG Köln, GmbHR 1993, 37 für die Ermächtigung zur Befreiung von § 181 BGB.

Ebenso OLG Frankfurt, 8. 12. 1982, OLGZ 1983, 182 = BB 1983, 275 = WPM 1983, 250 = ZIP 1983, 182 = DB 1983, 545. Vgl. auch B § 181 BGB Nr. 10.
Dies gilt nicht für die Befreiung für den **Einzelfall**, KG, GmbHR 2002, 327.

§ 181 BGB Nr. 5 (Fortwirkung für Einmann-Gesellschaft)

Die dem Geschäftsführer einer mehrgliedrigen GmbH durch die Satzung erteilte und ins Handelsregister eingetragene Befreiung vom Verbot des Insichgeschäfts erlischt nicht dadurch, daß der Geschäftsführer Alleingesellschafter der GmbH wird.
BGH, 8. 4. 1991, BGHZ 114, 171 = DB 1991, 1111 = ZIP 1991, 650

§ 181 BGB Nr. 6 (Fortwirkung bei Liquidation)

1. Auch für den alleinigen Liquidator gilt, daß er nur kraft ausdrücklicher satzungsmäßiger Bestimmung oder Ermächtigung von den Beschränkungen des § 181 BGB befreit werden kann.

2. Eine satzungsmäßige Befreiung des alleinigen Geschäftsführers von den Beschränkungen des § 181 BGB gilt nicht ohne weiteres fort, wenn die Gesellschaft in Liquidation tritt.
BayObLG, 14. 5. 1985, BayObLGZ 1985, 189 = DB 1985, 1521 = BB 1985, 1148 = GmbHR 1985, 392; vgl. aber auch BayObLG, GmbHR 1996, 56 (Fortgeltung einer vertraglichen Ermächtigung zur Befreiung).
Ebenso OLG Düsseldorf, ZIP 1989, 917.

§ 181 BGB Nr. 7 (Befreiung des Komplementärs bei GmbH & Co. KG)

1. Ist es dem Geschäftsführer der Komplementär-GmbH einer GmbH & Co. KG gestattet, Rechtsgeschäfte mit sich im eigenen Namen und der KG vorzunehmen, kann diese Befreiung von dem Verbot des Selbstkontrahierens im Handelsregister der KG eingetragen werden.

2. Eine solche Eintragung setzt eine Anmeldung voraus, die aus sich selbst verständlich ist und nicht durch die Eintragung in einem anderen Registerblatt unrichtig werden kann. Die Eintragung der Befreiung eines namentlich benannten Geschäftsführers ist daher nicht zulässig (Ergänzung von BayObLGZ 1999, 349 [= Rpfleger 2000, 115]).
BayObLG, Rpfleger 2000, 394 = MittBayNotZ 2000, 330 = GmbHR 2000, 731. Ebenso OLG Hamburg, ZIP 1986, 1186 und OLG Hamm, MDR 1983, 673.

§ 181 BGB Nr. 8 (Anmeldungen zum Handelsregister)

Gesetzliche Vertreter eines minderjährigen Gesellschafters können Anmeldungen zum Handelsregister im eigenen Namen als Mitgesellschafter und zugleich namens des Minderjährigen tätigen. Die §§ 181, 1795, 1630 BGB stehen dem nicht entgegen.
BayObLG, 21. 5. 1970, NJW 1970, 1796 = DNotZ 1971, 107
Siehe aber B § 1822 BGB Nr. 1 u. 3.

§ 181 BGB Nr. 9 (Befreiung für Geschäfte zwischen KG und GmbH)

1. Mit der Registerbeschwerde kann eine Ergänzung der Eintragung im Handelsregister verlangt werden, wenn die Vertretungsverhältnisse der Gesellschaft (hier: Befreiung vom Verbot des Selbstkontrahierens bei Verträgen zwischen der Kommanditgesellschaft und ihrer Komplemen-tär-GmbH) dort nur unvollständig verlautbart werden.
2. Der Rechtsverkehr darf erwarten, daß die eintragungspflichtige Tatsache einer Befreiung von der Beschränkung des § 181 BGB im Handelsregister mit der erforderlichen Klarheit zum Ausdruck gebracht wird. OLG Köln, 22. 2. 1995, DB 1995, 2412 = GmbHR 1996, 218

§ 181 BGB Nr. 10 (Befreiung des Alleingesellschafters durch Satzungsermächtigung und Beschluß)

Der Alleingesellschafter-Geschäftsführer einer GmbH kann durch Beschluß der Gesellschafterversammlung wirksam vom Verbot des Selbstkontrahierens befreit werden, wenn die Satzung die Gesellschafterversammlung zu einer solchen Beschlußfassung ermächtigt.
OLG Hamm, 27. 4. 1998, NJW-RR 1998, 1193 = GmbHR 1998, 682; vgl. auch B § 181 BGB Nr. 4

§ 181 BGB Nr. 11 (Gesellschafterbeschlüsse)

1. § 181 BGB findet Anwendung, wenn sich der gesetzliche Vertreter des Gesellschafters einer GmbH mit dessen Stimme zum Geschäftsführer bestellt.
2. Bei der Einmann-Gesellschaft hat eine auf § 181 BGB beruhende Unwirksamkeit der Stimmabgabe die Unwirksamkeit des Beschlusses zur Folge.
BayObLG, 17. 11. 2000, GmbHR 2001, 72

Dies gilt im Rahmen von § 112 AktG auch für die AG, LG Berlin, GmbHR 1997, 750.

§ 1822 BGB Genehmigung des Vormundschaftsgerichts

§ 1822 BGB Nr. 1 (Vertragsänderung)

1. Die Abänderung eines Gesellschaftsvertrages durch einstimmigen Gesellschaftsbeschluß stellt ein Rechtsgeschäft im Sinne des § 181 BGB dar. Daher ist ein Gesellschafter im Anwendungsbereich des § 181 BGB gehindert, an einem solchen Beschluß im eigenen Namen (mit seiner Stimme) und zugleich im fremden Namen (als gesetzlicher Vertreter oder als Bevollmächtigter) mit der Stimme eines anderen Gesellschafters mitzuwirken.

2. Scheidet ein Gesellschafter im Einverständnis aller Gesellschafter aus, so bedarf dieser Beschluß nicht der vormundschaftsgerichtlichen Genehmigung für einen minderjährigen Gesellschafter, der in der Gesellschaft verbleibt.
BGH, 26. 1. 1961, NJW 1961, 724. Leitsatz 1 gilt auch für die GmbH: BGH, 6. 6. 1988, DNotZ 1989, 26, 27 = WPM 1988, 1335.

Abgrenzung zu Leitsatz 1:
Das Verbot des Selbstkontrahierens hindert den Gesellschafter einer Personengesellschaft grundsätzlich nicht daran, bei Gesellschaftsbeschlüssen über Maßnahmen der Geschäftsführung und sonstige gemeinsame Gesellschaftsangelegenheiten im Rahmen des bestehenden Gesellschaftsvertrages als Vertreter eines anderen Gesellschafters und zugleich im eigenen Namen mitzuwirken.
BGH, 18. 9. 1975, BGHZ 65, 93 = NJW 1976, 49 = MDR 1976, 122 = BB 1975, 1452 = GmbHR 1975, 272 = DNotZ 1976, 107

§ 1822 BGB Nr. 2 (Erbengemeinschaft nach Einzelkaufmann)

1. Mit der Fortführung des Handelsgeschäfts durch mehrere Miterben ist nicht notwendig ein gesellschaftlicher Zusammenschluß der Miterben verbunden.

2. Zur Fortführung des Handelsgeschäfts in ungeteilter Erbengemeinschaft bedürfen die gesetzlichen Vertreter minderjähriger Miterben nicht der Genehmigung des VormG.

3. Wird ein Handelsgeschäft von einer Erbengemeinschaft fortgeführt, die aus Minderjährigen und deren gesetzlichen Vertreter besteht, so werden die Minderjährigen aus den von ihrem gesetzlichen Vertreter unter der Firma des fortgeführten Unternehmens eingegangenen Verbindlichkeiten mitverpflichtet.
BGH, 8. 10. 1984, NJW 1985, 136
Hinweis: Aber Haftungsbegrenzung des Minderjährigen nach § 1629a BGB.

§ 1822 BGB Nr. 3 (Minderjährige in Kommanditgesellschaft)

1. Bei dem Abschluß des Vertrages über die Errichtung einer Handelsgesellschaft, an der minderjährige, in elterlicher Gewalt des Vaters stehende Geschwister beteiligt sein sollen, kann nicht der Vater, sondern kann nur je ein Pfleger für jedes Kind in Vertretung der Geschwister mitwirken.

2. Ist eine offene Handelsgesellschaft durch den Tod eines Gesellschafters aufgelöst und wollen alsdann die überlebenden Gesellschafter mit den Erben des Verstorbenen eine Kommanditgesellschaft errichten, so bedarf der Vertrag hierüber im Falle der Beteiligung von Minderjährigen vormundschaftsgerichtlicher Genehmigung.
KG, 18. 11. 1901, KGJ 23 A 89

§ 1822 BGB Nr. 4 (Minderjährige in Kommanditgesellschaft)

1. Der Abschluß eines Gesellschaftsvertrages zur Errichtung einer Kommanditgesellschaft bedarf stets der vormundschaftsgerichtlichen Genehmigung, wenn ein Minderjähriger am Abschluß eines solchen Vertrages beteiligt ist.

2. Hat sich ein Minderjähriger in rechtsgeschäftlich unwirksamer Weise am Abschluß eines Gesellschaftsvertrages beteiligt und ist die Gesellschaft sodann in Vollzug gesetzt worden, so kann ein solches Gesellschaftsverhältnis nicht als faktische Gesellschaft unter Einschluß des Minderjährigen angesehen werden.
BGH, 30. 4. 1955, BGHZ 17, 160 = NJW 1955, 1067 = MDR 1955, 667 = JZ 1955, 423 L = BB 1955, 489 = DB 1955, 553 = DNotZ 1955, 530 = WPM 1955, 828

§ 1822 BGB Nr. 5 (Vertragsänderungen)

Bei einer Personenhandelsgesellschaft (OGH oder KG), an der ein Minderjähriger beteiligt ist, bedarf es nicht schon zu jeder Änderung des Ge-

sellschaftsvertrages der vormundschaftsgerichtlichen Genehmigung; die Änderung des Gesellschaftsvertrages ist insoweit nicht der Errichtung einer OHG/KG unter Beteiligung eines Minderjährigen gleichzustellen.
BGH, 20. 9. 1962, BGHZ 38, 26 = NJW 1962, 2344 = MDR 1962, 28 = BB 1962, 1259 = JuS 1963, 80 = JZ 1963, 598 = JR 1963, 180 = WPM 1962, 1260 = DB 1962, 1501

§ 1822 BGB Nr. 6 (Gründung GmbH)

Die Gründung einer GmbH, an der minderjährige Kinder beteiligt sind, bedarf gemäß § 1643 Abs. 1, § 1822 Nr. 10 BGB der vormundschaftsgerichtlichen Genehmigung.
OLG Stuttgart, 20. 9. 1978, OLGZ 1978, 426 = GmbHR 1980, 102; ebenso BGH in der folgenden Nr. 7

§ 1822 BGB Nr. 7 (Erwerb durch Abtretung)

Die Übertragung eines GmbH-Anteils bedarf nicht schlechthin, sondern nur dann der vormundschaftsgerichtlichen Genehmigung nach § 1822 Nr. 10 BGB, wenn der Minderjährige damit zugleich eine fremde Verbindlichkeit übernimmt, die im Verhältnis zum bisherigen Schuldner allein dieser zu tilgen hat. Die schenkungsweise Übertragung eines GmbH-Anteils ist nicht nach § 1822 Nr. 3 BGB genehmigungsbedürftig.
BGH, 20. 2. 1989, GmbHR 1989, 327 = ZIP 1989, 445

II. Handelsgesetzbuch

§ 1 HGB Kaufmann kraft Gewerbebetrieb

Auch Gewerbebetriebe mit erheblichem Umsatz unterliegen nicht der Pflicht zu Eintragung in das Handelsregister, wenn sie nach der Art und Weise des Geschäftsbetriebes keiner kaufmännischen Einrichtung bedürfen.
KG, 14. 5. 1959, BB 1959, 1007; vgl. auch BayObLG, NJW 1985, 983.

Zahlreiche – auch unveröffentlichte – Gerichtsentscheidungen zur Eintragungspflicht von Unternehmen aufgrund der Art und des Umfangs des Geschäftsbetriebes finden sich bei Röhricht/v. Westphalen, HGB, 2. Aufl., § 1, Rdnr. 111 ff.

§ 7 HGB Kaufmannseigenschaft und öffentliches Recht

Für die Eintragung einer KG in das Handelsregister kommt es nur darauf an, daß ein gültiger Gesellschaftsvertrag besteht und Gegenstand wie Zweck der Gesellschaft der Betrieb eines Handelsgewerbes ist; von der gewerblichen Zulässigkeit des Unternehmens kann die Handelsregistereintragung nicht abhängen.
OLG Celle, 9. 9. 1971, BB 1972, 145 = MittRhNotK 1972, 263

Ebenso für Handwerksunternehmen (keine vorherige Eintragung in die Handwerksrolle) OLG Braunschweig, 3. 5. 1977, Rpfleger 1977, 363 = MittRhNotK 1977, 223.
Das gilt auch für eine GmbH & Co., BayObLG, 24. 2. 1978, Rpfleger 1978, 254.

§ 8 HGB Form der Eintragung

1. Die Firma hat nach der Neuregelung des Firmenbildungsrechts durch das Handelsrechtsreformgesetz weiterhin Namensfunktion.

2. Die Namensfunktion kommt grundsätzlich nur einer wörtlichen Bezeichnung zu. Die vom Firmenträger gewählte Schreibweise oder sonstige graphische Gestaltung der Firma wird nicht Firmenbestandteil, auf

deren Eintragung er einen Anspruch hätte und deren Änderung erneut einzutragen wäre.

3. Bei dem in einer Firmenanmeldung enthaltenen Schriftbild handelt es sich lediglich um einen Vorschlag zur Fassung der Eintragung, an den das Registergericht nicht gebunden ist. Es bleibt ihm überlassen, nach pflichtgemäßem Ermessen die Art und Weise der Eintragung einschließlich ihres Schriftbildes zu bestimmen.
KG, 23. 5. 2000, GmbHR 2000, 1101

Zum Ermessen des Registergerichts bei der Ersteintragung: LG Berlin, GmbHR 1998, 692.

§ 9 HGB Einsicht des Handelsregisters; Abschriften; Bescheinigungen

§ 9 HGB Nr. 1 (Mißbrauch)

Die Einsicht in das Handelsregister kann nicht verweigert werden, auch nicht wegen des Verdachts, der Einsichtnehmer verfolge damit unlautere Zwecke.
KG, 25. 2. 1932, JW 1932, 1661

§ 9 HGB Nr. 2 (Umfang und Form)

1. Das Recht auf Einsicht in das Handelsregister ist weit gefaßt und umfaßt auch die Durchsicht großer Teile oder des ganzen Registers sowie die Dokumente durch selbstgefertigte Abschriften gegebenenfalls unter Zuhilfenahme technischer Reproduktionsgeräte.

2. § 9 HGB gibt aber kein Recht auf Gestattung der Mikroverfilmung des gesamten Bestandes des Handelsregisters, um sie als eigene Datei in Konkurrenz zum Handelsregister gewerblich zu verwerten. Die Gestattung eines solchen Vorhabens steht im Ermessen der Justizverwaltung.
BGH, 12. 7. 1989, ZIP 1989, 1120 = WPM 1989, 1299 = BB 1989, 1635

Vgl. dazu auch Gustavus, GmbHR 1990, 197 und – zur geänderten Fassung von § 9 Abs. 1 – NotBZ 2002, 77, 80.

§ 10 HGB Bekanntmachung

Wer eine Eintragung im Handelsregister beantragt, soll nach der im Verkehr erforderlichen Sorgfalt in der Regel auch prüfen, ob eine notwendige Bekanntmachung des gerichtlichen Registereintrags in den betreffenden Zeitungen, wenigstens seines Wohnorts, richtig veröffentlicht ist.
RG, 11. 12. 1937, JW 1938, 593

§ 12 HGB Anmeldungen; Zeichnung von Unterschriften; Nachweis der Rechtsnachfolge

§ 12 HGB Nr. 1 (Öffentl. Behörde, Ausländer)

Anmeldungen zum Handelsregister, die eine juristische Person des öffentlichen Rechts in einer von ihr als öffentliche Behörde ausgestellten öffentlichen Urkunde einreicht, bedürfen keiner öffentlichen Beglaubigung.
BayObLG, 24. 6. 1975, DNotZ 1976, 120 = DB 1975, 1936 = Rpfleger 1975, 315

Bei Anmeldung durch der deutschen Sprache nicht kundigen Ausländer keine Vereidigung oder Unterschrift des Dolmetschers, OLG Karlsruhe, DNotZ 2003, 296

§ 12 HGB Nr. 2 (Vollmacht im Vertrag)

Wenn der Gesellschaftsvertrag einer KG die Vollmacht für die Komplementärin enthält, für die Gesellschafter die Übertragung eines Gesellschaftsanteils im Wege der Rechtsnachfolge zur Eintragung im Handelsregister anzumelden, so muß die Vollmachterteilung im Gesellschaftsvertrag in öffentlich beglaubigter Form nachgewiesen sein.
OLG Frankfurt/M., 23. 3. 1973, OLGZ 1973, 270 = BB 1973, 722 = MittBayNot 1973, 221 = DNotZ 1973, 563 = Rpfleger 1973, 251

§ 12 HGB Nr. 3 (Generalvollmacht)

Eine Generalvollmacht genügt zum Nachweis der Vollmacht bei einer Handelsregisteranmeldung.
LG Frankfurt/M., 16. 3. 1972, BB 1972, 512 = MittBayNot 1972, 126 = MittRhNotK 1972, 413. Anders die Generalvollmacht eines GmbH-Geschäftsführers (vgl. B § 35 GmbHG Nr. 2).

§ 12 HGB Nr. 4 (Unwiderrufliche Vollmacht)

Wenn dem Registergericht aufgrund früherer Anmeldungen beglaubigte Abschriften von öffentlich beglaubigten Erklärungen von Kommanditisten vorliegen, wonach den Geschäftsführern der Komplementär-GmbH unwiderruflich und über den Tod hinaus Vollmacht zur Vornahme aller erforderlichen Anmeldungen erteilt ist, darf bei späterer Anmeldung der Nachweis des Fortbestands der Vollmachten nur verlangt werden, wenn Anhaltspunkte dafür vorliegen, daß eine der Vollmachten aus wichtigem Grund widerrufen wurde; lediglich die gedachte Möglichkeit des Widerrufs einer Vollmacht genügt nicht.
BayObLG, 25. 3. 1975 = BayObLGZ 1975, 137 = DNotZ 1976, 116 = DB 1975, 1162 = Rpfleger 1975, 251 = WPM 1975, 1193. Vgl. auch Nr. 7.

§ 12 HGB Nr. 5 (Vollmacht eines Pflegers)

Der zum Abschluß eines Vertrages über den Eintritt eines Minderjährigen als Kommanditist bestellte Ergänzungspfleger kann eine rechtsgeschäftliche Vollmacht jedenfalls nicht für solche Handelsregisteranmeldungen erteilen, die mit diesem Gesellschaftsvertrag nicht mehr im Zusammenhang stehen.
BayObLG, 9. 5. 1977, Rpfleger 1977, 320

§ 12 HGB Nr. 6 (Vollmacht des Vorstands)

Die Anmeldebevollmächtigung muß von allen im Zeitpunkt der Anmeldung im Amt befindlichen Vorstandsmitgliedern einer Aktiengesellschaft oder Geschäftsführern einer GmbH erteilt sein, wenn diese nur gemeinsam vertretungsberechtigt sind; jedoch genügt statt ausdrücklicher Bevollmächtigung die in der Form des § 12 HGB erklärte Genehmigung der Anmeldung eines Dritten.
BayObLG, 12. 7. 1973, Rpfleger 1973, 363

§ 12 HGB Nr. 7 (Widerruf der Vollmacht)

Eine Vollmacht zur Vornahme von Handelsregisteranmeldungen für die persönlich haftende Gesellschafterin einer Publikums-KG, die ein Kommanditist erteilt, ist grundsätzlich nicht frei widerrufbar. Rechte des Kommanditisten werden hierdurch nicht berührt; er kann nur im ordentlichen Gerichtsverfahren, nicht dagegen im Eintragungsverfahren, den Widerruf der Vollmacht geltend machen.
KG, 4. 5. 1979, DNotZ 1980, 166

§ 12 HGB Nr. 8 (Auslegung)

Eine Vollmacht, mit der Kommanditisten die persönlich haftende Gesellschafterin einer Kommanditgesellschaft ermächtigt haben, den Eintritt in die Gesellschaft sowie etwaige Veränderungen bei der Gesellschaft einschließlich der Übertragung von Kommanditanteilen zum Handelsregister anzumelden, kann nicht über ihren Wortlaut hinaus ausgelegt werden. Sie ermächtigt nicht zur Anmeldung der Erhöhung der Einlagen der Vollmachtgeber.
LG Berlin, 9. 10. 1974, Rpfleger 1975, 365

Siehe auch KG, OLGZ 1976, 29 sowie – recht großzügig – BayObLG, Rpfleger 2004, 292.

§ 12 HGB Nr. 9 (Vollmacht über Tod hinaus)

Der Eintritt des Erben oder Erbeserben eines Kommanditisten kann aufgrund einer postmortalen Vollmacht zum Handelsregister angemeldet werden.
OLG Hamburg, 18. 6. 1974, MDR 1974, 1022 = MittRhNotK 1974, 574

Vgl. dazu sowie zur Vollmacht für Handelsregisteranmeldungen näher Gustavus, GmbHR 1978, 219 sowie Janke, MittRhNotK 1981, 249.

§ 12 HGB Nr. 10 (Nachweis der Erbfolge)

Das Registergericht ist nicht verpflichtet, sich aus beigezogenen Nachlaßakten selbst ein Urteil über die Rechtsnachfolge zu bilden, sofern diese auch nur zweifelhaft sein kann.
BayObLG, 13. 5. 1977, Rpfleger 1977, 321

Ebenso OLG Hamm, 12. 12. 1985, Rpfleger 1986, 139 = MittRhNotK 1986, 128.

Dies gilt auch bei Anmeldung mit postmortaler Vollmacht oder durch einen Testamentsvollstrecker, KG, NotBZ 2003, 240.

§ 12 HGB Nr. 11 (Auslegung)

Die Anmeldung zum Handelsregister ist als Verfahrenshandlung vom Rechtsbeschwerdegericht selbständig auszulegen. Im Zweifel ist die Anmeldung so auszulegen, daß sie im Ergebnis Erfolg haben kann.
BayObLG, 16. 2. 2000, MittBayNot 2000, 331

§ 12 HGB Nr. 12 (Anmeldung künftiger Tatsachen, Vollmacht)

1. Die Anmeldung einer in der Zukunft liegenden Bestellung zum neuen Geschäftsführer einer GmbH ist unwirksam.
2. Zur Wirksamkeit einer solchen Anmeldung reicht es nicht aus, wenn der Notar nur „die Durchführung der in der Anmeldung enthaltenen Erklärungen" beantragt, also lediglich die Anmeldung des „Noch-nicht-Geschäftsführers" als Bote einreicht.
3. Die vom noch nicht bestellten Geschäftsführer bei der Anmeldung gegebene Vollmacht an den Notar, „alles zu erklären und zu veranlassen, damit die Eintragung der eingetretenen Veränderungen im Handelsregister erfolgen kann", ermächtigt den Notar nicht zur Einreichung einer selbständig um das Datum der Geschäftsführerbestellung aktualisierten Anmeldung, wenn der Anmeldende zur Zeit der Abgabe seiner Anmeldung nicht zum Geschäftsführer bestellt und daher selbst nicht anmeldungsbefugt war.
OLG Düsseldorf, 15. 12. 1999, GmbHR 2000, 232 = DNotZ 2000, 529 (Anm. Kallrath).

Ebenso für die Aufhebung eines Unternehmensvertrages vor Ablauf des dafür vereinbarten Termins BayObLG, GmbHR 2003, 476.

§ 13 HGB Errichtung einer Zweigniederlassung von Unternehmen

§ 13 HGB Nr. 1 (Buchführung)

Ein wesentliches Merkmal für die Errichtung einer Zweigniederlassung ist die Erfassung ihrer Geschäfte in einer gesonderten Buchführung, die auch bei der Hauptniederlassung eingerichtet sein kann.
BayObLG, 11. 5. 1979, BayObLGZ 1979, 159 = Rpfleger 1979, 312 = DB 1979, 1936 = MDR 1979, 849 = MittBayNot 1979, 122 = WPM 1979, 1270 = GmbHR 1979, 251 = BB 1980, 335

§ 13 HGB Nr. 2 (Firma)

Die Zweigniederlassung kann eine von der Hauptniederlassung abweichende Firma führen, wenn in ihr die Firma der Hauptniederlassung mit einem Zusatz, der das Unternehmen als Zweigniederlassung kennzeichnet, enthalten ist.
KG, 15. 5. 1930, HRR 1930, Nr. 1823

Bei Kapitalgesellschaften dann aber Aufnahme in die Satzung, BayObLG, BB 1992, 944.

§ 13 HGB Nr. 3 (Niederlassung im Ausland)

Die Anmeldung der ausländischen Zweigniederlassung eines deutschen Unternehmens ist an die zuständige Behörde im Ausland zu richten. Anmeldungen und Eintragungen, welche die Zweigniederlassung deutscher Unternehmen im Ausland betreffen, sind im deutschen Handelsregister nicht möglich.
LG Köln, 19. 1. 1979, DB 1979, 984

§ 13 HGB Nr. 4 (Prüfung durch ZN-Gericht)

Hat das Gericht der Zweigniederlassung Bedenken gegen die Zulässigkeit der Eintragung, die nicht die Voraussetzungen nach §§ 13 Abs. 3, 30 HGB betreffen, darf es die Eintragung nicht aufschieben, sondern allenfalls das Registergericht der Hauptniederlassung hierauf hinweisen und entsprechende Maßnahmen anregen, gegebenenfalls auch die Akten dem dem Gericht der Hauptniederlassung übergeordneten LG zum Einschreiten nach § 143 FGG vorlegen.
OLG Karlsruhe, 19. 6. 1997, Rpfleger 1997, 482

§ 13c HGB Behandlung bestehender Zweigniederlassungen von Unternehmen mit Sitz im Inland

§ 13c HGB Nr. 1 (Zweitstücke)

1. Ist eine Zweigniederlassung in das Handelsregister eingetragen, so ist außer dem für das Gericht der Hauptniederlassung bestimmten Stück ein weiteres Stück der Anmeldung auch dann einzureichen, wenn das Handelsregister für die Hauptniederlassung bei demselben Gericht geführt wird.

2. Wird die Erteilung einer Prokura zur Eintragung in das Handelsregister der Hauptniederlassung und der Zweigniederlassung angemeldet, so darf die Eintragung nicht davon abhängig gemacht werden, daß ein weiteres Stück der Anmeldung eingereicht wird; für eine Zwischenverfügung ist kein Raum. Vielmehr ist die Prokura in das Handelsregister der Hauptniederlassung einzutragen und die Einreichung des weiteren Stücks der Anmeldung durch Ordnungsstrafen zu erzwingen.
BayObLG, 16. 3. 1970, Rpfleger 1970, 287 = MittRhNotK 1971, 173

§ 13c HGB Nr. 2 (Verlegung)

Eine Zweigniederlassung kann entsprechend § 13c (jetzt: § 13h) HGB verlegt werden. Eine Aufhebung der Niederlassung am bisherigen Ort und Errichtung am neuen Ort ist nicht erforderlich.
OLG Stuttgart, 31. 7. 1963, BB 1963, 1152

§ 13c HGB Nr. 3 (Übernahme von Eintragungen)

Das Registergericht der Zweigniederlassung hat alle ihm vom Registergericht des Sitzes der Gesellschaft mitgeteilten Eintragungen aus dem Hauptregister zu übernehmen, soweit sie nicht die Verhältnisse ausschließlich anderer Zweigniederlassungen betreffen.
BayObLG, 9. 6. 1988, DB 1988, 1649

§ 13c HGB Nr. 4 (Firmenänderung)

Wird die Firma der Gesellschaft geändert, so bedarf es hinsichtlich der Firma einer Zweigniederlassung weder einer Satzungsänderung noch einer gesonderten Anmeldung, wenn die Zweigniederlassung eine mit der Firma der Hauptniederlassung gleichlautende Firma führt, lediglich mit einem die Zweigniederlassung als solche kennzeichnenden Zusatz.
LG Nürnberg-Fürth, 4. 1. 1984, Rpfleger 1984, 238

§ 13d–g HGB Zweigniederlassungen ausländischer Unternehmen

§ 13d–g HGB Nr. 1 (Anerkennung der Rechtsfähigkeit)

Macht eine Gesellschaft, die nach dem Recht des Mitgliedstaates gegründet worden ist, in dessen Hoheitsgebiet sie ihren satzungsmäßigen Sitz hat, in einem anderen Mitgliedstaat von ihrer Niederlassungsfreiheit Gebrauch, so ist dieser andere Mitgliedstaat nach Art. 43 EG und 48 EG verpflichtet, die Rechtsfähigkeit und damit die Parteifähigkeit zu achten, die diese Gesellschaft nach dem Recht ihres Gründungsstaats besitzt.
EuGH, 5. 11. 2002 (Überseering BV), GmbHR 2002, 1137. Ebenso: BGH, GmbHR 2003, 527. Ausnahmsweise keine Anerkennung der Rechtsfähigkeit bei konkreten Mißbrauchsfällen: EuGH (Inspire Art Ltd), GmbHR 2003, 1260.

§ 13d–g HGB Nr. 2 (private ltd. company)

a) Die Zweigniederlassung einer englischen „private limited company" ist entsprechend § 8 GmbHG anzumelden und entsprechend § 10 GmbHG einzutragen.
b) Eine Versicherung über geleistete Einlagen darf nicht verlangt werden.
BayObLG, 28. 9. 1986 = BayObLGZ 1986, 351 = AG 1987, 215 = GmbHR 1987, 102 = RIW 1987, 52 = WPM 1986, 1557 = DB 1986, 2530

Vgl. auch Seibert, DB 1993, 1705.

Vgl. auch B § 12 FGG Nr. 3

§ 13d–g HGB Nr. 3 (Gegenstand)

Die Vorschrift des § 13e Abs. 2 S. 2 HGB ist dahin auszulegen, daß der Begriff des Unternehmens sich auf die Zweigniederlassungen bezieht; dies ergibt sich daraus, daß Gegenstand der Hauptniederlassung und der Zweigniederlassung nicht identisch sein müssen. Im Rahmen des § 13e Abs. 2 S. 2 ist daher darauf abzustellen, ob der konkret angemeldete Gegenstand der Zweigniederlassung anmeldepflichtig ist oder nicht.
LG Regensburg, 6. 11. 1996, GmbHR 1997, 72. Ebenso OLG Thüringen, GmbHR 1999, 822

Von der Anmeldung des konkreten Gegenstandes der am Ort der Zweigniederlassung ausgeübten Tätigkeit ist zu unterscheiden die Eintragung des gesamten Gegenstandes nach §§ 13g Abs. 3 HGB, 10 Abs. 1 GmbHG.

§ 13d–g HGB Nr. 4 (Nachweis der Bestellung zum Geschäftsführer)

Die der Anmeldung der Zweigniederlassung der ausländischen Kapitalgesellschaft beizufügende Legitimation der Geschäftsführer hat grundsätzlich durch Einreichung des ihre Bestellung betreffenden Gesellschafterbeschlusses und etwaiger weiterer, zur Überprüfung der Wirksamkeit erforderlicher Unterlagen zu erfolgen.
KG Berlin, 18.11.2003, GmbHR 2004,116

§ 13h HGB Sitzverlegung

§ 13h HGB Nr. 1 (Mehrere Eintragungen)

Werden zusammen mit der Sitzverlegung einer Gesellschaft m.b.H. weitere eintragungsbedürftige Vorgänge zur Eintragung in das Handelsregi-

ster angemeldet, so können sämtliche Anträge vom Registergericht des neuen Sitzes bearbeitet werden.
OLG Hamm, 1. 2. 1974, Rpfleger 1974, 195 und GmbHR 1991, 321

§ 13h HGB Nr. 2 (Prüfungsrecht)

Bei einer über die Grenzen des Gerichtsbezirks hinausgehenden Sitzverlegung hat das Gericht des bisherigen Sitzes nur die förmliche Richtigkeit der Anmeldung zu prüfen, während die im Zusammenhang mit der Sitzverlegung auftretenden sachlichen Fragen vom Gericht des neuen Sitzes zu beurteilen sind.
OLG Köln, 7. 11. 1974, Rpfleger 1975, 251

§ 13h HGB Nr. 3 (Prüfungsrecht)

Das RegisterG des neuen Sitzes darf die beim AmtsG des bisherigen Sitzes angemeldete Eintragung der Sitzverlegung nur aus den in § 13c (jetzt: § 13h) HGB aufgeführten Gründen ablehnen.
Gegen eine unzulässige Firma ist nach § 37 HGB, § 142 FGG einzuschreiten.
BayObLG, 24. 1. 1978, DB 1978, 838 = MittBayNot 1978, 20 = MittRhNotK 1978, 118 = Rpfleger 1978, 144
Ebenso OLG Hamm, GmbHR 1996, 858. Dazu gehören aber auch die Voraussetzungen des § 4a GmbHG.

§ 13h HGB Nr. 4 (Eintragung weiterer Änderungen)

1. Die Verlegung des Sitzes einer Personenhandelsgesellschaft erfolgt unabhängig von einer gesellschaftsvertraglichen Bestimmung durch Verlegung des Ortes, an dem die Verwaltung der Gesellschaft tatsächlich erfolgt. Die Eintragung der Sitzverlegung im Handelsregister hat lediglich rechtsbekundende Wirkung.

2. Wird bei einer Personenhandelsgesellschaft die Sitzverlegung angemeldet, steht es im Ermessen des Gerichts des bisherigen Sitzes, ob es Anmeldungen, die gleichzeitig mit der Sitzverlegung oder vorher bei ihm eingegangen und noch nicht erledigt sind, erledigt, oder ob es diese dem Gericht des neuen Sitzes zur Erledigung zuleitet. Die im Verfahren der Bestimmung des örtlich zuständigen Gerichts nachprüfbare Ermessensentscheidung ist regelmäßig dann nicht zu beanstanden, wenn die anderen Anmeldungen der Sitzverlegung noch nicht erledigungsreif waren. Mit der Abgabe der anderen Anmeldungen an das Gericht des neuen Sit-

zes wird für das Gericht des neuen Sitzes eine örtliche Zuständigkeit auch für diese anderen Anmeldungen begründet.
KG, 22. 10. 1996, DB 1997, 221

§ 13h HGB Nr. 5 (Prüfungsrecht)

Bei der Beantragung der Sitzverlegung einer GmbH ist das Registergericht grundsätzlich nicht befugt, die freie Verfügbarkeit der (ursprünglich eingezahlten) Stammeinlagen zu überprüfen. Es stellt weiterhin keinen Hinderungsgrund für die Eintragung dar, daß die Angaben im Gesellschaftsvertrag betreffend den Übernehmer der Stammeinlage nicht mehr der aktuellen Sachlage entsprechen.
LG Koblenz, 11. 2. 1998, GmbHR 1998, 540
Vgl. auch LG Limburg, GmbHR 1996, 771 (betr. Vermögenslosigkeit) und LG Berlin, GmbHR 1999, 720 (Auflösung nach § 60 Abs. 1 Nr. 5 GmbHG); anders bei wirtschaftlicher Neugründung: Nr. 102.

§ 14 HGB Erzwingung von Anmeldungen und anderen Handlungen durch Zwangsgeld

§ 14 HGB Nr. 1 (Mehrere Anmeldepflichtige)

Für eine Zwischenverfügung ist grundsätzlich kein Raum, wenn von mehreren Anmeldepflichtigen ein Teil seiner Pflicht nicht genügt hat; die säumigen Anmeldepflichtigen sind zur Anmeldung anzuhalten.
BayObLG, 4. 4. 1978, Rpfleger 1978, 255

§ 14 HGB Nr. 2 (Mehrere Anmeldepflichtige)

Die Anmeldepflicht obliegt individuell jedem einzelnen Gesellschafter und jedem Erben eines Gesellschafters. Das RegisterG darf – falls keine Gesamtanmeldepflicht besteht – eine nicht zu bemängelnde Anmeldung zum Handelsregister nicht deshalb zurückweisen, um eine von ihm für erforderlich gehaltene sonstige Anmeldung herbeizuführen; nur die säumigen Anmeldepflichtigen sind zur Anmeldung anzuhalten.
BayObLG, 12. 10. 1978, DNotZ 1979, 109 = Rpfleger 1978, 451

§ 15 HGB Wirkung von Eintragungen

§ 15 HGB Nr. 1 (Bindung an Eintragungen)

Das Registergericht hat Anmeldungen von Amts wegen auf ihre Wirksamkeit, einschließlich erforderlicher Vertretungsmacht, zu überprüfen. Auf § 15 HGB kann sich der Anmeldende gegenüber dem Registergericht nicht beziehen.
OLG Schleswig, 18. 5. 1998, GmbHR 1998, 746
Zur Aufklärungspflicht des Registergerichts: B § 12 FGG Nr. 1, 2.

§ 16 HGB Bindung des Registergerichts an Entscheidungen des Prozeßgerichts

Das Prozeßgericht ist zu unmittelbaren und über § 16 HGB hinausgehenden Einschränkungen auf die Tätigkeit des Registergerichts, z. B. durch Anordnung einer Eintragung oder ein darauf gerichtetes Ersuchen, nicht befugt.
RG, 26. 2. 1931, JW 1931, 2992

§ 17 HGB Firma allgemein

§ 17 HGB Nr. 1 (Geschäftsbezeichnung)

Die Verwendung einer Geschäftsbezeichnung durch einen Nichtkaufmann ist nur dann zulässig, wenn sie ausschließlich das Geschäft individualisiert und nicht dessen Inhaber. Ferner darf sie nicht wie eine Firma verwendet werden oder in ihrer äußeren Gestaltung firmenähnlich wirken.
Der Fantasiename „Interdekt" für ein Detektivbüro ist als Geschäftsbezeichnung zulässig.
OLG Bamberg, 21. 4. 1971, DB 1973, 1989 = MittBayNot 1973, 389

§ 17 HGB Nr. 2 (Geschäftsbezeichnung)

1. Mit dem Wort „Fahrschule" verbinden die in Betracht kommenden Verkehrskreise regelmäßig nicht die Vorstellung, es handele sich um das Handelsgeschäft eines Vollkaufmanns.

2. Ein Kleingewerbetreibender darf die Geschäftsbezeichnung „Anton Anders, Fahrschule, Inhaber Berthold Bauer" führen. OLG Stuttgart, 26. 8. 1986, NJW 1987, 1709

Ebenso für die Bezeichnung „Intrac Individualreisen Travel Agency GbR" LG Berlin, BB 1985, 1691 mit Anm. George. Diese Rechtsprechung dürfte nach neuem Firmenrecht sicher fortgelten, weil sich künftig derartige Geschäftsbezeichnungen von handelsrechtlichen Firmen durch den bei jenen vorhandenen Rechtsformhinweis nach § 19 HGB, § 4 GmbHG abheben; der irreführende Eindruck einer Firma ist dadurch ausgeschlossen.

§ 17 HGB Nr. 3 (Gütergemeinschaft)

Gehört zum Gesamtgut einer Gütergemeinschaft ein Handelsgeschäft und wird das Gesamtgut nur von einem Ehegatten verwaltet, so ist nur dieser Inhaber des Handelsgeschäfts und daher auch nur er als Kaufmann in das Handelsregister einzutragen.
BayObLG, 16. 1. 1978, DNotZ 1978, 437 = BB 1978, 423 = MittBayNot 1978, 19 = MittRhNotK 1978, 102 = DB 1978, 933

§ 18 HGB Firma des Kaufmanns

Vorbemerkung zum neuen Firmenrecht nach dem Handelsrechtsreformgesetz vom 22. 6. 1998

1. Notwendiger Firmeninhalt: Bestimmte zwingende Bestandteile einer Firma (bisher §§ 18 Abs. 1, 19 Abs. 2–4 a. F. HGB) gibt es – mit einer einzigen Ausnahme – zukünftig nicht mehr. Weder Personennamen noch Sachbestandteile *müssen* in der Firma erscheinen. Vielmehr ist künftig nur noch eine Gesamtvoraussetzung der Firma nötig: Sie muß zur Kennzeichnung des Kaufmanns geeignet sein und Unterscheidungskraft besitzen (§ 18 Abs. 1 n. F. HGB). Dies *kann* durch Namen oder Sachbestandteile geschehen, muß es aber nicht. Möglich sind also auch ausschließlich reine Phantasiebestandteile.

Mit dem Wegfall bestimmter inhaltlicher Voraussetzungen geht, vor allem bei den Personengesellschaften, jegliche Information der Firma über Inhaber, Gesellschafter und Unternehmensgegenstand verloren. Sie wird künftig durch einen zwingend erforderlichen Hinweis auf die Rechtsform des Unternehmensträgers ersetzt. Nach § 19 Abs. 1 Nr. 1–3 n. F. HGB müssen Einzelkaufmann und Personengesellschaften in ihrer

Firma ihre konkrete Rechtsform angeben, entweder ausgeschrieben („Eingetragener Kaufmann", „Offene Handelsgesellschaft", „Kommanditgesellschaft") oder in einer allgemein verständlichen Abkürzung dieser Bezeichnungen (siehe die Beispiele in § 19 Abs. 1 HGB). Die GmbH & Co. KG muß – insoweit unverändert entsprechend § 19 Abs. 5 a. F. HGB – einen ihre Haftungsbeschränkung kennzeichnenden Zusatz führen (§ 19 Abs. 2 n. F. HGB). Dieselben Grundsätze gelten auch für die Firma der GmbH und der anderen Unternehmensformen.

2. Täuschungsgeeignete Zusätze: Im Grundsatz unverändert bleibt das Verbot, in eine Firma täuschende Zusätze aufzunehmen. Die bisherige Regelung in § 18 Abs. 2 HGB, die zu einer unübersehbaren Kasuistik geführt hatte, wird aber wesentlich abgemildert. Zwar wird die Prüfung im Eintragungsverfahren auf eine Täuschungsgefahr im Interesse eines vorbeugenden Verkehrsschutzes beibehalten, aber der Prüfungsmaßstab wird reduziert. Zum einen dürfen nach § 18 Abs. 2 n. F. HGB nur solche Angaben beanstandet werden, die geschäftliche Verhältnisse betreffen, die „für die angesprochenen Verkehrskreise wesentlich" sind. Zum anderen wird eine Irreführungseignung im Registerverfahren nur dann berücksichtigt, berechtigt also das Registergericht zur Beanstandung, wenn sie „ersichtlich" ist (§ 18 Abs. 2 S. 2 n. F. HGB). Insoweit muß das Registergericht grundsätzlich keine näheren Ermittlungen zur Täuschungseignung anstellen (OLG Hamm, GmbHR 1999, 1254).

3. Übergangsregelung: Die Neuregelungen gelten seit dem 1. 7. 1998. Die vor diesem Zeitpunkt eingetragenen (nicht nur angemeldeten!) Firmen durften bis zum 31. 3. 2003 weitergeführt werden, soweit sie nach dem bisherigen Recht geführt werden durften (Art. 38 Abs. 1 EGHGB). Wurde eine solche Firma lediglich dahin geändert, daß der Rechtsformhinweis nach § 19 Abs. 1 n. F. HGB angefügt wurde, so bedurfte diese Änderung keiner Anmeldung nach §§ 31, 107 HGB.

4. Die Regelungen der §§ 22, 24 HGB über die **Fortführung bestehender Firmen** bei Veränderungen des Inhabers sind durch das Handelsrechtsreformgesetz beibehalten worden, und zwar auch für den Fall, daß in der fortgeführten Firma die Namen früherer Inhaber oder Gesellschafter enthalten sind. Dadurch ist allerdings die Abgrenzung der strengen Grundsätze über eine Firmenfortführung von dem Recht des Erwerbers, eine neue Firma nach dem großzügigen § 18 HGB anzunehmen, problematisch geworden (vgl. dazu B § 22 HGB Nr. 5, 7 und 13, § 24 HGB Nr. 1 und 3).

5. Fortgeltung der bisherigen Rechtsprechung? Aufgrund der durchgreifenden Änderungen des Firmenrechts ist die bisherige umfangreiche

Rechtsprechung nur noch mit starken Einschränkungen verwendbar. Das gilt insbesondere für das Täuschungs- und Irreführungsverbot nach § 18 Abs. 2 a. F. HGB. Im folgenden sind deshalb nur solche Entscheidungen wiedergegeben, deren Fortgeltung wahrscheinlich ist; vgl. auch die Rspr. zu B § 4 GmbHG.

6. Form der Eintragung vgl. B § 8 HGB.

§ 18 HGB Nr. 1 („Inhaber")

Der Firmenzusatz „Inhaber" ist völlig neutral und ist daher nicht nach § 18 Abs. 1 S. 1 HGB unzulässig.
LG Hof, 1. 12. 1970, DNotZ 1971, 682 = MittBayNot 1971, 22. Er ersetzt aber nicht den Rechtsformhinweis nach § 19 Abs. 1 Nr. 1 HGB.

§ 18 HGB Nr. 2 (Weglassen von Firmenteilen)

Bei der Neubildung einer Firma einer GmbH & Co. KG dürfen Firmenbestandteile ohne besondere Aussagekraft aus der Firma der GmbH (wie z. B. „Verwaltung-") weggelassen werden, wenn sie über den Gegenstand der KG irreführen können.
BGH, 16. 3. 1981, Rpfleger 1981, 348 = NJW 1981, 2746 = BB 1981, 1730 mit Anm. von Wessel

§ 18 HGB Nr. 3 (Kennzeichnungs- und Unterscheidungskraft)

Folgende Entscheidungen, zum Teil noch zu § 16 UWG a. F., dürften auch für die nach § 18 Abs. 1 HGB erforderliche Kennzeichnungs- und Unterscheidungskraft von Firmen verwendbar sein:

a) **Hinreichende** Kennzeichnungs- und Unterscheidungskraft ist in folgenden Fällen angenommen worden:

- Das Wort „Nußknacker" als Titel einer Rätselzeitschrift ist bei dieser Verwendung geeignet, die so bezeichnete Druckschrift von anderen Druckschriften zu unterscheiden und damit eine Namensfunktion auszuüben.
BGH, 7. 7. 1959, GRUR 1959, 451.
- „Rhein-Chemie" als Firma einer chemischen Fabrik
BGH, 31. 5. 1957, GRUR 1957, 561;
- „Der Spiegel" als Titel einer Zeitschrift,
BGH, 15. 6. 1956, BGHZ 21, 85;

- Unterscheidungskraft für „DB Immobilienfonds", obwohl Wort aus einer nicht aussprechbaren Buchstabenkombination besteht, BGH, 5.10.2000, NJW 2001, 1868; vgl. aber B § 4 GmbHG Nr. 8

b) **Keine** hinreichende Kennzeichnungs- und Unterscheidungskraft ist in folgenden Fällen angenommen worden:

- „Profi-Handwerker GmbH", BayObLG, 1. 7. 2003, GmbHR 2003, 1003.
- Sechsmaliges Aneinanderreihen des Großbuchstaben A, OLG Frankfurt/M., 28.2.2002, Rpfleger 2002, 365.
- Die Bezeichnung VIDEO-RENT ist als Firmenbezeichnung für einen Geschäftsbetrieb, der Geräte und Zubehör der Unterhaltungselektronik einschließlich Videogeräte und Videokassetten umfaßt, nicht unterscheidungskräftig. BGH, 12. 6. 1986, GRUR 1988, 319
- die Buchstabenkombination „KfA", solange insoweit keine Verkehrsgeltung besteht. BGH, 8. 12. 1953, BGHZ 11, 214;
- ebenso BGH v. 26. 6. 1997, BB 1997, 2611 für die Buchstaben „RBB".

Übersicht über die Merkmale des § 18 Abs. 1 HGB bei Müther, GmbHR 1998, 1058.
Kritische Zusammenfassung der Rechtsprechung nach neuem Firmenrecht: Möller, DNotZ 2000, 830.

§ 18 HGB Nr. 4 (@-Zeichen)

Eine Firma, die das @-Zeichen enthält, kann nicht eingetragen werden. BayObLG, 4. 4. 2001, ZIP 2001, 960 = NJW 2001, 2337 = NotBZ 2001, 227 = DNotZ 2001, 813; anders LG Berlin, GmbHR 2004, 428.

§ 19 Abs. 1 HGB Rechtsformzusätze allgemein

§ 19 Abs. 1 HGB Nr. 1 (Zusatz: Partner)

Allen Gesellschaften mit einer anderen Rechtsform als der Partnerschaft, die nach dem Inkrafttreten des Partnerschaftsgesellschaftsgesetzes gegründet oder umbenannt werden, ist die Bezeichnung „und Partner" verwehrt. Dies gilt auch für die Zusätze „+ Partner" oder „& Partner".
BGH, 21. 4. 1997, Rpfleger 1997, 438 = DB 1997, 1398 = BB 1997, 1500 = NJW 1997, 1854 = DNotZ 1997, 985. Dies gilt auch für das Wort „Partners", KG, DB 2004, 1308. Vgl. auch § 4 GmbHG Nr. 7.

Übergangsvorschrift für bestehende Firmen: § 11 PartGG. Bei Firmenänderungen muß „Partner" gestrichen werden, vgl. B § 4 GmbHG Nr. 7.

§ 19 Abs. 1 HGB Nr. 2 (Gesellschaftszusatz)

Bei der Bildung der Firma einer Kommanditgesellschaft, deren einzige Komplementärin eine Gesellschaft mit beschränkter Haftung ist, muß zur Klarstellung dieser Gesellschaftsform dem Namen der Komplementär-GmbH der Zusatz „& Co." auch dann angefügt werden, wenn die Firma den Zusatz „KG" enthalten soll.
BayObLG, 23. 2. 1973, OLGZ 1973, 278 = MDR 1973, 590 = WPM 1973, 931 = DM 1973, 762 = BB 1973, 537 = MittBayNot 1973, 108 = DNotZ 1973, 560 = Rpfleger 1973, 217 = GmbHR 1973, 118
Ebenso § 19 HGB Nr. 7.

§ 19 Abs. 1 HGB Nr. 3 (GbRmbH)

1. Gegen eine GbR von Freiberuflern (hier: Sozietät aus Rechtsanwälten, Steuerberatern und Wirtschaftsprüfern) darf das Registergericht einschreiten, wenn der Name der Sozietät, insbesondere sein Rechtsformzusatz, geeignet ist, über die Rechtsform der Gesellschaft irrezuführen.
2. Eine Sozietät aus Freiberuflern darf in ihrer Namensbezeichnung nicht die Zusätze „Gesellschaft bürgerlichen Rechts mit beschränkter Haftung" oder „GbRmbH" aufnehmen.
BayObLG, 24. 9. 1998, NJW 1999, 297
Vgl. auch § 19 Abs. 2 HGB Nr. 5

§ 19 Abs. 2 HGB Firma der beschränkt haftenden Personengesellschaft, insbesondere GmbH & Co. KG

§ 19 Abs. 2 HGB Nr. 1 (Form des Zusatzes)

Die Firma einer handelsrechtlichen Personengesellschaft, in der nur eine Gesellschaft m.b.H. persönlich haftet, kann nicht dadurch gebildet werden, daß dem Zusatz „KG", lediglich durch einen Gedankenstrich getrennt, der Zusatz „GmbH & Co." nachgestellt wird (Ergänzung zu BGHZ 65, 103 = Rpfleger 1976, 9).
BGH, 28. 5. 1979, Rpfleger 1979, 335 = DB 1979, 1598 = BB 1979, 1118 = MittRhNotK 1979, 179

§ 19 Abs. 2 HGB Nr. 2 (Form des Zusatzes)

Die Firma einer handelsrechtlichen Personengesellschaft, in der nur eine GmbH persönlich haftet, kann nicht dadurch gebildet werden, daß der bisherigen abgeleiteten Personenfirma „... & Co." der Zusatz „GmbH & Co. KG" nachgestellt wird.
BGH, 13. 10. 1980, Rpfleger 1981, 15 = NJW 1981, 342 = GmbHR 1981, 58 = MDR 1981, 207 = WPM 1980, 1360 = ZIP 1980, 994 = BB 1980, 1658 = DB 1980, 2434

§ 19 Abs. 2 HGB Nr. 3 (Form des Zusatzes)

Die Firma einer KG, in der nur eine GmbH persönlich haftet, kann nicht dadurch gebildet werden, daß die Rechtsformsätze „GmbH" und „KG" unmittelbar aufeinander folgen oder lediglich durch einen sachlichen Firmenbestandteil getrennt werden.
BGH, 24. 3. 1980, Rpfleger 1980, 272 = NJW 1980, 2084 = MDR 1980, 737 = BB 1980, 853 = DB 1980, 1788 = DNotZ 1980, 696 = WPM 1980, 623 = ZIP 1980, 446

§ 19 Abs. 2 HGB Nr. 4 (Keine Täuschung)

Steht am Ende der Firma der als Kennzeichnung einer Personenhandelsgesellschaft mit einer GmbH als einziger persönlich haftender Gesellschafterin eingebürgerte Rechtsformzusatz „GmbH & Co.", so wird der Rechtsverkehr durch die vorangestellten Firmenteile grundsätzlich nicht getäuscht.
OLG Frankfurt/M., 10. 4. 1980, Rpfleger, 1980, 286 = DB 1980, 1208 = MDR 1980, 673 = VersR 1980, 932

§ 19 Abs. 2 HGB Nr. 5 (Form des Zusatzes)

Der Zusatz „Kommanditgesellschaft mit beschränkter Haftung" kann nicht als statthaft angesehen werden.
OLG Köln, 30. 9. 1977, MittRhNotK 1977, 182 = Rpfleger 1978, 21 = GmbHR 1978, 133

Zur Unzulässigkeit des Zusatzes „GbR mbH", auch in ausgeschriebener Form, vgl. B § 19 Abs. 1 HGB Nr. 3.

§ 19 Abs. 2 HGB Nr. 6 (GmbH in KGaA)

Eine GmbH kann grundsätzlich persönlich haftende Gesellschafterin einer Kommanditgesellschaft auf Aktien sein. Dazu ist jedoch unabdingbar erforderlich, daß das Fehlen einer natürlichen Person in der Eigenschaft des Komplementärs in der Firma der Gesellschaft kenntlich gemacht wird. § 19 Abs. 5 HGB (jetzt: § 19 Abs. 2) findet insoweit sinngemäße Anwendung.
BGH, 24. 2. 1997, BB 1997, 1220 = DB 1997, 1219, dazu Anm. Strieder/Habel in BB 1997, 1375

§ 22 HGB Firmenfortführung bei Übergang eines Handelsgeschäftes

§ 22 HGB Nr. 1 (Treuhand)

Wird der Übergang eines Handelsgeschäfts aufgrund eines privatrechtlichen Treuhandverhältnisses eingetragen, so ist das Treuhandverhältnis im Handelsregister nicht zu verlautbaren.
OLG Hamm, 5. 2. 1963, NJW 1963, 1554

§ 22 HGB Nr. 2 (Doppelte Firma)

Eine KG, die ein erworbenes Unternehmen weiterführt, darf dessen Firma nicht fortführen, ohne auf ihre bisherige Firma zu verzichten.
BGH, 21. 9. 1987, DNotZ 1977, 113 = BGHZ 67, 166 = NJW 1976, 2163 = BB 1976, 1336 = DB 1976, 2055 = MDR 1977, 31 = GmbHR 1977, 280 = Rpfleger 1976, 426

§ 22 HGB Nr. 3 (Doppelte Firma bei Pacht)

Eine KG, die das Handelsgeschäft eines Einzelkaufmanns mit dem Recht der Firmenfortführung gepachtet hat, kann nicht unter Beibehaltung ihrer Firma als Geschäftsinhaberin des gepachteten Geschäfts mit dessen bisheriger Firma in das Handelsregister eingetragen werden.
BayObLG, 15. 10. 1970, Rpfleger 1970, 435 = MittBayNot 1970, 171 = DNotZ 1971, 110 = GmbHR 1971, 99

§ 22 HGB Nr. 4 (Fortführung)

Der Erwerb eines Handelsgeschäfts im Sinne des § 22 HGB setzt voraus, daß der Veräußerer Vollkaufmann ist und seine Firma zu Recht besteht.

Die Übernahme des Unternehmens eines Minderkaufmanns ist deshalb eine Neugründung, für die nicht § 22 HGB, sondern § 18 HGB gilt.
OLG Frankfurt/M., 31. 10. 1977, BB 1977, 1670 = Rpfleger 1978, 21 = MDR 1978, 319 = DB 1978, 580 = VersR 1978, 529
Ebenso BayObLG, DB 1988, 2559.

§ 22 HGB Nr. 5 (Nicht-Fortführung)

Macht der Erwerber eines Einzelhandelsgeschäfts von dem Recht zur Firmenfortführung keinen Gebrauch, sondern führt er eine Firma, die den Vorschriften über die Bildung einer sogenannten ursprünglichen Firma entspricht, so erlischt die Firma des bisherigen Geschäftsinhabers; dieser ist verpflichtet, das Erlöschen seiner Firma zur Eintragung in das Handelsregister anzumelden.
BayObLG, 27. 4. 1971, MittBayNot 1971, 186 m. Anm. Kleider S. 260 = Rpfleger 1971, 257 = NJW 1971, 1616 = DNotZ 1971, 431

§ 22 HGB Nr. 6 (Voreintragungen)

Bei der Eintragung der abgeleiteten Firma eines Einzelkaufmanns sind, wenn die früheren anmeldepflichtigen Träger der Firma nicht im HReg eingetragen waren, die der Firmenfortführung zugrundeliegenden Rechtsvorgänge in der Spalte „Rechtsverhältnisse" einzutragen. In der Anmeldung der abgeleiteten Firma sind deshalb die entsprechenden Angaben zu machen.
BayObLG, 6. 7. 1978, DNotZ 1978, 692 = Rpfleger 1978, 377

§ 22 HGB Nr. 7 (Änderung fortgeführter Firmen)

1. Wer nach dem Erwerb eines Handelsgeschäfts in der bisherigen Firma den Namen des früheren Geschäftsinhabers im Firmenkern durch seinen eigenen Namen ersetzen will, hält sich nicht in den Grenzen einer zulässigen Änderung der abgeleiteten Firma, sondern bildet eine neue Firma.
2. Der Familienname des früheren Geschäftsinhabers darf jedenfalls dann nicht in einem Firmenzusatz verwendet werden, wenn dadurch Zweifel an der Inhaberschaft möglich sind.
OLG Celle, 6. 3. 1974, OLGZ 1974, 343 = BB 1974, 387 = NdsRpfl. 1974, 162 = MittBayNot 1974, 437 = Rpfleger 1974, 199
Fortgeltung zweifelhaft; vgl. Hinweis bei A Nr. 5.

§ 22 HGB Nr. 8 (Dr.-Titel)

Der selbst nicht promovierte Erwerber eines Maklergeschäfts darf, auch wenn er vom Veräußerer das Recht zur Firmenfortführung erhalten hat, einen in der übernommenen Firmenbezeichnung (ohne Fakultätszusatz) enthaltenen Doktor-Titel nicht beibehalten, wenn er im Firmennamen keinen Nachfolgerzusatz hinzufügt.
BGH, 10. 11. 1969, NJW 1970, 704 = DB 1970, 390 = DNotZ 1970, 296 = VGHZ 53, 67 = BB 1970, 318 = MDR 1970, 397 = JR 1970, 420 = JZ 1970, 224 = JuS 1970, 302 = Rpfleger 1970, 164 = WPM 1970, 282

Einschränkend OLG Frankfurt/M., 15. 3. 1977, Rpfleger 1977, 211.

§ 22 HGB Nr. 9 (Konkurs)

Der Konkursverwalter kann die zur Fortführung der Firma eines Einzelkaufmanns durch den Erwerber des Handelsgeschäfts des Gemeinschuldners erforderliche Einwilligung nicht rechtswirksam erklären, wenn dessen Familienname in der Firma enthalten ist.
BGH, 26. 2. 1960, BGHZ 32, 103

§ 22 HGB Nr. 10 (Konkurs bei GmbH)

Der Konkursverwalter kann die zur Fortführung der Firma einer juristischen Person (hier: GmbH) durch den Erwerber des Handelsgeschäfts der Gemeinschuldnerin erforderliche Einwilligung auch dann rechtswirksam erklären, wenn in deren Firma ein Familienname enthalten ist.
KG, 14. 10. 1960, NJW 1961, 833

Ebenso BGH, 27. 9. 1982, BGHZ 85, 221 = BB 1983, 276 = WPM 1983, 149 = ZIP 1983, 193 = GmbHR 1983, 195 = NJW 1983, 755 = DB 1983, 489.

§ 22 HGB Nr. 11 (Verpachtung)

Bei der Anmeldung des Verkaufs eines verpachteten Handelsgeschäfts an den Pächter hat auch der bisherige Verpächter mitzuwirken.
OLG Düsseldorf, 24. 9. 1986, Rpfleger 1987, 203

§ 22 HGB Nr. 12 (Einstellung bei Pacht)

Der Pächter als letzter Firmeninhaber kann das Erlöschen der Firma bei endgültiger Einstellung des Geschäftsbetriebs allein zur Eintragung anmelden, einer Mitwirkung des Verpächters bedarf es nicht.
LG Augsburg, 17. 11. 1981, Rpfleger 1982, 70

Dagegen zu Recht Gröger aaO: Anmeldung auch durch den Verpächter erforderlich. Zur Unternehmenspacht im Register siehe auch Ahlbrecht/Bengsohn, Rpfleger 1982, 361.

§ 22 HGB Nr. 13 (Firmenänderung)

Bei einem Inhaberwechsel mit Firmenfortführung ist es nicht mehr erforderlich, daß der Familienname des bisherigen Kaufmanns in der Firmierung enthalten ist.
LG Ausburg, 16. 4. 1999, Rpfleger 1999, 449 mit krit. Anm. Busch, Rpfleger 1999, 547 (dagegen zutreffend Möller, DNotZ 2000, 830, 841: es liegt kein Fall der Fortführung, sondern die Bildung einer neuen Firma vor; vgl. auch vorstehend Nr. 5 u. 7).

§ 23 HGB Keine Firmenveräußerung ohne Handelsgeschäft

§ 23 HGB Nr. 1 (Zweigniederlassung)

Haupt- und Zweigniederlassung können mit der bisherigen Firma an verschiedene Erwerber weiterveräußert werden. Auch die Zweigniederlassung darf selbständig den bisherigen Namen beibehalten. Durch die Veräußerung der Zweigniederlassung tritt eine Vervielfältigung der Firma ein. Bei der Personengesellschaft muß der namengebende Veräußerer der Firma der Vervielfältigung der Firma zustimmen (RGZ 67, 94 f.). Dies ist bei der Kapitalgesellschaft nicht erforderlich, sofern nicht im Gesellschaftsvertrag ausdrücklich eine andere Regelung getroffen worden ist.
OLG Frankfurt/M., 16. 5. 1978, DB 1980, 250.

Vgl. dazu Bokelmann, GmbHR 1978, 265, ferner zur Fortführung einer GmbH-Firma mit dem Namen eines früheren Gesellschafters Nr. 7 zu § 4 GmbHG.

§ 23 HGB Nr. 2 (Ausgliederung)

Auch bei gleichzeitiger Auswechslung aller Gesellschafter einer Kommanditgesellschaft kann der ausscheidende Gesellschafter, dessen Name in der Firma enthalten ist, die Einwilligung zu deren Fortführung nicht rechtswirksam erklären, wenn die Altgesellschafter vor Übertragung ihrer Anteile einen wesentlichen Bestandteil des Handelsgeschäfts aus dem Gesellschaftsvermögen ausgegliedert haben.
BGH, 5. 5. 1977, DNotZ 1977, 672 = Rpfleger 1977, 298

§ 24 HGB Firmenfortführung bei teilweisem Inhaberwechsel

§ 24 HGB Nr. 1 (Änderung fortgeführter Firmen)

a) Führt eine offene Handelsgesellschaft nach § 24 HGB die bisherige Firma des Einzelunternehmens fort, so ist sie nicht befugt, den ausgeschriebenen Vornamen in der bisherigen Firma abzukürzen.

b) Hat die offene Handelsgesellschaft bei der Fortführung der Firma den Vornamen des bisherigen Unternehmers gleichwohl abgekürzt, diese Firmenbezeichnung mehrere Jahrzehnte hindurch in ihrem Geschäftsverkehr ausschließlich verwendet, obwohl im Handelsregister die Firma mit ausgeschriebenem Vornamen eingetragen ist, und hat sie mit Rücksicht auf die wirtschaftliche Bedeutung ihres Unternehmens auf diese Weise einen für sie wertvollen Besitzstand an dieser Firmenbezeichnung geschaffen, so kann sie daraus nicht einen Rechtsanspruch auf Abänderung dieser Firma im Sinne der von ihr gebrauchten Firmenbezeichnung herleiten.
BGH, 25. 5. 1959, BGHZ 30, 288 = NJW 1959, 2255

Hinweis: Fortgeltung nach neuem Firmenrecht nicht sicher, ebenso bei der folgenden Entscheidung.

§ 24 HGB Nr. 2 (Änderung der Firma)

a) Führt eine offene Handelsgesellschaft eine Firma nach § 24 HGB fort, so kann sie daran Änderungen vornehmen, die nachträglich im Interesse der Allgemeinheit notwendig oder wünschenswert werden. Fehlt ein solches Interesse, so sind Änderungen zulässig, die den Grundsätzen der Firmenbildung entsprechen, keinen Zweifel an der Identität der geänderten mit der bisherigen Firma aufkommen lassen und vom Standpunkt der offenen Handelsgesellschaft bei objektiver Beurteilung infolge nachträglicher Änderung der Verhältnisse gerechtfertigt sind.

b) Hat die offene Handelsgesellschaft eine noch weitergehende Änderung vorgenommen, nachdem ihr Antrag diese im Handelsregister einzutragen, abgelehnt worden war, so kann sie, solange das Bewußtsein von der Unzulässigkeit der Änderung bei den vertretungsberechtigten Gesellschaftern lebendig sein muß, an der geänderten Firmenbezeichnung keinen schutzwürdigen Besitzstand erlangen.
BGH, 12. 7. 1965, BGHZ 44, 116 = NJW 1965, 1915 = MDR 1965, 808 = BB 1965, 1047 = DB 1965, 1357 = JW 1965, 683 = WPM 1965, 916

§ 24 HGB Nr. 3 frei

§ 24 HGB Nr. 4 (Unternehmensvereinigung)

a) Vereinigen sich zwei Unternehmen, von denen eines das eines Einzelkaufmanns, das andere eine KG mit nach § 22 HGB abgeleiteter Firma eines Einzelkaufmanns ist, so können beide Firmen unverändert zu einer neuen Firma zusammengefügt werden.
b) Trennen sich beide Unternehmen wieder, so ist die KG nicht stets gezwungen, nunmehr eine Firma nach Maßgabe des § 19 Abs. 2 HGB zu bilden. Führt sie nach der Trennung ihr altes Unternehmen unverändert fort, kann sie wieder die frühere – abgeleitete – Firma annehmen.
OLG Frankfurt/M., 13. 2. 1970, DB 1970, 775 = MDR 1970, 513 = DNotZ 1970, 435 = GmbHR 1970, 163 = JurBüro 1970, 617 = Rpfleger 1970, 135§ HGB Nr. 10

§ 24 HGB Nr. 5 (Geschäftsübernahme)

§ 24 Abs. 2 HGB – und nicht § 22 Abs. 1 HGB – ist auch dann anwendbar, wenn aus einer zweigliedrigen Gesellschaft einer der beiden Gesellschafter ohne Liquidation ausscheidet.
BGH, 9. 1. 1989, Rpfleger 1989, 329
Firmenfortführung auch durch einen übernehmenden Kommanditisten zulässig, BayObLG, MittBayNot 2000, 331.

§ 24 HGB Nr. 6 (Zustimmung von Erben)

Die einer handelsrechtlichen Personengesellschaft von dem Erben des Firmenstifters nach dessen Tod gegebene Einwilligung zur Fortführung des Erblassernamens in der Gesellschaftsfirma macht den Erben nicht selber zum Namensgeber. Er kann deshalb auch nicht bei seinem späteren Ausscheiden aus der Gesellschaft die Befugnis beanspruchen, nach § 24 Abs. 2 HGB als derjenige, „dessen Namen in der Firma enthalten ist", (erneut) über die Berechtigung der Gesellschaft zur Fortführung ihrer Firma zu entscheiden (Ergänzung zu BGHZ 92, 79).
BGH, 16. 2. 1987, BB 1987, 1129

§ 24 HGB Nr. 7–9 frei

§ 24 HGB Nr. 10 (Gesellschaftszusätze in fortgeführten Firmen)

Ein Einzelkaufmann darf als Übernehmer eines bisher in der Rechtsform einer OHG geführten Unternehmens die bisherige Firma „X und Sohn" ohne den Zusatz „OHG" fortführen; sie läßt nicht darauf schließen, daß das Geschäft von einer Personenmehrheit fortgeführt wird.
OLG Frankfurt/M., 24. 5. 1971, OLGZ 1971, 467 = DB 1971, 1615 = BB 1971, 975 = MDR 1972, 55 = MittBayNot 1971, 322 = DNotZ 1972, 309.
Aber Rechtsformhinweis nach § 19 Abs. 1 Nr. 1 HGB nötig.

§ 24 HGB Nr. 11 (Gesellschaftszusätze in fortgeführten Firmen)

Bei der Übernahme der Firma einer Kommanditgesellschaft durch einen Einzelkaufmann muß der Gesellschaftszusatz „KG" nicht fortfallen, wenn ein Nachfolgezusatz beigefügt wird.
Als Nachfolgezusatz genügt auch ein die wahren Unternehmensverhältnisse klarstellender Inhaberzusatz.
BayObLG, 27. 2. 1978, Rpfleger 1978, 219 = DB 1978, 1270 = MittBayNot 1978, 69 = MittRhNotK 1978, 120 = MDR 1978, 760 = WPM 1978, 744.
Siehe Hinweis bei Nr. 10.
Bedenklich dagegen OLG Hamm, DB 1999, 1946, wonach die Firma „Eduard Meier oHG e.K." bei Fortführung durch einen Einzelkaufmann zulässig ist; die Aneinanderreihung der Rechtsformzusätze dürfte im Hinblick auf ihr nach neuem Firmenrecht verstärktes Gewicht nach § 18 Abs. 2 HGB täuschend sein (vgl. auch B § 19 Abs. 2 HGB Nr. 3).

§ 25 HGB Haftung des Erwerbers bei Geschäftsübernahme

§ 25 HGB Nr. 1 (Zeitpunkt der Eintragung)

Zur Wirksamkeit eines Haftungsausschlusses nach § 25 Abs. 2 HGB ist es nicht notwendig, daß dieser vorher oder gleichzeitig mit der Geschäftsübernahme eingetragen und bekanntgemacht wird, vielmehr ist es ausreichend, wenn der Haftungsausschluß unverzüglich nach der Geschäftsübernahme angemeldet wird und Eintragung und Bekanntmachung sodann in angemessenem Zeitabstand folgen. Dabei ist es für die Bemessung des Zeitraums ohne Bedeutung, ob sich in der Zwischenzeit schon für den konkreten Fall eine Verkehrsauffassung dahin bilden konnte, daß der Geschäftsübernehmer auch die Geschäftsverbindlichkeiten des bisherigen Inhabers übernommen habe.
BGH, 1. 12. 1958, BGHZ 29, 1

§ 25 HGB Nr. 2 (Zeitpunkt der Eintragung)

1. Die von dem Veräußerer und dem Übernehmer eines Handelsgeschäfts getroffene Vereinbarung, wonach der Übernehmer für die im Betrieb des Unternehmens begründeten Verbindlichkeiten des Veräußerers nicht haftet (§ 25 Abs. 2 HGB), ist Dritten gegenüber nur wirksam, wenn die Eintragung der Vereinbarung im Handelsregister und ihre Bekanntmachung oder die Mitteilung der Vereinbarung an den Dritten mit der Übernahme des Unternehmens zusammenfallen oder jedenfalls unverzüglich folgen.

2. Steht fest, daß der Haftungsbeschluß Dritten gegenüber nicht wirksam werden kann, so muß das Registergericht ungeachtet des zeitlich an sich nicht begrenzten formellen Rechts der Beteiligten auf Eintragung der Vereinbarung den Antrag als verspätet ablehnen.
OLG Frankfurt/M., 1. 6. 1977, Rpfleger 1977, 411 = MDR 1978, 57 = DB 1977, 1889 = BB 1977, 1571 = MittRhNotK 1977, 224. Anders, wenn der Antrag fristgerecht gestellt und zunächst zu Unrecht abgelehnt wird: OLG Hamm, DB 1998, 2590 und OLG Düsseldorf, RNotZ 2003, 459
Vgl. auch § 28 HGB Nr. 2.

§ 25 HGB Nr. 3 (Verzögerung)

Das Risiko der Verzögerung einer beantragten Eintragung (des Haftungsausschlusses) trägt der Übernehmer des Handelsgeschäfts, zu dessen Gunsten die Befreiung von den im Betrieb des Unternehmens begründeten Verbindlichkeiten des Veräußerers herbeigeführt werden soll; auf ein Verschulden kommt es dabei nicht an.
OLG Frankfurt/M., 1. 6. 1977, Rpfleger 1977, 411 = NJW 1977, 2270 = MDR 1978, 57 sowie Rpfleger 2001, 497. Siehe aber vorst. Nr. 2 a. E.

§ 25 HGB Nr. 4 (Vorzeitige Anmeldung)

Der Eintragung des Inhaberwechsels und des Haftungsausschlusses gemäß § 25 Abs. 2 HGB in das Handelsregister steht nicht entgegen, daß sich der Inhaberwechsel nach dem Inhalt des Vertrages erst mit der Eintragung vollziehen soll.
LG Frankfurt/M., 15. 5. 1974, DNotZ 1975, 235 = Rpfleger 1974, 265

§ 25 HGB Nr. 5 (Zweigniederlassung)

Eine Zweigniederlassung, die keine eigene Buch-, Kassen-, und Kontenführung hat und deren Geschäfte die Hauptniederlassung mit den Ge-

schäftspartnern abrechnet, ist kein „Handelsgeschäft" im Sinne des § 25 Abs. 1 HGB. Wer sie erwirbt und unter Beibehaltung der Firma als selbständiges Geschäft weiterführt, haftet daher aus früher dort abgeschlossenen Geschäften nicht.
BGH, 8. 5. 1972, NJW 1972, 1859 = BB 1972, 1068 = MDR 1972, 1019 = MittBayNot 1972, 307 = MittRhNotK 1973, 8 = WPM 1972, 1091

§ 25 HGB Nr. 6 (Bloße Firmengleicheit)

Die Gleichheit der Firmen mehrerer Handelsunternehmen allein bildet keine Grundlage für die Eintragung eines Haftungsausschlusses entsprechend § 25 Abs. 2 HGB.
BayObLG, 17. 12. 1987, MDR 1988, 412

§ 25 HGB Nr. 7 (Voraussetzungen)

Die Haftung des Übernehmers für vor der Geschäftsübernahme begründete Verbindlichkeiten ist davon abhängig, daß das übernommene Geschäft ein Handelsgewerbe war und diese angesichts seines Umfangs im Zeitpunkt der Übernahme einen in kaufmännischer Weise eingerichteten Geschäftsbetrieb *erforderte*. Ob ein übernommenes Handelsgewerbe einen in kaufmännischer Weise eingerichteten Gewerbebetrieb benötigt, ergibt sich aus dem Gesamtbild des Betriebes, nämlich Umsatz, die Art der Tätigkeit und Struktur des Betriebes, Höhe des Anlage- und Betriebskapitals, Zahl der Beschäftigten, Größe des Geschäftslokals, geordnete Aufbewahrung der Geschäftsunterlagen, Kalkulation, Inanspruchnahme von Bankkredit, Buchführung, regelmäßig wiederkehrende Inventur und Bilanz. Nicht *jedes* dieser Merkmale muß vorliegen.
OLG Koblenz, 7. 4. 1988, BB 1988, 2408

§ 25 HGB Nr. 8 (Firmenfortführung)

Für eine Firmenfortführung i. S. von § 25 HGB reicht es aus, wenn ein Vollkaufmann sein Unternehmen auf eine GmbH & Co. KG überträgt und wenn die Firma der KG seinen Familiennamen enthält.
BGH, 16. 9. 1981, NJW 1982, 577; ähnlich BGH, DB 2004, 1204

Vgl. auch BGH, ZIP 2001, 567; LG Berlin, Rpfleger 1994, 26 und OLG Hamm, Rpfleger 1994, 301 sowie DB 1998, 2590: im Zweifel Eintragung eines Haftungsausschlusses zulässig.

§ 27 HGB Haftung der Erben eines Handelsgeschäfts

§ 27 HGB Nr. 1 (Haftungsausschluß)

Ein Erbe, der ein zum Nachlaß gehöriges Handelsgeschäft unter der bisherigen Firma fortführt, kann die hieraus sich ergebende handelsrechtliche Haftung für die vom Erblasser herrührenden Geschäftsschulden ausschließen, indem er die Ausschließung in das Handelsregister eintragen und bekanntmachen läßt.
KG, 5. 9. 1940, DR 1940, 2007
Ebenso LG Koblenz, 22. 5. 1974, MittRhNotK 1974, 263.

§ 27 HGB Nr. 2 (Testamentsvollstreckung)

Die Anordnung der Testamentsvollstreckung für ein zum Nachlaß gehörendes, von den Erben fortgeführtes Handelsgeschäft kann nicht in das Handelsregister eingetragen werden.
RG, 26. 3. 1931, RGZ 132, 138

§ 27 HGB Nr. 3 (Erbengemeinschaft)

Im Falle der Eintragung von Erben in Erbengemeinschaft als Inhaber einer Einzelfirma darf weder die auf einer Vollmachtserteilung der Erben beruhende Befugnis einzelner Erben zur Vertretung der Firma noch auch die rechtsgeschäftliche Ausschließung der übrigen Miterben von der Vertretung der Firma in das Handelsregister eingetragen werden.
KG, 16. 1. 1908, KGJ 35 A 152

§ 27 HGB Nr. 4 (Erbengemeinschaft)

1. Eine Erbengemeinschaft kann ein ererbtes Handelsgeschäft auch dann noch fortführen, wenn aus ihr ein Miterbe ausgeschieden ist.
2. Wenn eine eingetragene Prokura beim Tode des Geschäftsinhabers bestehen bleibt, ist das nicht in das Handelsregister einzutragen.
3. Es bleibt offen, ob eine Erbengemeinschaft überhaupt einen Prokuristen haben kann; jedenfalls kann das nicht ein Miterbe sein. KG, 12. 1. 1939, KG JW 1939, 565

Vgl. auch BGH, 24. 9. 1959, BGHZ 30, 391 = MDR 1960, 28 = DNotZ 1960, 434 sowie BGH in B § 1822 Nr. 2 BGB. Keine Fortführung in Erben-

HGB-Entscheidungen   B § 30 HGB Nr. 1

gemeinschaft dagegen bei Übertragung sämtlicher Miterbenanteile: KG, DB 1998, 2591.

§ 28 HGB Haftung bei Eintritt eines Gesellschafters in das Geschäft eines Einzelkaufmanns

§ 28 HGB Nr. 1 (Haftungsausschluß)

Bei Eintritt eines Gesellschafters in das Geschäft eines Einzelkaufmanns kann mit Wirkung gegen Dritte vereinbart werden, daß – nur – die Haftung des Eintretenden für die im Betrieb entstandenen Verbindlichkeiten des früheren Geschäftsinhabers ausgeschlossen ist, während die Haftung der Gesellschaft bestehen bleibt.
OLG Celle, 8. 5. 1980, Rpfleger 1980, 387

§ 28 HGB Nr. 2 (Frist)

1. Tritt ein Gesellschafter in das Geschäft eines Einzelkaufmanns ein, so muß ein Haftungsausschluß der neu gebildeten Gesellschaft unverzüglich zum Handelsregister angemeldet werden. Dieser kann nur durch alsbaldige Eintragung und Bekanntmachung herbeigeführt werden.
2. Sind seit dem Wechsel des Unternehmensträgers bis zur Eintragungsreife der Anmeldung des Haftungsausschlusses fünf Monate verstrichen, so ist die Ablehnung der Eintragung nicht rechtsfehlerhaft.
BayObLG, 19. 6. 1984, DB 1984, 1672 = BB 1984, 405

§ 30 HGB Unterscheidung von anderen Firmen

§ 30 HGB Nr. 1 (Angemeldete Firmen)

Werden zwei nach § 30 HGB verwechslungsfähige Firmen angemeldet, so kann das Registergericht die später angemeldete Firma eintragen, wenn die Eintragungsvoraussetzungen insoweit vorliegen; die frühere Anmeldung steht der Eintragung nicht entgegen, weil § 30 nur gegenüber eingetragenen Firmen gilt.
KG, 22. 2. 1923, OLGR 43, 281

§ 30 HGB Nr. 2 (Erloschene Firmen)

Bei der Prüfung, ob sich eine neue Firma deutlich von anderen eingetragenen Firmen unterscheidet (§ 30 HGB), darf der Registerrichter eine eingetragene Firma nur dann als erloschen behandeln, wenn ihr Erlöschen ganz zweifelsfrei zutage liegt. Sonst muß zunächst das Amtslöschungsverfahren durchgeführt werden.
KG, 8. 12. 1932, JW 1933, 1031

§ 30 HGB Nr. 3 (GmbH & Co. KG)

Die Firma einer Kommanditgesellschaft, deren persönlich haftende Gesellschafterin eine GmbH ist, muß sich auch von der Firma der GmbH deutlich unterscheiden, wenn beide ihren Sitz an demselben Ort oder in derselben Gemeinde haben. Der Zusatz „& Co. KG" reicht hierfür nicht aus.
BGH, 14. 7. 1966, NJW 1966, 1813 = BB 1966, 916 = DNotZ 1966, 687 = GmbHR 1966, 251 = JR 1967, 24 u. 102 = JuS 1967, 42

Die Fortgeltung dieser Entscheidung erscheint nach der Aufwertung der Rechtsformhinweise durch § 19 Abs. 1 und 2 HGB fraglich.

§ 30 HGB Nr. 4 (Zahlen)

Die Beifügung einer Ordinalzahl ist kein unterscheidungskräftiger Firmenzusatz, wenn die Firma im übrigen weiteren eingetragenen oder gleichzeitig angemeldeten Firmen gleicht.
AG Frankfurt/M., 14. 7. 1980, Rpfleger 1980, 388

§ 30 HGB Nr. 5 (Firmentausch)

Der Grundsatz der Firmenwahrheit kann auch dadurch verletzt werden, daß nach Aufgabe einer bestimmten Firma durch ein Unternehmen diese Firma sogleich von einem anderen Unternehmen angenommen wird. Dies ist im Eintragungsverfahren beachtlich und kann hier zur Ablehnung der Anmeldung der Firmenänderung führen.
OLG Hamburg, 12. 12. 1986, OLGZ 1987, 191

§ 31 HGB Anmeldung von Änderungen und des Erlöschens

§ 31 HGB Nr. 1 (Anmeldepflichtige)

1. Der Übergang eines Handelsgeschäfts ist sowohl vom Veräußerer als auch vom Erwerber zur Eintragung anzumelden.
2. Ist der Übergang eines Handelsgeschäfts eingetragen worden, obwohl nur der Erwerber dies angemeldet hatte, so ist die Eintragung nach § 142 FGG zu löschen, wenn nicht ohne weiteres festgestellt werden kann, daß die Eintragung die tatsächliche Rechtslage richtig wiedergibt.
KG, 1. 2. 1923, OLGR 43, 202

§ 31 HGB Nr. 2 (Erlöschen)

1. Mit dem Erlöschen des Handelsunternehmen erlischt von selbst die zugehörige Firma. Ein Unternehmen ist erloschen, wenn die gewerbliche Tätigkeit endgültig beendet wird und die für das Unternehmen bestimmten Gegenstände und Einrichtungen sowie die früheren Geschäftsbeziehungen nicht mehr vorhanden sind.
2. Eine nur vorübergehende Betriebsstillegung ohne Erlöschen der Firma ist gegeben, wenn die Absicht und die Möglichkeit besteht, den Betrieb innerhalb eines solchen Zeitraums fortzusetzen, der nach der Verkehrsauffassung noch als bloße Unterbrechung angesehen werden kann. In einem solchen Fall sind Gewerbeabmeldung, Produktionseinstellung und Umsatzwegfall für die Frage des Weiterbestands unerheblich.
BayObLG, 27. 10. 1983, BB 1984, 92 = Rpfleger 1984, 67

§ 31 HGB Nr. 3 (Pflicht des Erben)

Ist die eingetragene Firma eines Einzelkaufmanns schon zu dessen Lebzeiten erloschen, so ist der Erbe zur Anmeldung des Erlöschens der Firma nicht verpflichtet.
KG, 11. 2. 1926, JFG 3, 190

§ 48 HGB Prokura, Erteilung

§ 48 HGB Nr. 1 (GmbH, Bindung an Geschäftsführer)

a) Bei der GmbH wird die Prokura durch die Geschäftsführer erteilt; daß die Gesellschafterversammlung der Prokuraerteilung zustimmen muß,

gilt nur im Innenverhältnis und ist vom Registergericht nicht zu prüfen.
b) Prokura kann auch in der Weise erteilt werden, daß der Prokurist berechtigt ist, die GmbH in Gemeinschaft mit einem alleinvertretungsbefugten Geschäftsführer zu vertreten.
Wird die Eintragung einer solchen Prokura zum Handelsregister angemeldet, so ist die gleichzeitige Eintragung einer Gesamtprokura auch dann zulässig, wenn außer dem bereits ernannten Prokuristen ein weiterer Prokurist, mit dem zusammen die Gesamtprokura ausgeübt werden soll, noch nicht bestellt ist.
BGH, 14. 2. 1974, DNotZ 1975, 110 = Rpfleger 1974, 257 = NJW 1974, 1194 = AG 1974, 355 = BB 1974, 810 = DB 1974, 1055 = GmbHR 1974, 132 u. 182 = WPM 1974, 480

§ 48 HGB Nr. 2 (GmbH)

Prokura kann auch in der Weise erteilt werden, daß der Prokurist berechtigt ist, die GmbH in Gemeinschaft mit einem gesamtvertretungsbefugten Geschäftsführer zu vertreten.
BGH, 6. 11. 1986, DB 1987, 426 = WPM 1987, 106 = ZIP 1987, 371 = NJW 1987, 841 = BB 1987, 216
Siehe aber B § 49 Nr. 3

§ 48 HGB Nr. 3 (GmbH & Co. KG)

In einer Kommanditgesellschaft, deren einzige persönlich haftende Gesellschafterin eine GmbH ist, darf die KG, für die Gesamtprokuristen bestellt sind, Prokura jedenfalls nicht in der Weise erteilen, daß ein Gesamtprokurist an die Mitwirkung eines gesamtvertretungsbefugten Geschäftsführers der Komplementär-GmbH gebunden wird; eine solche Gesamtprokura ist unwirksam.
BayObLG, 3. 8. 1994, DB 1994, 1922 = NJW 1994, 2965. Ebenso OLG Frankfurt/M., Rpfleger 2001, 86.

§ 49 HGB Umfang der Prokura

§ 49 HGB Nr. 1 (Anmeldungen)

Ein Prokurist kann nur dann ohne zusätzliche Vollmacht keine Anmeldungen zum Handelsregister vornehmen, wenn diese die Grundlagen eines „eigenen" Handelsgeschäfts betreffen. Die Erfüllung von Anmeldepflichten der von dem Prokuristen vertretenen Gesellschaft als Kom-

manditist einer anderen Gesellschaft ist dagegen von der ihm nach § 49 Abs. 1 HGB zustehenden Vertretungsmacht gedeckt.
BGH, 2. 12. 1991, BGHZ 116, 190

§ 49 HGB Nr. 2 (Grundstücksermächtigung)

Die einem Prokuristen erteilte Befugnis zur Veräußerung und Belastung von Grundstücken ist auf Anmeldung hin in das Handelsregister einzutragen.
BayObLG, 15. 2. 1971, DB 1971, 522 = MittBayNot 1971, 92 = DNotZ 1971, 243

§ 49 HGB Nr. 3 (Bindung an Einzelkaufmann)

Ein Einzelkaufmann kann Prokura mit Außenwirkung nicht in der Form erteilen, daß der Prokurist nur gemeinsam mit ihm vertretungsberechtigt ist.
BayObLG, 23. 9. 1997, BB 1997, 2396 = DB 1997, 2427
Die Entscheidung berücksichtigt nicht die Möglichkeit passiver Vertretung; vgl. RGZ 53, 231; OLG München, BB 1972, 114.

§ 50 HGB Zweigniederlassungsprokura

Die auf den Betrieb einer oder mehrerer Zweigniederlassungen beschränkte Prokura ist im Handelsregister der Zweigniederlassung ohne einen Zusatz einzutragen, der diese Beschränkung ausdrücklich vermerkt.
BGH, 21. 3. 1988, DNotZ 1989, 236

§ 52 HGB Erlöschen der Prokura

a) Tritt in das Handelsgeschäft eines Einzelkaufmanns ein Kommanditist ein, so erlischt die von dem bisherigen Geschäftsinhaber erteilte Prokura. Soll der bisher für das Einzel-Handelsgeschäft bestellte Prokurist Prokura für die KG erhalten, so bedarf es hierzu einer ausdrücklichen Erklärung des Komplementärs.
b) Das Erlöschen der für das Einzel-Handelsgeschäft erteilten Prokura und die Erteilung der Prokura für die KG können in der Weise angemeldet

und in das Handelsregister eingetragen werden, daß die Prokura bestehen bleibt.
BayObLG, 16. 12. 1970, MittBayNot 1971, 23 = Rpfleger 1971, 109 = DNotZ 1971, 191 = MDR 1971, 397 = BB 1971, 238

§ 53 HGB Anmeldungen zur Prokura, Zeichnung

§ 53 HGB Nr. 1 (Anmeldung durch Prokuristen)

Ist nach dem Gesellschaftsvertrag einer Gesellschaft m.b.H. (unechte) Gesamtvertretung durch einen Geschäftsführer mit einem Prokuristen zulässig, so ist gleichwohl der Prokurist nicht befugt, bei der Anmeldung der ihm erteilten Prokura mitzuwirken.
BayObLG, 19. 6. 1973, Rpfleger 1973, 308

§ 53 HGB Nr. 2 (Geschäftsübernahme durch Prokuristen)

Führt der bisherige Prokurist das Handelsgeschäft fort und beantragt er seine Eintragung in das Handelsregister, so hat das Registergericht ohne weitere Anmeldung die Eintragung der Prokura zu löschen.
LG Düsseldorf, 2. 7. 1979, MittRhNotK 1979, 134

§ 53 HGB Nr. 3 (Berufsbezeichnung)

Die Berufsbezeichnung „Steuerberater" des Prokuristen einer Steuerberatungsgesellschaft ist in das Handelsregister einzutragen. § 40 Nr. 4 und § 43 Nr. 5 HRV stehen der Eintragungsfähigkeit nicht entgegen.
LG Augsburg, 23. 3. 1989, WPM 1989, 1099

§ 53 HGB Nr. 4 (Fortbestand bei Umwandlung)

Wird eine GmbH durch Umwandlungsbeschluß formwechselnd in eine GmbH & Co. KG umgewandelt, so bedarf die Eintragung einer bestehend bleibenden bisher in Abt. B des Handelsregisters eingetragenen Prokura in Abt. A keiner erneuten Anmeldung nach § 53 Abs. 1 HGB.
OLG Köln, 6. 5. 1996, MittRhNotK 1996, 419 = DNotZ 1996, 700 = GmbHR 1996, 773

§ 105 HGB Begriff und Entstehung einer OHG; Verhältnis zur Gesellschaft nach BGB

§ 105 HGB Nr. 1 (Umwandlung in BGB-Gesellschaft)

Geben die Gesellschafter einer offenen Handelsgesellschaft – nicht nur vorübergehend – den Betrieb ihres Handelsgewerbes auf, so wird die Gesellschaft zu einer Gesellschaft bürgerlichen Rechts. Dabei ist es ohne Belang, ob die Aufgabe des Geschäftsbetriebes aufgrund einer freien Entschließung oder unabhängig vom Willen der Gesellschafter eingetreten ist. BGH, 19. 5. 1960, BGHZ 32, 307 = NJW 1960, 1664 = MDR 1960, 737 = BB 1960, 681 = DB 1960, 751 = JR 1960, 378

Bei Rückgang auf kleingewerblichen Umfang siehe oben A Nr. 46.

§ 105 HGB Nr. 2 (Aufnahme des Gewerbes; Identität)

1. Eine Gesellschaft bürgerlichen Rechts, die von einem bestimmten Zeitpunkt an – etwa durch Aufnahme eines vollkaufmännischen Handelsgewerbes unter einer gemeinsamen Firma oder durch Vergrößerung ihres bisherigen Handelsgewerbes, das dadurch von einem Kleingewerbe zu einem vollkaufmännischen Handelsgewerbe wird – sämtliche Merkmale einer Personenhandelsgesellschaft aufweist, wird dadurch zwangsläufig zur Handelsgesellschaft.

2. In allen diesen Fällen ändert die Gesellschaft lediglich ihren rechtlichen Charakter, ihre Identität bleibt erhalten, eine Neugründung liegt nicht vor, das Gesellschaftsvermögen bleibt erhalten. BGH, 13. 11. 1961, BB 1962, 349. Für das Grundbuch siehe LG München, MittBayNot 2001, 482.

Im umgekehrten Fall (Rückgang des Umfangs auf Kleingewerbe oder Verpachtung des Unternehmens) besteht die Gesellschaft bis zu ihrer Löschung im Handelsregister als OHG oder KG fort; vgl. § 105 Abs. 2 HGB und Hinweise bei A Nr. 42 und 46.

§§ 106, 107 HGB Anmeldung der Gründung und von Veränderungen

§§ 106, 107 HGB Nr. 1 (Personalien)

Das Registergericht ist nicht befugt, von den Beteiligten die Anmeldung nachträglicher Veränderungen der im Handelsregister vermerkten Per-

sonalien (Name, Beruf, Wohnort) der dort eingegangenen natürlichen Personen zu verlangen; solche Veränderungen können aber eingetragen werden. KG, 9. 2. und 11. 5. 1905, KGJ 29 A 213 und KGJ 30 B 32
Die Eintragung einer neuen Berufsbezeichnung ist eine wirtschaftlich bedeutungslose Eintragung i. S.v. § 26 Abs. 7 KostO.
OLG Hamm, 17. 3. 1960, Rpfleger 1960, 309

§§ 106, 107 HGB Nr. 2 (Gesellschafterwechsel bei unzulässiger Firma)

Das Registergericht darf die Eintragung des Eintritts und des Ausscheidens von Gesellschaftern nicht deswegen ablehnen, weil durch den Gesellschafterwechsel die eingetragene Firma unzulässig geworden ist.
BGH, 4. 7. 1977, Rpfleger 1977, 359 = DNotZ 1977, 675 = NJW 1977, 1879

Ebenso BayObLG DNotZ 1984, 241.

§§ 106, 107 HGB Nr. 3 (Auslegung der Anmeldung)

Das Registergericht hat das mit der Anmeldung erkennbar Gewollte von sich aus in dem Eintragungsvermerk zum Ausdruck zu bringen, ohne daß es des Gebrauchs bestimmter Formulierungen – wie z. B. „Eintritt" oder „Ausscheiden" – in der Anmeldung bedarf.
BayObLG, 1. 12. 1977, MittBayNot 1978, 17 = MittRhNotK 1978, 44

§§ 106, 107 HGB Nr. 4 (Testamentsvollstrecker)

Eine Eintragung in das Handelsregister des Inhalts, daß die Gesellschafterstellung eines ausgeschiedenen Gesellschafters durch den (namentlich bezeichneten) Testamentsvollstrecker treuhänderisch ausgeübt wird, ist unzulässig.
BayObLG, 18. 5. 1972, Rpfleger 1972, 259 = MittBayNot 1972, 178 = MittRhNotK 1972, 597

Siehe auch B § 143 HGB Nr. 3.

§§ 106, 107 HGB Nr. 5 (Quotennießbrauch)

Der Quotennießbrauch an einem Kommanditanteil kann in das Handelsregister eingetragen werden.
LG Aachen, 28. 4. 2002, RNotZ 2002, 398.

§ 108 HGB Zur Anmeldung verpflichtete Personen, Verfahren, Zeichnungen

§ 108 HGB Nr. 1 (Beanstandung wegen anderer Gegenstände)

Das Registergericht darf eine als solche nicht zu bemängelnde Anmeldung zum Handelsregister grundsätzlich nicht deshalb zurückweisen oder durch Zwischenverfügung beanstanden, um eine von ihm als erforderlich angesehene sonstige Anmeldung herbeizuführen. Zu diesem Zwecke muß es sich auf die einschlägigen Verfahren (z. B. §§ 14, 37 Abs. 1 HGB, §§ 140 ff. FGG) beschränken. (Wie KG, Rpfleger 1965, 146) OLG Hamm, 2. 5. 1977, BB 1977, 969 = Rpfleger 1977, 318

§ 108 HGB Nr. 2 (Anmeldepflichtige Gesellschafter)

Anmeldepflichtig für den Eintritt eines neuen Gesellschafters ist auch ein Gesellschafter, der zwischen Anmeldung und Eintragung ausgeschieden ist.
BayObLG, 4. 4. 1978, Rpfleger 1978, 254

§ 108 HGB Nr. 3 (Doppeleigenschaft des Anmeldenden)

Bei der Anmeldung der Firmenänderung einer Kommanditgesellschaft, deren Kommanditist zugleich der Geschäftsführer der Komplementär-GmbH ist, genügt eine Namensunterschrift des Geschäftsführers der GmbH nur dann, wenn aus dem Inhalt der Anmeldung eindeutig hervorgeht, daß er die Anmeldung zugleich im eigenen Namen als Kommanditist unterzeichnet hat. (Ergänzung zu BayObLGZ 1974, 283 = Rpfleger 1974, 359 = DNotZ 1975, 228 = BB 1974, 1089.)
BayObLG, 13. 2. 1978, Rpfleger 1978, 255

§ 108 HGB Nr. 4 (Zeichnung)

Bei Eintritt einer GmbH in eine KG als Komplementärin haben sämtliche Geschäftsführer der GmbH die Firma der KG, die der GmbH und ihre Unterschrift zu zeichnen.
BayObLG, 13. 10. 1972, MittBayNot 1972, 310 = BB 1972, 1525 = Rpfleger 1972, 449 = DB 1973, 175 = DNotZ 1973, 123 = GmbHR 1973, 32. Hinsichtlich der Zeichnung der Firmen der KG und der GmbH ist die Entscheidung durch das HRefG überholt.

Zur Form der Zeichnung siehe oben A Allg. 9 und OLG Köln ZIP 2000, 1985.

§ 108 HGB Nr. 5 (Anmeldepflicht)

Ein im Handelsregister bereits eingetragener Gesellschafter einer Personengesellschaft ist für den vor seiner Gesellschaftszugehörigkeit erfolgten Eintritt eines anderen Gesellschafters nicht anmeldepflichtig. Der insoweit nach dem Inhalt des Registers dagegen sprechende Anschein ist ggf. im Einspruchsverfahren nach § 132 FGG auszuräumen.
OLG Karlsruhe, 20. 6. 1997, Rpfleger 1997, 438

§ 125 HGB Vertretung der Gesellschaft

Die Anmeldung des Ausschlusses eines Gesellschafters von der Vertretung zur Eintragung in das Handelsregister muß nicht positiv ausgedrückt sein; sie ist auch mit einer Formulierung zulässig, aus der sich der Ausschluß von der Betretung zweifelsfrei ergibt.
OLG Frankfurt/M., 9. 5. 1978, DNotZ 1978, 695 = Rpfleger 1978, 324 = GmbHR 1978, 175 = BB 1978, 926 = WPM 1978, 1113. Die Entscheidung gilt auch nach Einfügung von § 106 Abs. 2 Nr. 3 HGB.

Zur Vertretung bei einer KG, die sich in eine BGB-Gesellschaft umwandelt, vgl. § 170 HGB Nr. 1.

§ 143 HGB Anmeldung der Auflösung und des Ausscheidens von Gesellschaftern

§ 143 HGB Nr. 1 (Anmeldepflichtige)

1. Ist eine OHG durch den Tod eines Gesellschafters aufgelöst, so muß dies von allen Gesellschaftern und den Erben des Verstorbenen zur Eintragung angemeldet werden, und zwar auch dann, wenn anstelle der Liquidation die Übernahme des Geschäfts durch den überlebenden Gesellschafter tritt.

2. Die Erben können die Anmeldung nicht davon abhängig machen, daß der übernehmende Gesellschafter zuvor Auseinandersetzungs- und Abfindungsansprüche erfüllt.
OLG Hamburg, 5. 6. 1919, LZ 1920, 490

§ 143 HGB Nr. 2 (Anmeldepflichtige)

Anmeldepflichtig für das Ausscheiden eines Kommanditisten durch Tod sind neben sämtlichen verbleibenden Gesellschaftern auch die Erben des Verstorbenen, und zwar auch dann, wenn sie nach dem Gesellschaftsvertrag nicht nachfolge- oder eintrittsberechtigt sind, es sei denn, es liegt ein Ausnahmefall des § 143 Abs. 3 HGB vor.
BayObLG, 12. 10. 1978, DNotZ 1979, 109 = Rpfleger 1978, 450 = DB 1979, 86 = MittBayNot 1978, 230 = BB 1979, 185; bestätigt Rpfleger 1993, 288.
Siehe auch B § 12 HGB Nr. 10.

§ 143 HGB Nr. 3 (Testamentsvollstrecker)

Den durch die Vererbung eines Kommanditanteils eintretenden Gesellschafterwechsel hat, wenn Testamentsvollstreckung angeordnet ist, der Testamentsvollstrecker zum Handelsregister anzumelden.
BGH, 3. 7. 1989, WPM 1989, 1331 = DB 1989, 1915 = DNotZ 1990, 183 mit Anm. Reimann
Gleiches gilt für den Nachlaßpfleger, LG Frankenthal, Rpfleger 1995, 74.
Aber keine Eintragung eines Testamentsvollstreckervermerks; siehe B § 177 HGB Nr. 1.

§ 143 HGB Nr. 4 (Insolvenzverwalter)

Scheidet ein Gesellschafter aus einer Personengesellschaft des Handelsrechts aus, weil über sein Vermögen das Konkursverfahren eröffnet ist, so hat statt seiner der Konkursverwalter an der Anmeldung zur Eintragung in das Handelsregister mitzuwirken.
BGH, 24. 11. 1980, Rpfleger 1981, 101 = DB 1981, 638 = DNotZ 1981, 453

§ 143 HGB Nr. 5 (Auslegung)

Wenn ein Kommanditist als Nachfolger eines verstorbenen Komplementärs selbst Komplementär derselben Kommanditgesellschaft wird, braucht sein „Ausscheiden" als Kommanditist nicht zusätzlich angemeldet zu werden; es versteht sich von selbst.
OLG Düsseldorf, 26. 5. 1976, DB 1976, 1759

§ 143 HGB Nr. 6 (Tod bei Zweipersonengesellschaft)

Stirbt ein Gesellschafter einer OHG, der neben ihm nur ein weiterer Gesellschafter angehörte, und wird er von diesem allein beerbt, so löst der

Tod des einen Gesellschafters die OHG auf. Zur Eintragung in das Handelsregister ist daher nicht das Ausscheiden des Gesellschafters, sondern die Auflösung der OHG anzumelden.
OLG Köln, 14. 7. 1969, DNotZ 1970, 747 = Rpfleger 1969, 351

§ 143 HGB Nr. 7 (Vorerbe)

Beim Tode eines als Vorerben an einer OHG beteiligten Gesellschafters ist der Eintritt der Nacherben an seiner Stelle nicht allein von diesen, sondern auch von den durch Erbschein auszuweisenden Erben des verstorbenen Vorerben zum Handelsregister anzumelden.
KG, 19. 4. 1934, HRR 1934, Nr. 1041

§ 143 HGB Nr. 8 (Ausscheiden vor Eintragung)

Auch wenn ein Kommanditist schon vor Eintragung der KG in das Handelsregister aus dieser ausgeschieden ist, kann er verlangen, daß sein Eintritt in die KG und sein Ausscheiden aus ihr in das Handelsregister eingetragen wird.
OLG Oldenburg, 20. 3. 1987, GmbHR 1988, 140

§ 143 HGB Nr. 9 (Geschäftsübernahme)

1. Das Registergericht ist bei der Fassung des Eintragungsvermerks im Handelsregister nicht an den Formulierungsvorschlag eines Beteiligten gebunden.
2. Die Übertragung des Unternehmens durch die Komplementärin auf die einzige Kommanditistin führt analog § 142 HGB zur Auflösung und Vollbeendigung der KG.
3. Die Vollbeendigung der Gesellschaft kann registergerichtlich in der Weise vereinbart werden, daß die Eintragung der Auflösung der Gesellschaft mit dem Vermerk verbunden wird, eine Liquidation finde nicht statt und die Firma sei erloschen.
OLG Düsseldorf, 2. 7. 1997, NJW-RR 1998, 245

Gilt auch nach Streichung von § 142 HGB durch das HRefG.

Vgl. auch OLG Frankfurt/M., Rpfleger 2004, 52 und BayObLG, GmbHR 2001, 776

§ 157 HGB Erlöschen der Firma, Anmeldung

§ 157 HGB Nr. 1 (Insolvenz)

Während der Dauer des Konkurses über das Vermögen einer Kommanditgesellschaft kommt eine Löschung der Firma im Handelsregister nicht in Betracht.
BayObLG, 22. 2. 1979, Rpfleger 1979, 214 = DB 1979, 831 = MDR 1979, 674 = MittBayNot 1979, 78

§ 157 HGB Nr. 2 (Abwicklung nach Löschung)

Bei einer OHG/KG besteht die Vertretungsbefugnis der Liquidatoren weiter, wenn Abwicklungsmaßnahmen notwendig werden, nachdem die Firma im Handelsregister auf die Anzeige Liquidatoren, die Abwicklung sei beendet, gelöscht worden ist. Anders als bei der GmbH (BGHZ 53, 264 = Rpfleger 1970, 165) bedarf es keiner gerichtlichen Bestellung.
BGH, 21. 6. 1979, BB 1979, 1211 = Rpfleger 1979, 335 = NJW 1979, 1987 = MDR 1979, 932 = DB 1979, 1597 = GmbHR 1979, 251 = WPM 1979, 913
Dies gilt nicht nach Löschung einer sog. Publikumskommanditgesellschaft (hier Bestellung nach § 273 Abs. 4 AktG) BGH, Rpfleger 2003, 508

§ 161 HGB Begriff der Kommanditgesellschaft

§ 161 HGB Nr. 1 (Vor-GmbH als Komplementär)

Der Senat hält es für möglich, daß eine Vor-GmbH bereits persönlich haftende Gesellschafterin einer Kommanditgesellschaft sein kann (Aufgabe der gegenteiligen Ansicht BGHZ 63, 45, 47; WPM 1968, 509).
BGH, 9. 3. 1981, BGHZ 80, 129 = Rpfleger 1981, 230 = BGHZ 80, 129 = MDR 1981, 649 = BB 1981, 689 = NJW 1981, 1373 = WPM 1981, 400 = ZIP 1981, 394 = GmbHR 1981, 114 = DB 1981, 1032
Gesellschaft bürgerlichen Rechts als Komplementärin? Bejahend LG Berlin, GmbHR 2003, 719

§ 161 HGB Nr. 2 (Ausländische Gesellschaft als Komplementärin)

Eine „private limited company" britischen Rechts kann, sofern deren Rechtsfähigkeit im Inland anzuerkennen ist, mit anderen inländischen

Handelsgesellschaften eine Kommanditgesellschaft gründen und sich an dieser als persönlich haftende Gesellschafterin beteiligen.
BayObLG, 21.3.1986, BayObLGZ 86, 61 = WPM 1986, 968 = GmbHR 1986, 305 = ZIP 1986, 840 = DB 1986, 1325 = MittBayNot 1986, 198 = NJW 1986, 3029

Ebenso für eine Aktiengesellschaft schweizerischen Rechts OLG Saarbrücken, Rpfleger 1989, 372. Eingehend Ebenroth/Auer, DNotZ 1990, 139. Vgl. aber auch B § 12 FGG Nr. 3.

§ 162 HGB Anmeldung der KG und des Eintritts von Kommanditisten

§ 162 HGB Nr. 1 (Auslegung)

Die Bezeichnung der Kommanditeinlage als „Bareinlage" in der Anmeldung ist nicht zu beanstanden, wenn sich aus dem übrigen Inhalt der Anmeldung und dem Gesellschaftsvertrag eindeutig ergibt, daß der angegebene Betrag die Haftsumme sein soll.
OLG Celle, 24.3.1975, OLGZ 1975, 385 = Rpfleger 1975, 228

§ 162 HGB Nr. 2 (Einzelkaufmann als Kommanditist)

Tritt ein Einzelkaufmann unter seiner Firma als Kommanditist einer KG bei, so ist die Eintragung unter seiner Firma, sofern der bürgerliche Name (Firma X, Inhaber Y) beigefügt wird, zulässig und bei dahingehender Anmeldung auch geboten.
BayObLG, 16.2.1973, Rpfleger 1973, 175 = BB 1973, 397 = DB 1973, 1232 = MittBayNot 1973, 111 = DNotZ 1973, 561

§ 162 HGB Nr. 3 (Beteiligungsumwandlung)

Die Anmeldung, daß ein (namentlich bezeichneter) Kommanditist die Rechtsstellung eines persönlich haftenden Gesellschafters erlangt hat, ist genügend bestimmt. Das Registergericht darf nicht die Ergänzung der Anmeldung dahin verlangen, daß die bezeichnete Person als Kommanditist ausgeschieden und als persönlich haftender Gesellschafter eingetreten ist.
BayObLG, 21.5.1970, MittBayNot 1970, 115 = DB 1970, 1377 = Rpfleger 1970, 288 = BB 1970, 940 = NJW 1970, 1796 = DNotZ 1971, 107

§ 162 HGB Nr. 4 (Voreintragung bei mehrfacher Rechtsnachfolge)

Ist im Handelsregister noch der Rechtsvorgänger eines Kommanditisten eingetragen, der seinerseits durch Tod oder Übertragung seines Kommanditanteils inzwischen ebenfalls aus der Gesellschaft ausgeschieden ist, so kann der Gesamt- oder Sonderrechtsnachfolger des zuletzt Ausgeschiedenen erst nach der Zwischeneintragung seines Rechtsvorgängers im Handelsregister eingetragen werden.
OLG Hamm, 7. 1. 1993, Rpfleger 1993, 288

§ 170 HGB Ausschluß der Kommanditisten von der Vertretung

Ändern die Gesellschafter einer KG den Gesellschaftszweck in der Weise, daß sich die Gesellschaft kraft Gesetzes in eine bürgerlich-rechtliche Gesellschaft umwandelt, so gilt im Regelfalle die bisherige Geschäftsführungs- und Vertretungsregelung im Rahmen der neuen Zweckbestimmung weiter.
BGH, 10. 5. 1971, NJW 1971, 1698 mit Besprechung v. Beyerle, NJW 1972, 229 = MDR 1971, 827 = DB 1971, 1466 = BB 1971, 973 = MittBayNot 1971, 323 = DNotZ 1972, 304 = MittRhNotK 1972, 40

Anmerkung: Nach der Neufassung von § 105 Abs. 2 HGB dürfte die bloße Änderung des Gesellschaftszwecks keine automatische Umwandlung mehr zur Folge haben.

§ 171 HGB Haftung des Kommanditisten

§ 171 HGB Nr. 1 (Haftung und Eintragung bei Kommanditistenwechsel)

Ist ein Wechsel im Bestand der Kommanditisten aufgrund einer Gesamtrechtsnachfolge (z. B. bei Erbfolge, Verschmelzung zweier Kapitalgesellschaften, Umwandlung einer Kapitalgesellschaft in eine offene Handelsgesellschaft oder Kommanditgesellschaft oder durch Übertragung ihres Vermögens auf ihren alleinigen oder Hauptgesellschafter) eingetreten, so muß das bei der Eintragung im Handelsregister kenntlich gemacht werden.
Auch im Falle der Einzelrechtsnachfolge genügt nicht die Verlautbarung des Ausscheidens des bisherigen und des Eintritts des neuen Kommanditisten im Handelsregister. Liegt eine Versicherung der Beteiligten vor, daß der ausscheidende Kommanditist von seiten der Gesellschaft keiner-

lei Abfindung für die von ihm aufgegebenen Rechte aus dem Gesellschaftsvermögen gewährt oder versprochen erhalten habe, so ist bei der Eintragung in das Handelsregister ein auf die Sonderrechtsnachfolge hinweisender zusätzlicher Vermerk zulässig und erforderlich.
RG, 20. 9. 1944, DNotZ 1944, 195

Ebenso OLG Köln, 9. 4. 1953, DNotZ 1953, 435 und OLG Zweibrücken, Rpfleger 1982, 482. A.A zum Erfordernis einer Abfindungsversicherung KG, BB 2004, 1521.

Dies gilt auch nach der Neufassung von § 162 Abs. 2 HGB und im EDV-Register, OLG Köln, NotBZ 2004, 199 mit Anm. Melchior, ferner Terbrack, Rpfleger 2003, 105.

§ 171 HGB Nr. 2 (Inhalt der Versicherung)

Entgegen RG, DNotZ 1943, 195, ist es zur Eintragung eines Sonderrechtsnachfolgevermerks im Handelsregister nicht erforderlich, daß eine Versicherung der Beteiligten vorliegt, daß der ausscheidende Kommanditist „keinerlei Abfindung" von der Gesellschaft erhalten habe, es genügt vielmehr, wenn die Beteiligten versichern, daß der ausscheidende Kommanditist keine den Betrag seiner Kommanditeinlage erreichende Abfindung erhalten habe.
LG Frankfurt/M., 4. 1. 1968, NJW 1968, 2114

Die Versicherung ist von allen vertretungsberechtigten Gesellschaftern und dem ausscheidenden Kommanditisten persönlich abzugeben, also nicht durch Bevollmächtigte (OLG Oldenburg, DNotZ 1992, 186; OLG Zweibrücken, Rpfleger 2002, 156 mit abl. Anm. Waldner; deshalb dürfte auch § 129 FGG versagen, vgl. BayObLG, NJW 1987, 136.

§ 171 HGB Nr. 3 (Haftung bei fehlendem Vermerk)

Wer einen Kommanditanteil durch Abtretung erworben hat, haftet, sofern der Rechtsvorgänger die Haftsumme eingezahlt hat, den Gesellschaftsgläubigern auch dann nicht, wenn im Handelsregister kein auf die Rechtsnachfolge hinweisender Vermerk eingetragen ist; es haftet der Rechtsvorgänger.
BGH, 29. 6. 1981, BB 1981, 1483 = GmbHR 1981, 262 = JZ 1981, 713 = DB 1981, 2019

§ 171 HGB Nr. 4 (Zur Handelsregistereintragung der Übertragung eines Kommanditanteils auf Komplementär)

Wird einem persönlich haftenden Gesellschafter einer Kommanditgesellschaft ein Kommanditanteil übertragen, so wird im Handelsregister nur das Ausscheiden des übertragenden Kommanditisten, nicht jedoch ein Vermerk über eine (Sonder-)Rechtsnachfolge des Komplementärs eingetragen.
BayObLG, 10. 12. 1982, MittBayNot 1983, 22 = Rpfleger 1983, 115 = WPM 1983, 279 = BB 1983, 334 = DB 1983, 384

Ebenso OLG Köln, NJW-RR 1992, 1389.

§ 175 HGB Erhöhung der Einlage

Der Liquidationszustand einer KG steht der Erhöhung einer Kommanditeinlage und dem Eintritt eines neuen Kommanditisten nicht im Wege.
KG, 14. 2. 1935, JW 1935, 1100

§ 176 HGB Haftung des Kommanditisten vor Eintragung

1. Auch der nicht eingetragene Kommanditist haftet für Ansprüche aus unerlaubter Handlung nur beschränkt.
2. Die unbeschränkte Haftung des in eine bereits bestehende Gesellschaft eintretenden Kommanditisten für die bis zur Eintragung entstehenden Verbindlichkeiten, besteht unabhängig von seiner Zustimmung zur Geschäftsfortführung. Sie kann aber dadurch vermieden werden, daß das Wirksamwerden des Beitritts von der Eintragung im Handelsregister abhängig gemacht wird.
BGH, 28. 10. 1981, DB 1982, 424 = NJW 1982, 883

§ 177 HGB Tod des Kommanditisten

§ 177 HGB Nr. 1 (Testamentsvollstreckung)
Die Anordnung der Testamentsvollstreckung betreffend ein zum Nachlaß gehörendes Handelsgeschäft ist nicht im Handelsregister eintragungsfähig. Das gilt auch, soweit für einen Kommanditanteil Dauervollstreckung angeordnet ist.
KG, 4. 7. 1995, DNotZ 1996, 813 = Rpfleger 1996, 30

§§ 325–327, 335, 335a und b HGB Einreichung des Jahresabschlusses zum Handelsregister; Erzwingung

§ 325 HGB Nr. 1 (Erzwingungsverfahren des Gerichts)

Die Zwangsgeldverfahren zur Erzwingung der Offenlegung des Jahresabschlusses einer GmbH richtet sich gegen den Geschäftsführer und nicht gegen die Gesellschaft.

Das Verhalten, das durch (Androhung und) Verhängung von Zwangsgeld durchgesetzt werden soll, muß eindeutig bezeichnet sein. Der Ausspruch, der „Pflicht zur Aufstellung und Offenlegung des Jahresabschlusses nachzukommen" genügt nicht.
OLG Stuttgart 13. 7. 2000, GmbHR 2001, 301

§ 325 HGB Nr. 2 (Erzwingungsverfahren des Gerichts)

Der (letzte) Geschäftsführer der GmbH ist verpflichtet, den Jahresabschluss der Gesellschaft spätestens zu den in § 325 Abs. 1 HGB bestimmten Terminen dem Registergericht einzureichen. Die Vorlage kann sofort mit Zwangsgeld erzwungen werden, ohne daß zuvor die Maßnahmen zur Erstellung des Jahresabschlusses abgewartet werden müssen.
OLG Köln, 28. 8. 2000, Rpfleger 2000, 552

§ 325 HGB Nr. 3 (Verfassungsmäßigkeit der Publizitätspflicht)

1. Der Umfang der Publizitätspflicht für kleine Kapitalgesellschaften verstößt nicht gegen höherrangiges Recht.
2. Auch die Ausprägung des Zwangsgeldverfahrens gemäß § 335 HGB verstößt nicht gegen höherrangiges Recht. Das gilt auch für die Nichtberücksichtigung der Antragsrücknahme gemäß § 355 S. 5 HGB.
OLG Köln, 20. 2. 1991, GmbHR 1991, 424

Ebenso BayObLG, WPM 1995, 755. Dies gilt auch für die Festsetzung von Ordnungsgeld nach § 335a HGB i.d.F. des KapCoRiLiG (vgl. § 335a S. 2 HGB). Hinsichtlich der GmbH & Co KG dagegen noch Bedenken im Vorlagebeschluß des LG Essen, ZIP 2003, 31; jedoch verworfen vom EuGH, Beschluß v. 23. 9. 2004, GmbHR 2004, 1463

§ 325 HGB Nr. 4 (Insolvenzverfahren)

Die handelsrechtlichen Bilanzierungspflichten einer GmbH obliegen für die Dauer des Konkursverfahrens nicht ihrem Geschäftsführer, sondern grundsätzlich dem Konkursverwalter. Ihre Durchsetzung gegenüber dem Geschäftsführer im Zwangsgeldverfahren ist solange ausgeschlossen. KG, 3. 6. 1997, ZIP 1997, 1511. Aber keine Beendigung der Pflichten durch Auflösung und Löschung der GmbH, OLG Köln, Rpfleger 2001, 306

§ 325 HGB Nr. 5 (Antragsrecht)

Überholt durch die Änderung von § 335 S. 2 HGB durch das KapCoRiLiG (keine Einschränkung des Kreises der Antragsteller). Vgl. auch OLG Köln, GmbHR 2001, 303 („Jedermannsrecht").

§ 325 HGB Nr. 6 (weitere Beschwerde)

Im Ordnungsgeldverfahren gemäß § 335a HGB ist die sofortige weitere Beschwerde gegen Entscheidungen des LG gemäß § 139, § 140a Abs. 2 S. 1, Abs. 1 § 140a Abs. 1 S. 4 HS. 2 FGG ausgeschlossen. Sie ist auch dann nicht ausnahmsweise zulässig, wenn mit ihr ein Verstoß gegen den Grundsatz rechtlichen Gehörs gemäß Art. 103 Abs. 1 GG geltend gemacht wird.
KG, 6. 5. 2003, GmbHR 2003, 1357; ebenso OLG Hamm, GmbHR 2003, 41.

§ 325 HGB Nr. 7 (Erzwingung bei Nichtigkeit des Jahresabschlusses)

Ist ein Jahresabschluss tatsächlich aufgestellt und offengelegt worden, kommt auch im Falle seiner Nichtigkeit die Festsetzung eines Zwangsgelds gemäß § 335 HGB nicht in Betracht. Offen bleibt, ob dies auch nach einer gerichtlichen Feststellung der Nichtigkeit gemäß § 256 Abs. 7 AktG gilt.
BayObLG, 26. 5. 2000, Rpfleger 2000, 460

III. Gesetz betreffend die Gesellschaften mit beschränkter Haftung

§ 1 GmbHG Zulässiger Zweck bei Freiberufler-GmbH

§ 1 ZHG (Gesetz über die Ausübung der Zahnheilkunde) steht dem Angebot einer GmbH, ambulante Zahnbehandlungen als eigene vertragliche Leistungen zu erbringen, nicht grundsätzlich entgegen.
BGH, 25. 11. 1993, GmbHR 1994, 325 = NJW 1994, 786 = ZIP 1994, 381 = DB 1994, 468

Die Rechtsanwalts-GmbH inzwischen zugelassen nach § 59c bis m BRAO; zur Rechtsanwalts-AG vgl. BayObLG, Rpfleger 2000, 337.

§ 2 GmbHG Gründung der GmbH, Form des Gesellschaftsvertrages

§ 2 GmbHG Nr. 1 (Gründung durch BGB-Gesellschaft)

Gesellschafter bürgerlichen Rechts können bei der Errichtung einer GmbH gemeinsam eine Stammeinlage mit der Folge übernehmen, daß der so erworbene Geschäftsanteil Gesamthandvermögen wird. Haftung für Einlageverpflichtungen als Gesamtschuldner und ohne Haftungsbeschränkung.
BGH, 3. 11. 1980, BGHZ 78, 311 = GmbHR 1981, 188 = Rpfleger 1981, 141 = WPM 1981, 163 = ZIP 1981, 183 = NJW 1981, 682 = BB 1981, 450 = DB 1981, 466
Siehe auch B § 3 GmbHG Nr. 10.

§ 2 GmbHG Nr. 2 (Anteilsübertragung vor Eintragung)

Die Abtretung künftiger Geschäftsanteile an einer GmbH ist zulässig. Sie wirkt aber erst mit der Eintragung der GmbH und bedarf der Form des § 15 Abs. 3 GmbHG.
BGH, 12. 7. 1956, BGHZ 21, 245

§ 2 GmbHG Nr. 3 (Anteilsübertragung vor Eintragung)

Die Abtretung der Geschäftsanteile an einer mangels Eintragung in das Handelsregister noch nicht als solcher entstandenen GmbH bezieht sich im Zweifel nicht auf die Anteile an der Gründungsorganisation, sondern

auf die künftigen mit der Eintragung der GmbH entstehenden Geschäftsanteile.
Die Übertragung von Gründeranteilen kann nur durch Änderung des Gesellschaftsvertrages in der Weise erfolgen, daß der Abtretende aus der Gründerorganisation ausscheidet und der Abtretungsempfänger an seine Stelle tritt.
KG, 6. 5. 1968, DNotZ 1969, 43 = GmbHR 1968, 182
Ebenso BGH, ZIP 1997, 671.

§ 2 GmbHG Nr. 4 (Änderung des GmbH-Gesellschaftsvertrags noch im Gründungsstadium)

a) Auf die Änderung des Gesellschaftsvertrags der GmbH noch während des Gründungsstadiums sind nicht die Vorschriften über die Änderung des Gesellschaftsvertrags nach der Eintragung der Gesellschaft im Handelsregister anzuwenden, sondern die Vorschriften über den Abschluß des Gesellschaftsvertrags.
b) § 182 Abs. 2 BGB wird duch § 2 Abs. 2 GmbHG dahin eingeschränkt, daß die Genehmigung einer vollmachtlos abgegebenen Erklärung im Fall des § 2 Abs. 1 GmbHG nicht formfrei erfolgen kann, sondern der notariellen Beurkundung oder Beglaubigung bedarf.
OLG Köln, 28. 3. 1995, DB 1995, 2413 = GmbHR 1995, 725 = BB 1995, 2545 = MittRhNotK 1995, 356
Siehe auch B § 7 GmbHG Nr. 3.

§ 3 GmbHG Inhalt des Gesellschaftsvertrages

§ 3 GmbHG Nr. 1 (Sitzwahl)

Als Sitz einer GmbH kann gesellschaftvertraglich grundsätzlich auch ein Ort bestimmt werden, von dem aus die Gesellschaft keine Tätigkeit entfaltet. Eine solche Wahl ist jedenfalls dann nicht rechtsmißbräuchlich, wenn der tatsächliche Sitz dem wirtschaftlichen Einzugsbereich des statutarischen Sitzes zuzuordnen ist.
OLG Zweibrücken, 19. 11. 1990, NJW-RR 1991, 1509

Auch nach Einführung des § 4a GmbHG ist die bisherige Rechtsprechung zur Sitzwahl und zur Sitzverlegung von Bedeutung, weil das Gesetz nicht anordnet, daß der Sitz zwingend bei der Betriebsstätte, beim Aufenthaltsort der Geschäftsleitung oder am Ort der Verwaltung sein muß.

Vgl. ferner: OLG Schleswig-Holstein, DNotZ 1994, 648 (Sitzverlegung), OLG Stuttgart, NJW-RR 1991, 1510 (Sitzverlegung), B § 144a FGG Nr. 2 (nachträgliches Auseinanderfallen von satzungsmäßigem und tatsächlichem Sitz).

§ 3 GmbHG Nr. 2 (Inländischer Sitz)

Die Verlegung des Satzungssitzes einer nach deutschem Recht gegründeten GmbH in das Ausland kann nicht in das deutsche Handelsregister eingetragen werden.
BayObLG, 11. 2. 2004, GmbHR 2004, 490 = ZIP 2004, 806 = NotBZ 2004, 195. Anders bei SE: Nr. 148, 150.

§ 3 GmbHG Nr. 3 (Bestimmtheit des Gegenstandes)

Im Gesellschaftsvertrag einer Komplementär-GmbH muß der Gegenstand des Unternehmens konkret und individuell bezeichnet werden, wenn möglich unter Angabe des Geschäftszweigs der Kommanditgesellschaft.
BayObLG, 15. 12. 1975, GmbHR 1976, 38 = NJW 1976, 1694 = BB 1976, 104 = DB 1976, 287 = MittRhNotK 1976, 51 = DNotZ 1976, 377 = WPM 1976, 334

§ 3 GmbHG Nr. 4 (Bestimmtheit des Gegenstandes)

Ist im Gesellschaftsvertrag als Unternehmensgegenstand „Verwaltung von Vermögen und Beteiligung an anderen Unternehmen" angegeben, so kann die Eintragung in das Handelsregister nicht wegen mangelnder Konkretisierung abgelehnt werden.
OLG Düsseldorf, 13. 1. 1970, DB 1970, 481 = BB 1970, 188 = MittRhNotK 1970, 141 = DNotZ 1970, 309 = NJW 1970, 815 = MDR 1970, 514 = GmbHR 1970, 123

Ebenso OLG Frankfurt/M., DB 1987, 38.

Zur Zulässigkeit sogenannter Vorratsgründungen vgl. B § 23 Abs. 3 Nr. 2 AktG.

§ 3 GmbHG Nr. 5 (Bestimmtheit des Gegenstandes)

Der Unternehmensgegenstand „Betrieb von Gaststätten" ist ausreichend individualisiert.

OLG Frankfurt/M., 30. 8. 1979, OLGZ 1979, 493 = Rpfleger 1980, 22 = DNotZ 1980, 173 = DB 1980, 75 = BB 1979, 1682 = GmbHR 1979, 280 = WPM 1980, 22

§ 3 GmbHG Nr. 6 (Bestimmtheit des Gegenstandes)

Wird der Gegenstand des Unternehmens einer Komplementär-GmbH im Gesellschaftsvertrag (Satzung) ausreichend informativ und individualisiert wiedergegeben, so ist der Zusatz, eine Tätigkeit nach § 34c GewO werde nicht ausgeübt, als klarstellend nicht unzulässig, wenn Anhaltspunkte für eine genehmigungspflichtige Betätigung der GmbH nicht gegeben sind.
BayObLG, 16. 9. 1993, GmbHR 1994, 60 = NJW-RR 1994, 227 = BB 1993, 2112 = DB 1993, 2225

Vgl. auch B § 8 GmbHG Nr. 5 Leitsatz 2

§ 3 GmbHG Nr. 7 (Bestimmtheit des Gegenstandes)

Die Bezeichnung des Unternehmensgegenstandes im Gesellschaftsvertrag einer GmbH mit „Produktion von Waren aller Art" ist wegen unzureichender Individualisierung unzulässig.
BayObLG, 1. 8. 1994, GmbHR 1994, 705 = BB 1994, 1811 = ZIP 1994, 1528 = DB 1994, 1972

Ebenso unzulässig „Handel mit Waren aller Art", BayObLG, GmbHR 2003, 414 = NJW–RR 2003, 686

§ 3 GmbHG Nr. 8 (Änderung des Gegenstandes)

Durch eine Änderung des Firmengegenstandes kann eine ursprünglich zulässige Bestimmung des Gesellschaftsvertrages einer Gesellschaft m.b.H. über die Firma nicht nichtig werden. In solchen Fällen kann das Registergericht daher nicht zur Änderung des Gesellschaftsvertrages nach § 144a FGG auffordern.
BayObLG, 29. 6. 1979, Rpfleger 1979, 385 = DNotZ 1980, 118 = GmbHR 1980, 11

§ 3 GmbHG Nr. 9 (Gesellschafter im Vertrag)

Die Übernehmer der Stammeinlage müssen im Gesellschaftsvertrag namentlich bezeichnet sein; es genügt nicht, wenn dies lediglich in der in Bezug genommenen Gründungsniederschrift geschieht.

OLG Hamm, 14. 1. 1986, MittBayNot 1986, 138 = Rpfleger 1986, 183 = OLGZ 1986, 159 = GmbHR 1986, 311 = NJW 1987, 263
Zur Änderung des Gesellschaftsvertrages nach Eintragung vgl. B § 53 GmbHG Nr. 5.

§ 3 GmbHG Nr. 10 (Übernahme von Geschäftsanteilen einer GmbH durch eine GbRmbH)

a) Eine Gesellschaft bürgerlichen Rechts (GbR), die den Zusatz „mit beschränkter Haftung" führt, kann die Stammeinlage einer bereits eingetragenen GmbH übernehmen.
b) Unbeschadet der Frage, ob bei Abtretung von Gesellschaftsanteilen die neuen Gesellschafter als Inhaber von Gesellschaftsanteilen in der Satzung aufgeführt werden dürfen, ist dies nicht zulässig, wenn durch die Anmeldung der Eindruck erweckt wird, bei den neuen Gesellschaftern handele es sich um die Gründungsgesellschafter.
c) Soll eine GbR als Inhaber von Geschäftsanteilen in der Satzung aufgeführt werden, sind alle Gesellschafter namentlich zu bezeichnen. Der Zusatz „mit beschränkter" Haftung ist unzulässig, da er nur gesellschaftsinterne Bedeutung für die GbR hat, aber geeignet ist, den Anschein einer Haftungsbeschränkung der GmbH zu erwecken. Für den Inhalt der Gesellschafterliste nach § 8 Abs. 1 Nr. 3 GmbHG gelten die vorstehenden Ausführungen entsprechend.
OLG Hamm, 18. 12. 1995, RPfleger 1996, 351 = BB 1996, 921 = MDR 1996, 374.

§ 4 GmbHG Firma der GmbH

Nachfolgend wird die Rechtsprechung wiedergegeben, die auch nach der Novelle durch das HandelsrechtsreformG vom 22. 6. 1998, BGBl. I, 1474, für die Auslegung der §§ 4 GmbHG, 18 Abs. 2 HGB von Bedeutung ist. Vgl. ferner Vorbemerkungen vor B § 18 HGB und Bokelmann, GmbHR 1998, 53; Kögel, BB 1998, 1645, Müther, GmbHR 1998, 1058 sowie Möller, DNotZ 2000, 830.

§ 4 GmbHG Nr. 1 (Sachfirma)

Die Sachfirma einer GmbH ist unzulässig, wenn sie den Namen einer gesellschaftsfremden Person oder ein als Familienname erscheinendes

Phantasiewort enthält; das gilt auch dann, wenn der Name in Anführungszeichen steht.
KG, 27. 11. 1990, GmbHR 1991, 318 = NJW-RR 1991, 859
A. M. wohl BayObLG, RPfleger 1980, 346, keine Täuschung bei Kennzeichnung des Phantasiezusatzes durch das Schriftbild; vgl. auch B § 4 GmbHG Nr. 8.

§ 4 GmbHG Nr. 2 (Sachfirma)

1. Bloßen Branchenbezeichnungen fehlt als Sachfirma einer Gesellschaft m.b.H. die notwendige Kennzeichnungs- und Unterscheidungskraft. Derartige Branchenbezeichnungen bedürfen eines individualisierenden Zusatzes, um der Namensfunktion der Firma gerecht zu werden.
2. Die Firma „Industrie- und Baubedarf Gesellschaft m.b.H." ist als Branchenbezeichnung nicht hinreichend individualisiert und damit unzulässig.
OLG Hamm, 14. 9. 1977, OLGZ 1978, 38 = Rpfleger 1977, 410 = DNotZ 1978, 112 = MDR 1978, 56 = GmbHR 1978, 64 = DB 1977, 2179
Ebenso OLG Oldenburg, BB 1990, 443.

§ 4 GmbHG Nr. 3 (Gemischte Firma)

Die Firma einer GmbH kann in der Weise gebildet werden, daß der bis auf die Rechtsformbezeichnung vollständigen Firma einer Gesellschafterin die verkürzte Sachfirma einer weiteren Gesellschafterin vorangestellt wird, wenn damit eine Täuschung i. S. des § 18 Abs. 2 HGB nicht zu besorgen ist.
BayObLG, 4. 12. 1970, DB 1971, 88 = RPfleger 1971, 69 = GmbHR 1971, 37 = DNotZ 1971, 114 = AG 1971, 57
Ebenso OLG Bremen, 30. 11. 1977, GmbHR 1978, 111.

§ 4 GmbHG Nr. 4 (Fortführung bei Ausscheiden eines Gesellschafters)

Die GmbH kann den Namen eines Gesellschafters in der Firma auch nach dessen Ausscheiden ohne dessen ausdrückliche Einwilligung beibehalten.
BGH, 20. 4. 1972, BGHZ 58, 322 = WPM 1972, 849 = NJW 1972, 1419 = GmbHR 1972, 226 = Rpfleger 1972 361 = DB 1972, 1431 = BB 1972, 981 = MDR 1972, 848 = MittBayNot 1972, 248 = DNotZ 1972, 620

§ 4 GmbHG Nr. 5 (Fortführung in Zweigniederlassungsfirma)

Die Befugnis einer GmbH, den Namen eines Gesellschafters nach dessen Ausscheiden in ihrer Firma weiterzuführen, schließt im Zweifel nicht das Recht ein, seinen Namen bei getrennter Veräußerung einer Zweigniederlassung weiterzuübertragen.
BGH, 13. 10. 1980, Rpfleger 1981, 57

§ 4 GmbHG Nr. 6 (Gesellschaftszusatz)

Die Firma „S-Company mbH" entspricht der Vorschrift des § 4 GmbHG.
LG Nürnberg-Fürth, MittBayNot 1994, 162 (dem Gesetzestext lasse sich nicht entnehmen, daß auch das Wort „Gesellschaft" in deutscher Sprache aufzunehmen sei).

§ 4 GmbHG Nr. 7 (Firmenänderung, Zusatz „Partner")

Die Vorschriften über die Firma einer GmbH sind auch bei einer Firmenänderung zu beachten.
OLG Stuttgart, 8. 1. 1971, GmbHR 1971, 90 = DNotZ 1971, 249 = Rpfleger 1971, 152. Daher keine Firmenänderung ohne gleichzeitige Streichung eines in der Firma enthaltenen Zusatzes „Partner", wenn die aus den Nachnamen der Gesellschafter gebildete Namensfirma nach einem Gesellschafterwechsel neu gebildet wird, OLG Stuttgart, Rpfleger 2000, 336 und B § 19 HGB Nr. 1; keine Streichung erforderlich, nach BayObLG, GmbHR 2003, 475, bei Änderung von untergeordneten Firmenbestandteilen.

§ 4 GmbHG Nr. 8 (Phantasiebezeichnung)

Auch nach dem neuen Firmenbildungsrecht hat die Firma eine Namensfunktion; deshalb ist die Verwendung einer Buchstabenzusammenstellung, die lautlich nicht ausgeschrieben ist und die kein aussprechbares (und sei es auch Phantasie-) Wort ergibt, unzulässig.
OLG Celle, 19. 11. 1998, GmbHR 1999, 412; aber BGH, NJW 2001, 1868 zur Unterscheidungskraft im Markenrecht: „DB Immobilienfonds" zulässig.

§ 5 GmbHG Stammkapital und Stammeinlagen

Gründungsaufwand, der zu Lasten der GmbH an Gründer oder sonstige Personen gezahlt werden soll, ist in der Satzung als Gesamtbetrag geson-

dert festzusetzen. Das gilt auch, wenn die Verpflichtung der Gründer (§ 26 Abs. 2 AktG analog) abbedungen werden soll, der GmbH die Gründungskosten zu erstatten, die sie im Außenverhältnis – allein oder neben den Gründern – geschuldet und bezahlt hat (Kosten der Anmeldung zum Handelsregister, Gesellschaftsteuer).
BGH, 20. 2. 1989, GmbHR 1989, 250 = ZIP 1989, 448 = Rpfleger 1989, 286 = NJW 1989, 1610

§ 6 GmbHG Bestellung der ersten Geschäftsführer

§ 6 GmbHG Nr. 1 (Geschäftsführerbestellung im Vertrag)

Bezeichnet der Gesellschaftsvertrag einer GmbH die als erste Geschäftsführer bezeichneten Personen, so enthält die spätere Bestellung anderer Geschäftsführer keine der Beurkundung bedürftige Änderung des Gesellschaftsvertrages.
KG, 25. 2. 1901, KGJ 21 A 262

Anders, wenn dem im Gesellschaftsvertrag bestellten Geschäftsführer damit ein Sonderrecht auf diese Stellung eingeräumt worden ist; vgl. dazu BGH, BB 1968, 1399 und BGH, 16. 2. 1981, GmbHR 1982, 129.

§ 6 GmbHG Nr. 2 (Ausländer als Geschäftsführer)

An der Bestellung eines Nicht-EU-Ausländers zum Geschäftsführer einer GmbH sind keine über § 6 Abs. 2 GmbHG hinausgehenden persönlichen Anforderungen zu knüpfen. Der Wirksamkeit seiner Bestellung steht insbesondere nicht entgegen, daß er infolge seiner Staatsangehörigkeit sinen gesetzlichen Pflichten als Geschäftsführer nicht ohne weiteres nachkommen kann.
OLG Dresden, 5. 11. 2002, GmbHR 2003, 537 (mit Anm. Wachter) = NotBZ 2003, 355

Vgl. dazu Melchior, DB 1997, 413.

Ebenso OLG Düsseldorf, 20. 7. 1977, Rpfleger 1977, 411 = DNotZ 1977, 759; LG Ulm, 14. 1. 1982, Rpfleger 1982, 228; LG Hildesheim, GmbHR 1995, 655.

Abweichend LG Hannover, 7. 1. 1976, GmbHR 1976, 111; LG Köln, GmbHR 1984, 157. Einschränkend OLG Köln, GmbHR 1999, 182, OLG Frankfurt/M, GmbHR 2001, 433 und OLG Zweibrücken, GmbHR 2001, 435 (Bestellung eines Ausländers nur bei Einreisemöglichkeit); OLG

Hamm, GmbHR 1999, 1089; KG, GmbHR 1997, 412, soweit ausländischer Geschäftsführer Alleingesellschafter ist.

§ 6 GmbHG Nr. 3 (Pflicht der Gesellschafter)

Das Erfordernis, der GmbH einen oder mehrere Geschäftsführer zu bestellen, verpflichtet die Gesellschafter im Verhältnis zu Gesellschaftsgläubigern nicht, das Amt selbst unentgeltlich zu übernehmen oder die zur Bezahlung der Dienstbezüge erforderlichen Beträge nachzuschießen, wenn das Stammkapital dafür nicht ausreicht.
BGH, 22. 10. 1984, ZIP 1985, 283 = WPM 1985, 53 = GmbHR 1985, 149 = NJW 1985, 637 = BB 1985, 6 = DB 1985, 168

Daher auch keine Zwangsbestellung des früheren Geschäftsführers, LG Köln, BB 1990, 444; siehe auch B § 39 GmbHG Nr. 11.

§ 6 GmbHG Nr. 4 (Amtsfähigkeit des Geschäftsführers)

Verliert der Geschäftsführer einer GmbH nach seiner Bestellung die Geschäftsfähigkeit, so verliert er damit zugleich seine Stellung als Geschäftsführer, ohne daß es einer besonderen Abberufung bedarf.
OLG Düsseldorf, 2. 6. 1993, MDR 1994, 46.

Ebenso BayObLG, ZIP 1993, 595 = GmbHR 1993, 223.

Zum Verhältnis von Gewerbeverbot bzw. Handwerksuntersagung zur Amtsfähigkeit vgl. B § 142 FGG Nr. 3.

§ 6 GmbHG Nr. 5 (Amtsfähigkeit des Geschäftsführers)

Der Beschluß der Gesellschafter einer GmbH über die Bestellung eines Geschäftsführers, der in den letzten fünf Jahren wegen einer Insolvenzstraftat (§§ 283 ff. StGB) rechtskräftig verurteilt worden ist, ist nichtig. Das gilt auch bei einer Verurteilung wegen einer vergleichbaren Straftat durch ein ausländisches Strafgericht.
OLG Naumburg, 10. 11. 1999, GmbHR 2000, 378.

§ 7 GmbHG Anmeldung der Gesellschaft

§ 7 GmbHG Nr. 1 (Rücknahme der Anmeldung)

Eine Anmeldung auf Eintragung einer GmbH kann von den Geschäftsführern bis zur Eintragung im Handelsregister jederzeit formlos zurückgenommen werden.
KG, 20. 1. 1924, OLGR 43, 205

§ 7 GmbHG Nr. 2 (Ausschluß nichtiger Bestimmungen von der Eintragung)

Ist eine einzelne Satzungsbestimmung nichtig, so kann der Vorstand (Geschäftsführer) diese in seiner Anmeldung zum Handelsregister von der Eintragung ausschließen, wenn eine Rückwirkung der Nichtigkeit auf andere Teile der Satzung nicht in Betracht kommt.
KG, 2. 3. 1939, HRR 1939 Nr. 1108
A. M. LG Dresden, GmbHR 1994, 555.

Dies gilt aber nur bei Zustimmung des Anmeldenden: Bei einer uneingeschränkten Anmeldung zum Handelsregister ist ein Teilvollzug unzulässig (Abgrenzung zu BayObLGZ 1969, 33).
BayObLG, 5. 3. 1987, WPM 1987, 502

§ 7 GmbHG Nr. 3 (Änderung vor Eintragung)

Änderungen des Gesellschaftsvertrages einer Gesellschaft m.b.H. vor deren Eintragung bedürfen keiner neuen formellen Anmeldung; es genügt die Vorlage der Unterlagen über die Änderung durch die Geschäftsführer. BayObLG, 31. 1. 1978, Rpfleger 1978, 143 = DB 1978, 880 = MittBayNot 1978, 22 = MittRhNotK 1978, 103. Ebenso OLG Zweibrücken, Rpfleger 2001, 34.

Aber Vertragswortlaut nach § 54 Abs. 1 Satz 2 GmbHG: KG, BB 1997, 172; BayObLG, GmbHR 1989, 40.

§ 7 GmbHG Nr. 4 (Verfügbarkeit von Einlageleistungen)

Eine Einzahlung auf Stammeinlagen einer GmbH durch Überweisung auf ein Konto der Gesellschaft steht nur dann in der freien Verfügung des Geschäftsführers, wenn dieser über das Konto frei verfügen kann.
BGH, 2. 4. 1962, GmbHR 1962, 233 = DB 1962, 800 = WPM 1962, 644.
Zur Höhe des Kreditrahmens: BayObLG, GmbHR 1998, 736.

§ 7 GmbHG Nr. 5 (Verfügbarkeit von Einlageleistungen)

Auch eine von dem Gesellschafter unmittelbar auf ein debitorisches Bankkonto der Gesellschaft geleistete Zahlung einer Einlage verstößt im allgemeinen nur dann gegen das Gebot, die Einlagemittel zur freien Verfügung der Geschäftsführung zu leisten (§ 8 Abs. 2 GmbHG), wenn die Gesellschaft infolgedessen, insbesondere wegen gleichzeitiger Kündigung oder Rückführung des bisher eingeräumten Kreditrahmens auf den neuen Saldo, keine Möglichkeit erhält, über Mittel in entsprechender Höhe zu verfügen (Ergänzung zu BGH, NJW 1991, 226).
BGH, 3. 12. 1990, NJW 1991, 1294

§ 7 GmbHG Nr. 6 (Leistungen von Sacheinlagen)

1. Die Gründer einer GmbH haben ihre Sacheinlage bereits vor der Registereintragung in voller Höhe zu leisten.
2. Auch die Einbringung von Grundstücken und Grundstücksrechten ist vor der Eintragung der GmbH ins Handelsregister möglich, da die Gründerorganisation, obwohl nicht rechtsfähig, ins Grundbuch eingetragen werden kann.

BGH, 2. 5. 1966, BGHZ 45, 348 = DNotZ 1967, 381 = MDR 1966, 654 = NJW 1966, 381

Zum Leitsatz 2 vgl. inzwischen B § 11 GmbHG Nr. 1, 2.

§ 7 GmbHG Nr. 7 (Verfügbarkeit der Einlageleistung bei Einmann-GmbH)

Bei Gründung einer Einmanngesellschaft hat die Einzahlung der Geldeinlage so zu erfolgen, daß die Zugehörigkeit der Einlage zum Sondervermögen der Gründungsorganisation für einen Außenstehenden erkennbar ist.
BayObLG, 20. 1. 1994, DNotZ 1994, 655 = BB 1994, 530

§ 8 GmbHG Anlagen der Anmeldung, Versicherung über Einzahlung

§ 8 GmbHG Nr. 1 (Versicherung über Einzahlungen)

Versicherungen des Inhalts, daß auf die Stammeinlage „der gesetzliche Anteil" o. ä. eingezahlt ist, genügen nicht. Es müssen Tatsachen angegeben werden, aus denen das Registergericht die Erfüllung der gesetzlichen Bestimmungen zweifelsfrei entnehmen kann. Es muß insbesondere zif-

fernmäßig angegeben werden, welchen Geldbetrag jeder Gesellschafter geleistet hat.
BayObLG, 18. u. 20. 12. 1979, Rpfleger 1980, 155 = DB 1980, 439 = DNotZ 1980, 646 = MDR 180, 498

Ebenso OLG Celle, GmbHR 1986, 309.

Einschränkend bei Volleinzahlung oder Offenkundigkeit: OLG Düsseldorf, DNotZ 1986, 179 und 180 und OLG Frankfurt/M., NJW-RR 1992, 1253. Zur Vertretung bei Abgabe der Versicherung B § 57 Nr. 1.

§ 8 GmbHG Nr. 2 (Nachprüfung durch Registergericht)

Die Erklärung des Geschäftsführers, daß die Leistungen auf die Stammeinlagen bewirkt sind und sich zu seiner freien Verfügung befinden, kann das Registergericht nachprüfen, wenn Zweifel daran bestehen, ob eingezahltes Kapital im Zeitpunkt der Eintragung noch vorhanden ist. Anlaß dazu kann bei Gründung einer GmbH durch einen überschuldeten Gesellschafter bestehen.
LG Berlin, 12. 12. 1979, Rpfleger 1980, 65

Ebenso LG Augsburg, 22. 7. 1976, MittBayNot 1976, 184 = MittRhNotK 1976, 653; BayObLG, GmbHR 1994, 116 und GmbHR 1998, 1225.

Nachprüfung nur bei sachlich berechtigtem Anlaß: OLG Frankfurt/M., NJW-RR 1992, 1253.

A. M. LG Erfurt, Rpfleger 1994, 420.

Eingehend dazu mit weiteren Rechtsprechungshinweisen Gustavus, GmbHR 1988, 47, Böhringer, Rpfleger 2002, 551; Lindemeier, RNotZ 2003, 503.

§ 8 GmbHG Nr. 3 (Vorbelastungen)

Die Eintragung der GmbH in das Handelsregister ist abzulehnen, wenn der Mindestbetrag der Bareinlage den Geschäftsführern im Zeitpunkt der Anmeldung nicht mehr in vollem Umfang zur freien Verfügung steht, sondern teilweise anderweitig – auch für Gesellschaftszwecke – verbraucht worden ist.
OLG Köln, 18. 3. 1988, Rpfleger 1988, 317

Ähnlich BayObLG, GmbHR 1988, 215 und OLG Hamm, MDR 1993, 327. Zu Verfügungen über die Einlage vor Eintragung Roth, DNotZ 1989, 3. Zur Pflicht, Vorbelastungen mit der Versicherung nach § 8 Abs. 2 GmbHG offenzulegen, B § 11 GmbHG Nr. 2 und OLG Düsseldorf, BB

1996, 2114 sowie KG, BB 1997, 172. Zum Zeitpunkt für die Beurteilung der Richtigkeit: LG Gießen, GmbHR 2003, 543.

§ 8 GmbHG Nr. 4 (Geschäftsführerwechsel)

Wird die von dem inzwischen abberufenen Geschäftsführer erfolgte unvollständige Anmeldung einer GmbH zur Eintragung in das Handelsregister durch den neuen Geschäftsführer ergänzt, so muß dieser die Erklärung nach § 8 Abs. 2 GmbHG wiederholen.
KG, 30. 11. 1971, OLGZ 1972, 151 = DB 1972, 37 = BB 1972, 10 = NJW 1972, 951 = Rpfleger 1972, 51 = WPM 1972, 834 = DNotZ 1972, 622 = MittBayNot 1972, 124 = GmbHR 1972, 65 = AG 1972, 51

§ 8 GmbHG Nr. 5 (Behördl. Genehmigung)

1. Der Nachweis der für den Unternehmensgegenstand erforderlichen staatlichen Genehmigung ist Voraussetzung für die Eintragung der GmbH in das Handelsregister.

2. Hat das Registergericht Zweifel, ob der im Gesellschaftsvertrag bezeichnete Unternehmensgegenstand der staatlichen Genehmigung bedarf, so kann er, wenn keine Genehmigungsurkunde beigebracht wird, die Vorlage eines Negativattestes der zuständigen Verwaltungsbehörde verlangen.
BayObLG, 23. 1. 1976, BayObLGZ 1976, 12 = BB 1976, 437 = MittRhNotK 1976, 178 = DNotZ 1976, 616 = Rpfleger 1976, 183 = WPM 1976, 855

Vgl. auch BayObLG, 31. 7. 1978, Rpfleger 1978, 448 = MittRhNotK 1979, 8; ferner BayObLG, GmbHR 2000, 872 zur Bindung des Registergerichts an die Feststellungen der Genehmigungsbehörde.

§ 8 GmbHG Nr. 6 (Behördl. Genehmigung; Gaststättenkonzession)

Zu den staatlichen Genehmigungen i. S. des § 8 Abs. 1 Nr. 4 GmbHG gehört auch die Erlaubnis nach § 2 Abs. 1 S. 1 GastG.
BayObLG, 5. 2. 1979, Rpfleger 1979, 211 = DB 1979, 2028

Besonders streng: BayObLG, 14. 2. 1978, Rpfleger 1978, 181 = MittBayNot 1978, 70 = MittRhNotK 1978, 119.

Großzügiger die folgende Entscheidung:

§ 8 GmbHG Nr. 7 (Gaststättenkonzession)

1. Die Erlaubnis nach § 2 Abs. 1 S. 1 GastG ist beizubringen, bevor das Registergericht über die Eintragung entscheidet.
2. Enthält die Satzung der Gesellschaft als Unternehmensgegenstand nur allgemein (programmatisch) den Betrieb von Gaststätten, so steht der Eintragung nicht entgegen, daß der Anmeldung eine Erlaubnis nach § 2 Abs. 1 S. 1 GastG nicht beigefügt ist.
OLG Frankfurt/M., 30. 8. 1979, Rpfleger 1980, 22

Keine weiteren Erlaubnisse, wenn Gegenstand „Betrieb von Gaststätten aller Art" festgelegt und für bereits betriebene Gaststätten Erlaubnisse vorliegen: BayObLG, GmbHR 1990, 454.

§ 8 GmbHG Nr. 8 (Behördl. Genehmigung; Baubereich)

Zu den staatlichen Genehmigungen i. S. des § 8 Abs. 1 Nr. 4 GmbHG gehört auch die Erlaubnis nach § 34c Abs. 1 Nr. 2 Buchst. a und b GewO.

Zum Begriff des Bauherrn i. S. des § 34c Abs. 1 Nr. 2 Buchst. a GewO. BayObLG, 10. 4. 1979, GmbHR 1979, 224 = Rpfleger 1979, 341 = BB 1979, 1467 = DB 1979, 1408

§ 8 GmbHG Nr. 9 (Handwerksrolle)

1. Die Eintragung in die Handwerksrolle ist einer staatlichen Genehmigung nach § 8 Abs. 1 Nr. 6 GmbHG gleichzusetzen.
2. § 8 Abs. 1 Nr. 6 GmbHG ist auch dann anzuwenden, wenn nur ein Teil des Unternehmensgegenstandes staatlicher Genehmigung bedarf. BGH, 9. 11. 1987, GmbHR 1988, 135 = DB 1988, 644

§ 8 GmbHG Nr. 10 (Versicherung über Vorstrafen u.ä.)

Die nach § 8 Abs. 3 GmbHG abzugebende Versicherung des Geschäftsführers über Gerichts- oder Verwaltungsentscheidungen, die ihm ein Berufs- oder Gewerbeverbot auferlegen könnten, muß den Unternehmensgegenstand der Gesellschaft angeben und unter Wiederholung der in § 6 Abs. 2 Satz 3 GmbHG genannten Hinderungsgründe bestätigen, daß insoweit keine die Bestellung hindernden Umstände vorliegen.
BayObLG, 10. 12. 1981, BayObLGZ 1981, 396 = Rpfleger 1982, 150 (mit krit. Anm. Groß) = GmbHR 1982, 210 sowie DB 1983, 2408

Ähnlich LG Darmstadt, Rpfleger 1982, 152; a. A. (es genügt Bezugnahme auf das Gesetz) LG Kassel, Rpfleger 1982, 229; a. A. auch OLG Thüringen, GmbHR 1995, 453 (es genügt generelle Umschreibung der Strafvorschriften).
Belehrung nach § 8 Abs. 3 S. 2 GmbHG durch ausländischen Notar möglich: LG Nürnberg, RPfleger 1994, 360; a. A. LG Ulm, Rpfleger 1988, 108.
Beglaubigungsvermerk bei Hinzuziehung eines Dolmetschers: B § 12 HGB Nr. 1.

§ 8 GmbHG Nr. 11 (Einheitl. Satzungswortlaut)

Auch bei Ersteintragung einer Gesellschaft mbH muß der gemäß § 8 Abs. 1 Nr. 1 GmbHG einzureichende Gesellschaftsvertrag alle nach dem Gesetz erforderlichen Bestimmungen in einer einzigen Urkunde enthalten.
OLG Köln, 11. 8. 1972, Rpfleger 1972, 410 = GmbHR 1973, 11 = MittRhNotK 1974, 39

Ebenso OLG Frankfurt/M., 4. 3. 1981, OLGZ 1981, 310 = BB 1981, 694 = Rpfleger 1981, 309 = WPM 1981, 698 = GmbHR 1981, 243 = DB 1981, 1183; OLG Stuttgart, DNotZ 1979, 359 sowie BayObLG, 31. 1. 1978, Rpfleger 1978, 143 = DB 1978, 880 = MittBayNot 1978, 22 = MittRhNotK 1978, 103 und DNotZ 1989, 393.

§ 8 GmbHG Nr. 12 (Vertretungsbefugnis)

Kann eine GmbH nach ihrer Satzung einen oder mehrere Geschäftsführer haben, so genügt die Handelsregistereintragung: „Sind mehrere Geschäftsführer bestellt, so wird die Gesellschaft durch zwei Geschäftsführer oder durch einen Geschäftsführer und einen Prokuristen vertreten", nicht den Anforderungen der durch das KoordG geschaffenen Neuregelung. Vielmehr ist zur Eintragung auch anzumelden, daß bei Bestellung eines einzigen Geschäftsführers dieser die Gesellschaft allein vertritt.
BGH, 5. 12. 1974, BGHZ 63, 261 = DNotZ 1975, 564 = GmbHR 1975, 38 = MDR 1975, 209 = NJW 1975, 213 = BB 1975, 61 = DB 1975, 95 = Rpfleger 1975, 57 = WPM 1975, 8

§ 8 GmbHG Nr. 13 (Vertretungsbefugnis)

In der Anmeldung nach § 8 Abs. 3 GmbHG (jetzt: § 8 Abs. 4 GmbHG) ist in abstrakter Form anzugeben, welche Vertretungsbefugnis Geschäftsführern der Gesellschaft zukommt. Ist die Vertretungsbefugnis bestimmter Geschäftsführer besonders geregelt, so ist dies zusätzlich anzugeben.

BayObLG, 4. 2. 1974, BayObLGZ 1974, 49 = DNotZ 1975, 117 = MDR 1974, 495 = BB 1974, 291 = DB 1974, 527 = Rpfleger 1974, 161
Ebenso OLG Köln, DNotZ 1970, 748.
Zum unterschiedlichen Sprachverständnis der Eintragung einer „Alleinvertretungsbefugnis": OLG Zweibrücken, GmbHR 1993, 97.
Vgl. auch B § 10 GmbHG Nr. 4.

§ 10 GmbHG Eintragung im Handelsregister

§ 10 GmbHG Nr. 1 (Unklare Satzungsbestimmungen)

Vor Eintragung der GmbH muß das Registergericht Klarstellung mißverständlicher Satzungsbestandteile verlangen, soweit ihr Sinn nicht durch Auslegung zu ermitteln ist. Bewußt offen gelassene Fragen müssen nicht beantwortet werden, wenn die Klarheit im übrigen nicht leidet.
OLG Stuttgart, 23. 5. 1980, Rpfleger 1980, 388

Ebenso BayObLG, BB 1985, 546. Vgl. anders B § 53 GmbHG Nr. 1 und 2 sowie Groß, Rpfleger 1976, 235.
Siehe auch § 9c GmbHG (beschränkte Prüfung durch das Registergericht bei Ersteintragung).

§ 10 GmbHG Nr. 2 (Unternehmenseinbringung)

Bringt ein Einzelkaufmann sein Geschäft mit der Firma in eine Gesellschaft mit beschränkter Haftung ein und ist die Anmeldung und Eintragung dieser Gesellschaft unter der eingebrachten Firma in Abt. B des Handelsregisters erfolgt, so hat das Registergericht die Löschung der Firma in Abt. A des Handelsregisters von Amts wegen vorzunehmen und kann von den Beteiligten die Anmeldung der Löschung nicht verlangen.
KG, 27. 12. 1912, KGJ 44, 149

§ 10 GmbHG Nr. 3 (Gesellschafter – Geschäftsführer)

Ohne namentliche Bezeichnung des jeweiligen betroffenen Geschäftsführers kann in das Handelsregister nicht eingetragen werden, daß die GmbH durch einen „Gesellschafter – Geschäftsführer" zusammen mit einem Prokuristen vertreten wird.
OLG Hamm, 7. 8. 1968, DNotZ 1969, 431 = MittBayNot 1968, 331 = Rpfleger 1968, 359 = OLGZ 1969, 71 = MDR 1969, 58

Zur Eintragung einer Befreiung des Geschäftsführers von den Beschränkungen des § 181 vgl. B § 181 BGB.

§ 10 GmbHG Nr. 4 (Eintragung der Vertretungsbefugnis)

Die Bestimmung des Gesellschaftsvertrages einer GmbH, die die Gesellschafterversammlung ermächtigt, eine von der allgemeinen Regelung der Satzung abweichende Vertretungsregelung für die Geschäftsführer zu treffen, kann nicht im Handelsregister eingetragen werden (wie OLG Frankfurt OLGZ 1994, 288).
OLG Hamm, 4. 9. 1996, BB 1996, 2270 = RPfleger 1997, 169

§ 11 GmbHG Rechtsgeschäfte der GmbH vor Eintragung

§ 11 GmbHG Nr. 1 (Eintragung im Grundbuch)

Zugunsten einer GmbH in Gründung, die mit notarieller Urkunde errichtet, aber noch nicht im Handelsregister eingetragen ist, kann bereits eine Auflassungsvormerkung eingetragen werden, auch wenn der Grunderwerb nicht mit der Einbringung einer Sacheinlage zusammenhängt.
OLG Hamm, 9. 3. 1981, GmbHR 1982, 44 = Rpfleger 1981, 296

§ 11 GmbHG Nr. 2 (Vorgesellschaft)

1. Eine Vorgesellschaft wird durch Geschäfte, die ihr Geschäftsführer mit Ermächtigung aller Gesellschafter im Namen der Gesellschaft abschließt, auch dann verpflichtet, wenn nach der Satzung nur Bareinlagen vereinbart sind.

2. Für die Differenz, die sich durch solche Vorbelastungen zwischen dem Stammkapital und dem Wert des Gesellschaftsvermögens im Zeitpunkt der Eintragung ergibt, haften die Gesellschafter anteilig.

3. Die bei der Anmeldung abzugebende Versicherung über Einlageleistungen und die entsprechende Prüfung durch das Registergericht haben sich bei einer Bargründung auch darauf zu erstrecken, inwieweit das Anfangskapital der GmbH bereits durch Schulden vorbelastet ist.

4. Eine Vor-GmbH kann persönlich haftende Gesellschafterin einer Kommanditgesellschaft sein. Handelt ihr Geschäftsführer im Namen der Kommanditgesellschaft und löst er hierdurch die Haftung der Vor-GmbH

nach § 128 HGB aus, so haftet er bis zur Eintragung der GmbH persönlich nach § 11 Abs. 2 GmbHG.
BGH, 9. 3. 1981, GmbHR 1981, 114 = BGHZ 80, 129 = MDR 1981, 649 = BB 1981, 689 = NJW 1981, 1373 = WPM 1981, 400 = ZIP 1981, 394 = DB 1981, 1032
Ergänzend zur Gründerhaftung BGHZ 134, 333.

§ 15 GmbHG Verkauf und Übertragung von Geschäftsanteilen

§ 15 GmbHG Nr. 1 (Abtretung im Ausland)

Für die Übertragung eines Geschäftsanteiles an einer deutschen Gesellschaft mbH im Ausland genügt grundsätzlich die Beachtung der Ortsform.
BayObLG, 18. 10. 1977, BayObLGZ 1977, 242 = GmbHR 1978, 39 = Rpfleger 1978, 58 = DNotZ 1978, 170 = WPM 1977, 1470 = NJW 1978, 500 = DB 1977, 2320. Ebenso BGHZ 80, 78 = NJW 1981, 1160 und BGH NJW-RR 1989, 1261; OLG Düsseldorf, DB 1995, 418; für eine Übertragung in der Schweiz OLG Frankfurt/M., Rpfleger 1981, 359; OLG München, GmbHR 1998, 46. Zur Auslandsbeurkundung einer Satzungsänderung BGH, GmbHR 1981, 238 = DNotZ 1981, 451 = MDR 1981, 650.

Zur Beurkundung GmbH-rechtlicher Vorgänge im Ausland: Schervier, NJW 1992, 593; Goette, DStR 1996, 709; Reuter, BB 1998, 116.

§ 15 GmbHG Nr. 2 (Zusammenlegung von Anteilen)

Voll eingezahlte Geschäftsanteile können durch Gesellschafterbeschluß zusammengelegt werden, wenn der Gesellschaftsvertrag keine Nachschußpflicht vorsieht.
BGH, 13. 7. 1964, BGHZ 42, 89 = GmbHR 1965, 54 = DNotZ 1965, 490 = JR 1965, 100 = WPM 1964, 944 = NJW 1964, 1954 = BB 1964, 942 = DB 1964, 1149

§ 15 GmbHG Nr. 3 (Mantelverwendung einer Vorrats-GmbH)

1. Die Verwendung des Mantels einer „auf Vorrat" gegründeten Gesellschaft mit beschränkter Haftung stellt wirtschaftlich eine Neugründung dar.
2. Auf diese wirtschaftliche Neugründung durch Ausstattung der Vorratsgesellschaft mit einem Unternehmen und erstmalige Aufnahme ih-

res Geschäftsbetriebes sind die der Gewährleistung der Kapitalausstattung dienenden Gründungsvorschriften des GmbHG einschließlich der registergerichtlichen Kontrolle entsprechend anzuwenden.

3. Der Geschäftsführer hat jedenfalls entsprechend § 8 Abs. 2 GmbHG zu versichern, daß die in § 7 Abs. 2 und 3 GmbHG bezeichneten Leistungen auf die Stammeinlagen bewirkt sind und daß der Gegenstand der Leistungen sich weiterhin in seiner freien Verfügung befindet.

BGH , 9. 12. 2002, BGHZ 153, 158 = ZIP 2003, 251 = DB 2003, 330 = GmbHR 2003, 227-229 = BB 2003, 324 = NJW 2003, 892 = Rpfleger 2003, 195 = MDR 2003, 515

§ 15 GmbHG Nr. 4 (Mantelverwertung einer unternehmenslosen GmbH)

1. Auf die wirtschaftliche Neugründung durch Verwendung des „alten" Mantels einer existenten, im Rahmen ihres früheren Unternehmensgegenstand tätig gewesenen, jetzt aber unternehmenslosen GmbH sind die der Gewährleistung der Kapitalausstattung dienenden Gründungsvorschriften des GmbHG einschließlich der registergerichtlichen Kontrolle entsprechend anzuwenden (Fortführung von BGH, 9. 12. 2002)

2. Die Tatsache der Wiederverwendung eines zwischenzeitlich leer gewordenen Gesellschaftsmantels ist gegenüber dem Registergericht offenzulegen. Diese Offenlegung der wirtschaftlichen Neugründung ist mit der – am satzungsmäßigen – Stammkapital auszurichtenden Versicherung gemäß § 8 Abs. 2 GmbHG zu verbinden.

3. Die reale Kapitalaufbringung ist sowohl bei der Mantelverwendung als auch bei der Aktivierung einer Vorratsgesellschaft durch entsprechende Anwendung des Haftungsmodells der Unterbilanzhaftung – bezogen auf den Stichtag der Offenlegung der wirtschaftlichen Neugründung gegenüber dem Registergericht – sicherzustellen.

4. Neben der Unterbilanzhaftung kommt auch eine Handelndenhaftung analog § 11 Abs. 2 GmbHG in Betracht, wenn vor Offenlegung der wirtschaftlichen Neugründung die Geschäfte aufgenommen werden, ohne daß alle Gesellschafter dem zugestimmt haben.

BGH, 7. 7. 2003, BGHZ 155, 318 = GmbHR 2003, 1125 = NJW 2003, 1887 = NotBZ 2003, 393 = DNotZ 2003, 951

§ 19 GmbHG Erfüllung der Einlageverpflichtung

§ 19 GmbHG Nr. 1 (Verrechnung mit Lohnforderungen)

Eine bei Abschluß des Gesellschaftsvertrags getroffene, nicht in den beurkundeten Vertrag aufgenommene Vereinbarung, wonach ein Gesellschafter seine (Bar-)Einlageverpflichtung durch Verrechnung mit künftigen Lohnforderungen gegen die GmbH tilgen soll, ist nichtig.
BGH, 21. 9. 1978, DNotZ 1979, 46 = BB 1978, 1635 = WPM 1978, 1271 = GmbHR 1978, 268 = NJW 1979, 216
Ebenso OLG Schleswig, GmbHR 1998, 1226.

§ 19 GmbHG Nr. 2 (Verfahren bei Einmann-Gesellschaft)

Im Verfahren auf Feststellung, daß eine Einmann-Gesellschaft wegen Nichterfüllung der sich für ihren Gesellschafter aus § 19 Abs. 4 S. 1 GmbHG ergebenden Verpflichtungen aufgelöst ist, ist die Gesellschaft als materiell Beteiligte hinzuzuziehen.
BayObLG, 24. 2. 1984, DB 1984, 1241 = GmbHR 1985, 86; bestätigt durch KG, GmbHR 1999, 1250.

§ 19 GmbHG Nr. 3 (Erfüllung der Einlageverpflichtung)

Eine Vorauszahlung vor Gründung der Gesellschaft oder vor dem Beschluß über die Kapitalerhöhung und der Übernahme der neuen Stammeinlage erfüllt eine Bareinlageverpflichtung grundsätzlich nicht.
OLG Stuttgart, 31. 5. 1994, DNotZ 1994, 695

Keine Tilgungswirkung bei subjektiver Verknüpfung mit Gegengeschäft: OLG Hamm, GmbHR 1994, 472, (Gewährung eines Darlehens); OLG Köln, GmbHR 1994, 470, (Zurückzahlung des Einlagebetrages).

§ 19 GmbHG Nr. 4 (Erfüllung der Einlageverpflichtung)

Die Hin- und Herüberweisung des Einlagebetrages binnen weniger Tage tilgt die Einlageschuld nicht, weil in einem solchen Falle nicht davon ausgegangen werden kann, daß die Leistung zur endgültig freien Verfügung der Geschäftsführung gestanden hat.
BGH, 17. 9. 2001, GmbHR 2001, 1114 = NJW 2001, 3781 = ZIP 2001, 1997 = DB 2001, 2437 = BB 2001, 2282 = MDR 2002, 41
Ergänzend BGH, GmbHR 2004, 896.

Zu Hin- und Herzahlungen im zeitlichen Zusammenhang mit Gewinnausschüttungen vgl. B § 56 GmbHG Nr. 7

§ 19 GmbHG Nr. 5 (Erfüllung der Einlageverpflichtung)

1. Eine für die Erfüllung der Einlageschuld (§ 19 Abs. 1 GmbHG) erforderliche Leistung zu freier Verfügung der Geschäftsführung liegt nicht vor, wenn der eingezahlte Einlagebetrag absprachegemäß umgehend als Darlehen an den Inferenten oder an ein mit ihm verbundenes Unternehmen zurückfließt.
2. Eine spätere Tilgung der „Darlehensschuld" durch den Gesellschafter oder das mit ihm verbundene Unternehmen im Wege der Aufrechnung tilgt auch die Einlageschuld, soweit § 19 Abs. 2, 5 GmbHG nicht entgegensteht.
BGH, 2. 12. 2002, BGHZ 153, 107 = NJW 2003, 825 = GmbHR 2003, 231 = DNotZ 2003, 223 = MDR 2003, 464

§ 34 GmbHG Einziehung von Geschäftsanteilen

§ 34 GmbHG Nr. 1 (Entgelt)

Eine Satzungsbestimmung, die bei Pfändung eines Geschäftsanteils dessen Einziehung gegen ein Entgelt zuläßt, das nach den wahren Vermögenswerten der Gesellschaft, aber ohne Ansatz eines Firmenwertes berechnet werden soll, ist wirksam, wenn dieselbe Entschädigungsregelung auch für den vergleichbaren Fall der Ausschließung eines Gesellschafters aus wichtigem Grund gilt (Einschränkung gegenüber BGHZ 32, 151).
BGH, 12. 6. 1975, BGHZ 65, 22 = DNotZ 1976, 181 = NJW 1975, 1835 = GmbHR 1975, 227 = BB 1975, 1177 = DB 1975, 1886 = Rpfleger 1975, 832 = WPM 1975, 913
Ergänzt durch BGH, GmbHR 2000, 822.

§ 34 GmbHG Nr. 2 (Entgelt)

Eine Satzungsbestimmung, die bei Pfändung eines Geschäftsanteils dessen Einziehung gegen ein Entgelt zuläßt, bei dem neben dem Firmenwert auch stille Reserven unberücksichtigt bleiben, sowie die letzte Steuerbilanz maßgebend sein soll und die sich errechnende Summe nur in Raten ausgezahlt werden soll, ist wirksam, wenn die gleiche Regelung für

den Fall der Ausschließung eines Gesellschafters aus wichtigem Grund gilt (Erweiterung von BGH, DNotZ 1976, 151).
OLG Frankfurt, 9. 9. 1977, OLGZ 1978, 86 = GmbHR 1978, 172 = Rpfleger 1977, 444 = NJW 1978, 328 = BB 1978, 170 = DB 1977, 2040
Ebenso OLG Hamburg, ZIP 1982, 1327.

§ 34 GmbHG Nr. 3 (Ausschließung)

Der Gesellschafterbeschluß über die Ausschließung eines Gesellschafters aus der GmbH allein stellt keine Satzungsänderung dar und bedarf nicht der in § 53 Abs. 2 GmbHG vorgesehenen notariellen Beurkundung.
OLG Frankfurt/M., 26. 6. 1979, DB 1979, 2127 = MDR 1980, 58 = GmbHR 1980, 56

§ 34 GmbHG Nr. 4 (Aufstockung der Geschäftsanteile)

Der Beschluß der Gesellschafterversammlung, mit dem nach Einziehung eines GmbH-Geschäftsanteils die verbliebenen Geschäftsanteile im Nennwert dem Betrag des Stammkapitals angeglichen werden (sog. Aufstockungsbeschluß), bedarf zu seiner Wirksamkeit nicht der Form der Satzungsänderung und kann als solcher nicht in das Handelsregister eingetragen werden.
BayObLG, 25. 10. 1991, DNotZ 1992, 182 = Rpfleger 1992, 163

§ 34 GmbHG Nr. 5 (Stimmrecht nach Einziehung)

Wird zu einem Geschäftsanteil eines GmbH-Gesellschafters satzungsgemäß die Einziehung gegen Entschädigung beschlossen, bestehen die Gesellschafterrechte bis zur Leistung des Einziehungsentgelts fort und kommen auch nicht zum Ruhen.
OLG Frankfurt/M., 26. 11. 1996, GmbHR 1997, 171.
Vgl. zur Wirksamkeit des Einziehungsbeschlusses BGH, GmbHR 2000, 822.

§ 35 GmbHG Vertretung der Gesellschaft

§ 35 GmbHG Nr. 1 (Regelung der Vertretungsbefugnis)

Der Gesellschaftsvertrag einer GmbH kann es der Gesellschafterversammlung überlassen, die Einzel- oder Gesamtvertretungsbefugnis für

einen bestimmten Geschäftsführer abweichend zu regeln (im Anschluß an RGZ 164, 177).
BGH, 19. 6. 1975, Rpfleger 1975, 351 = DB 1975, 1692 = DNotZ 1976, 37 = GmbHR 1975, 201 = NJW 1975, 1741 = MDR 1975, 913 = WPM 1975, 790
Siehe auch B § 10 GmbHG Nr. 3 und 4.

§ 35 GmbHG Nr. 2 (Generalvollmacht)

Bei der GmbH ist die vom Geschäftsführer einem Nichtgeschäftsführer erteilte Generalvollmacht auch dann unwirksam, wenn ihr sämtliche Gesellschafter zugestimmt haben.
BGH, 18. 10. 1976, GmbHR 1977, 5 = DNotZ 1977, 119 = NJW 1977, 199 = MDR 1977, 204 = BB 1976, 1577 = DB 1976, 2342 = WPM 1976, 1246.
Für einen Sonderfall einschränkend BGH, BB 2002, 1825 (Umdeutung in Handlungsvollmacht).
Vgl. dazu auch Gustavus, GmbHR 1978, 219 ff. und Geitzhaus, GmbHR 1989, 229 u. 278 und KG, Rpfleger 1991, 461.

§ 39 GmbHG Anmeldung von Veränderungen bei den Geschäftsführern

§ 39 GmbHG Nr. 1 (Wirkung der Anmeldung)

Jede Änderung in der Person der Geschäftsführer einer Gesellschaft mit beschränkter Haftung muß zur Eintragung ins Handelsregister angemeldet werden (§ 39 GmbHG). Diese Anmeldung wirkt nur rechtsbezeugend. Der Wechsel in der Person des Geschäftsführers ist keine Satzungsänderung, die nach § 54 Abs. 3 GmbHG erst mit der Eintragung im Handelsregister wirksam wird. Hat eine GmbH, deren Gesellschaftsvertrag vorsieht, daß die Gesellschaft durch einen oder mehrere Geschäftsführer vertreten wird, zwei gemeinschaftlich vertretungsberechtigte Geschäftsführer und wird einer davon abberufen, so ist der andere alleinvertretungsberechtigt, auch wenn der abberufene Geschäftsführer im Handelsregister noch nicht gelöscht ist.
BGH, 9. 5. 1960, BB 1960, 880
Zur Anmeldung künftiger Änderungen vgl. B § 12 HGB Nr. 12.

§ 39 GmbHG Nr. 2 (Mitwirkung von Prokuristen)

Anmeldungen zum Handelsregister für die GmbH können durch einen Geschäftsführer und einen Prokuristen gemeinschaftlich bewirkt werden, wenn der Gesellschaftsvertrag diese Art der Vertretung vorsieht.
KG, 12. 4. 1962, GmbHR 1962, 136
Zum Prüfungsrecht des Gerichts siehe B § 12 FGG Nr. 1.

§ 39 GmbHG Nr. 3 (Widerruf)

Hat eine GmbH zwei Geschäftsführer mit Einzelvertretungsmacht, so kann eine Anmeldung zum Handelsregister, die der eine Geschäftsführer vorgenommen hat, von dem anderen wirksam widerrufen werden. Das gilt auch dann, wenn eine gesetzliche Verpflichtung zur Anmeldung besteht.
KG, 5. 1. 1939, HRR 1939 Nr. 312

§ 39 GmbHG Nr. 4 (Form der Anlagen)

Die Urschriften der Urkunden über die Änderungen in der Person der Geschäftsführer bzw. Vorstandsmitglieder oder ihre Vertretungsbefugnis, von denen der Anmeldung zum Handelsregister beglaubigte Abschriften beizufügen sind, brauchen ihrerseits nicht beglaubigt zu sein.
KG, 3. 10. 1907, KGJ 35 A 157

§ 39 GmbHG Nr. 5 (Amtsniederlegung)

Die Amtsniederlegung eines Geschäftsführers ist grundsätzlich auch dann sofort wirksam, wenn sie nicht auf einen angeblich wichtigen Grund gestützt ist (Fortführung von BGHZ 78, 82).
BGH, 8. 2. 1993, BGHZ 121, 257 = GmbHR 1993, 216 = NJW 1993, 1198 = ZIP 1993, 430 = BB 1993, 675 = DB 1993, 830

§ 39 GmbHG Nr. 6 (Amtsniederlegung)

Die Amtsniederlegung eines Geschäftsführers ist grundsätzlich auch dann sofort wirksam, wenn sie nicht auf einen angeblich wichtigen Grund gestützt ist; dies gilt jedenfalls für GmbH mit mehr als einem Gesellschafter (Anschluß an BGH vom 8. 2. 1993).
OLG Frankfurt/M., 16. 6. 1993, GmbHR 1993, 738

§ 39 GmbHG Nr. 7 (Mißbräuchliche Amtsniederlegung)

1. Wird das Erlöschen der Vertretungsbefugnis eines Geschäftsführers zur Eintragung in das Handelsregister angemeldet und wird die Anmeldung auf eine Amtsniederlegung durch den Geschäftsführer gestützt, so hat das Registergericht die Eintragung abzulehnen, wenn die Amtsniederlegung offensichtlich rechtsmißbräuchlich und daher unwirksam ist.

2. Eine Amtsniederlegung, die der Geschäftsführer ohne wichtigen Grund erklärt, ist jedenfalls dann unwirksam, wenn es sich bei dem Niederlegenden um den einzigen Geschäftsführer und zugleich alleinigen Gesellschafter der GmbH handelt und dieser nicht gleichzeitig einen oder mehrere neue Geschäftsführer bestellt.
BayObLG, 6. 8. 1981, BayObLGZ 1981, 266 = GmbHR 1982, 43 = Rpfleger 1981, 486 = BB 1981, 1726 = DB 1981, 2219 und BayObLG, GmbHR 1999, 980; ebenso OLG Düsseldorf nach Eröffnung des Insolvenzverfahrens ZIP 2001, 25 = GmbHR 2001, 144

Etwas enger:
Hat der einzige Geschäftsführer und Alleingesellschafter die Amtsniederlegung aus wichtigem Grunde erklärt und ist das objektive Vorliegen dieses Grundes ungeklärt, so ist die Amtsniederlegung als unwirksam anzusehen, wenn der Alleingesellschafter zugleich diese seine Rechtsstellung leugnet (wegen Anfechtung des Erwerbsvertrages) und er nicht gleichzeitig einen oder mehrere neue Geschäftsführer bestellt (Abgrenzung zu BGHZ 78, 82 = ZIP 1980, 768 und BayObLG, aaO).
OLG Hamm, 21. 6. 1988, GmbHR 1989, 35 = WPM 1988, 1192 = DB 1988, 1537 = BB 1988, 141 § 29 GmbHG Nr. 12

§ 39 GmbHG Nr. 8 (Anmeldung vor Ende des Geschäftsführeramts)

Der alleinige GmbH-Geschäftsführer, der sein Amt wirksam und in zulässiger Weise niederlegt, ist in unmittelbarem zeitlichen Zusammenhang damit auch zur Anmeldung seines Ausscheidens zum Handelsregister befugt.
LG Berlin, 22. 7. 1992, GmbHR 1992, 291 = ZIP 1992, 197

Ebenso OLG Frankfurt/M., WM 1994, 2250; LG Köln, GmbHR 1998, 183; a. A. OLG Zweibrücken, GmbHR 1999, 479.

§ 39 GmbHG Nr. 9 (Keine Eintragung des Zeitpunkts)

Der Zeitpunkt, zu dem ein Geschäftsführer abberufen worden ist oder sein Amt niedergelegt hat, kann nicht im Handelsregister eingetragen werden.
KG, 14. 11. 1912, RJA 12, 217

§ 39 GmbHG Nr. 10 (Notgeschäftsführer)

Eine gerichtliche Bestellung von Geschäftsführern nach § 29 BGB kommt nur dann in Betracht, wenn der bestehende Mangel nicht durch Beschlußfassung innerhalb der Gesellschaft behoben werden kann, z. B. durch Einberufung der Gesellschafterversammlung nach § 50 Abs. 3 GmbHG.
KG, 7. 3. 1907, OLG 14, 366
Ebenso BayObLG, GmbHR 1992, 896.

§ 39 GmbHG Nr. 11 (Notgeschäftsführer)

Der Notgeschäftsführer einer GmbH tritt vollständig in die Stellung des Geschäftsführers ein; er muß daher auch die in der Satzung vorgeschriebene Qualifikation haben.
BayObLG, 7. 10. 1980, Rpfleger 1981, 115

§ 39 GmbHG Nr. 12 (Zwangsgeld gegen Gesellschafter)

Das Registergericht kann die Gesellschafter einer GmbH nicht durch Androhung von Zwangsgeld anhalten, für die Schaffung einer gesetzlichen Vertretung Sorge zu tragen. Ebenso fehlt ihm die Befugnis, die Annahme des Amtes als Geschäftsführer oder Liquidator zu erzwingen.
KG, 13. 6. 1913, KGJ 45, 180

Vgl. hierzu auch Groß, Rpfleger 1976, 286; siehe im übrigen Nr. 3 zu § 6 GmbHG.

§ 39 GmbHG Nr. 13 (Anlagen)

§ 39 Abs. 2 GmbHG erfordert nicht, daß der Anmeldung der Abberufung des Geschäftsführers über den Gesellschafterbeschluß hinaus Urkunden in der nach dieser Vorschrift erforderlichen Form beigefügt werden, die den Zugang der Mitteilung der Abberufung gegenüber dem Geschäftsführer belegen.
OLG Hamm, 26. 9. 2002, GmbHR 2003, 111.

§ 39 GmbHG Nr. 14 (Anlagen)

Meldet der Alleingesellschafter einer GmbH die Abberufung des bisherigen Geschäftsführers und seine eigene Bestellung formgerecht zum Handelsregister an, so bedarf es daneben keiner Vorlage eines Gesellschafterbeschlusses über diese Veränderungen.
Thüringer OLG, 30.9.2002, NotBZ 2002, 457 (mit Anm. Gustavus) = GmbHR 2003, 113 = Rpfleger 2003, 34.

§ 40 GmbHG Liste der Gesellschafter

§ 40 GmbHG Nr. 1 (Unterzeichnung der Liste)

Die nach § 40 GmbHG einzureichende Liste brauchen nicht sämtliche Geschäftsführer zu unterschreiben, sondern nur die nach Gesetz oder Satzung zur Vertretung erforderliche Zahl.
KG, 9. 3. 1905, OLGR 11, 396

Während des Insolvenzverfahrens unterzeichnet(en) nicht der (die) Insolvenzverwalter, sondern ebenfalls die Geschäftsführer, KGJ 48, 134.

§ 40 GmbHG Nr. 2 (Angaben der Geschäftsführer)

Bei der Korrektur der Gesellschafterliste infolge Veränderungen in den Personen der Gesellschafter oder des Umfangs ihrer Beteiligungen aufgrund von Abtretungen sind keine rechtlichen Ausführungen zum Zeitpunkt des Wirksamwerdens aufzunehmen.
LG Essen, 15. 11. 2000, GmbHR 2001, 109

§ 40 GmbHG Nr. 3 (Anzeige durch Notar)

Der Notar braucht im Rahmen der von ihm nach § 40 Abs. 1 S. 2 GmbHG n. F. geforderten Anzeige weder den Übertragungsvertrag vorzulegen noch Angaben über die an dem Übertragungsvertrag Beteiligten zu machen.
OLG Celle, 18. 2. 1999, GmbHR 1999, 711

§ 44 GmbHG Stellvertretende Geschäftsführer

Der stellvertretende Geschäftsführer einer GmbH ist ohne den Stellvertreterzusatz in das Handelsregister einzutragen.
BGH, 10. 11. 1997, GmbHR 1998, 181

§ 47 GmbHG Durchführung der Gesellschafterversammlung

§ 47 GmbHG Nr. 1 (Vollmacht)

Für die Teilnahme von Gesellschaftervertretern an Abstimmungen über Änderungen des Gesellschaftsvertrages genügt eine einfache schriftliche Vollmacht gemäß § 47 Abs. 3 GmbHG.
OLG Neustadt, 13. 9. 1951, GmbHR 1952, 58
Inzwischen läßt § 47 Abs. 3 GmbHG sogar die Textform zu. Die Rechtsprechung zu Nrn 2. und 3 dürfte entsprechend anzuwenden sein, vgl. Bärwaldt/Günzel, GmbHR 2002, 1112.

§ 47 GmbHG Nr. 2 (Vollmachtlose Vertretung)

Bei einer Zweipersonen-Gesellschaft kann ein Gesellschafter auch als vollmachtloser Vertreter des anderen handeln und eine Vollversammlung abhalten, wenn der Vertretene das Handeln des Mitgesellschafters genehmigt.
BayObLG, 8. 12. 1988, GmbHR 1989, 252
So auch bei Einpersonen-GmbH: OLG Frankfurt/M., GmbHR 2003, 415.

§ 47 GmbHR Nr. 3 (Vollmachtsvorlage)

Einer schriftlichen Stimmrechtsvollmacht nach § 47 Abs. 3 GmbHG und ihrer Vorlegung bedarf es nicht, wenn die Vollmachtserteilung sämtlichen Gesellschaftern bekannt ist und niemand Widerspruch erhebt.
BGH, 14. 12. 1967, BGHZ 49, 194 = NJW 1968, 743 = MDR 1968, 389 = GmbHR 1968, 51 = BB 1968, 182 = DB 1968, 347 = DNotZ 1968, 569 = WPM 1968, 218

§ 47 GmbHG Nr. 4 (Stimmrecht bei Abberufung)

Der GmbH-Gesellschafter ist nicht stimmberechtigt, soweit über seine Abberufung als Geschäftsführer aus wichtigem Grund abgestimmt wird. Das gilt auch von dem Gesellschafter einer bürgerlich-rechtlichen Gesellschaft, die zur gemeinschaftlichen Verwaltung der Geschäftsanteile ihrer Mitglieder an einer GmbH gegründet worden ist und die für die GmbH einen Geschäftsführer stellt.
BGH, 21. 4. 1969, DB 1969, 1140 = NJW 1969, 1483 = DNotZ 1970, 113 = GmbHR 1969, 154 = WPM 1969, 808 = BB 1969, 773 = AG 1971, 18

Zum Stimmrecht bei Bestellung und Abberufung von Geschäftsführern vgl. Melchior, Rpfleger 1997, 505.

§ 47 GmbHG Nr. 5 (Teilnahmerecht)

Der Gesellschafter einer GmbH hat auch in Angelegenheiten, in denen er vom Stimmrecht ausgeschlossen ist, ein Recht auf Abhaltung einer Gesellschafterversammlung und Teilnahme an ihr.
BGH, 12. 7. 1971, GmbHR 1971, 207 = BB 1971, 1025 = DB 1971, 1855 = MDR 1971, 992 = NJW 1971, 2225 = MittBayNot 1972, 28 = WPM 1971, 1150 = AG 1972, 220

§ 51 GmbHG Form der Einberufung, Folge von Verstößen

§ 51 GmbHG Nr. 1 (Fristberechnung)

1. Für die Gesellschafterversammlung in der GmbH beträgt die Mindestladungsfrist eine Woche zuzüglich der üblichen Zustellungsfrist für Einschreiben; innerhalb der Bundesrepublik beläuft sich diese Zustellungsfrist auf nicht mehr als zwei Tage.
2. In dieser Weise ist die Mindestladungsfrist auch dann zu berechnen, wenn eine bereits einberufene Gesellschafterversammlung verlegt werden soll.
3. Fristenmängel werden nicht schon durch die Teilnahme des betroffenen Gesellschafters an der Versammlung allein geheilt; er muß vielmehr mit ihrer Abhaltung zum Zwecke der Beschlußfassung einverstanden sein.
BGH, 30. 3. 1987, BGHZ 100, 264 = GmbHR 1987, 424 = ZIP 1987, 1117 = WPM 1987, 1011 = DB 1987, 1829 = NJW 1987, 2580

§ 51 GmbHG Nr. 2 (Rechtsfolgen von Fehlern)

Einberufungsmängel führen nur dann zur Nichtigkeit der gefaßten Gesellschafterbeschlüsse, wenn eine den gesetzlichen Mindestanforderungen genügende Einberufung nicht erfolgt ist; die nicht rechtzeitige Ankündigung eines Tagesordnungspunktes begründet nur eine Anfechtbarkeit.
BGH, 8. 5. 1972, NJW 1972, 1320

Rechtsprechungsübersicht bei Müther, GmbHR 2000, 966.

§ 51 GmbHG Nr. 3 (Fehlende Einladung)

Ist ein Gesellschafter einer GmbH nicht zur Gesellschafterversammlung eingeladen worden, so ist ein in dieser Versammlung gefaßter Beschluß nichtig, wenn nicht sämtliche Gesellschafter anwesend sind.
BGH, 14. 12. 1961, BGHZ 36, 207 = GmbHR 1962, 48 = NJW 1962, 538 = BB 1962, 196 = MDR 1962, 281 = DB 1962, 231 = AG 1962, 102 = DNotZ 1962, 415 = JZ 1962, 445 = WPM 1962, 198

Ebenso OLG Frankfurt, BB 1983, 2139, jedoch mit der Möglichkeit der Heilung durch unverzügliche Genehmigung des nicht geladenen Gesellschafters, vgl. § 242 Abs. 2 S. 4 AktG und B § 47 GmbHG Nr. 2.

Zu den Folgen fehlender Einladung unbekannter Erben eines Gesellschafters: LG Berlin, NJW-RR 1986, 195.

§ 51 GmbHG Nr. 4 (Einberufung einer Folgeversammlung)

Bestimmt der Gesellschaftsvertrag einer GmbH, daß bei Fehlen der Beschlußfähigkeit innerhalb von drei Wochen eine neue Gesellschafterversammlung mit gleicher Tagesordnung einberufen werden muß, ist eine Eventualeinberufung vor Durchführung der ersten Versammlung nicht zulässig.
BGH, 8. 12. 1997, GmbHR 1998, 287

§ 53 GmbHG Satzungsänderungen

§ 53 GmbHG Nr. 1 (Prüfungspflicht des Gerichts)

Bei der Anmeldung der Neufassung einer Satzung erstreckt sich die Prüfung des Registergerichts in jedem Fall auf den gesamten urkundlichen Inhalt der Neufassung und zwar ohne Rücksicht darauf, ob und inwieweit diese mit der bisherigen Satzung übereinstimmt. Dabei können auch Bestimmungen, die bei der Eintragung der Gesellschaft oder bei einer früheren Satzungsänderung fälschlicherweise unbeanstandet geblieben waren, bei der Anmeldung der Neufassung beanstandet werden.
BayObLG, 5. 10. 1978, BayObLGZ 1978, 282 = DNotZ 1979, 52 = DB 1979, 84 = GmbHR 1979, 15 = WPM 1979, 115 = BB 1978, 1686

Rechtsprechung bestätigt durch § 9c Abs. 2 GmbHG; danach besteht das eingeschränkte Prüfungsrecht des Registergerichts nur bei der Erstanmeldung.

§ 53 GmbHG Nr. 2 (Prüfungspflicht)

Das Registergericht hat dafür zu sorgen, daß Satzungsänderungen wenigstens dann, wenn sie auch für Dritte wichtig sind – nur in das Handelsregister eingetragen werden, wenn ihr Inhalt im wesentlichen klar ist und keinen Anlaß zu Zweifeln gibt.
OLG Zweibrücken, 6. 9. 1978, MittRhNotK 1978, 142

Zur Prüfung der Gesellschaftereigenschaft siehe jetzt § 40 und B § 12 FGG Nr. 1.

§ 53 GmbHG Nr. 3 (Geschäftsjahr)

Ändert eine Gesellschaft m.b.H. ihr Geschäftsjahr, so muß sie diese Satzungsänderung vor Ablauf des Rumpfgeschäftsjahrs zum Handelsregister anmelden.
OLG Karlsruhe, 30. 1. 1975, Rpfleger 1975, 178

Ebenso OLG Frankfurt/M., GmbHR 1999, 484; LG Berlin, 7. 2. 1978, Rpfleger 1978, 143 = MittRhNotK 1978, 106; abweichend für den Fall, daß Drittinteressen nicht beeinträchtigt werden: LG Frankfurt/M., 9. 3. 1978, GmbHR 1978, 112.

§ 53 GmbHG Nr. 4 (Gründungsaufwand)

Für die Beibehaltung der Bestimmungen über den Gründungsaufwand in der GmbH-Satzung ist ein Zeitraum von 5 Jahren ab Eintragung der GmbH ausreichend; die Anwendung des § 26 Abs. 5 auch hinsichtlich des weit gefaßten zeitlichen Rahmens von 30 Jahren ist nicht geboten.
LG Berlin, 25. 3. 1993, GmbHR 1993, 590

§ 53 GmbHG Nr. 5 (Angaben über Gründer u. Stammeinlagen)

Nach der Eintragung einer GmbH in das Handelsregister können bei einer Neufassung der Satzung die Angaben über die Stammeinlagen und die Person ihrer Übernehmer auch dann entfallen, wenn die Stammeinlagen noch nicht voll eingezahlt sind (Abweichung von OLG Hamm OLGZ 1984 S. 266).
BayObLG, 13. 11. 1996, DB 1997, 33

Hiervon geht auch BGH, NJW 1989, 169 aus.

§ 53 GmbHG Nr. 6 (Nachträgliche Umwandlung einer Bar- in eine Sacheinlage)

1. Das in § 19 Abs. 5 Alt. 2 GmbHG geregelte Umgehungsverbot erfaßt auch eine nach der Kapitalerhöhung entstandene Forderung auf Auszahlung von Gewinn, wenn ihre Verrechnung mit der (Rest-)Einlageforderung bei der Kapitalerhöhung unter den Beteiligten vorabgesprochen worden ist (Ergänzung zu BGHZ 125, 141).

2. Zur Heilung einer verdeckten Sacheinlage kann die im Rahmen eines Kapitalerhöhungsbeschlusses festgesetzte (Rest-)Bareinlage auch nach Eintragung der Kapitalerhöhung in das Handelsregister durch satzungsändernden Mehrheitsbeschluß der Gesellschafter im Wege der Änderung der Einlagendeckung in eine Sacheinlage umgewandelt werden.
BGH, 4. 3. 1996, ZIP 1996, 668

Vgl. hierzu B § 56 Nr. 5 und 7.

§ 53 GmbHG Nr. 7 (Angabe der Gesellschafter)

Eine Satzungsbestimmung, die lediglich festhält, wer Inhaber der Geschäftsanteile ist, ist nicht unzulässig und muß bei Eintragung von Satzungsänderungen nicht von der Eintragung ausgenommen werden.
OLG Frankfurt/M., 27. 3. 1973, OLGZ 1973, 280 = DB 1973, 1233 = BB 1973, 677 = GmbHR 1973, 172 = DNotZ 1974, 245 = MittBayNot 1973, 221 = MittRhNotK 1973, 206 = Rpfleger 1973, 251

§ 53 GmbHG Nr. 8 (Abschluß eines Unternehmensvertrages)

1. Die eine GmbH betreffende, auf die Herbeiführung einer konstitutiven Eintragung gerichtete Anmeldung zum Handelsregister ist durch die Geschäftsführer im Namen der Gesellschaft vorzunehmen. Die Gesellschaft ist daher auch beschwerdeberechtigt im Sinne des § 20 Abs. 2 FGG.

2. Ein zwischen zwei Gesellschaften mit beschränkter Haftung abgeschlossener Unternehmensvertrag, in dem sowohl eine Beherrschungsvereinbarung als auch eine Gewinnabführungsverpflichtung enthalten ist, wird nur wirksam, wenn die Gesellschafterversammlungen der beherrschten und der herrschenden Gesellschaft dem Vertrag zustimmen und seine Eintragung in das Handelsregister der beherrschten Gesellschaft erfolgt. Der Zustimmungsbeschluß der herrschenden Gesellschaft bedarf mindestens ¾ der bei der Beschlußfassung abgegebenen Stimmen. Es bleibt offen, welche qualifizierte Mehrheit bei der beherrschten Gesellschaft erforderlich ist.

Der Zustimmungsbeschluß der Gesellschafterversammlung der beherrschten Gesellschaft bedarf der notariellen Beurkundung, nicht hingegen der Unternehmensvertrag und der Zustimmungsbeschluß der Gesellschafterversammlung der herrschenden Gesellschaft.

Aus der Eintragung sollen sich Abschluß, Abschlußdatum und Art des Unternehmensvertrages sowie die Tatsache der Zustimmung der Gesellschafterversammlung der beherrschten Gesellschaft und das Datum dieses Zustimmungsbeschlusses ergeben. Wegen des weitergehenden Inhalts kann auf den Unternehmensvertrag sowie die zustimmenden Beschlüsse der Gesellschafterversammlung der beherrschten und der herrschenden Gesellschaft Bezug genommen werden, die sämtlich in Abschrift der Anmeldung zum Handelsregister beizufügen sind.

BGH, 24. 10. 1988, BGHZ 105, 324 = NJW 1989, 295 = BB 1989, 95 = DB 1989, 2623 = WPM 1988, 1814 = DNotZ 1989, 110 = GmbHR 1989, 25.

Nach h. M. Eintragung des Unternehmensvertrages nur bei beherrschter GmbH; a. A. LG Bonn, GmbHR 1993, 443.

§ 53 GmbHG Nr. 9 (Abschluß eines Unternehmensvertrages)

Der Niederschrift über den Beschluß, mit dem die Gesellschafterversammlung der herrschenden Gesellschaft einem mit einer GmbH abgeschlossenen Unternehmensvertrag zugestimmt hat, ist der Unternehmensvertrag als Anlage beizufügen. Der Zustimmungsbeschluß nebst Anlage ist der Anmeldung zum Handelsregister beizufügen (Ergänzung zu BGHZ 105, 324).

BGH, 30. 1. 1992, GmbHR 1992, 253 = NJW 1992, 1452 = WPM 1992, 524 = ZIP 1992, 395 = BB 1992, 662 = GmbHR 1992, 253 = DB 1992, 826 = DNotZ 1993, 176 = AG 1992, 192

Zustimmungserfordernis bei Unternehmensvertrag zwischen GmbH und Personengesellschaft: LG Mannheim, GmbHR 1994, 810.

§ 53 GmbHG Nr. 10 (Beendigung des Unternehmensvertrages)

Die Aufhebung eines zwischen einer Aktiengesellschaft als herrschender und einer GmbH als abhängiger Gesellschaft geschlossenen Gewinnabführungsvertrages bedarf nicht der Zustimmung der Gesellschafterversammlung der GmbH.

OLG Frankfurt/M., 11. 11. 1993, GmbHR 1994, 809 = ZIP 1993, 1790 = WPM 1994, 67 = BB 1993, 2474 = DB 1993, 2478

§ 53 GmbHG Nr. 11 (Beendigung des Unternehmensvertrages)

Die Aufhebung eines zwischen zwei GmbHs geschlossenen Beherrschungs- und Gewinnabführungsvertrages bedarf weder auf seiten der beherrschenden noch auf seiten der beherrschten GmbH der Zustimmung der Gesellschafterversammlung.
OLG Karlsruhe, 3. 6. 1994, DNotZ 1994, 690
Zur Kündigung des Unternehmensvertrages: OLG Düsseldorf, GmbHR 1994, 805. Grundsätzlich keine rückwirkende Aufhebung des Unternehmensvertrages: BGH, NJW 2002, 822.

Zur Beendigung des Unternehmensvertrages infolge Eröffnung des Konkursverfahrens über das Vermögen der beherrschten oder herrschenden Gesellschaft: BGHZ 103, 1.
Keine Eintragung vor der Beendigung B § 12 HGB Nr. 12.

§ 54 GmbHG Anmeldung der Satzungsänderung

§ 54 GmbHG Nr. 1 (Beurkundung und Anmeldung einzelner Änderungen, Bescheinigung des Notars)

1. Bei Änderung des Gesellschaftsvertrages in mehreren Punkten muß nicht jede einzelne Änderung besonders beschlossen und beurkundet werden.
2. Auch einem vollständig neu gefaßten Gesellschaftsvertrag ist eine notarielle Bescheinigung gemäß § 54 Abs. 1 S. 2 beizufügen.
OLG Schleswig, 11. 12. 1972, DNotZ 1973, 482 mit Anm. Röll
A. A. zum Leitsatz 2. OLG Celle, DNotZ 1982, 493 und OLG Zweibrücken, GmbHR 2001, 1117.

§ 54 GmbHG Nr. 2 (Anmeldung von Änderungen)

Ist die bisherige Satzung in vollem Umfang aufgehoben und durch eine neue ersetzt worden, so müssen bei der Anmeldung der Satzungsänderung die geänderten Bestimmungen, sofern sie nicht die Abänderung der in § 10 Abs. 1 und 2 GmbHG genannten Angaben betreffen, nicht einzeln bezeichnet werden; insoweit genügt in der Regel eine Bezugnahme auf die mit der Anmeldung bei Gericht eingereichten Urkunden über die Abänderung, es sei denn, daß Zweifel oder Unklarheiten bestehen können.

BayObLG, 5. 10. 1978, GmbHR 1979, 15 = Rpfleger 1978, 449 = DNotZ 1979, 52 = DB 1979, 84 = BB 1978, 1686 = WPM 1979, 115

§ 54 GmbHG Nr. 3 (Änderungen nach § 10 GmbHG)

Bei der Anmeldung von Satzungsänderungen, die Regelungen nach § 10 Abs. 1 und 2 GmbHG zum Gegenstand haben, sind die geänderten Satzungsbestandteile schlagwortartig hervorzuheben.
BGH, 16. 2. 1987, GmbHR 1987, 423 = WPM 1987, 1100

Das gilt auch bei völliger Neufassung des Gesellschaftervertrages, OLG Hamm, GmbHR 2002, 64.

Zur Wiedergabe des Inhalts der Änderung: OLG Düsseldorf, GmbHR 1993, 169 und GmbHR 1998, 1229.

§ 54 GmbHG Nr. 4 (Notwendige Änderungen bei Erhöhung des Stammkapitals)

a) Wird bei der Erhöhung des Stammkapitals einer GmbH die Änderung der Satzung in der Weise beschlossen, daß lediglich der Betrag des Stammkapitals geändert wird, aber die bisherigen Angaben über die auf das Gründungskapital zu leistenden Stammeinlagen und die Personen der Gründungsgesellschafter unverändert bestehen bleiben, so erhielte bei Eintragung dieser Satzungsänderung die Satzung eine Fassung, die aus sich heraus nicht verständlich wäre.

b) Das Registergericht hat die Anmeldung einer solchen Satzungsänderung zu beanstanden und durch Zwischenverfügung darauf hinzuwirken, daß die das Stammkapital und die Stammeinlagen betreffende Satzungsbestimmung insgesamt eine Fassung erhält, die eine Irreführung ausschließt.
BayObLG, 5. 7. 1971, GmbHR 1971, 208 = WPM 1971, 1104 = DB 1971, 1612 = Rpfleger 1971, 360 = MittBayNot 1971, 325 = DNotZ 1972, 307

§ 54 GmbHG Nr. 5 (Behördl. Genehmigung)

Wird durch eine Satzungsänderung für den Gegenstand des Unternehmens die staatliche Genehmigung erforderlich, ist deren Vorlage Voraussetzung für die Eintragung der Satzungsänderung im Handelsregister.
BayObLG, 31. 7. 1978, Rpfleger 1978, 448 = MittBayNot 1978, 235 = MittRhNotK 1979, 80

§ 54 GmbHG Nr. 6 (Vollständige Anmeldung)

1. Der Formmangel der fehlenden Beurkundung des Geschellschafterbeschlusses über die Änderung des Gesellschaftsvertrages einer GmbH kann auch noch nach erfolgter Anmeldung behoben werden; einer erneuten Anmeldung der nunmehr beurkundeten Satzungsänderung bedarf es nicht.
2. Für die Entscheidung über die Anmeldung kommt es nur darauf an, ob zum Zeitpunkt der Eintragung sämtliche Eintragungsvoraussetzungen vorliegen.
OLG Hamm, 20. 12. 2001, GmbHR 2002, 495 = NJW-RR 2002, 761 = DB 2002, 1493 = MittBayNot 2002, 408

§ 55 GmbHG Kapitalerhöhung gegen Geldeinlagen

§ 55 GmbHG Nr. 1 (Umfang der Satzungsänderung)

Bei der Anmeldung einer Kapitalerhöhung auf 50 000 DM genügt es, daß die auf das erhöhte Kapital zu leistenden Stammeinlagen in den Erklärungen der Übernehmer der Stammeinlagen und in der Liste der Übernehmer enthalten sind; eine Aufnahme der auf das erhöhte Kapital zu leistenden Stammeinlagen und deren Übernehmer in die Satzung ist nicht erforderlich; das gilt auch dann, wenn die neuen Stammeinlagen noch nicht voll eingezahlt sind; § 3 Abs. 1 Nr. 4 GmbHG ist nicht entsprechend anwendbar.
BayObLG, 17. 9. 1981, BayObLGZ 1981, 312 = GmbHR 1982, 185 = DB 1981, 2485 = WPM 1981, 1285 = ZIP 1981, 1207 = BB 1981, 1909; Weglassen der Angaben über Gründer und ursprüngliche Stammeinlagen generell: B § 53 GmbHG Nr. 5.

§ 55 GmbHG Nr. 2 (Erhöhung des Nennbetrags)

Eine Kapitalerhöhung ist auch im Wege der Erhöhung des einzelnen Geschäftsanteils jedenfalls dann zulässig, wenn der Inhaber dieses Anteils zu den Gründern gehört.
BGH, 24. 10. 1974, BGHZ 63, 116 = GmbHR 1975, 35 = MDR 1975, 210 = WPM 1974, 1246 = NJW 1975, 118 = DB 1975, 44 = BB 1975, 6 = Rpfleger 1975, 57 = MittBayNot 1974, 665

Ebenso für volleingezahlte Anteile OLG Hamm, DB 1982, 945 und BayObLG, DB 1986, 738.

Zur Aufstockung bei Euro-Umstellung vgl. B § 86 GmbHG Nr. 2 und 3.

§ 55 GmbHG Nr. 3 (Übernahme durch Gesellschaft)

Das Stammkapital einer GmbH kann nicht in der Weise erhöht werden, daß die Gesellschaft selbst eine auf das erhöhte Kapital zu leistende Einlage übernimmt.
BGH, 9. 12. 1954, BGHZ 15, 391 = MDR 1955, 158 = DNotZ 1955, 92 = GmbHR 1955, 28 = WPM 1955, 68 = NJW 1955, 222 = BB 1955, 47 = DB 1955, 67

§ 55 GmbHG Nr. 4 (Erbengemeinschaft als Übernehmer)

Eine Erbengemeinschaft, die nach § 15 Abs. 1 GmbHG durch Erbgang einen Geschäftsanteil an einer GmbH erworben hat, kann bei einer Kapitalerhöhung eine auf das erhöhte Kapital zu leistende neue Stammeinlage übernehmen, wenn es sich bei dem Erwerb des neuen Geschäftsanteils um einen Surrogationserwerb nach § 2041 BGB handelt.
OLG Hamm, 18. 11. 1974, OLGZ 1975, 164 = Rpfleger 1975, 137 = GmbHR 1975, 85 = BB 1975, 292 = DNotZ 1976, 49 = DB 1975, 394 = WPM 1975, 605

Vgl. auch BGH unter Nr. 1 zu § 2 GmbHG, wonach eine Gesellschaft bürgerlichen Rechts als Gründer einer GmbH auftreten kann.

§ 55 GmbHG Nr. 5 (Vollmacht zur Übernahme)

Der Bevollmächtigte bedarf zur Übernahme einer Stammeinlage aus einer Kapitalerhöhung einer beurkundeten oder beglaubigten Vollmacht des Übernehmers.
KG, 15. 10. 1909, OLG 22, 10

§ 55 GmbHG Nr. 6 (Kapitalerhöhung bei Insolvenz)

a) Eine formgerecht beschlossene und zum Handelsregister angemeldete Kapitalerhöhung wird nicht ohne weiteres durch die nachfolgende Eröffnung des Konkursverfahrens unwirksam.
b) Voreinzahlungen auf die Einlageschuld aus einer erst künftig zu beschließenden Kapitalerhöhung sind grundsätzlich unzulässig. Die Frage, ob und unter welchen Bedingungen im einzelnen in dringenden Sanierungsfällen Ausnahmen von diesem Grundsatz zulässig sein können, bleibt offen. Voraussetzung wäre aber jedenfalls, daß die Voreinzahlung zur Krisenbewältigung notwendig ist und in engem zeitlichen Zusam-

menhang mit einer unmittelbar bevorstehenden, mit aller gebotenen Beschleunigung eingeleiteten Kapitalerhöhungsmaßnahme erfolgt.
BGH, 7. 11. 1994, MDR 1995, 1131

§ 55 GmbHG Nr. 7 (Voreinzahlung)

a) Die Voreinzahlung für künftige Einlagepflichten bei einer GmbH ist als Bareinzahlung nur im Falle der Sanierung der Gesellschaft anzusehen.
b) Eine Vorauszahlung, die eindeutig auf eine kurze Zeit danach beschlossene Kapitalerhöhung geleistet wird, befreit den Gesellschafter, wenn der Einlagenbetrag zwischen dem Antrag auf Eintragung der Kapitalerhöhung in das Handelsregister und ihrer Durchführung noch wertmäßig zur freien Verfügung der Geschäftsführung gestanden hat.
BGH, 10. 6. 1996, DNotZ 1997, 495 = GmbHR 1996, 772

S. hierzu auch § 32a Abs. 3 GmbHG.

§ 55 GmbHG Nr. 8 (Voreinzahlung auf debitorisches Konto)

Im Kapitalaufbringungssystem der GmbH bildet der Kapitalerhöhungsbeschluß die maßgebliche Zäsur. Voreinzahlungen auf die künftige Kapitalerhöhung haben schuldtilgende Wirkung nur dann, wenn der eingezahlte Betrag im Zeitpunkt der Fassung des Erhöhungsbeschlusses noch als solcher im Vermögen der Gesellschaft vorhanden ist. Dem steht es nicht gleich, daß auf ein debitorisches Konto der Gesellschaft eingezahlt wird und die Bank nach Verrechnung der Gutschrift eine Verfügung über den Einlagebetrag zuläßt (Klarstellung von BGH, 21.6.1996).
BGH, 15. 3. 2004, GmbHR 2004, 737

Zum Inhalt der Versicherung vgl. B § 57 GmbHG Nr. 5.

§ 56 GmbHG Kapitalerhöhung gegen Sacheinlagen

§ 56 GmbHG Nr. 1 (Forderungen als Sacheinlage)

Die Verrechnung einer eingebrachten Forderung mit einer Stammeinlageschuld zum vollen Nennwert ist nur dann möglich, wenn der Darlehensforderung ein entsprechendes Gesellschaftsvermögen gegenübersteht, das auch zur Erfüllung der Darlehensforderung hätte herangezogen werden können.
LG Berlin, 27. 10. 1976, GmbHR 1978, 234 = BB 1977, 213 mit Anm. Gustavus

Vgl. auch dazu Priester, DB 1976, 1801 und BB 1987, 209 sowie BGH, WPM 1990, 222.

§ 56 GmbHG Nr. 2 (Urkundeninhalt bei Sacheinlage)

1. Bei einer Kapitalerhöhung mit sog. gemischter Sacheinlage braucht zwar nicht der Wert der Sacheinlage, wohl aber der geschätzte Betrag der dem Einleger zu gewährenden, über die Stammeinlage hinausgehenden Vergütung (z. B. Gesellschafterdarlehen) im Gesellschaftsvertrag angegeben zu werden.

2. Der Registerrichter kann bei Kapitalerhöhung mit Sacheinlage im Rahmen der ihm durch seine Prüfungspflicht nach §§ 57a, 9c GmbHG auferlegten Amtsermittlung (§ 12 FGG) die Vorlage eines Sachgründungsberichts verlangen.

OLG Stuttgart, 19. 1. 1982, GmbHR 1982, 109 mit Anm. Priester

Vgl. aber auch die folgende Entscheidung.

§ 56 GmbHG Nr. 3 (Urkundeninhalt)

§ 5 GmbHG ist nicht verletzt, wenn ein Gesellschafter seine Stammeinlage durch Einbringung eines Unternehmens leistet, dessen Wert für den Übernahmestichtag noch zu ermitteln ist, und wenn der Gesellschaftsvertrag für Wertdifferenzen zur festgesetzten Stammeinlage eine Bar-Nachzahlungsverpflichtung des Gesellschafters bzw. eine Rückzahlungsverpflichtung der Gesellschaft vorsieht.

OLG Zweibrücken, 26. 11. 1980, GmbHR 1981, 214

§ 56 GmbHG Nr. 4 (Befriedigung eines Gläubigers als Sacheinlage)

Hat ein Gesellschafter bei einer Kapitalerhöhung eine Bareinlageverpflichtung übernommen, so genügt er seiner Verpflichtung nicht, wenn er einen Darlehensgläubiger mit dem Einlagebetrag befriedigt. Die Tilgung einer Darlehensschuld der Gesellschaft ist keine Geldleistung, sondern eine Sacheinlage.

HansOLG, 10. 4. 1981, GmbHR 1982, 157

§ 56 GmbHG Nr. 5 („Ausschüttungs-Rückhol-Verfahren")

a) Bei der GmbH ist eine Kapitalerhöhung im Wege des „Ausschüttungs-Rückhol-Verfahrens" nur unter Beachtung der Sacheinlagevorschriften möglich.

b) An einer Leistung der geschuldeten Bareinlage zur endgültigen freien Verfügung der Geschäftsführer fehlt es nicht nur bei Scheinzahlungen, sondern u. a. auch dann, wenn der Einleger der GmbH das einzulegende (Bar- oder Buch-)Geld absprachegemäß nur vorübergehend mit der Maßnahme zur Verfügung stellt, es ihm umgehend zur Befriedigung seiner gegen die Gesellschaft gerichteten Forderung zurückzuzahlen. Eine gleichwohl abgegebene Versicherung dieses Inhalts (§ 8 Abs. 2 S. 1 GmbHG) ist unrichtig. Das gleiche gilt von einer entsprechenden Bestätigung der mit der Abwicklung beider Vorgänge betrauten Bank.
BGH, 18. 2. 1991, BGHZ 113, 335 = GmbHR 1991, 255 = NJW 1991, 1754 = ZIP 1991, 511 = WPM 1991, 671 = BB 1991, 993 = DB 1991, 1060 = DNotZ 1991, 843

Zur Möglichkeit, mittels Satzungsänderung nachträglich Bar- in Sacheinlage umzuwandeln vgl. B § 53 GmbHG Nr. 6.

§ 56 GmbHG Nr. 6 (Aufklärungspflicht des Notars)

Der Notar, dem bei der Beurkundung eines Kapitalerhöhungsbeschlusses erklärt wird, die neuen Einlagen seien bereits voll „eingezahlt", muß sich darüber vergewissern, daß die Beteiligten die Bedeutung dieses Begriffs im Zusammenhang mit der Übernahme einer Bareinlageverpflichtung kennen; notfalls muß er sie darüber aufklären.
BGH, 16. 11. 1995, ZIP 1996, 19 = BB 1996, 125
LG Stralsund, NotBZ 2002, 310 (Voreinzahlung)
Belehrung bei Gefahr der Überbewertung: OLG Düsseldorf, WM 1995, 854; zur Haftung des Beraters: BGH, GmbHR 2000, 131.

§ 56 GmbHG Nr. 7 (Offenlegung des „Ausschüttungs-Rückhol-Verfahrens")

Wird gegenüber dem Registergericht offengelegt, daß eine Kapitalerhöhung im „Schütt-aus-hol-zurück"-Verfahren durchgeführt werden soll, sind die Voraussetzungen ihrer Eintragung an der für die Kapitalerhöhung aus Gesellschaftsmitteln geltenden Regelung auszurichten. Die Grundsätze der verdeckten Sacheinlage finden in diesem Falle keine Anwendung (Ergänzung zu BGHZ 113, 335)
BGH, 26. 5. 1997, BGHZ 135, 381 = ZIP 1997, 1337 = GmbHR 1997, 788
Vgl. auch BGH, GmbHR 2002, 1193 (Abgrenzung zwischen SAHZ und verdeckter Sacheinlage bei vorheriger Absprache).

§ 56 GmbHG Nr. 8 (Sacheinlagefähigkeit von Vorleistungen)

1. Gegenstände und Sachwerte, deren Besitz einer GmbH bereits vor dem Kapitalerhöhungsbeschluß überlassen worden ist, können nur dann als Sacheinlage eingebracht werden, wenn sie zumindest im Zeitpunkt des Kapitalerhöhungsbeschlusses noch gegenständlich im Gesellschaftsvermögen vorhanden sind. Ist das nicht der Fall, kommt als Sacheinlage lediglich eine dem Gesellschafter zustehende Erstattungs- oder Ersatzforderung in Betracht (im Anschluß an BGHZ 51, 157).
BGH, 18. 9. 2000, BGHZ 145, 150 = ZIP 2000, 2021

§ 57 GmbHG Anmeldung der Kapitalerhöhung

§ 57 GmbHG Nr. 1 (Vertretung bei Anmeldung)

a) Die Anmeldung einer Kapitalerhöhung durch einen Bevollmächtigten ist unzulässig.
b) Ein Notar, der die Unterschrift des anmeldenden Geschäftsführers beglaubigt hat, kann deshalb nicht wirksam bevollmächtigt werden, die Kapitalerhöhung zusammen mit dem Geschäftsführer anzumelden. Der von ihm gestellte Antrag auf Eintragung der Kapitalerhöhung eröffnet ihm daher nicht die Möglichkeit, weitere Beschwerde einzulegen.
BayObLG, 12. 6. 1986, BayObLGZ 1986, 203 = DNotZ 1986, 692 mit Anm. Winkler = GmbHR 1986, 435 = ZIP 1986, A 116 Nr. 280 = NJW 1987, 136 = BB 1986, 1532
A. A. OLG Köln, DNotZ 1987, 244.

§ 57 GmbHG Nr. 2 (Prüfung der Vollwertigkeit)

1. Im Rahmen der Prüfung der Vollwertigkeit einer zur Kapitalerhöhung herangezogenen Zahlungsforderung eines Gesellschafters gegen die Gesellschaft darf das Registergericht sich grundsätzlich auf einen von der Gesellschaft vorgelegten Wirtschaftsprüfer-Bericht verlassen, es kann aber auch zusätzliche Ermittlungen anstellen und dabei entsprechend § 5 Abs. 4 GmbHG einen Sacherhöhungsbericht anfordern.

2. Zur kapitalerhöhenden Wirkung bedarf es der Abtretung der Forderung an die Gesellschaft oder den Forderungserlaß durch den Gesellschafter. Der Abschluß dieser Rechtsgeschäfte ist dem Registergericht nachzuweisen.

3. Die Vollwertigkeit der eingebrachten Forderung ist grundsätzlich für den Zeitpunkt des Kapitalerhöhungsbeschlusses festzustellen. Ist von da an bis zur Entscheidung über die Anmeldung längere Zeit vergangen, kann auch auf die seitherige Entwicklung des Unternehmens abgestellt werden.
OLG Jena, 2. 11. 1993, GmbHR 1994, 710
Zu Leitsatz 3. stellt OLG Düsseldorf, BB 1996, 338, auf den Tag der Anmeldung ab.

§ 57 GmbHG Nr. 3 (Prüfungsbefugnis)

1. Wird die Kapitalerhöhung einer GmbH durch von den bisherigen Gesellschaftern übernommene Bareinlagen angemeldet, ist das Registergericht nicht befugt, allein aufgrund seiner durch statistische Erhebungen gewonnenen Erkenntnis, daß in dieser Fallgruppe tatsächlich häufig verdeckte Sachkapitalerhöhungen vorliegen, generell weitere Nachweise zu verlangen, um dies auszuschließen.

2. Das Registergericht kann über die gesetzlichen Bestimmungen hinausgehende Versicherungen und Nachweise nur dann verlangen, wenn sich im konkreten Einzelfall begründete Zweifel an der Einhaltung der Kapitalerhöhungsvorschriften ergeben.
KG, 19. 5. 1998, GmbHR 1998, 786.

§ 57 GmbHG Nr. 4 (Einzahlungsnachweis)

Fordert der Registerrichter den Geschäftsführer einer GmbH im Zuge der Anmeldung der Erhöhung des Stammkapitals zur Eintragung in das Handelsregister auf, „zum Nachweis des eingezahlten Stammkapitals einen Bankauszug oder eine Bankbestätigung" vorzulegen, und bestätigt die Bank, daß der Erhöhungsbetrag dem bei ihr geführten Konto der GmbH gutgeschrieben worden ist, wird damit nicht zugleich bestätigt, daß sich der Betrag „endgültig in der freien Verfügung der Geschäftsführer befindet".
BGH, 16. 12. 1996, BB 1997, 538.

§ 57 GmbHG Nr. 5 (Versicherung über freie Verfügbarkeit)

1. Zur Frage der Bewertung des Vermögens einer Vor-GmbH, deren Ingangsetzung in der Zeit zwischen Aufnahme der Geschäftstätigkeit und Eintragung in das Handelsregister bereits zu einer als Unternehmen anzusehenden Organisationseinheit geführt hat.

2. Die Leistung einer Bareinlage aus einer Kapitalerhöhung, durch die der Debetsaldo eines Bankkontos zurückgeführt wird, kann auch dann zur

freien Verfügung erfolgt sein, wenn das Kreditinstitut der Gesellschaft mit Rücksicht auf die Kapitalerhöhung auf einem anderen Konto einen Kredit zur Verfügung stellt, der den Einlagebetrag erreicht oder übersteigt.

3. Bei einer Kapitalerhöhung ist die Bareinlage schon dann zur (endgültig) freien Verfügung der Geschäftsführung geleistet worden, wenn sie nach dem Kapitalerhöhungsbeschluß in ihren uneingeschränkten Verfügungsbereich gelangt ist und nicht an den Einleger zurückfließt (Aufgabe von BGHZ 119, 177 – Leitsätze 1 + 2).

4. Bei der Anmeldung der Kapitalerhöhung zur Eintragung in das Handelsregister hat die Geschäftsführung zu versichern, daß der Einlagebetrag für die Zwecke der Gesellschaft zur (endgültig) freien Verfügung der Geschäftsführung eingezahlt und auch in der Folge nicht an den Einleger zurückgezahlt worden ist.
BGH, 18. 3. 2002, GmbHR 2002, 545 = DB 2002, 993

Zur Voreinzahlung vgl. B § 55 GmbHG Nr. 8.

§ 57i GmbHG Kapitalerhöhung aus Gesellschaftsmitteln

Zu § 7 KapErhG

1. Eine zum 31. 12. errichtete Schlußbilanz muß nicht, weil der darauf folgende 1. 1. ein Feiertag ist, auch als zu diesem Stichtag aufgestellt angesehen werden.

2. Die Bestimmung, daß das Registergericht den Beschluß nur eintragen darf, wenn die der Kapitalerhöhung zugrunde gelegte Bilanz für einen höchstens sieben Monate vor der Anmeldung liegenden Zeitraum aufgestellt ist, läßt keine Fristüberschreitung zu.
OLG Frankfurt/M., 27. 4. 1981, OLGZ 1981, 412 = DB 1981, 1511 = GmbHR 1981, 243 = BB 1981, 1253 = WPM 1981, 804

Ebenso: LG Essen, 8. 6. 1982, GmbHR 1982, 213 = BB 1982, 1821, 1901

§ 58 GmbHG Kapitalherabsetzung

§ 58 GmbHG Nr. 1 (Beschlußinhalt)

Der Zweck der Herabsetzung des Stammkapitals ist in sinngemäßer Anwendung des § 222 Abs. 3 AktG in allen Fällen im Herabsetzungsbeschluß anzugeben.

BayObLG, 16. 1. 1979, BayObLGZ 1979, 4 = GmbHR 1979, 111 = BB 1979, 240 = DNotZ 1979, 357 = DB 1979, 542 = Rpfleger 1979, 212 = WPM 1979, 565

§ 58 GmbHG Nr. 2 (Herabsetzung nach Auflösung)

Die Eintragung der Kapitalherabsetzung bei einer Liquidationsgesellschaft ist nicht grundsätzlich ausgeschlossen. Sie darf aber nicht vor Ablauf des Sperrjahres nach § 73 Abs. 1 GmbHG erfolgen, den der Abwickler nachweisen muß.
OLG Frankfurt/M., 14. 9. 1973, Rpfleger 1973, 434

§ 58 GmbHG Nr. 3 (Versicherung des Geschäftsführers)

a) Die Versicherung der Geschäftsführer einer GmbH bei der Anmeldung des Kapitalherabsetzungsbeschlusses hat entweder zu ergeben, daß die widersprechenden Gläubiger befriedigt bzw. sichergestellt sind, oder daß die Notwendigkeit hierfür nicht gegeben ist, weil sich keine Gläubiger der Gesellschaft gemeldet oder sich solche zwar gemeldet, aber der Kapitalherabsetzung zugestimmt haben.
b) Die Geschäftsführer sind nicht verpflichtet, bei der Anmeldung des Kapitalherabsetzungsbeschlusses dem Registergericht nachzuweisen, daß die der Gesellschaft bekannten Gläubiger durch besondere Mitteilung zur Anmeldung aufgefordert wurden.
BayObLG, 20. 9. 1974, BayObLGZ 1974, 359 = GmbHR 1974, 287 = Rpfleger 1974, 436 = DNotZ 1975, 690 = BB 1974, 1362 = DB 1974, 1955

§ 58 GmbHG Nr. 4 (Eintragung bei streitiger Forderung)

Bei der Anmeldung der Herabsetzung des Stammkapitals einer Gesellschaft mit beschränkter Haftung haben die Geschäftsführer, sofern die Gesellschaft eine bei ihr angemeldete Forderung bestreitet und deshalb deren Tilgung oder Sicherstellung verweigert, dem Registergericht eine Entscheidung des Prozeßgerichts beizubringen, nach der die Gesellschaft nicht zur Tilgung oder Sicherstellung verpflichtet ist.
KG, 27. 6. 1907, KGJ 34 A 172

§ 60 Abs. 1 Nr. 5 GmbHG (Auflösung nach Ablehnung der Eröffnung des Insolvenzverfahrens mangels Masse)

Ist eine Gesellschaft mit beschränkter Haftung aufgelöst, weil das Konkursgericht die Eröffnung des Konkurses über ihr Vermögen mangels Vorhandenseins einer die Kosten des Verfahrens entsprechenden Masse rechtskräftig abgelehnt hat, ist die Rückumwandlung dieser Gesellschaft in eine werbende durch Gesellschafterbeschluß selbst bei Zuführung neuen Gesellschaftsvermögens ausgeschlossen.
KG, 1. 7. 1993, GmbHR 1993, 822

Ebenso BayObLG, BB 1995, 741 und BayObLG, GmbHR 1994, 189.

Auch keine Fortsetzung zwecks Umwandlung: vgl. § 3 Abs. 3 UmwG.

§ 65 GmbHG Anmeldung der Auflösung

Das Zwangsgeldverfahren zur Herbeiführung der Anmeldung der Auflösung der Gesellschaft mit beschränkter Haftung zum Handelsregister kann sich nur gegen den gesetzlichen Vertreter der Gesellschaft, nicht aber gegen den (einzigen) Gesellschafter als solchen richten. Es hat zur Voraussetzung, daß die Gesellschaft bereits aufgelöst ist.
KG, 13. 6. 1913, KGJ 45, 178

§ 66 GmbHG Bestellung von Liquidatoren

§ 66 GmbHG Nr. 1 (Gerichtl. Bestellung)

Auf die Bestellung des Liquidators einer GmbH ist § 29 i.V.m. § 48 BGB entsprechend anzuwenden. Das Bestellungsrecht nach § 29 BGB besteht grundsätzlich neben dem Ernennungsrecht nach § 66 Abs. 2 GmbHG.
BayObLG, 2. 6. 1976, BayObLGZ 1976, 126 = Rpfleger 1976, 357 = BB 1976, 998 = DB 1976, 1571

Keine Abberufung des vom Registergericht bestellten Notgeschäftsführers durch Gesellschafterbeschluß: OLG München, GmbHR 1994, 259.

§ 66 GmbHG Nr. 2 (Nicht eingetragene GmbH)

Für eine vor der Eintragung aufgelöste GmbH kann das Registergericht keinen Liquidator bestellen.

BGH, 24. 10. 1968, BGHZ 51, 30 = NJW 1969, 509 = MDR 1969, 293 = BB 1969, 153 = DB 1969, 257 = AG 1969, 113 = GmbHR 1969, 62 = JuS 1969, 389 = Rpfleger 1969, 87 = DNotZ 1969, 374 = WPM 1969, 119
Ebenso BayObLG, MDR 1965, 914 für die Aktiengesellschaft.

§ 66 GmbHG Nr. 3 (Nachtragsliquidation bei Löschung wegen Vermögenslosigkeit)

Macht eine wegen Vermögenslosigkeit gelöschte GmbH gegen einen Dritten durch Klageeinreichung Ansprüche geltend, so gilt sie, weil darin die Behauptung liegt, noch Vermögen zu haben, für diesen Aktivprozeß als parteifähig. Zu ihrer gesetzlichen Vertretung hat das zuständige Gericht einen (Nachtrags-)Liquidator zu bestellen, sofern dessen Kosten gesichert sind; das zur Bestellung berufene Gericht hat bei seiner Entscheidung grundsätzlich nicht im einzelnen zu prüfen, inwieweit die Klage Aussicht auf Erfolg hat.
BayObLG, 23. 9. 1993, DNotZ 1994, 651 und BayObLG, 22.10.2003, GmbHR 2004, 367.

Ebenso B § 141a FGG Nr. 5.

§ 67 GmbHG Anmeldung von Liquidatoren

§ 67 GmbHG Nr. 1 (Anmeldepflicht)

Die Pflicht zur Anmeldung der ersten Liquidatoren besteht auch dann, wenn zugleich das Erlöschen der Firma angemeldet wird.
BayObLG, 11. 5. 1982, DB 1982, 2127 = GmbHR 1982, 152 = WPM 1982, 1288 = BB 1982, 1749

Zur Versicherung des Liquidators über Bestellungshindernisse siehe Nr. 3.

§ 67 GmbHG Nr. 2 (Löschung früherer Geschäftsführer)

Wird eine GmbH durch einen nicht satzungsändernden Gesellschafterbeschluß aufgelöst und eine von § 66 Abs. 1 GmbHG abweichende Liquidationsvertretung beschlossen, dann ist der Wegfall der Vertretungsbefugnis der früheren Geschäftsführer analog § 39 Abs. 1 GmbHG zur Löschung im Handelsregister anzumelden.
OLG Köln, 25. 4. 1984, BB 1984, 1066 = Rpfleger 1984, 319 = GmbHR 1985, 23

Vgl. auch die Entscheidung B § 67 GmbHG Nr. 5.

§ 67 GmbHG Nr. 3 (Ende der Abwicklung, Versicherung)

1. Die Abwicklung einer GmbH ist nicht beendet und die Gesellschaft noch nicht vermögenslos, solange Gesellschaftsvermögen für Kosten, Gebühren und Steuern einbehalten ist.

2. Ein Liquidator einer GmbH muß bei seiner Anmeldung die gesetzliche Versicherung über das Nichtbestehen von Bestellungshindernissen (§ 67 Abs. 3 GmbHG) grundsätzlich auch dann abgeben, wenn er sie bereits früher als Geschäftsführer abgegeben hat.

BayObLG, 27. 8. 1982, BayObLGZ 1982, 303 = DB 1982, 2126 = GmbHR 1982, 274 = WPM 1982, 1291 = ZIP 1982, 1205 = BB 1982, 1750

Zur Amtsniederlegung des Liquidators: BayObLG, GmbHR 1994, 259.

§ 67 GmbHG Nr. 4 (Anmeldung)

Die Auflösung der GmbH ist von den Geschäftsführern anzumelden, wenn die Eintragung im Handelsregister konstitutiv wirkt, hingegen von den Liquidatoren, wenn der Eintragung nur deklaratorische Wirkung zukommt. Die Anmeldepflicht der Liquidatoren besteht auch dann, wenn es sich um geborene Liquidatoren handelt und sich auch die Art ihrer Vertretungsbefugnis nicht geändert hat.

BayObLG, 31. 3. 1994, GmbHR 1994, 479 = DNotZ 1995, 222 = MDR 1994, 566

§ 67 GmbHG Nr. 5 (Anmeldung)

Werden die Auflösung der Gesellschaft und die ersten Liquidatoren zur Eintragung in das Handelsregister angemeldet, so liegt darin gleichzeitig die Erklärung des Anmelders, daß die Vertretungsbefugnis der bisherigen Geschäftsführer erloschen ist.

BayObLG, 31. 3. 1994, GmbHR 1994, 480 = BB 1994, 958 = DB 1994, 976 = DNotZ 1994, 219

§ 68 GmbHG Vertretungsbefugnis der Liquidatoren

Die einem Geschäftsführer einer GmbH aufgrund einer entsprechenden Ermächtigung in der Satzung durch Gesellschafterbeschluß erteilte stete Einzelvertretungsbefugnis gilt grundsätzlich nicht für den (geborenen) Liquidator.

BayObLG, 24. 10. 1996, ZIP 1996, 2110 = RPfleger 1997, 170

Vgl. auch B § 181 BGB Nr. 6.

§ 74 GmbHG Erlöschen der Gesellschaft, Nachtragsliquidation, Bücher und Schriften

§ 74 GmbHG Nr. 1 (Erforderliche Anmeldungen)

Das Erlöschen der Firma einer Gesellschaft mit beschränkter Haftung ist zum Handelsregister anzumelden. Daneben bedarf es nicht noch der Anmeldung der Beendigung der Vertretungsbefugnis der Liquidatoren.
KG, 2. 1. 1908, KGJ 35 A 189
Ebenso BayObLG, GmbHR 1994, 259.
Zur Löschung einer GmbH vor Ablauf des Sperrjahres nach § 74 GmbHG vgl. KG, DR 1941, 2130.

§ 74 GmbHG Nr. 2 (Bestand der GmbH nach Löschung)

1. Ist eine GmbH nach Beendigung der Abwicklung im Handelsregister gelöscht worden, stellen sich aber nachträglich weitere Abwicklungsmaßnahmen als nötig heraus, so ist die Abwicklung ungeachtet der Eintragung, die nur kundmachende Wirkung hat, fortzusetzen.
2. Das Amtsgericht (Registergericht) hat auf Antrag einen Nachtragsabwickler zu bestellen. Es kann dessen Bestellung davon abhängig machen, daß der Antragsteller einen zur Deckung der Kosten hinreichenden Vorschuß zahlt.
3. Die Wiedereröffnung der Abwicklung und das (beschränkte) Wiederaufleben der GmbH brauchen in das Handelsregister nicht eingetragen zu werden, wenn es sich nur um bestimmte einzelne Abwicklungsmaßnahmen handelt, wie die Bewilligung der Löschung einer zugunsten der GmbH im Grundbuch noch eingetragenen, angeblich nicht mehr valutierten Grundschuld.
BayObLG, 4. 10. 1955, GmbHR 1956, 76

§ 74 GmbHG Nr. 3 (Vertretung bei Nachtragsliquidation)

Ist eine GmbH im Handelsregister gelöscht worden, nachdem die Abwickler die Beendigung der Liquidation angezeigt hatten, und erweisen sich nachträglich weitere Abwicklungsmaßnahmen als notwendig, so lebt die Vertretungsbefugnis der früheren Abwickler nicht ohne weiteres wieder auf, sondern das Gericht hat in entsprechender Anwendung des § 273 Abs. 4 AktG auf Antrag die bisherigen oder andere Abwickler neu zu bestellen, wobei die Auswahl seinem pflichtgemäßen Ermessen unterliegt.

BGH, 23. 2. 1970, DB 1970, 874 = NJW 1970, 1044 = Rpfleger 1970, 165 = DNotZ 1970, 427 = BGHZ 53, 264 = GmbHR 1970, 123 = WPM 1970, 520 = BB 1970, 510 = AG 1970, 200
Dasselbe gilt nach einer Amtslöschung wegen Vermögenslosigkeit, BGH, 18. 4. 1985, ZIP 1985, 676 = WPM 1985, 870 = GmbHR 1985, 325 = NJW 1985, 2479 = BB 1985, 1148 = DB 1985, 1579.

§ 74 GmbHG Nr. 4 (Erlöschen von Vollmachten)

Eine von dem früheren Geschäftsführer einer gelöschten GmbH erteilte Generalvollmacht besteht nicht über die Löschung hinaus, sondern erlischt mit diesem Zeitpunkt.
LG Berlin, 8. 11. 1979, Rpfleger 1981, 361

§ 74 GmbHG Nr. 5 (Einsicht in Bücher)

Wenn dem Registergericht vom Gesetz die Ermächtigung der Gläubiger (Aktionäre) zur Einsicht der Bücher und Papiere der erloschenen Gesellschaft übertragen ist, so ist es auch für befugt zu erachten, dem Verwahrer dieser Urkunden deren Vorlegung zur Einsicht oder die Gestattung der Einsicht aufzugeben und die Befolgung dieser Anordnung gemäß § 33 FGG zu erzwingen.
KG, 27. 5. 1937, JW 1937, 2289

Ebenso OLG Oldenburg, BB 1983, 1434.

§ 74 GmbHG Nr. 6 (Einsicht in Bücher)

Das Bankgeheimnis schließt das gesetzliche Informationsrecht des Gläubigers aus § 74 Abs. 3 S. 2 GmbHG nicht aus. Es ist eine Interessenabwägung vorzunehmen, wobei dem Informationsrecht des Gläubigers in der Regel Vorrang zukommt.
BayObLG, 5. 2. 2003, GmbHR 2003, 478 = DB 2003, 761 = ZIP 2003, 569

§ 78 GmbHG Anmeldebefugnis

§ 78 GmbHG Nr. 1 (Geschäftsführer)

Die Anmeldung des Ausscheidens eines GmbH-Geschäftsführers zum Handelsregister muß von Geschäftsführern der Betroffenen in vertretungsberechtigter Zahl abgegeben werden. Besteht zum Zeitpunkt der Abgabe der Erklärung noch Gesamtvertretung, reicht die Unterzeich-

nung der Anmeldung durch den späteren Alleingeschäftsführer nicht aus.
BayObLG, 17. 9. 2003, GmbHR 2003, 1356 = Rpfleger 2003, 51
Zur Anmeldebefugnis bei Insolvenz vgl. OLG Köln, GmbHR 2001, 923.
Zur Anmeldebefugnis bei gemischter Gesamtvertretung vgl. B § 39 GmbHG Nr. 2. Zur Anmeldebefugnis bei Amtsniederlegung vgl. B § 39 GmbHG Nr. 8.

§ 78 GmbHG Nr. 2 (Kapitalerhöhung bei Insolvenz)

Die Anmeldung einer beschlossenen Erhöhung des Stammkapitals obliegt auch nach Eröffnung des Insolvenzverfahrens allen Geschäftsführern. Der Insolvenzverwalter kann deshalb für die GmbH in einem solchen Anmeldeverfahren keine zulässigen Rechtsmittel einlegen.
BayObLG, 17. 3. 2004, GmbHR 2004, 669 = Rpfleger 2004, 426

§ 86 GmbHG Umstellung auf Euro

§ 86 GmbHG Nr. 1 (Beschlußfassung)

1. Die Umstellung des Stammkapitals einer GmbH auf Euro bedarf auch bei gleichzeitiger Erhöhung des Stammkapitals eines Beschlusses der Gesellschafter.
2. Bei Satzungsänderungen, die die in § 10 Abs. 1 und 2 GmbHG genannten Angaben betreffen, sind die geänderten Satzungsbestandteile anzugeben und die konkreten Änderungen schlagwortartig hervorzuheben.
OLG Frankfurt/M., 23. 7. 2003, GmbHR 2003, 1273 = NJW-RR 2003, 1616 = BB 2003, 2477.

§ 86 GmbHG Nr. 2 (Aufstockungsbetrag)

Wird das Stammkapital einer GmbH gemäß GmbHG § 86 auf Euro umgestellt und gleichzeitig durch Kapitalerhöhung geglättet, kann der Aufstockungsbetrag krumm sein und muß nicht die Teilbarkeitsvorschrift des GmbHG § 5 Abs. 3 S. 2 erfüllen.
LG Bremen, 12. 5. 1999, GmbHR 2000, 287

Ebenso: LG Bonn, NJW 2000, 3221; OLG Hamm, GmbHR 2003, 899.
Zur Aufstockung allgemein vgl. B § 55 GmbHG Nr. 2.
Zur Unterschreitung des Mindestnennbetrages: KG, GmbHR 2001, 520

§ 86 GmbHG Nr. 3 (Anwendbarkeit der §§ 55 ff. GmbHG)

1. Für eine im Zusammenhang mit einer Umstellung des Stammkapitals und der Geschäftsanteile auf Euro beschlossene Kapitalerhöhung und deren Anmeldung gelten die allgemeinen Vorschriften.
2. Deshalb bedarf es auch bei einer zur „Glättung" der Stammeinlage beschlossenen Aufstockung des Geschäftsanteils des Alleingesellschafters der Übernahmeerklärung und der Vorlage der Liste der Übernehmer.
BayObLG, 20. 2. 2002, GmbHR 2002, 497 = ZIP 2002, 1351 = NotBZ 2002, 185

IV. Gesetz über die Auflösung von Gesellschaften und Genossenschaften (Löschungsgesetz)

Das Gesetz ist durch Art. 2 des Einführungsgesetzes zur Insolvenzordnung aufgehoben worden. Die Auflösungs- und Löschungsfolgen sind jetzt in § 60 Abs. 1 Nr. 5 GmbHG und in § 141a FGG geregelt, die Nachtragsliquidation in § 66 Abs. 5 GmbHG.

Die Rechtsprechung zum Löschungsgesetz ist nunmehr unter B § 141a FGG bzw. B § 66 Abs. 5 GmbHG aufgenommen worden. Entscheidungen zur Fortsetzung aufgelöster Gesellschaften siehe B § 60 Abs. 1 Nr. 5 GmbHG und zur Nachtragsliquidation allgemein B § 74 GmbHG Nr. 2 bis 6.

V. Aktiengesetz

§ 23 Abs. 2 Nr. 1 AktG Gründer

Eine Gesellschaft bürgerlichen Rechts kann Gesellschafter einer AG sein. Die Gesellschafter der Gesellschaft bürgerlichen Rechts können ihre Haftung für die von ihnen zu leistenden Einlagen weder auf das Gesamthandsvermögen noch einen ihrer Beteiligung an der Gesellschaft entsprechenden Betrag beschränken.
BGH, 13. 4. 1992, NJW 1992, 2222

§ 23 Abs. 3 Nr. 1 AktG Doppelsitz

Das Registergericht darf einen satzungsmäßig angeordneten Doppelsitz der Gesellschaft nur in außergewöhnlichen Fällen zulassen. Die Verschmelzung zweier Gesellschafter allein ist kein solcher Fall.
BayObLG, 29. 3. 1985, BayObLGZ 1985, 111 = DB 1985, 1280 = BB 1985, 949 = ZIP 1985, 929 = AG 1986, 48Ak

§ 23 Abs. 3 Nr. 2 AktG Gegenstand

Die Gründung von Vorrats-Aktiengesellschaften ist zulässig, wenn die Bestimmung der Gesellschaft, als sog. Mantel für die spätere Aufnahme eines Geschäftsbetriebs zu dienen, bei der Bezeichnung des Unternehmensgegenstandes deutlich klargestellt wird (sog. offene Vorratsgründung). Ausreichend dafür ist die Angabe „Verwaltung des eigenen Vermögens". Eine wegen der Angabe eines unzutreffenden Unternehmensgegenstandes unwirksame sog. verdeckte Vorratsgründung liegt auch dann vor, wenn der angegebene Unternehmensgegenstand nicht in absehbarer Zeit verwirklicht werden soll.
BGH, 16. 3. 1992, BGHZ 117, 323 = ZIP 1992, 689 = WM 1992, 870 = WM 1992, 870 = GmbHR 1992, 451 = NJW 1992, 1824 = BB 1992, 1018 = DB 1992, 1228 § 23

§ 81 AktG Anmeldung von Änderungen des Vorstands

Der Geschäftsleiter der deutschen Zweigniederlassung einer ausländischen Bank ist in das Handelsregister einzutragen.
BayObLG, 12. 7. 1973, Rpfleger 1973, 363 = AG 1973, 344 = DB 1973, 1596 = WPM 1973, 1226

Ebenso LG Frankfurt/M., WM 1979, 957.

Keine Eintragungsfähigkeit eines Hauptbevollmächtigten der deutschen Zweigniederlassung eines ausländischen Versicherungsunternehmens: OLG Frankfurt/M., BB 1976, 569.

§ 95 S. 2 AktG Zahl der Aufsichtsratsmitglieder

Die Hauptversammlung einer Aktiengesellschaft kann alsbald nach Fassung eines Beschlusses über die Erhöhung der Zahl der Aufsichtsratsmitglieder und vor dessen Eintragung in das Handelsregister die Zuwahlen in die neuen Stellen vornehmen; die Gewählten dürfen jedoch erst nach Eintragung des Beschlusses in Tätigkeit treten.
KG, 15. 10. 1904, KGJ 28 A 216

§ 104 AktG Bestellung von Aufsichtsratsmitgliedern durch das Registergericht

§ 104 AktG Nr. 1 (Dringender Fall)

1. Jeder Aktionär ist nach § 104 Abs. 2 S. 4 AktG beschwerdeberechtigt.

2. Ein dringender Fall i. S. von § 104 Abs. 2 S. 2 AktG liegt solange nicht vor, wie der Aufsichtsrat noch beschlußfähig ist.
LG Wuppertal, 24. 6. 1969, AG 1970, 174

§ 104 AktG Nr. 2 (Bestellung von Arbeitnehmervertretern)

1. Über die gerichtliche Bestellung von Aufsichtsratsmitgliedern der Arbeitnehmer entscheidet das Gericht der freiwilligen Gerichtsbarkeit grundsätzlich nach freiem Ermessen ohne Bindung an Anträge.

2. Das Gericht hat aber die sich aus § 104 Abs. 4 AktG ergebenen Beschränkungen zu beachten.

3. Das Ermessen ist eingeschränkt, soweit nach § 7 Abs. 2 MitbestG Vertreter von Gewerkschaften zu bestellen sind. In einem solchen Fall ist einem Antrag der Gewerkschaft in personeller Hinsicht grundsätzlich zu folgen. Eine Ablehnung ist nur möglich, sofern überwiegende Belange der Gesellschaft oder der Allgemeinheit entgegenstehen. Liegen verschiedene Anträge konkurrierender Gewerkschaften vor, kann das Gericht im Rahmen dieser Anträge frei auswählen.
4. Der Kreis der Vorschlagsberechtigten i. S.v. § 104 Abs. 4 S. 4 AktG ist nach § 16 Abs. 2 MitbestG beschränkt.
BayObLG, 20. 8. 1997, ZIP 1997, 1883 = BayObLGZ 1997 Nr. 48

§ 104 AktG Nr. 3 (Bestellung durch das Registergericht nur bei zwingend zu bildendem Aufsichtsrat)

Der Anwendungsbereich des § 104 AktG beschränkt sich auf Aktiengesellschaften und GmbH's mit zwingend zu bildendem Aufsichtsrat. Eine Ersatzbestellung durch gerichtliche Entscheidung im Wege einer analogen Anwendung der Vorschrift kommt auf eine GmbH mit einem fakultativ gebildeten Aufsichtsrat ebenso wenig in Betracht wie auf eine Personengesellschaft (hier: GmbH & Co. KG).
OLG Hamm, 23. 2. 2000, Rpfleger 2000, 338

Zu Bestellung bei Umwandlungen vgl. BayObLG, GmbH 2000, 982.

§ 105 Abs. 2 AktG Abordnung von Aufsichtsratsmitgliedern in den Vorstand

Die Bestellung von Aufsichtsratsmitgliedern zu Stellvertretern behinderter Vorstandsmitglieder ist auch dann zulässig, wenn dadurch der Aufsichtsrat beschlußunfähig wird; es ist dann ein Antrag nach § 104 AktG zu stellen.
KG, 14. 10. 1929, JW 1930, 1413

Keine Vorstandsbestellung nach § 105 Abs. 2 AktG für alle möglichen künftigen Behinderungsfälle: KGJ 15, 30.

§ 106 AktG Bekanntmachungen von Veränderungen im Aufsichtsrat

§ 106 AktG Nr. 1 (Zeitpunkt)

Veränderungen im Aufsichtsrat sind erst dann bekanntzumachen, wenn sie objektiv feststehen (hier: Zweifel über die Wirksamkeit einer Amtsniederlegung).
KG, 15. 3. 1912, RJA 12, 40

§ 106 AktG Nr. 2 (Angabe im Jahresabschluß)

Hat der Vorstand in der Bekanntmachung des Jahresabschlusses die Aufsichtsratsmitglieder angegeben, so ist damit zugleich seine Verpflichtung erfüllt, einen früheren Wechsel der Aufsichtsratsmitglieder bekanntzumachen.
KG, 23. 12. 1942, DR 1943, 812

§ 107 Abs. 1 S. 2 AktG Anzeige von Wahlen im Aufsichtsrat

Die dem Vorstand obliegende Anmeldung der zum Vorsitzenden des Aufsichtsrats und dessen Stellvertretern gewählten Personen bedarf nicht der Form des § 12 HGB.
KG, 23. 6. 1938, JW 1938, 2281

VI. Umwandlungsgesetz

§ 3 Abs. 3 UmwG Umwandlung aufgelöster Rechtsträger

Die Verschmelzung einer durch Gesellschafterbeschluß aufgelösten GmbH als übertragender Gesellschaft ist unwirksam, wenn die Fortsetzung der Gesellschaft wegen ihrer Überschuldung nicht beschlossen werden konnte.
BayObLG, 4. 2. 1998, GmbHR 1998, 540
Zur Beteiligung aufgelöster Gesellschaften als übernehmender Rechtsträger: OLG Naumburg, GmbHR 1997, 851; KG, GmbHR 1998, 1232.

§ 5 Abs. 1 Nr. 9 UmwG Angaben zu den arbeitsrechtlichen Folgen und Maßnahmen

§ 5 Abs. 1 Nr. 9 UmwG Nr. 1 (Angaben und Prüfung durch das Registergericht)

1. Der Verschmelzungsvertrag muß Angaben über die Folgen der Verschmelzung für die Arbeitnehmer und ihre Vertretungen enthalten, ohne daß es darauf ankommt, ob die Folgen für den einzelnen Arbeitnehmer vorteilhaft oder nachteilig sind.
2. Das Registergericht hat zumindest ein formelles Prüfungsrecht. Es ist berechtigt, die begehrte Eintragung abzulehnen, wenn der Verschmelzungsvertrag jeder nachvollziehbaren Darstellung der arbeitsrechtlichen Folgen entbehrt.
OLG Düsseldorf, 15. 5. 1998, DB 1998, 1399
A. A. offensichtlich OLG Naumburg, GmbHR 1998, 382 (Unzulässigkeit der Klage des Betriebsberaters gegen Umwandlung).

§ 5 Abs. 1 Nr. 9 UmwG Nr. 2 (Verzicht des Betriebsrates auf Monatsfrist)

Der Betriebsrat kann gegenüber dem Handelsregister auf die Einhaltung der Monatsfrist, innerhalb derer ihm der Verschmelzungsvertrag zur Zustimmung zuzuleiten ist, wirksam verzichten.
LG Stuttgart, 11. 4. 2000, GmbHR 2000, 622

§ 13 UmwG Zustimmungsbeschluß

Bei der Anmeldung der Verschmelzung einer GmbH mit dem Vermögen ihres Alleingesellschafters zum Handelsregister ist nur der Zustimmungsbeschluß der Gesellschafterversammlung des übertragenden Rechtsträgers, nicht aber auch eine Zustimmungserklärung des Alleingesellschafters als Übernehmenden vorzulegen.
LG Dresden, 14. 11. 1996, DB 1997, 88 = GmbHR 1997, 175

§ 16 Abs. 3 UmwG Eintragung bei Anfechtung

§ 16 Abs. 3 UmwG Nr. 1 (offensichtliche Unbegründetheit)

Eine Anfechtungsklage gegen einen Verschmelzungsbeschluß ist nicht i. S. d. § 16 Abs. 3 UmwG offensichtlich unbegründet, wenn die Beurteilung ihrer Erfolgsaussicht von nicht zweifelsfrei zu beantwortenden Rechtsfragen abhängt.
OLG Düsseldorf, 15. 3. 1999, GmbHR 1999, 721

§ 16 Abs. 3 UmwG Nr. 2 (offensichtliche Unbegründetheit)

Eine Anfechtungsklage gegen einen Verschmelzungsbeschluß ist i. S. d. § 16 Abs. 3 UmwG nur dann offensichtlich unbegründet, wenn sich ohne weitere Aufklärung in der Sache die Überzeugung gewinnen läßt, die Klage biete keine Erfolgsaussicht.
OLG Hamm, 4. 3. 1999, GmbHR 1999, 721

§ 16 Abs. 3 UmwG Nr. 3 (wesentliche Nachteile)

1. Die Eintragung eines angefochtenen Formwechsels einer AG in eine GmbH & Co. KG kann nicht gemäß § 16 Abs. 3 UmwG verlangt werden, wenn schwierige rechtliche Fragen zu erörtern sind.

2. Zugunsten der Eintragung der Gesellschaft können nur wirtschaftliche Nachteile von Gewicht herangezogen werden. Allein die pauschale Behauptung hoher Kosten oder hohen Arbeitsaufwandes im Falle der Verzögerung ist nicht ausreichend.
OLG Frankfurt/M., 9. 6. 1997, ZIP 1997, 1291

Keine Amtslöschung eingetragener Verschmelzungen: OLG Frankfurt/M., GmbHR 2003, 1276; siehe auch B § 20 UmwG.

§ 17 Abs. 1 UmwG Anlagen zur Anmeldung

1. Folgen die Verschmelzungsbeschlüsse dem notariell beurkundeten Verschmelzungsvertrag nach und ist ihnen dieser in der nach § 17 UmwG vorgeschriebenen Form beigefügt, so bedarf es nicht der Einreichung eines weiteren Exemplars des Verschmelzungsvertrags.

2. Ist die Abschrift des Verschmelzungsvertrags mit der Ausfertigung der Verschmelzungsbeschlüsse durch Schnur und Prägesiegel verbunden, hat der Ausfertigungsvermerk auch Beglaubigungsfunktion für die beigefügte Urkundenabschrift.
OLG Karlsruhe, 2. 3. 1998, GmbHR 1998, 379

§ 17 Abs. 2 UmwG Schlußbilanz

§ 17 Abs. 2 UmwG Nr. 1 (Form der Schlußbilanz)

Die Eintragung der Umwandlung eines Einzelunternehmens in eine „kleine" GmbH (§ 267 HGB) kann nicht generell von der Vorlage einer durch einen unabhängigen Prüfer geprüften und testierten Bilanz abhängig gemacht werden. Erst wenn nach Einzelfallüberprüfung der geforderten Anmeldungsunterlagen substantiierte Zweifel an der Werthaltigkeit der Sacheinlage verbleiben, kommen Maßnahmen nach § 12 FGG in Betracht.
OLG Düsseldorf, 29. 3. 1995, DB 1995, 1392
Entscheidung ergangen zu §§ 56b, 43 Abs. 4 UmwG 1969

§ 17 Abs. 2 UmwG Nr. 2 (Form der Schlußbilanz)

1. Für die Eintragung der Verschmelzung zweier GmbH bedarf es nicht der Vorlage eines Jahresabschlusses im technischen Sinne, sondern nur der Vorlage einer Bilanz.

2. Die Vorschriften über die Prüfung der Jahresbilanz, d. h. des Jahresabschlusses, gelten nur sinngemäß; die Beibringung eines Bestätigungsvermerks i. S. des § 322 HGB ist daher weder ausdrücklich vorgeschrieben noch rechtfertigt eine sinngemäße Anwendung dieser Vorschrift ein entsprechendes Verlangen durch das Registergericht.
LG Hagen, 8. 2. 1994, GmbHR 1994, 714

Die Entscheidung ist ergangen zu § 24 Abs. 3 S. 2 KapErhG, der lautete:
„Für diese Bilanz gelten die Vorschriften über die Jahresbilanz und über die Prüfung der Jahresbilanz sinngemäß."

§ 17 Abs. 2 UmwG Nr. 3 (Vorlage der Schlußbilanz)

Die in § 14 Abs. 2 S. 4 UmwG hinsichtlich der Schlußbilanz der übertragenden GmbH vorgeschriebene 8-Monats-Frist gilt bei einer Verschmelzung nicht für die Eintragung im Register des Sitzes der übernehmenden GmbH.
LG Frankfurt/M., 24. 11. 1995, GmbHR 1995, 542.

§ 17 Abs. 2 UmwG Nr. 4 (Wahrung der Frist bei unvollständiger Anmeldung)

1. Bei der fristwahrenden Anmeldung einer Verschmelzung kann der Mangel der fehlenden, fristgerecht erstellten Bilanz auf entsprechende Zwischenverfügung des Gerichts auch nach Ablauf der Anmeldefrist nachgereicht, und der der Eintragung entgegenstehende Mangel geheilt werden.

2. Hat der Notar bei der Anmeldung einer Verschmelzung Einreichung und Vollzugstätigkeit als „sonstige Betreuung" i. S. von § 24 BNotO übernommen, kann er im Falle einer Inanspruchnahme wegen fahrlässiger Amtspflichtverletzung nicht auf eine anderweitige Ersatzmöglichkeit verweisen.
OLG Zweibrücken, 29. 7. 2002, RNotZ 2002, 516

Zur Berechnung der Frist: OLG Köln, GmbHR 1998, 1085

Keineswegs ist die Frist gewahrt, wenn nach Fristablauf der Verschmelzungsvertrag oder die Zustimmungsbeschlüsse nachbeurkundet werden; vgl. ferner B § 54 UmwG Leitsatz 2.

§ 20 UmwG Wirkungen der Eintragung

Ist die Verschmelzung einer Gesellschaft durch Übertragung des Vermögens auf eine andere Gesellschaft im Register des Sitzes der übernehmenden Gesellschaft eingetragen, können Mängel der Verschmelzung nicht mehr mit dem Ziel geltend gemacht werden, die Eintragung zu löschen.
BayObLG, 15. 10. 1999, MittBayNot 2000, 121

Bestätigt durch OLG Frankfurt/M., GmbHR 2003, 117; siehe auch B § 16 Abs. 3 UmwG Nr. 3.

§ 54 UmwG Verschmelzung ohne Kapitalerhöhung

1. Die Pflicht zur Gewährung von Geschäftsanteilen der übernehmenden GmbH, die regelmäßig im Wege der Kapitalerhöhung zu schaffen sind, besteht auch bei der Verschmelzung von GmbH mit identischen Gesellschaftern.
2. Die Anmeldung einer Verschmelzung von GmbH, der die nach § 5 Abs. 1 Ziff. 2–5, § 46 UmwG erforderlichen Angaben und Erklärungen zur Anteilsgewährung und Kapitalerhöhung fehlen, ist nicht geeignet, die 8-Monats-Frist des § 17 Abs. 2 S. 4 UmwG für die Schlußbilanz der übertragenden GmbH zu wahren.
KG Berlin, 22. 9. 1998, GmbHR 1998, 1230, = DNotZ 1999, 157 = NJW-RR 1999, 186

Ebenso für den Alleingesellschafter von Schwestergesellschaften BayObLG, WPM 1989, 1930.

Vollständige Angaben im Verschmelzungsvertrag: OLG Frankfurt/M., GmbHR 1998, 542.

§ 190 UmwG Formwechsel

Der Eintragung der formwechselnden Umwandlung einer GmbH in eine KG steht nicht entgegen, daß der zukünftige Komplementär erst nach Fassung des Umwandlungsbeschlusses – aber vor Eintragung – Gesellschafter des formwandelnden Rechtsträgers geworden ist. Es genügt, wenn die Voraussetzungen für den Formwechsel zum Zeitpunkt der Eintragung vorliegen.
BayObLG, 4. 11. 1999, GmbHR 2000, 89 = MittBayNot 2000, 124

§ 213 UmwG Umwandlungsbeschluß bei unbekannten Aktionären

1. Wird eine börsennotierte AG formwechselnd in eine GmbH & Co. KG umgewandelt, sind im Umwandlungsbeschluß die Aktionäre, die zu Kommanditisten werden, soweit als möglich namentlich zu bezeichnen. Deshalb wird die AG bereits in ihrer Einladung zur beschlußfassenden

Hauptversammlung ihre Aktionäre aufzufordern haben, ihren Aktienbesitz unter Nammensnennung der Gesellschaft anzuzeigen.

2. Soweit Aktionäre unbekannt bleiben, sind die auf sie entfallenden Aktienurkunden festzustellen und diese Aktionäre durch die Angabe ihrer Aktienurkunden als Kommandististen in den Umwandlungsbeschluß aufzunehmen.

3. Fehlt einem Umwandlungsbeschluß der gesetzlich vorgeschriebene und damit zwingende Inhalt (hier nach §§ 194, 234 UmwG), ist der Beschluß unwirksam und darf in das Handelsregister nicht eingetragen werden.

BayObLG 5. 7. 1996, DB 1996, 1814 = ZIP 1996, 1467

VII. Gesetz über die Angelegenheiten der freiwilligen Gerichtsbarkeit

§ 12 FGG Amtsermittlung

§ 12 FGG Nr. 1 (Prüfungsumfang)

1. Im Verfahren zur Eintragung eines neuen GmbH-Geschäftsführers ist das Registergericht berechtigt und verpflichtet, die Ordnungsmäßigkeit der Geschäftsführerbestellung zu prüfen. Dazu gehört auch die Vertretungsbefugnis der für einen Gesellschafter handelnden Person.
2. Die Beachtung ausländischen Rechts ist für die Erteilung einer nach deutschem Recht erforderlichen Vertretungsbescheinigung ausreichend.
3. DiePrüfung ausländischen Rechts ist vom Registergericht von Amts wegen vorzunehmen.

OLG Köln, 4. 5. 1988, Rpfleger 1989, 66 und 287 = MittBayNot 1989, 104

§ 12 FGG Nr. 2 (Umfang der Ermittlung)

a) Bei der Vornahme deklatorischer Eintragungen ist das Registergericht regelmäßig der Prüfung enthoben, ob die angemeldete Tatsache richtig ist. Nur begründete Zweifel berechtigen und verpflichten zur Aufklärung des wahren Sachverhalts (im Anschluß an BayObLGZ 1973, 158 = DNotZ 1974, 42 und gegen OLG Köln, WM 1988, 1749 = Rpfleger 1989, 66).
b) Jedenfalls dann, wenn ein Gesellschafter in der Gesellschafterversammlung durch ein Organ vertreten wird, das – wie der Bürgermeister einer Gemeinde – an Recht und Gesetz gebunden ist, hat das Registergericht mangels gegenteiliger Anhaltspunkte davon auszugehen, daß es die für sich in Anspruch genommene Vertretungsmacht auch besitzt.

OLG Hamm, 30. 1. 1996, FGPrax 1996, 117 = MittRhNotK 1996, 191 = BB 1996, 975 = Rpfleger 1997, 71; einschränkend zum Nachweis der Gesellschaftereigenschaft bei GmbH-Beschlüssen OLG Hamm, Rpfleger 2002, 32; allg. zum Umfang der Prüfungspflicht siehe u. B § 12 FGG Nr. 3 Leitsatz 2.

Zur Aufklärungspflicht des Registergerichts vgl. OLG Düsseldorf, 15. 12. 2000, GmbHR 2001, 243.

§ 12 FGG Nr. 3 (Prüfung bei ausländischer Gesellschaft)

1. Die Rechtsfähigkeit einer ausländischen juristischen Person beurteilt sich nach dem Recht des Staates, in dem diese ihren tatsächlichen Verwaltungssitz hat.
2. Das Registergericht ist bei der Anmeldung von Satzungsänderungen und der Bestellung eines neuen Geschäftsführers einer GmbH zur Prüfung berechtigt und verpflichtet, ob der beschließende Gesellschafter im Inland anzuerkennende Rechtsfähigkeit besitzt.
3. Bestehen begründete Zweifel an dem Vorhandensein eines tatsächlichen Verwaltungssitzes der Gesellschaft im Gründungsstaat, ist das Registergericht befugt, der Anmeldenden den entsprechenden Nachweis aufzugeben.
4. Begründete Zweifel können sich daraus ergeben, daß die Gesellschaft nach einem nur geringe Anforderungen stellenden Gesellschaftsstatut (hier: Niederländische Antillen) gegründet worden ist, nur über geringes Kapital verfügt und Anhaltspunkte für eine dort ausgeübte Geschäftstätigkeit nicht bestehen.
KG, 11. 2. 1997, Rpfleger 1997, 446

Vgl. auch B § 13d–g HGB Nr. 2.

§ 19 FGG Anfechtbarkeit von Entscheidungen

§ 19 FGG Nr. 1 (Äußerungen des Gerichts)

Meinungsäußerungen des Registergerichts zu Firmierungsvorschlägen von Beteiligten sind nicht selbständig anfechtbar.
OLG Köln, 30. 9. 1977, MittRhNotK 1977, 182 = Rpfleger 1978, 21

§ 19 FGG Nr. 2 (Zwischenverfügung)

Gegenstand des Erinnerungs- und Beschwerdeverfahrens gegen die Zwischenverfügung des Registergerichts ist nur die in der Zwischenverfügung erhobene Beanstandung (Eintragungshindernis).
BayObLG, 4. 4. 1978, Rpfleger 1978, 255 = DB 1978, 1832

§ 19 FGG Nr. 3 (Zurückweisung)

1. Bei der Zurückweisung eines Eintragungsantrags zum Handelsregister hat das Beschwerdegericht den Antrag unter allen Gesichtspunkten nachzuprüfen.
2. Werden die in einer Zwischenverfügung genannten Maßnahmen vom Betroffenen vorgenommen, so erledigt sich damit ein Beschwerdeverfahren in der Hauptsache.
BayObLG, 14. 12. 1973, MittBayNot 1974, 41

§ 19 FGG Nr. 4 (Zurückweisung)

Der Hinweis des Registergerichts auf ein nicht behebbares Eintragungshindernis, verbunden mit der Setzung einer Frist zur Stellungnahme, stellt keine anfechtbare Zwischenverfügung dar.
BayObLG, 31. 3. 1994, DNotZ 1995, 224

§ 19 FGG Nr. 5 (Beschwerde gegen Eintragungen)

a) Eine Beschwerde gegen eine Eintragung im Handelsregister ist nicht statthaft. Gleiches gilt bei Ablehnung eines Antrags auf Änderung der Fassung des Eintrags, sofern nicht lediglich dessen Mehrdeutigkeit oder Mißverständlichkeit geltend gemacht wird.
b) Eine Änderung der Fassung kann im Amtslöschungsverfahren erreicht werden, in welchem zugleich der Antrag gestellt werden kann, eine Eintragung entsprechend einer Anmeldung vorzunehmen.
c) Eine sonach unzulässige Beschwerde ist regelmäßig umzudeuten in eine Anregung an das Landgericht, es möge ein Amtslöschungsverfahren einleiten.
BayObLG, 4. 12. 1984, DNotZ 1986, 48 = DB 1986, 1796; ebenso OLG Köln, NotBZ 2004, 199

Zum Ermessen des Registergerichts bei der Schreibweise der Firma: B § 8 HGB.

§ 20 FGG Beschwerdeberechtigung

§ 20 FGG Nr. 1 (Beschwerde bei OHG oder KG)

Die nur von einem einzelnen Gesellschafter einer OHG oder KG gegen die Zurückweisung oder Beanstandung einer Anmeldung erhobene Beschwerde ist unzulässig.
BayObLG, 13. 5. 1977, Rpfleger 1977, 321

§ 20 FGG Nr. 2 (Beschwerderecht bei Satzungsänderungen)

Die eine GmbH betreffende, auf die Herbeiführung einer konstitutiven Eintragung gerichtete Anmeldung zum Handelsregister ist durch die Geschäftsführer im Namen der Gesellschaft vorzunehmen. Die Gesellschaft ist daher auch beschwerdeberechtigt i. S. des § 20 Abs. 2 FGG.
BGH, 24. 10. 1988, DNotZ 1989, 110
Das gilt auch für die Ersteintragung der Gesellschaft, BGH, WPM 1992, 870.

§ 20 FGG Nr. 3 (Beschwerde durch Notar)

Die von einem Notar in einer Handelssache eingelegte Beschwerde gilt im Zweifel als im Namen der Firma eingelegt, für die er als Notar tätig geworden war; der Gebrauch der Wendung „lege ich Beschwerde ein" ist dabei ohne Bedeutung.
OLG Frankfurt/M., 19. 7. 1978, Rpfleger 1978, 441

§ 20 FGG Nr. 4 (Geschäftsführer)

Wer sich als Geschäftsführer einer GmbH zur Eintragung ins Handelsregister anmeldet, ist gegen die Ablehnung der Eintragung beschwerdeberechtigt.
BayObLG, 10. 11. 1999, GmbHR 2000, 87

§ 126 FGG Beteiligung der Industrie- und Handelskammer/Handwerkskammer

§ 126 FGG Nr. 1 (Bedeutung von Stellungnahmen)

1. Bei der Ermittlung der Verkehrsauffassung von einem bestimmten Firmenzusatz kommt dem auf Umfragen jedenfalls bei einer größeren Zahl von Kammern beruhenden Gutachten der Industrie- und Handelskammer regelmäßig besondere Bedeutung zu. In einem solchen Gutachten kommt nicht nur zum Ausdruck, wie die Kammer die Auffassung des allgemeinen Verkehrs beurteilt, sondern auch, welche Auffassung in den kaufmännischen Kreisen herrscht.

2. Hat der Registerrechtspfleger oder der Registerrichter Zweifel, ob die eine Täuschungsgefahr bejahende Auffassung der Industrie- und Handelskammer dem maßgeblichen Teil der Kaufmannschaft entspricht, darf er nicht aufgrund seiner eigenen Auffassung als Teilnehmer am allgemeinen Verkehr ohne weiteres die Möglichkeit einer Täuschung verneinen. Vielmehr sind weitere Ermittlungen anzustellen.
BayObLG, 23. 11. 1971, NJW 1972, 165 = MDR 1972, 243 = MittBayNot 1972, 78

§ 126 FGG Nr. 2 (Prüfung durch das Gericht)

Das Gutachten der IHK muß vom Registergericht auf seine Tragfähigkeit nachgeprüft werden. Drängen sich danach Zweifel auf, so muß es weitere Ermittlungen anstellen, ggf. eine Umfrage veranlassen.
BayObLG, 11. 12. 1980, Rpfleger 1981, 150

Verneint die IHK eine Irreführungseignung nach § 18 Abs. 2 S. 1 HGB, so dürften im Hinblick auf § 18 Abs. 2 S. 2 (fehlende Ersichtlichkeit) weitere Ermittlungen des Gerichts ausgeschlossen sein.

§ 126 FGG Nr. 3 (Verwertbarkeit der Berichte)

Berichte der Industrie- und Handelskammer, die auf vertraulichen und infolgedessen nicht nachprüfbaren Angaben von Konkurrenzfirmen beruhen, dürfen bei der Tatsachenfeststellung nicht verwertet werden.
OLG Düsseldorf, 27. 8. 1971, DB 1972, 332 = MDR 1972, 55 = MittBayNot 1972, 78 = MittRhNotK 1972, 211

§ 126 FGG Nr. 4 (Erzwingung von Angaben)

Das Registergericht kann einen Gewerbetreibenden nicht durch Zwangsgeld anhalten, der Industrie- und Handelskammer Auskunft über die Art und den Umfang seines Geschäftsbetriebs zu geben.
BayObLG, 13. 10. 1967, BayObLGZ 67, 385

§ 126 FGG Nr. 5 (Kostenerstattung)

Die Industrie- und Handelskammern sind verpflichtet, die Registergerichte bei der Verhütung falscher Eintragungen in das Handelsregister zu unterstützen.
Stellen sie in Handelsregistersachen Anträge, so sind sie Beteiligte im Sinne des § 13a FGG. Wenn sie unbegründete Beschwerden einlegen, ist ihnen deshalb die Erstattung außergerichtlicher Kosten des anderen Beteiligten (in der Regel: eines Unternehmens) aufzugeben.
OLG Oldenburg, 10. 12. 1957, BB 1959, 92

§ 127 FGG Aussetzung

Auf die Beschwerde gegen einen Aussetzungsbeschluß nach § 127 FGG kann das Beschwerdegericht nicht über die Sache (hier: Eintragung im Handelsregister) selbst entscheiden.
BayObLG, 2. 7. 1999, NJW-RR 2000, 181

§ 129 FGG Antragsrecht des Notars

Die Bestimmung des § 129 FGG gilt nicht, wenn nur ein Recht zur Anmeldung besteht (hier: § 79 Abs. 2 i.V.m. § 7 GmbHG).
BayObLG, 31. 1. 1978, Rpfleger 1978, 143 = DB 1978, 880 = MittBayNot 1978, 22 = MittRhNotK 1978, 103; bestätigt MittBayNot 2000, 331 = GmbHR 2000, 493

§ 132 FGG Zwangsgeldverfahren

§ 132 FGG Nr. 1 (Verfahren des Gerichts)

Das Handelsregistergericht hat seine Verfügungen, die auf Festsetzung von Zwangsgeld oder auf Löschung von Eintragungen abzielen, genau

dem Wortlaute des Gesetzes anzupassen. Verfügungen, die hiergegen verstoßen, sind keine geeignete Grundlage für die Festsetzung einer Ordnungsstrafe oder die Anordnung einer Löschung im Register; sie sind auf Beschwerde aufzuheben.
KG, 16. 6. 1916, KGJ 49, 138

§ 132 FGG Nr. 2 (Aufhebung nach Erfüllung)

Wird ein Kaufmann vom Registergericht durch Zwangsgeld dazu angehalten (§ 14 HGB), das Erlöschen seiner Firma anzumelden (§ 31 Abs. 2 HGB), und stellt er dann einen Löschungsantrag, bevor das Zwangsgeld bezahlt oder beigetrieben wird, so muß das rechtskräftig festgesetzte Zwangsgeld wegen veränderter Umstände wieder aufgehoben werden. Eine Beitreibung ist nicht mehr zulässig.
LG Waldshut, 14. 12. 1961, BB 1962, 386

§ 140a FGG Zwangs- u. Ordnungsgeldverfahren

Siehe bei §§ 325, 335, 335a und b HGB

§ 141a FGG Löschung vermögensloser Gesellschaften

Siehe zunächst Hinweis bei IV. Löschungsgesetz (S. 317)

§ 141a FGG Nr. 1 (Voraussetzungen der Löschung)

1. Vermögenslosigkeit ist, obwohl einzige Voraussetzung der Löschung nach § 2 LöschG, nur ein Anzeichen für die Lebensunfähigkeit der Gesellschaft. Trotz Vermögenslosigkeit kann von der Löschung abgesehen werden, wenn dies angezeigt erscheint. Die Entscheidung liegt im pflichtgemäßen Ermessen des Registergerichts.

2. Bei der Ausübung seines Ermessens hat der Registerrichter zu wägen zwischen dem öffentlichen Interesse an der Entfernung der vermögenslosen Gesellschaft aus dem Register und dem Interesse der Gesellschafter am Fortbestand ihrer Gesellschaft. Dabei ist ein strenger Maßstab anzulegen. Das Interesse am Erhalt der Rechtspersönlichkeit überwiegt nur dann, wenn erwiesen ist, daß in nicht allzu ferner Zukunft der Geschäftsbetrieb unter gleichzeitiger Zuführung ausreichenden Betriebsvermögens wieder aufgenommen wird.

3. Das Know-how als Teil des Firmen-Goodwill ist kein Vermögen i. S. des § 2 Abs. 1 S. 1 LöschG.
OLG Frankfurt/M., 7. 9. 1977, Rpfleger 1978, 22

§ 141a FGG Nr. 2 (Verfahren)

1. Auch im Verfahren nach dem Löschungsgesetz sind Art und Umfang der Prüfungspflicht des Registergerichts nach § 12 FGG zu bestimmen. Wegen der schwerwiegenden Folgen einer Amtslöschung ist die Vermögenslage einer Gesellschaft mit besonderer Sorgfalt zu ermitteln.
2. Die Überzeugung von der Vermögenslosigkeit kann weder allein auf eine unterbliebene Offenbarung der Vermögensverhältnisse durch den Geschäftsführer gegründet werden noch wegen der Verletzung von Publizitätspflichten widerlegbar vermutet werden. Sie bedarf vielmehr positiver Feststellung im Einzelfall.
OLG Düsseldorf, 13. 11. 1996, ZIP 1997, 201 = Rpfleger 1997, 171

§ 141a FGG Nr. 3 (Anhörung)

Kann das Registergericht seine Absicht, eine GmbH wegen Vermögenslosigkeit zu löschen, dem einzigen Geschäftsführer nicht förmlich bekanntmachen, weil er unbekannten Aufenthalts ist, ist es regelmäßig gehalten, die Löschungsabsicht zu veröffentlichen. Die Zustellung der Löschungsankündigung an nur einen von mehreren Gesellschaftern reicht nicht aus, um die Gesellschaft am Löschungsverfahren ordnungsgemäß zu beteiligen.
BayObLG, 12. 1. 1995, GmbHR 1995, 531

§ 141a FGG Nr. 4 (Anhörung)

Eine Ersatzzustellung der Löschungsankündigung an die gesetzlichen Vertreter der Gesellschaft durch Niederlegung zur Post unter deren Wohnanschrift ist nur wirksam, wenn die Gesellschaft kein besonderes Geschäftslokal hat.
BayObLG, 4. 6. 1997, DB 1997, 2015 = BB 1997, 1655

§ 141a FGG Nr. 5 (Keine Vertretungsbefugnis des ehemaligen Geschäftsführers)

1. Auch eine gelöschte GmbH kann von ihr in Anspruch genommene Vermögenswerte gerichtlich durchsetzen oder Ansprüche abwehren; sie bleibt insoweit parteifähig.

2. Die Amtslöschung der GmbH hat zur Folge, daß der bisherige gesetzliche Vertreter, der Geschäftsführer, seine Vertretungsbefugnis verliert und die GmbH prozeßunfähig wird; diese Folge tritt aber nicht ein, wenn die GmbH durch einen Prozeßbevollmächtigten vertreten wird.
BGH, 18. 1. 1994, GmbHR 1994, 260
Vgl. auch B § 74 GmbHG Nr. 3

§ 141a FGG Nr. 6 (Fortsetzung nach Löschung?)

Ist eine GmbH aufgrund des § 2 LöschG gelöscht worden, so ist, wenn sich nach der Löschung das Vorhandensein von Vermögen herausstellt, ihre Rückverwandlung in eine werbende Gesellschaft dann zulässig, wenn das vorhandene Reinvermögen den Mindestbetrag des Stammkapitals einer neu zu gründenden GmbH erreicht. KG, 3. 4. 1941, DR 1941, 1543

Offengelassen die Möglichkeit einer Fortsetzung bei einer auschließlich nach § 2 LöschG gelöschten Gesellschaft: BayObLG, GmbHR 1994, 189.

§ 141a FGG Nr. 7 (verfrühte Löschung)

Die verfrühte und daher unzulässige Löschung einer GmbH ist im Wege eines Amtslöschungsverfahrens zu überprüfen.
OLG Schleswig, 25. 5. 2000, GmbHR 2000, 776; ebenso OLG Zweibrücken, Rpfleger 2002, 523.

§ 142 FGG Löschung von Eintragungen als unzulässig

§ 142 FGG Nr. 1 (Rechtsbekundende Eintragungen)

Rechtsbekundende Eintragungen im Handelsregister können wegen Fehlens einer wesentlichen Voraussetzung von Amts wegen nur gelöscht werden, wenn sie sachlich unrichtig sind. Formelle Mängel, insbesondere die fehlende Anmeldung eines Beteiligten, reichen allein nicht aus.
KG, 19. 7. 1965, OLGZ 1965, 315

Ebenso OLG Hamm, 6. 7. 1971, BB 1971, 1122.

§ 142 FGG Nr. 2 (Teilweise Firmenlöschung)

Eine eingetragene Firma kann, wenn sie wegen eines Zusatzes unzulässig ist, von Amts wegen nur insgesamt gelöscht werden.
OLG Hamm, 8. 7. 1959, NJW 1959, 1973

§ 142 FGG Nr. 3 (Amtslöschung eines Geschäftsführers)

a) Am Amtslöschungsverfahren sind die GmbH und der Geschäftsführer zu beteiligen, wenn die Löschung der Eintragung des Geschäftsführers beabsichtigt ist.
b) Eine Handwerksuntersagung nach § 16 Abs. 3 HandwO, die gegen den Geschäftsführer einer GmbH in sofort vollziehbarer Weise angesprochen worden ist, führt nicht dessen Amtsunfähigkeit nach § 6 Abs. 2 S. 2 GmbHG herbei.
c) Das gegen eine GmbH verhängte Gewerbeverbot nach § 35 Abs. 1 GewO bewirkt nicht, daß damit auch gegen den Geschäftsführer ein Verbot gewerblicher Betätigung ausgesprochen worden ist. In einem solchen Fall ist somit keine Amtsunfähigkeit des Geschäftsführers nach § 6 Abs. 2 S. 3 GmbHG eingetreten.
BayObLG, 11. 6. 1986, DB 1986, 1768 = BayObLGZ 1986, 197 = Rpfleger 1986, 388 = GmbHR 1987, 20 = ZIP 1986, A 116 Nr. 281
Aber Amtslöschung bei vollständigem Verbot der Geschäftsführertätigkeit durch Zivilgericht: BayObLG, GmbHR 1989, 370. Ebenso bei Amtsunfähigkeit des Geschäftsführers durch Gewerbeausübungsverbot im Zeitpunkt der Bestellung, KG, GmbHR 1999, 861.

§ 144 FGG Löschung von Gesellschafterbeschlüssen

1. Die Löschung eines Gesellschafterbeschlusses nach § 144 Abs. 2 FGG setzt voraus, daß er wegen seines gesetzwidrigen Inhalts, nicht aber wegen anderer Mängel – z. B. Verletzung der Vorschriften über die Berufung der Versammlung – nichtig ist. Diese Nichtigkeitsgründe sind ausschließlich durch Anfechtungsklage geltend zu machen.

2. Das Löschungsverfahren dient nicht zur Korrektur etwaiger Fehler des Anmeldeverfahrens. Eine Löschung kommt nur in Betracht, wenn die Nichtigkeit des Beschlusses feststeht. Hinsichtlich der Feststellung der Nichtigkeit von Gesellschafterbeschlüssen besteht eine nur eingeschränkte Ermittlungspflicht des Registergerichts.

3. § 144 Abs. 2 FGG enthält als Spezialvorschrift eine abschließende Regelung; § 142 FGG findet daneben keine Anwendung.
BayObLG, 18. 7. 1991, DB 1991, 1976
Zu Leitsatz 3 ebenso OLG Frankfurt/M., Rpfleger 2002, 211 und OLG Köln, Rpfleger 2002, 209.

§ 144a FGG Auflösung einer GmbH wegen Satzungsmangel

§ 144a FGG Nr. 1 (Verfahrensvorrang)

Die Bestimmung des § 144a FGG verdrängt in dem von ihr geregelten Bereich als speziellere Vorschrift regelmäßig das in § 142 FGG vorgesehene Recht des Registergerichts zur Amtslöschung unzulässiger Eintragungen.
BayObLG, 23. 2. 1989, GmbHR 1989, 291 = WPM 1989, 680

§ 144a FGG Nr. 2 (faktische Sitzverlegung)

Auch nach Inkrafttreten von § 4a Abs. 2 GmbHG wird die rechtswirksame Bestimmung des Sitzes einer GmbH durch Gesellschaftsvertrag nicht dadurch nichtig, daß nachträglich die Geschäftsräume vom Ort des statutarischen Sitzes an einen anderen Ort verlegt werden. Die Einleitung eines Verfahrens der Amtsauflösung scheidet deshalb in diesem Falle weiterhin aus.
BayObLG, 20. 2. 2002, GmbHR 2002, 490 = DB 2002 = 940 = BB 2002, 907

Vgl. auch B § 3 GmbHG Nr. 1 und 7.

§ 144b FGG Auflösung infolge Nichteinzahlung

1. Die durch den Rechtspfleger erfolgte Aufforderung nach § 144b FGG ist gemäß § 8 Abs. 4 S. 1 RPflG unwirksam, da es sich hierbei um ein die Löschung der Gesellschaft vorbereitendes Geschäft handelt, das nach § 17 Nr. 1 f RPflG dem Richter vorbehalten ist.

2. Die vollständige Einzahlung der Stammeinlage bzw. deren Nachweis kann im Rechtsmittelverfahren gegen die Auflösungsverfügung bis zu abschließenden Entscheidung in der Tatsacheninstanz nachgeholt werden.
PfälzOLG Zweibrücken, 2. 5. 2000, Rpfleger 2000, 459. Ebenso zu Leitsatz 2: BayObLG, GmbHR 2001, 872

Zum Verfahren vgl. B § 19 GmbHG Nr. 2.

Stichwortverzeichnis

Fundstellen in Teil **A** sind mit dem Buchstaben **A** und der Nr. des Registervorgangs bezeichnet, Fundstellen in Teil **B** (Rechtsprechungssammlung) mit dem Buchstaben **B** und Gesetzesparagraphen, soweit erforderlich auch mit der Nr. der Entscheidung. Es bedeuten: Einf. = Einführung in das Handelsregister, S. 1–3; **A** Allg. = Allgemeines zu Handelsregisteranmeldungen, S. 5 ff. **A** Anh. = Anhang zu Teil A: Grundlagen der Kostenberechung S. 207 ff.

Abberufung eines Geschäftsführers **A** 97; **B** § 39 GmbHG
- Stimmrecht bei **B** § 47 GmbHG

Abfindung bei Erben **B** § 143 HGB Nr. 1

Abhängigkeit
- der Eintragung vom Kostenvorschuß **A** Anh.
- der Eintragung von staatl. Genehmigungen **B** § 8 GmbHG Nr. 5–9, § 54 GmbHG Nr. 5
- der Eintragung von weiteren Anmeldungen **B** § 14 HGB

Ablehnung der Eröffnung des Insolvenzverfahrens mangels Masse, siehe Insolvenzverfahren

Abspaltung
- AG auf GmbH **A** 144

Abtretung siehe auch Sonderrechtsnachfolge
- von Geschäftsanteilen GmbH **A** 93, 101–103
- von Gesellschaftsanteilen KG **A** 70–74
- Mantelverwendung **A** 102
- von Teilen der Gesellschafterstellung **A** 71, 72, 103

Abwickler, siehe auch Nachtragsabwicklung
- Bestellung **A** 53, 115; **B** § 66 GmbHG
- Vertretung **B** § 157 HGB Nr. 2, § 74 GmbHG Nr. 3, 4

Abwicklung **A** 53–55, 119–122

Aktiengesellschaft **A** 130–145

Aktienurkunden **A** 139

Amtsniederlegung eines GmbH-Geschäftsführers **A** 99; **B** § 39 GmbHG Nr. 5–8

Änderung
- Firma **A** 12, 25, 93, 111
- Gesellschaftsvertrag **A** 28, 91–93, 108–112
- Sitz **A** 13, 27, 112, **B** § 3 GmbHG Nr. 1, 2

Anmeldungen, siehe auch Inhaltsverzeichnis zu Teil A
- der Ausgliederung **A** 92
- Auslegung **B** § 12 HGB Nr. 11; § 143 HGB Nr. 9; § 162 HGB Nr. 1 u. 3
- des Einzelunternehmens **A** 1, 2
- Form **A** Allg.; **B** § 12 HGB Nr. 1–3
- der GmbH **A** 91, 92
- durch Insolvenzverwalter **B** § 143 HGB Nr. 4

339

Stichwortverzeichnis

- der Kommanditgesellschaft **A** 66, 77
- künftiger Tatsachen **B** § 12 HGB Nr. 12
- für mehrere **B** § 181 BGB Nr. 8, § 108 HGB Nr. 3
- der offenen Handelsgesellschaft **A** 21, 22
- der Prokura **B** § 53 HGB Nr. 1
- durch Prokuristen **B** § 49 HGB Nr. 1, § 53 HGB Nr. 1
- Rücknahme **A** Allg.; **B** § 7 GmbHG Nr. 1
- Satzungsänderung **B** § 54 GmbHG Nr. 2, 3
- durch Testamentsvollstrecker und Nachlaßpfleger **B** § 143 HGB Nr. 3
- Vereinigung aller Aktien in einer Hand **A** 133
- Vollmacht für **B** § 12 HGB, § 57 GmbHG Nr. 1
- der Zweigniederlassung **A** 14, 15, 40, 113

Anteilsvereinigung **A** 104, 133
Antrag des Notars **B** § 129 FGG
Anwachsung **A** 33, 75
Auflösung
- Ablehnung der Eröffnung des Insolvenzverfahrens mangels Masse **A** 118; **B** § 60 Abs. 1 Nr. 5 GmbHG
- durch Eröffnung des Insolvenzverfahrens **A** 48, 49, 116
- durch Gesellschafterbeschluß **A** 47, 115
- durch Kündigung eines Privatgläubigers **A** 50
- infolge Nichteinzahlung **B** § 144b FGG

Aufnahme eines Gesellschafters **A** 23, 29, 30, 62, 102
Aufsichtsrat
- Aktiengesellschaft **A** 132, 133, 134
- Bekanntmachung **B** §§ 106, 107 AktG
- Bestellung **B** § 104 AktG
- GmbH **A** 100
Aufspaltung
- OHG in GmbH **A** 43
Ausgliederung **A** 23; **B** § 23 HGB Nr. 2
- abspaltende **A** 43
- Anmeldung **A** 92
- zur Aufnahme **A** 22
- zur Neugründung **A** 92
Ausländische Geschäftsführer einer GmbH **B** § 6 GmbHG Nr. 2
Ausscheiden
- eines Gesellschafters **A** 32, 33, 69, 70–75, 101; **B** § 143 HGB Nr. 1, 2
- aus Partnerschaftsgesellschaft **A** 84

Beginn
- GmbH & Co. **A** 77; **B** § 161 HGB Nr. 1
- OHG **A** 21
Beschwerde **B** §§ 19, 20 FGG
Bestellung eines Geschäftsführers **A** 96
Beteiligungsumwandlung
- allgemein **A** 31, 36, 39, 63
- Anmeldung **B** § 162 HGB Nr. 3
Betriebsaufspaltung **A** 43
Beurkundung, siehe Notarielle Beurkundung

340

Stichwortverzeichnis

Bücher und Schriften der GmbH
B § 74 GmbHG Nr. 5

Deutsche Demokratische Republik
- Fortsetzung von Gesellschaften mit DDR-Bezug **A** 120

DM, siehe Euro
Doppelsitz **B** § 23 AktG
Doppelte Firmenführung
- des Einzelunternehmers **A** 9
- der GmbH **B** § 22 HGB Nr. 2 u. 3
- der Personengesellschaft **A** 45; **B** § 22 HGB Nr. 2 u. 3

Dr.-Titel **B** § 22 HGB Nr. 8

Einladungsfrist **B** § 51 GmbHG Nr. 1
Einlage, siehe Kommanditeinlage, Stammeinlage
Einmann-GmbH **A** 91, 104; **B** § 181 BGB Nr. 5
Einsicht in Handelsregister **B** § 9 HGB
Einstellung des Geschäfts **A** 19, 53–55, 119; **B** § 105 HGB Nr. 1
Eintragungsfähigkeit
- Befreiung von § 181 BGB **B** § 181 BGB Nr. 1–5, 7
- Haftungsausschluß **B** § 25 HGB Nr. 1 u. 2
- Immobiliarklausel **B** § 49 HGB Nr. 2
- Sonderrechtsnachfolge **B** § 171 HGB

Eintritt in
- Geschäft eines Einzelkaufmanns **A** 23, 61
- GmbH **A** 102
- KG **A** 62
- OHG **A** 29, 30

- Partnerschaftsgesellschaft **A** 83
Eintrittsrecht **A** 38
Einzelunternehmen, -kaufmann **A** 1–20
Einziehung von Geschäftsanteilen **A** 107; **B** § 34 GmbHG
Erben
- Abfindung **B** § 143 HGB
- als Rechtsnachfolger eines Einzelkaufmanns **A** 10, 11; **B** § 27 HGB, § 31 HGB Nr. 3
- als Rechtsnachfolger eines GmbH-Gesellschafters **A** 106
- als Rechtsnachfolger eines Kommanditisten **A** 66–68; **B** § 171 HGB
- als Rechtsnachfolger eines persönlich haftenden Gesellschafters **A** 34–39

Erbengemeinschaft **A** 11, 36, 67, 106; **B** § 1822 BGB Nr. 2, § 27 HGB Nr. 3 u. 4
Erbschein **A** 11
Ergänzungspfleger
- Notwendigkeit **B** § 181 BGB Nr. 8; § 1822 BGB Nr. 1

Erlöschen
- Firma **A** 19, 54, 55, 121
- Prokura **A** 4; **B** § 52 HGB

Erwerb eines Handelsgeschäfts **A** 9, 22, 23, 45, 92, siehe auch Doppelte Firmenführung

Euro
- bei AG **A** 134
- Gründung in Euro **A** 91, 130
- bei KG **A** 59
- Umrechnung DM auf Euro bei GmbH **A** 129
- Umstellung DM auf Euro bei GmbH **A** 129
- bei Verschmelzung **A** 145

341

Stichwortverzeichnis

Europäische (Aktien-)Gesellschaft, siehe SE
Europäische Wirtschaftliche Interessenvereinigung **A** 151–156
- Änderung des Gesellschaftsvertrags **A** 156
- Anteilsübertragung **A** 153
- Ausscheiden von Mitgliedern **A** 154
- Bestellung von Geschäftsführern **A** 155
- Eintritt weiterer Mitglieder **A** 152
- Gründung **A** 151

Filiale, siehe Zweigniederlassung
Filialprokura, siehe Prokura
Firma
- abgeleitete **A** 5, 9, 22, 23; **B** § 22 HGB
- allgemeine Grundsätze **B** Vorb § 18 HGB
- Änderung **A** 12, 25, 93, 111
- des Einzelkaufmanns **A** 1; **B** §§ 17, 18, 19 HGB
- Erlöschen **A** 19, 54, 55, 121
- Fortführung siehe Firmenfortführung
- Gesellschaftszusätze **B** §§ 19, 22, 24 HGB
- der GmbH **A** 91; **B** § 4 GmbHG
- der GmbH & Co. KG **A** 77; **B** § 19 II HGB
- graphische Gestaltung **B** § 8 HGB
- der Kommanditgesellschaft **A** 60
- der offenen Handelsgesellschaft **A** 21–23
- Rechtsformzusätze **B** §§ 19, 22, 24 HGB
- Unterscheidbarkeit **B** § 30 HGB

- Zeichnung **A** Allg. 9.; **B** § 53 HGB Nr. 4, 5, § 108 HGB Nr. 4, 5
- Zusätze **B** § 18 HGB

Firmenfortführung
- Änderung einer fortgeführten Firma **B** § 22 HGB Nr. 5, 7, § 24 HGB Nr. 1–3
- bei Ausscheiden eines GmbH-Gesellschafters **B** § 4 GmbHGNr. 4
- durch Einzelkaufmann **A** 5, 9; **B** § 22 HGB
- Firmentausch/-wechsel **B** § 30 HGB Nr. 5
- Gesellschaftszusätze in fortgeführter Firma **B** § 24 HGB Nr. 10–11
- durch GmbH **B** § 22 HGB
- durch Kommanditisten **B** § 24 HGB Nr. 5
- durch OHG/KG **A** 22, 23
- bei Umwandlung einer GmbH **B** § 6 UmwG

Forderung als Sacheinlage **B** §§ 5, 19 GmbHG Nr. 1

Formwechsel
- AG auf GmbH **A** 145
- GmbH **A** 124
- GmbH auf GmbH & Co KG **A** 124
- KG auf GmbH **A** 81, 123

Fortführung eines Geschäfts **A** 22, 23, 92 siehe auch Erwerb

Fortsetzung
- einer aufgelösten Gesellschaft **A** 57, 120, 122; **B** § 60 Abs. 1, Nr. 5 GmbHG, § 141a FGG Nr. 6, § 3 Abs. 3 UmwG
- mit den Erben eines Gesellschafters **A** 36–39, 66–68

Stichwortverzeichnis

Gast- und Schankwirtschaft **B** § 3 GmbHG Nr. 5, § 8 GmbHG Nr. 6, 7
Gebühren **A** Anh., siehe auch bei den einzelnen Anmeldungen in Teil A
Gegenstand des Unternehmens
- GmbH **B** § 3 GmbHG Nr. 3–8
- bei Vorratsgründung einer AG **B** § 23 Abs. 3 Nr. 2 AktG
Gemeinschuldner
- Einwilligung zur Firmenfortführung **B** § 22 HGB Nr. 9, 10
- zum Handelsregister **B** § 143 HGB Nr. 4, § 157 HGB Nr. 1
Genehmigung
- staatliche für Unternehmensgegenstand der GmbH **B** § 8 GmbHG Nr. 5–9
- vormundschaftsgerichtliche **B** § 1822 BGB
Generalvollmacht
- für Anmeldung **B** § 12 HGB Nr. 3
- Geschäftsführer der GmbH **B** § 35 GmbHG Nr. 2
Gesamtprokura, siehe Prokura
Geschäftsanteil
- Abtretung **A** 93, 101–103
- Anteilsvereinigung **A** 104
- Einziehung **A** 107; **B** § 34 GmbHG
- Mantelverwendung **A** 102
- Pfändung **A** 107
- Teilung **A** 103
Geschäftsführer der GmbH **A** 96–99
- Abberufung **A** 97; **B** § 39, § 47 GmbHG
- Amtsniederlegung **A** 99; **B** § 39 GmbHG Nr. 5–8

- ausländischer **B** § 6 GmbHG Nr. 2
- Bestellung **A** 96
- Generalvollmacht **B** § 35 GmbHG Nr. 2
- Liste der Gesellschafter **A** 101
- Stellvertreter **B** § 44 GmbHG
- Vertretungsbefugnis **B** § 8 GmbHG Nr. 12, 13, § 35 GmbHG
Geschäftsjahr **B** § 53 GmbHG Nr. 3
Geschäftswert **A** Anh., siehe auch bei den einzelnen Anmeldungen in Teil A
Gesellschaft Bürgerlichen Rechts
- als Gründer einer AG **B** § 23 Abs. 2 Nr. 1 AktG
- als Gründer einer GmbH **B** § 2 GmbHG Nr. 1, § 3 GmbHG Nr. 10
- Namensbezeichnung **B** § 19 Abs. 1 HGB Nr. 3
- Umwandlung OHG/KG **B** § 105 HGB Nr. 1, 2
Gesellschafter, siehe auch Kommanditist, persönlich haftender Gesellschafter
- Ausscheiden **A** 32, 33, 69, 70, 73–75, 101; **B** § 143 HGB Nr. 1, 2
- Eintritt **A** 29, 30, 102
Gesellschafterliste, s. Liste der Gesellschafter
Gesellschafterversammlung **B** §§ 47, 51 GmbHG
Gesellschaftsanteil an KG **A** 70–74
- Pfändung **A** 50
Gesellschaftsvertrag, Änderung **A** 28, 93, 108–111
Gesellschaftszusätze **B** §§ 19, 24 HGB

343

Stichwortverzeichnis

Gesetzliche Vertreter **B** § 181 BGB Nr. 8, § 1822 BGB
Gewerbegenehmigung **B** § 8 GmbHG Nr. 5–9
GmbH **A** 91–129
– Anmeldung beim Handelsregister **A** 91, 92
– Ausländer als Geschäftsführer **B** § 6 GmbHG Nr. 2
– Einmann-GmbH **A** 91, 104; **B** § 181 BGB Nr. 5
– Freiberufler-GmbH **B** § 1 GmbHG
– Gegenstand des Unternehmens **B** § 3 GmbHG Nr. 3–8
– Geschäftsanteil, siehe dort
– Geschäftsführer **A** 96–98; **B** § 8 GmbHG Nr. 4, s. auch Geschäftsführer der GmbH
– Gründung **A** 91, 92
– Liste der Gesellschafter **A** 101–104; **B** § 40 GmbHG
– Sacheinlagen **A** 91, 92, 104
– Umrechnung DM auf Euro **A** 129
– Umstellung DM auf Euro **A** 129

GmbH & Co. **A** 76–81, siehe auch Kommanditgesellschaft, Offene Handelsgesellschaft
– allgemeines **A** 76
– Auflösung/Löschung pers. haft. Ges. **A** 79, 80
– Beginn **A** 77; **B** § 161 HGB Nr. 1
– Firmenbildung **A** 77
– Gesellschaftszusatz **B** § 19 Abs. 2 HGB
– Gründung **A** 77
– Zeichnung **A** 77, 78; **B** § 108 HGB Nr. 4

GmbH-Mantel **A** 102, 104; **B** § 15 GmbHG Nr. 3, 4
Graphische Gestaltung des Firmennamens **B** § 8 HGB
Gründung
– AG **A** 130
– Aufwand **B** § 53 GmbHG Nr. 4
– GmbH **A** 91, 92
– KG **A** 60, 61, 77
– OHG **A** 21–23
– Partnerschaftsgesellschaft **A** 82
Gründungsaufwand **B** § 5 GmbHG, § 53 Nr. 4 GmbHG

Haftungsausschluß **A** 5, 7, 10, 22; **B** §§ 25, 27 HGB Nr. 1, § 176 HGB
Handelsregister
– Einsichtnahme **B** § 9 HGB
– Nachweis der Vertretungsmacht durch das HR **A** 26, 96, 97, 132
– Zweck Einf.
Handwerk **B** § 7 HGB
Handwerksrolle **B** § 8 GmbHG Nr. 9
Hauptversammlung **A** 135, 136

Immobiliarklausel, Eintragungsfähigkeit **B** § 49 HGB Nr. 2
Individualisierungszusatz **B** § 30 HGB Nr. 3, 4
Industrie- und Handelskammern **B** § 126 FGG
Inhaberwechsel
– Anmeldepflicht **A** 5, 6
– Auswirkungen auf Prokuren **A** 4
– durch Verpachtung **A** 7
Insichgeschäfte, siehe Selbstkontrahieren
Insolvenzverfahren **A** 18, 48, 49, 116–118

Stichwortverzeichnis

Insolvenzverwalter
- Anmeldung zum Handelsregister **B** § 143 HGB Nr. 4
- Einwilligung zur Firmenfortführung **B** § 22 HGB Nr. 9, 10

Jahresabschluß **A** 126;
B §§ 325–327 HGB
- der AG **A** 135
- der GmbH **A** 126
- der GmbH & Co KG **A** 76

Kapitalerhöhung **A** 108, 140; **B** § 54 GmbHG Nr. 4, § 55 GmbHG
- bedingte **A** 141
- genehmigtes Kapital **A** 142
- aus Gesellschaftsmitteln **A** 109, 143; **B** § 57i GmbHG
- normale **A** 140
- Sacheinlagen, siehe dort
- Schütt-aus-hol-zurück -Verfahren **B** § 56 GmbHG Nr. 5–7
- Verschmelzung von Schwestergesellschaften **B** § 54 UmwG
Kapitalgesellschaften **A** 91–145
Kapitalherabsetzung **A** 110;
B § 58 GmbHG
Kommanditeinlage
- Erhöhung **A** 64; **B** § 175 HGB
- Herabsetzung **A** 65
- Übertragung **A** 70, 71, 72
- Vererbung, siehe Tod
Kommanditgesellschaft **A** 59–75
- Anmeldung beim Handelsregister **A** 59, 60
- Firma **B** § 19 Abs. 2 HGB
Kommanditist
- Anmeldepflicht **A** 59
- Eintritt **A** 30, 62
- Fortsetzung mit Kommanditist **A** 36–39

- Kommanditeinlage, siehe dort
- als Übernehmer des Geschäfts **A** 75
- Umwandlung in persönlich haftender Gesellschafter **A** 63
Kosten **A** Anh.
Kündigung
- durch Gesellschafter **A** 51, 69
- durch Privatgläubiger **A** 50

Liquidation, siehe Auflösung
Liquidator, siehe Abwickler
Liste der Gesellschafter **A** 101;
B § 40 GmbHG Löschung im Handelsregister
- der Firma **A** 17, 19, 54, 55, 121;
B § 157 HGB
- von Gesellschafterbeschlüssen
B § 144 FGG
- Mantel-GmbH, -verwendung, -verwertung, siehe GmbH-Mantel.
- von Kapitalgesellschaften
A 118, 119; **B** § 74 GmbHG, § 141a FGG

Mantel-GmbH, -verwendung, verwertung, siehe GmbH-Mantel
Minderjähriger, vormundschaftsgerichtliche Genehmigung
B § 1822 BGB

Nachfolgezusatz **A** 5, 7; **B** § 22 HGB Nr. 4, 5
Nachgründung **A** 95, 131
Nachtragsabwicklung **A** 56, 122;
B § 157 HGB Nr. 2, § 66 GmbHG Nr. 3, § 74 GmbHG Nr. 2–4
Nachweis

Stichwortverzeichnis

- Einwilligung zur Firmenfortführung **A** 5
- Erbnachweis **A** 10, 11; **B** § 12 HGB Nr. 10
- Vollmacht **A** Allg.

Namenszeichnung, siehe Zeichnung

Negativattest **B** § 8 GmbHG Nr. 5

Notar
- Antragsrecht **B** § 129 FGG
- Anzeige der Abtretung von Geschäftsanteilen **A** 101; **B** § 40 GmbHG Nr. 3

Notarielle Beurkundung **A** 91–94, 101–103; **B** § 15 GmbHG, § 53 GmbHG Nr. 6

Offene Handelsgesellschaft **A** 21–58
- Anmeldung beim Handelsregister **A** 21–23
- Beginn **A** 21
- Eintritt des Erben **A** 36, 39
- Spaltung **A** 52
- Veränderungen **A** 24–57

Öffentliche Beglaubigung **A** Allg., 161–168

Öffentliche Bekanntmachung **B** § 10 HGB

Pacht **A** 7, 8, 42, 43, 44; **B** § 22 HGB Nr. 1, 3, 11

Partnerschaftsgesellschaft **A** 82–85

Persönlich haftender Gesellschafter
- Anmeldepflicht **A** 29, 63
- Ausscheiden **A** 31, 32, 34–39
- GmbH als **A** 76–81
- Rechtsstellung der Erben **A** 34–39

Pfändung
- Gesellschaftsanteil OHG/KG **A** 50
- GmbH-Anteil **A** 107

Privatgläubiger
- Kündigung der Gesellschaft **A** 50

Prokura
- Anmeldung des Erlöschens **A** 4, 41, 114
- Anmeldung der Erteilung **A** 3, 41, 114
- Bestehenbleiben **B** § 52 HGB
- Bindung an Gesellschafter und Geschäftsführer **B** § 48 HGB
- Erbengemeinschaft **B** § 27 HGB Nr. 3, 4
- Erteilung für Niederlassung **B** § 50 HGB

Prüfungsrecht des Registergerichts **A** 101, **B** § 10 GmbHG Nr. 1, § 53 GmbHG Nr. 1, 2, § 12 FGG

Rechtsnachfolge, siehe auch Abtretung, Sonderrechtsnachfolge
- Kommanditist **A** 70–72
- Nachweis **B** § 12 HGB Nr. 10
- eines persönlich haftenden Gesellschafters **A** 34–39, 74

Sacheinlage bei GmbH **A** 91, 92, 108; **B** §§ 5, 56 GmbHG, § 19 GmbHG Nr. 1, § 53 GmbHG Nr. 6

Sachfirma der GmbH **B** § 4 GmbHG Nr. 1, 2
- Branchenbezeichnungen **B** § 4 GmbHG Nr. 2
- fremdsprachliche Bestandteile **B** § 4 GmbHG Nr. 6
- Phantasiebezeichnungen **B** § 4 GmbHG Nr. 1, 8

Stichwortverzeichnis

Sachgründungsbericht **A** 91, 92;
  B § 56 GmbHG Nr. 2
Satzungswortlaut bei GmbH **B** § 8
  GmbHG Nr. 11, § 54 GmbHG
  Nr. 4
Schluß der Abwicklung **A** 55, 56,
  121, 122
SE
– Allgemein **A** 148
– Änderung der Satzung **A** 150
– Auflösung **A** 151
– Gründung **A** 148
– Holding **A** 148
– Organe **A** 149
– Sitzverlegung **A** 150
– Tochter **A** 148
– Umwandlung **A** 148
– Verschmelzung **A** 148
Selbstkontrahieren
– bei Anmeldung **B** § 181 BGB
  Nr. 8
– Eintragung **B** § 181 BGB Nr. 1–5
– des Komplementärs **B** 181 BGB
  Nr. 7
– bei Vertragsänderung **B** § 1822
  BGB Nr. 1
Sitz **B** § 3 GmbHG Nr. 1, 2
Sitzverlegung
– Ausland **A** 112, 148, 150
– Anmeldepflicht **A** 13, 27, 112
– GmbH **B** § 3 GmbHG Nr. 1, 2,
  § 144a FGG Nr. 2
– bei Verlegung der Geschäfts-
  räume **B** § 3 GmbHG Nr. 2,
  § 144a FGG Nr. 2
– Zuständigkeit **B** § 13h HGB
Sonder(Einzel-)rechtsnachfolge,
  siehe auch Abtretung, Rechts-
  nachfolge
– allgemein **A** 70; **B** § 171 HGB
  Nr. 1, 2

– Teilsonderrechtsnachfolge **A** 71,
  72
Spaltung
– einer OHG **A** 52
– Plan **A** 92
Squeeze-out **A** 133
Staatliche Genehmigung für Un-
  ternehmensgegenstand der
  GmbH **B** § 8 GmbHG Nr. 5–9
Stammeinlage **A** 91, 92, 105, 108;
  B §§ 5, 55 GmbHG
Stellvertreter von Geschäftsfüh-
  rern **B** § 44 GmbHG

Teilung von Geschäftsanteilen der
  GmbH **A** 103
Testament
– als Nachweis der Erbfolge
  B § 12 HGB Nr. 10
Testamentsvollstrecker **B** § 27
  HGB Nr. 2, § 106 HGB Nr. 4,
  § 143 HGB Nr. 3, § 177 HGB
  Nr. 1
Tod
– Einzelkaufmann **A** 10, 11
– GmbH-Geschäftsführer **A** 99
– GmbH-Gesellschafter **A** 106
– Kommanditist **A** 66–68
– Partner **A** 85
– persönlich haftender Gesell-
  schafter **A** 34–39

Übernahme des Geschäfts
  A 33, 75, 123, siehe auch Ver-
  äußerung
Überschuldung **A** 116
Übertragung s. Veräußerung, Ab-
  tretung
Umfang des Unternehmens
– Verkleinerung **A** 17, 46
Umstellung DM auf Euro

347

– bei AG **A** 134
– bei GmbH **A** 129
– bei KG **A** 59
Umwandlung
– Allgemein **A** 160
– Abspaltung **A** 144, siehe auch dort
– Einzelkaufmann in GmbH (Ausgliederung zur Neugründung) **A** 92
– Formwechsel **A** 145, siehe auch dort
– GmbH in OHG/KG/Einzelkaufmann **A** 123, 124
– GmbH & Co. KG auf GmbH **A** 81
– KG in OHG **A** 63, 68, 74
– OHG in KG **A** 31, 39
– OHG/KG in GmbH **A** 58
– Personengesellschaft in das Handelsgeschäft eines Einzelkaufmanns **A** 33, 75
– Verschmelzung **A** 123, siehe auch dort
– Zustimmung **B** § 193 UmwG
Unternehmensbestattung **A** 102
Unternehmensgegenstand bei GmbH **B** § 3 GmbHG Nr. 3–8
Unternehmensvertrag
– AG **A** 137, 138
– GmbH **A** 127; **B** § 53 GmbHG Nr. 8–11
Unterscheidbarkeit von Firmen **B** § 30 HGB
Unterschriftsbeglaubigung **A** 161–168
Unzulässige Eintragung **B** § 142 FGG

Veräußerung des Handelsgeschäfts **A** 5, 6, 52, 123

Vereinigung von Firmen **B** § 24 HGB Nr. 4
Verkleinerung des Unternehmens **A** 17, 46
Verpachtung, siehe Pacht
Verschmelzung einer GmbH **A** 125
– Ausland **A** 148
– durch Aufnahme **A** 123, 124, 125
– Kapitalerhöhung **B** § 54 UmwG
– durch Neugründung **A** 92, 125, 145
Versicherung über Bestellbarkeit zum Geschäftsführer (Liquidator) **B** § 8 GmbHG Nr. 10, § 67 GmbHG Nr. 3
Versicherung über Sonderrechtsnachfolge **B** § 171 HGB Nr. 1, 2
Vertretungsbefugnis **A** 26, 98; **B** § 125 HGB, § 170 HGB, § 35 GmbHG
– Anmeldung **A** 91; **B** § 8 GmbHG Nr. 12, 13
Vollmacht zur Anmeldung
– Form **A** Allg.
– Inhalt **B** § 12 HGB Nr. 2–9, 12
– für juristische Personen **B** § 12 HGB Nr. 6
– bei Kapitalerhöhung **B** 57 GmbHG Nr. 1
– über den Tod hinaus **B** § 12 HGB Nr. 9
– Widerruf **B** § 12 HGB Nr. 7
Vorerbe **B** § 143 HGB Nr. 7
Vorgesellschaft **A** 90–94; **B** § 11 GmbHG
Vormundschaftsgerichtliche Genehmigung **B** § 1822 BGB
Vorrats-GmbH, siehe GmbH-Mantel

Stichwortverzeichnis

Vorschußpflicht **A** Anh.
Vorstand **A** 132; **B** § 81 AktG

Widerruf der Prokura **A** 4, 41, 114
Wirtschaftliche Neugründung, siehe GmbH-Mantel

Zahlungsunfähigkeit **A** 116
Zeichnung
– bei Firmenänderung **A** 25, 112; **B** § 108 HGB Nr. 5, 6
– Form **A** Allg. 9.
– für GmbH & Co. **A** 77, 78; **B** § 108 HGB Nr. 4, 5
– des Prokuristen **A** 3; **B** § 53 HGB Nr. 4
Zuständigkeit bei Sitzverlegung **A** 13, 27; **B** § 13h HGB
Zwangsgeld **B** § 14 HGB, § 132 FGG

– gegen Gesellschafter einer GmbH **B** § 39 GmbHG Nr. 11
Zweigniederlassung
– Anmeldung (allgemein) **A** 14, 15
– Anmeldung der – einer GmbH **A** 113
– Anmeldung der – einer OHG/KG **A** 40
– im Ausland **B** § 13 HGB Nr. 3
– eines ausländischen Unternehmens **A** 113; **B** § 13d–g HGB
– Eintragungsfähigkeit **A** 14; **B** § 13 HGB Nr. 1
– Firma **B** § 13 HGB Nr. 2
– Prokura für eine Zweigniederlassung **B** § 50 HGB
– Verlegung **A** 16
Zwischenverfügung **B** § 14 HGB, § 108 HGB Nr. 1, § 19 FGG

349

Melchior/Schulte

Handelsregisterverordnung
Kommentar

Von RiAG *Robin Melchior* und RiAG Dr. *Christian Schulte*. 312 Seiten DIN A 5, 2003, gbd. 49,80 € [D]. ISBN 3-504-45512-8

Unternehmerische Entscheidungen werden häufig durch rechtliche und steuerliche Gestaltungen umgesetzt, deren Wirksamkeit die Eintragung in das Handelsregister voraussetzt. Bei allen Fragen zur Handelsregisterverordnung stehen Ihnen die erfahrenen Autoren dieses Praxiskommentars mit nützlichen Hinweisen zur Seite. Sie kommentieren sämtliche Vorschriften der Verordnung. Kenntnisreich, präzise und immer mit Blick auf die Bedeutung der Eintragung. Nicht zuletzt wegen der gravierenden Änderungen, die die bundesweite Umstellung der früher in Papierform geführten Handelsregister auf maschinell geführte Register in Form automatisierter Dateien für die Verfahrensabläufe der betroffenen Registergerichte gebracht hat, ist dieser Kommentar ein Muss für alle Notare, Rechtsanwälte und sonstigen Berater von Unternehmen.

Verlag Dr. Otto Schmidt · Köln